議論された過去

ナチズムに関する事実と論争

ヴォルフガング・ヴィッパーマン｜著
林 功三・柴田敬二｜訳

Wolfgang Wippermann

Umstrittene Vergangenheit

Fakten und Kontroversen zum Nationalsozialismus

未來社

Wolfgang Wippermann
UMSTRITTENE VERGANGENHEIT
FAKTEN UND KONTROVERSEN ZUM NATIONALSOZIALISMUS

議論された過去

目次

［凡例］

一、原註は、（1）（2）……と通し番号をつけ、本文の後に一括して収録した。

一、訳註は、（＊）（＊＊）……で示し、各節の後に掲出した。

一、訳者による補足は、［　］で示した。一部の組織名、人名については、参照の便のため（　）のなかに原語を併記した。

装幀——岸顯樹郎

議論された過去——ナチズムに関する事実と論争

序　言

ナチズムの時代は、ドイツ史のなかで最も集中的に研究されている時代である。同時にまたその理解をめぐってとりわけ激しい意見の対立が見られる時代である。歴史家論争はけっして一つだけではない。ナチズムの過去は議論された過去である。そのことを理解するためには、どんな議論があったのか、また歴史事実はどのようなものであったか、それについての知識が必要である。その両方についての情報を示すのがこの書物である。

そのために、まず今日までのファシズム研究の歴史をスケッチし、研究史をその歴史的政治的背景においてみることにする。ファシズム研究は、ファシズム以後の時代を示す要素と指標であったし、いまもそうである。

ヒトラーは全能の独裁者だったのか、それとも「権力を掌握したファシズム」は本当は強力な資本グループの道具にすぎなかったのか。つまり、ナチスドイツは全体主義の「総統《フューラー》国家」だったのか、それとも、一枚岩にまとまった国家ではなく、多元的性格をもったファシズムの「階級国家」だったのか。この「階級国家」が近代的《モデルン》な目的を追求したのか、それともファシズム政権の、ほとんどすべての領域に影響を与えた人種政策は、「人種国家」と呼ばれるほかはないような意味をもっていたのか。それがまず論じられる。

その後の章で、ドイツのファシズム政権のいくつかの政策領域についての論争を紹介し、論じてみよう。それは、テロル独裁の樹立、外交政策、戦争遂行、社会政策と経済政策、青少年と女性のおかれた状況、ユダヤ人の迫害とその他の犠牲者、教会闘争と抵抗、に及ぶ。そのさい、さらに次のような問題が出てくる。

ナチズムは「権力を奪取した」のか、それとも「権力を委譲された」のか。どのような歴史的選択肢があったのか。テロルはどこまで効果的だったのか。ナチスの外交政策と戦争遂行は、ヒトラーによって計画され、実行された「プログラム」だったのか。それとも、むしろ「場当たり的（improvisiert）」なものだったのか。外部からのイデオロギー的、経済的ファクターによって決まったものだったのか。経済が本来の「主人」だったのか。それとも、経済はファシズム国家の「従僕」だったのか。ナチスの社会政策は「近代化（modernisieren）」であったのか、それとも第一義的に人種主義的な目的を追い求めるものだったのか。青少年は、「画一化」のなかで完全に教化され、管理された「世代」だったのか、それとも青少年のなかには特別な抵抗があったのではないか。そしてそれはどのように評価されるか。女性はヒトラーを政権に就けたのか。ナチスの「女性政策」は「近代化」の影響をもたらしたのか。ユダヤ人やその他の犠牲者の迫害に関する研究はなぜこれほど遅れたのか。女性はおしなべて「犠牲者」だったのか、それとも「加害者」でもあったのか。「最終的解決」は計画どおりに推し進められたのか。そうではなくて「予想外の展開だったアウシュヴィッツへの歩み（twisted road to Auschwitz）」だったのではないか。ユダヤ人は抵抗しなかったのか。ドイツ人はヒトラーの反ユダヤ主義の「自発的死刑執行人（willige Vollstrecker）」だったのか。ユダヤ人迫害はドイツに特有な性格のものだったのか、それとも一般的な人種政策の一つだったのか。最後に、抵抗とは何か。どのような抵抗形態と抵抗の部分を、わたしたちは今日でも評価すべきなのか、また評価できるのか。

本書では以下に、このような問題が、年代史的にではなく、問題別に論じられる。その場合、わたしはわたし自身の評価について沈黙しない。とはいえ、読者が自分自身の判断を獲得することを妨げられてはなるまい。歴史を論証し、それを評価することは選択によってのみ可能である。本書では、さまざまな政治分野がまったく扱われないか、それとも欄外において扱われている。たとえば戦時に固有の章が与えられていない。しかしそれは例外的に最初の数章で扱われている。同じことが国防軍の役割についてもいえる。国防軍は対外政策と戦争遂行を論じる数章と人種殺戮、抵抗の章で取り上げられる。反対に、芸術、学問、スポーツ、技術、プロパガンダは扱われていない。

しかし、本書では主要な歴史論争だけでなく、きわめて重要な事実が挙げられ、論じられている。したがって、意識的に分量を抑えたこの書物は、ハンドブックとして、また教科書として利用されることが可能である。本書は、問題別の構成によって、またナチズムに関する論争、学問的・政治的観点を分析しようとする試みによって、ほかの概説書から区別される。つまり、ナチズムの歴史についての研究は、同時に現在の歴史政策に役立てられるものであったし、いまもそうである。この事情は将来も変わることがないだろう。ナチズム時代は将来においても議論された過去であり、また、議論されつづけるであろう。

ベルリン、一九九八年三月

ヴォルフガング・ヴィッパーマン

総統《フューラー》国家か、階級国家か、それとも人種国家か？

当初から今日にいたるまでの第三帝国の理解について

「ファシズム」だったのか、それとも「ドイツ特有の道」だったのか？

ナチズム研究はつねに政治的な学問だった。(1) ナチズム研究は過去の解明に、現代のそのときどきの影響の解明に役立てられた。とりわけそのことは現代の研究についていえる。

一九四五年以前にナチズムの歴史にかかわったほとんどすべての著者は、はっきりした政治的意図をもっていた。かれらの「ファシズム」(2) 研究は、反ファシズムの歴史的発展の要素と指標そのものだった。しかしこの反ファシズムの目的設定は、それらの仕事の学問的な質と客観性に積極的な影響を与えるものでは必ずしもなかった。このことはとりわけ共産主義者の著作についていえることである。(3) かれらの分析は荒っぽいもので、多くのあやまりがあった。ナチズムは「ファシズム」と規定されたが、ナチズムがイタリアのファシズム体制と類似性、近親性をもっているかどうか、明らかにされることがなかった。(4) ファシズムの本質は親資本主義的であり、反共産主義的な点にあるとされたので、ファシズム概念はインフレ的に拡大解釈され、資本主義に益するもの、共産主義を損なうものはすべてファシズムとされた。ナチ党のほかに、社会民主党も「ファシズム的」もしくは「社会ファシズム的」なものとされた。多くの共産主義者が、ファシズムはヒトラーによって実現したのではなく、フォン・パーペンとフォン・シュライヒャーのブリューニング内閣はすでにファシズムとして権力に就いていた、と主張した。

一九三三年以降も、人びとは、ファシズムを道具とする規定にこだわり、ナチズムは「金融資本」の「公然たるテロル独裁の一つ」であるとした。(5)

社会民主主義者も同じようにはっきりしないファシズム概念をもっていたが、ファシズムを道具と定義することはなかった。(6)ファシズムは中間層の党であるという間違った考えをもっていた人びとを除いて、オットー・バウアー、ゲオルク・デッカー、アルカディー・グアラント、アレクサンダー・シフリンらは、ファシズムの「権力奪取」をマルクスとエンゲルスのボナパルティズム論によって説明した。(7)似たような試みがレオ・トロツキーのような反対派の共産主義者や、とりわけアウグスト・タールハイマーによってなされた。(8)それによればヴァイマル共和国の末期には、ブルジョワジーの層と諸政党が「すでに」分裂し、それに対立するプロレタリアートが同じように弱体化されていて「まだ」権力を「奪取する」ことができない状態にあったので、「階級勢力の均衡」が生じた。この状況において、ブルジョワジーはファシズムのために政治権力を諦め、社会的権力を、すなわち生産手段を、自由に利用する権利を維持した。その結果生まれたのが「執行権力の自立」である。したがって権力に就いたファシズムは、相対的に自立した現象とみなされた。

このボナパルティズム論は、その後亡命中の幾人かの社会民主主義者によってさらに発展させられた。だれよりもルドルフ・ヒルファーディングの名前を挙げておく必要があろう。かれは一九四〇年に書いた論文で、第三帝国においては、国家社会主義者《ナチス》が経済をも国家の執行権力に屈服させたので、「国家権力が全面的に自立した」と述べている。[9] これにたいして、エルンスト・フレンケルは、同じく一九四〇年に書いた本で、「ナチス二重国家」は大企業とナチ党の「共生」によって特徴づけられる、とした。[10] フランツ・ノイマンによればナチス国家は、ユダヤの神話からとった「ビヒモス」によって特徴づけられるもので、一つの柱ではなく、五つの柱、もしくは五つの権力ブロック、つまり党、国防軍、官僚機構、経済とSSをもっている。[11]

ヒルファーディング、フレンケル、とりわけノイマンがファシズム国家の評価を問題にしたとすれば、ヴィルヘルム・ライヒと、[12] 同じように亡命したテオドア・アドルノ、エーリヒ・フロム、マックス・ホルクハイマーを中心にしたいわゆるフランクフルト学派のメンバーは、[13] どのような人間がどのような理由からファシストになったのかという問題に関心を抱いた。かれらが問題にしたのは、ファシズムのイデオロギーの中心にあると考えられた反ユダヤ主義と、ある種の心的行動様式を共有するさまざまな社会層の構成員を引きつける魅力だった。そのような「権威主義的」性格はドイツに特有なものではなく、したがって、ファシズムは、「ユニヴァーサルな原理」になりうるもので、西洋のデモクラシーを脅かすものである、とかれらは見た。[14]

これまで挙げた著者たちにとって「ファシズム」は普遍的な現象であり、けっしてドイツに特殊な現象ではなかった。ところがまさにこの問題がさまざまな東西の歴史家やジャーナリストによって激しく否定された。ファシズムは、もしくは——かれらが意識的にそう呼んだように——ナチズムは、多かれ少なかれ「ドイツ特有の道（deutscher Sonderweg）」の結果である。[15] ポーランドやロシアの著者たちがここで中世ドイツの東方植民地化に始まりナチスの生活空間にいたる、時代を超えた「ドイツの東への衝動」を指摘したとすれば、[16] 幾人かの西ヨーロッパの歴史家や著述家たちは、ドイツの歴史には、ルターからフリードリヒ大王とビスマルクを経てヒトラーにいたる、断絶のない連続性があると主張した。[17] この特有の道という考えを最も強烈に主張した一人はイギリス次官補のロバート・ヴァンシッタート卿で、[18] かれのために、この傾向のすべての解釈はヴァンシッタティズムと呼ばれた。

ドイツの歴史に関するヴァンシッタ―ティズムの解釈は問題を孕んでいたが、それだけに政治のなかでは重要なものになった。反ヒトラー連合のさまざまな代表者が、ヒトラーやナチスの指導者や資本家だけではなく、「ドイツ人」にドイツの犯罪の責任がある、とした。したがってかれらは、ヒトラーの政治システムを、その「資本主義の根」もろとも除去するだけでは満足しなかった。かれらは、ドイツの「戦争犯罪人」を厳しく処罰すること、ドイツのエリートを無力化すること、ドイツ全国民の「非ナチ化」をおこなうことが絶対に必要である、と見た。[19]

ナチズムの過去をヴァンシッタ―ティズムで解釈することは現代政治にきわめて重要な意味をもった。だからこそドイツの歴史家たちはこれと対決しなければならなかった。ここで最初の歴史家論争が始まった。論争は当時の歴史界の長老フリードリヒ・マイネッケの著書『ドイツの破局』で始まった。この書物は一九四六年に刊行され、ただちに注目を浴びた。[20] その理由の一つは著者の人物であった。一八六二年に生まれたマイネッケは精神史の傾向をもつ近代ドイツ史の研究で名高い学者だった。かれのたぶん最も有名な著書は、一九〇八年の『世界市民性と国民国家』[21]と一九二四年に初めて出版された『国家理性の理念』[22]である。マイネッケは大勢の歴史家の同僚とちがってナチズム関与の「責任を問われなかった」。かれは皇帝の国を哀悼し、自分でもいっているように「心情的君主主義者(Herzensmonarchist)」でありつづけたものの、一九一八年以後は「理性の共和主義者(Vernunftrepublikaner)」として民主主義に味方した。だからかれは一九三三年以前には精力的にナチズムに反対した。第三帝国の時代にかれはいくつかの職を失ったが、幾人かの抵抗運動の闘士とのコンタクトをもっていた。

マイネッケにとって、第三帝国はまさに「ドイツの破局」だった。この場合アクセントは「ドイツの」にある。マイネッケが「近隣諸国の権威主義的システムにみられる類似性と前段階」を示唆したとき、[23] かれはフランスのボナパルティズム、イタリアのファシズム、さらにはボルシェヴィズムを念頭に置いてはいたものの、第三帝国の特殊ドイツ的な前提と原因をはっきり見ていた。この関連において、マイネッケは「その歴史がヘーゲルとともに始まったドイツの権力国家思想」がやがて「ヒトラーにいたって不吉な高揚と剽窃」を生み出すに到った、と述べている。のみならず、マイネッケは特定の社会層と政治勢力が「ナチズムの台頭」に責任があるといっている。それは「ポーゼンと西プロイセンのハカティステン（Hakatisten）」「内閣ならびに地方政府にいるユンカー官僚」ならびに「大ブルジョワジーの扇動家」である。[24] かれはとりわけ「重工業の内政支配層」にたいして真っ向から厳しいことばを吐いた。これらの勢力は「まさにヒトラーの台頭の序曲」であったとかれは書いている。[25] プロイセン・ドイツ史にたいするかれのこの批判は、まだかなり控えめなものだったが、多数の保守的歴史家の怒りを呼び起こした。

その代表的な論者はゲアハルト・リッターである。リッターは少なくともマイネッケと同じように有名な歴史家だったが、マイネッケに比べるとはるかに保守的だった。にもかかわらずリッターは積極的に抵抗運動に関与し、一時期ゲシュタポに逮捕されていたほどだった。一九四八年に刊行された『ヨーロッパとドイツ問題』ならびにそれにつづくいくつかの著書で、かれは名前こそ挙げてはいないが、マイネッケのテーゼを厳しく拒否している。[26]

リッターによれば、ナチズムから「プロイセン主義」へ、さらには「ルター主義」へ遡る連続性などありえない。プロイセン・ドイツの外交政策は攻撃的な性格をもっていなかったし、第一次世界大戦の勃発にも責任はなかった。ドイツ政府は「戦前も戦中も世界支配を奪取することを考えてはいなかった。ドイツ政府はヨーロッパのなかで力ずくでドイツの国境を拡大しようなどとは考えていなかった」[27] とかれはいっている。

要するにナチズムは「ドイツ特有の現象ではない。それを解明するためにはドイツ史を考察すればいい」。あのような「全体主義的独裁」の樹立は、すべての歴史的権威が崩れた後、「大衆の蜂起から直接的人民支配の試みがなされ、この大衆が同盟的・団体的組織に、もしくは昔からの政治エリート層の伝統に組み入れられないとき、どこでもありえた」[28] とリッターはいう。リッターにとってナチズムは、フランス革命で始まり、ロシアとドイツの「全体主義的」政権で終わった、民主主義と革命の潮流の結果であった。

最後にリッターは、ヒトラーの魔力的な能力を指摘し、ヒトラーはだれもが屈従せざるをえない「全体主義的総統《フューラー》独裁」を樹立した、と書いている。このようにいうリッターは、ヒトラーのほかにも保守的なエリート層の人物やその構成員が犯罪を犯した事実を無視した。にもかかわらず、というよりはむしろまさにそのために、「全体主義的総統《フューラー》独裁」というかれのテーゼはほかの著者たちによって受け入れられ、[29] リッターはこのドイツの最初の歴史家論争に勝利を収めた。

（西）ドイツの歴史家たちは六〇年代まで次の点で同じ意見であった。ルターもしくはフリードリヒ大王とビスマルクで始まりヒトラーで終わった「ドイツ特有の道」なるものは存在しない。プロイセン・ドイツの外交政策が攻撃的性格をもっていたわけではない。ドイツは第一次世界大戦に「いつの間にか引きずりこまれた」のである。ドイツの戦争責任など問題にならない。どのみち一二年間〝しか〟つづかなかった第三帝国は、ドイツ史のなかでのいわば一種の企業災害のようなものである。共産主義の諸国家と同様、まさに「全体主義政権」のグループに属し、[30] 全権をもつ「総統《フューラー》」によって樹立され、統御された国家である。[31] そう歴史家たちは見ていた。

「ファシズム」だったのか、それとも「全体主義」だったのか？

五〇年代、六〇年代の（西）ドイツの歴史家たちのなかでは、ナチズム時代について、以上のような解釈が広く普及していた。決定的な問題は、ナチの過去ではなく、アデナウアー時代の現在とその内政領域の復古的な傾向、外政領域の反共目標だった。したがって、ドイツ史にヒトラー国家がどうして生まれたかを問題にするその他の理論、この「全体主義」政権樹立への保守エリートの共同責任などを問題にする理論は、すべて反国家的、親共産主義的なものとして拒否された。

西ドイツ［ドイツ連邦共和国］とはちがう内容をもつ東ドイツ［ドイツ民主共和国］（ＤＤＲ）のファシズム研究は、それが西ドイツで知られたかぎりのことであるが、このうえなく厳しく拒否された。[32] 拒否は当時不当なものとはみなされなかった。さしあたり、ナチズム研究に関する東ドイツの歴史家の仕事はそれほど重要ではなかった。西ドイツを第三帝国とあまり変わらないものとみる政治攻撃は別としても、五〇年代、六〇年代の東ドイツの歴史家たちは、前述の、共産主義インターナショナル執行委員会（ＥＫＫＩ）第一三回総会《プレーナム》の、ナチスを道具とみるファシズム規定のドグマ的な解釈を脱却できなかった。「反ファシズム抵抗運動」が歴史研究の中心に置かれたが、その場合、多かれ少なかれ、研究の対象はもっぱら共産主義者の抵抗に限られていた。[33]

それにたいし、西ドイツのナチズム研究は六〇年代までアメリカの政治学者カール＝ヨアヒム・フリードリヒとズビニエフ・ブジェジンスキの影響下にあった。[34] フリードリヒとブジェジンスキによれば、①すべての生活領域に、一つのイデオロギーが支配する国家、②テロル体制がつくられ、それが人種・階級に向けられている国家、③経済が完全に国家に管理され、「命令経済」になっている国家、④全権をもつ指導者を先頭にいただき、一枚岩の一党政権をもった国家、⑤報道を独占する国家、⑥武器を独占する国家――これは全体主義の国家と呼ばれるべき国家である。

しかしこの六箇条のモデルは次第に批判されるようになった。[35] 理念一辺倒であり、「全体主義」国家の歴史に見られた変化、方向転換が顧慮されていない。実際には一九五六年のソ連共産党第二〇回大会以後のソ連ならびに東ブロックの諸国に見られたような「非スターリン主義化」が無視されている、という批判である。だから、さまざまな共産主義研究者が、ブジェジンスキのいうこの「全体主義」国家とは「権威主義」国家のことだ、とした。共産主義研究者のなかには、この国家は西欧民主主義のモデルと類似することになると期待する者さえいた。しかし周知のようにそこまではいかなかった。

フリードリヒとブジェジンスキの全体主義モデルは、ナチズム研究者からも批判された。[36] 第三帝国の経済はけっして国家の全体主義的コントロールに従っていたわけではない、ファシズムと共産主義の政権は異なる社会経済構造をもっている、というのである。さらにファシストとコミュニストは正反対のイデオロギー目標を掲げてきた、という点が強調された。この二つの政権はテロルによる政権であったが、テロルは異なる犠牲者に向けられた。第三帝国では主としてユダヤ人が、また「人種的に劣った」人びとが迫害され、虐殺された。これにたいし、ソ連邦では特定の階級と社会層の構成員が犠牲にされた。最後に、この全体主義理論の第四の要素が問題にされた。つまり、さまざまなナチズム研究者が、第三帝国はそれほど一枚岩の構造のものではなく、相争うたくさんの権限をもったもので、多元的支配とさえいっていいものだった、と述べている。

フリードリヒとブジェジンスキの全体主義モデルへのこの批判以上に重要だったのは、いまやさまざまな歴史家が第三帝国を「全体主義」独裁のグループにではなく、「ファシズム」独裁のグループに分類したことだった。この場合、エルンスト・ノルテのファシズムに関する著作が重大な影響を与えた。[37] ノルテは［イタリアの］国民ファシスト党 (Partido Nazionale Fascista)、フランスのアクション・フランセーズ (Action Française) と国家社会主義ドイツ労働者党 (NSDAP) を比較することによって、これらの運動がその外面的現象形態、政治的スタイル、なによりもイデオロギーの点でよく似ており、「ファシズム」と呼ぶのは正しいという確信を得た。ノルテはさらに、これらのファシズム的運[38]動と政体を「プレファシズム」からイタリア的特色をもった「標準的《ノーマル》ファシズム」を経てドイツの「ラディカル・ファシズム」にいたる類型に整理することを提案した。

残念ながらノルテのこの提案は取り上げられることがなかった。比較ファシズム研究は緒についたにすぎない。[39] 代わりに七〇年代の西ドイツや西側諸国のさまざまな左翼ではファシズム概念がインフレーション的に、ありとあらゆる政体や現在と過去の運動にたいして、使用された。しまいには、幾人かの自称理論家たちによって、アメリカ合衆国も、西ドイツまでもが、「ファシズム的（faschistisch）」な国家と、もしくはまったく内容のない流行語で「ファシズムに似た（faschistoid）」国家と、弾劾されるようになった。そのような告発は、経験的な研究によって理由づけされたものではなく、さまざまなマルクス主義的ファシズム論を援用し、それをきわめて一面的に解釈したものにすぎなかった。とりわけこのことは、議会主義の政権とファシズム政権のあいだには程度の差しかない、問題は「ブルジョワ支配の形態」(40)の一つにすぎないのだから、という主張についていえる。

このような政治的動機からのファシズム概念のインフレーションは、ますます厳しく批判されるようになったが、その批判も同じように政治的動機にもとづいていた。それがヘルムート・コール政権の時期と一致していたのは偶然ではない。幾人かの批評家はファシズム概念のインフレーションを斥けるだけでは満足せず、ファシズムという考え全体を問題にした。これはさまざまな論拠によって説明された。個々のファシズムのあいだにある相違、とりわけナチズムとムッソリーニ政権との相違は、共通点以上に大きい、という説明もあった。(41)さらに、第三帝国の特色をたんに「ファシズム的」と表現することは、ナチスの反ユダヤ・人種政策を相対化することである。ファシズムのイタリアにはあのような政策はなかった、といわれた。(42)しまいに、批判的ファシズム論は西ドイツの資本主義の基盤を崩し「自由と民主主義」の議会主義組織の根底を損なうものではないか、という危惧が表明された。われわれは「政治的自由」という基準から出発しなければならないのだから、ファシズム概念よりは全体主義という概念をとるべきだ、(43)「ファシズム」というのは「極左の闘争概念」である、と呼ぶ人びとまで出てきた。(44)

「総統《フューラー》国家」だったのか、それとも「多頭支配」だったのか？

この基本的問題についての議論は、ナチズム研究の領域ではじめは成果が上がらなかった。それはドイツの歴史学研究の内部にみられた全体的歩みのためだった。ドイツの歴史学においては、これまで支配的だった歴史主義学派が、政治的に最も社会的リベラルな傾向をもつ「社会史」の代表者からの挑発を受けていた。[45] 歴史学における理論とモデルの意味と有効性のような問題について完全に客観的な判断を下すことが理論的・方法論的にどこまで可能であるか、またどこにその限界があるのか、という問題をめぐって、激しい議論が交わされた。[46] その後、論争は、すでにリッターとマイネッケの論争の中心にあった特有の道というテーゼの内容にまで、発展した。

すでに一九六一年に、ハンブルクの歴史家フリッツ・フィッシャーは、第一次世界大戦の勃発にドイツには責任がなかったという、ドイツの歴史学会でほとんど全員一致で唱えられていた見解に攻撃を加えていた。[47] フィッシャーは、ドイツの指導部がその権力政治によってきわめて攻撃的に戦争を導いたこと、大規模な、攻撃的な戦争目的を追求したことを、史実によって証明した。かれの同僚の歴史学者たち――そのなかにはとりわけゲアハルト・リッターがいた――から猛烈な攻撃がなされた後、フィッシャーはかれのテーゼをいっそう鋭利なものにし、帝政ドイツと第三帝国は、外交政策と戦争目的追求政策の領域においては多くの関連と継続性がある、と主張した。[48]

ちょうどその一〇年後に、ハンス゠ウルリヒ・ヴェーラーは、帝政ドイツに関するかれの著書において、フィッシャーの説を踏襲し、ビスマルクからヒトラーにいたる内政の継続性を指摘した。[49] 帝政ドイツにおいてもまた第三帝国においても、農業と工業の領域のエリートの同盟があったし、さまざまな支配技術の共通性があるというのである。さらにフィッシャーは、内政の矛盾を外交の結果に転嫁し、多数派民族による「ネガティヴな統合」を有名なスケープゴート論の意味で唱え、少数者の差別と迫害をおこなおうとした試みを「社会帝国主義的」と呼んだ。まさにこの領域において、帝政ドイツと第三帝国とのあいだには著しい類似性と継続性がみられる、とフィッシャーは見た。かれの論文の一つは、「国内の敵から水晶の夜まで」という挑発的で暴露的なタイトルをもっている。

ここでさっそく、理論的武装をもった新しい「社会史」が、「ドイツ特有の道」というかつてのテーゼを再び唱えた。両者は互いに批判を挑発した。クラウス・ヒルデブラント、アンドレーアス・ヒルグルーバー、トーマス・ニッパーダイやその他の歴史家たちは、ナチズムを説明するのに、帝国主義の、またファシズムの、モデルと理論を使うことを批判し、「政治史」——この政治史というのは修正歴史主義のようなものだった——の必要性を強調した。(50)とりわけかれらは、ヴェーラーやその他の歴史家が主張した、帝政ドイツと第三帝国の継続性というテーゼを斥けた。第三帝国はドイツの歴史の産物であるよりは断絶である。継続性テーゼは全能の「総統《フューラー》」としてのヒトラーの立場、生存圏政策(Lebensraumpolitik)とユダヤ人政策(Judenpolitik)を否定するものである。実際には、これらの政策は意図されたものであり、ヒトラーが前々から起草していた綱領に従って実行されたものである、とかれらは主張した。(51)

のちにヒルデブラントとヒルグルーバーらを中心にする「意図派(Intentionalisten)」と呼ばれる人びとが唱えたこのテーゼは、(52)マルティン・ブローシャト、ハンス・モムゼンらの「構造派(Strukturalisten)」によって激しく批判された。第三帝国の政策は計画され遂行されたものというよりは場当たり的(improvisiert)なものである。ナチスの政策は「弱い独裁者」(53)が指導する「多頭支配の」体制(54)によって遂行されたからである、と「構造派」は主張した。「意図派」と「構造派」の論争は、さらに次のような問題に集中した。(55)一つは、農業、工業、教会、軍部のエリートがナチス独裁の樹立とその強化に演じた役割はどのようなものであったかという問題である。この役割は、「構造派」によって高く評価されたが、「意図派」はそれをかなり取るに足りないものとした。ナチズムの「総統国家《フューラーシュタート》」においてはヒトラーだけが命令権をもっていたからである、というのがかれらの意見であった。さらに両派によって議論された問題は、ナチズム政権の外交ならびに内政についての解釈をめぐるものであった。(56)(事実については、両派のあいだにほぼ意見のちがいはなかった。）「意図派」はこう主張した。ヒトラーはすでに『わが闘争』に政治的綱領を示しており、その中心には「東部の生存圏」と「ユダヤ人問題の最終的解決」が謳われている。この綱領はヒトラーによってほとんど「時刻表」どおり実行された、と。これにたいし、「構造派」はこう主張した。ナチスの外交と対ユダヤ人政策はまさに場当たり的なものだった。それはいつもそのときどきの政治的条件によって方向づけられていたからであり、またさまざまな機関や人物による影響を受けていた、と。

　この対立はおもに専門家たちにのみ知られたものであったのにたいし、さまざまなヒトラー伝記は――極端な意図派の立場をとっていたが――一般世論にきわめて大きな反響を呼んだ。[57] だれよりもまずヨアヒム・C・フェストの書物がそうだった。フェストはヒトラーの「綱領」を真面目に受け取っているだけでなく、ヒトラーに「歴史的な偉大さ」さえ認めている。[58] これは、ゼバスティアン・ハフナーがよく読まれたそのエッセーで問題にしてはいるものの、[59] ライナー・ツィーテルマン[60]やマルリス・シュタイナート[61]がかれらのヒトラー伝において取り上げている傾向であり、マルクス主義の歴史家であるクゥルト・ペッツォルトとマンフレート・ヴァイスベッカー[62]さえもがこれを再び受け入れている。[63] ここでは「ヒトラーという現象」についての心理学的解釈に立ち入ることをしないが、[64] これまでのヒトラー伝記は、ヒトラー神話[65]以上のものになりえず、このような恐ろしいまでに陳腐な人物がなぜ「総統《フューラー》」になったのかという決定的な問題に答えることができなかったことを指摘しておこう。[66]

　一方の意図派ならびに伝記著作者の代表と、もう一方の構造派のあいだで、今日までつづいている論争は、論争の立役者たちが、政治的な意味でも方法論的な意味でも、互いにはっきり区別されただけに、わかりやすい論争だった。意図派（およびヒトラー伝記著作者）が通常保守的な傾向をもつ代表であったのにたいし、構造派はリベラルな党派から社会民主主義的な党派に分類される人びとであり、その学問には社会的・「社会史」的方法がとられていた。しかし次のもう一つの別の論争には、政治的・方法論的基準はこれほど明確ではなかった。ここでいうのはナチズムの

「近代的《モデルン》」性格に関する論争である。

「近代的」国家だったのか？

このテーゼも、これを主張する人びとの多くがいうほど新しいものではけっしてない。全体主義のテーゼと同じように、近代化《モデルニジールング》のテーゼはイタリア・ファシズムの自己理解からきたものである。イタリア・ファシズムはそのプロパガンダで、「若々しさ」と「近代性」を誇っていた。とりわけ保守主義者はこの「自己理解」をまじめに受け取り、ファシズムはボルシェヴィズムと同じように「革命的」である、と警告した。これは政治ジャーナリズムの内部のことである。[67]

これにたいし、ドイツの社会学者フランツ・ボルケナウのイタリア・ファシズムの分析はきわめて学問的なものだった。[68] ボルケナウは、（イタリアの）ファシズムは「工業的資本主義の創出」のための一種の歴史的独裁であるという結論に達した。この「工業的資本主義」はドイツにはすでに存在していたので、ここではファシズムが権力を獲得する可能性はない、というのである。ボルケナウのテーゼは歴史によって残酷なまでに否定された。かれの論文が出版されたのは一九三三年の二月である。

ドイツの平和主義者、カール・オッテンもひどい目に遭った。[69] オッテンが一九四二年ロンドンに亡命中、ファシズムは一般的な病気であり、ドイツに「特有の近代的な病気」ではけっしてない、というテーゼを主張したとき、まさにロンドンは、たしかに「近代的な」、しかし明らかにドイツの飛行機によって爆撃されたからだ。だからといってかれの近代的なものにたいする警告そのものはむだになったわけではない。ナチズムの特殊ドイツ的性格に関する、前述の、ロバート・ヴァンシッタート卿のようなテーゼが受け入れられただけのことである。

このことは一九四五年以後さまざまな学者が近代化のテーゼを繰り広げるのを妨げなかった。一九六五年にラルフ・ダーレンドルフはいっている。第三帝国は、その深奥において反動的な、原始的でさえある目的を達成するために、多くの領域において近代化政策を押し進めた。[70] だから第三帝国は、結局、意図したのではないにもかかわらず、はっきり「近代的なものに向かって突進」した。これによって一九四五年以後のドイツのリベラル民主主義社会への道が拓かれた、とかれはいっている。

アメリカの歴史学者デイヴィド・シェーンボウムはもう一歩先を進んだ。[71] ナチスの指導者たちは社会の近代化を承認しただけでなく、意識的にそれを求めた。第三帝国はある種の「社会革命」であった、とシェーンボウムはいっている。このの主張を、有名なナチズム研究家のヘンリー・A・ターナーははっきり受け入れたが、[72] かれはその経験的証拠を示してはいない。反対に、近代化テーゼはホルスト・マッツェラートとハインリヒ・フォルクマンによって厳しく批判されている。[73] この二人の歴史家は次のように非難した。「近代化」という中心的概念の定義が不十分である。[74] 経済的な、また社会的な領域においてナチズムには本質的な近代化は存在していない。このことはとりわけ都市化、社会的流動性、賃金収入、法的安全性やその他さまざまな「近代化」の要件についていえることである。それに、一二年間という期間は——そのうえそのなかの六年間は戦争だったのだから——真に社会的な（もしくはメンタルな）変革をもたらすのには短すぎたと思われる。[75] かりにナチス独裁がなかったとしたら、その場合でもこの変革は実現しただろうか。結局のところ、わたしは、ナチスのような犯罪的体制を「近代的」という、少なくともドイツ語の日常語において積極的な概念をもつことばで表現することには疑念をもたざるをえない。[76]

このような疑念のいくつかを、デートレフ・ポイカートは「［ナチスの］民族同胞と社会の異端分子」に関するかれの刺激的な研究書に（前述のカール・オッテンと同じように）近代化のプロセスの否定的な相と付随的現象を指摘し、示している。(77)ポイカートはこう書いている。このことはとくに第三帝国についていえることである。いま書かれなければならないのは「近代的なものの病患の歴史」である。これこそが第三帝国の歴史だからである。ナチスは「イデオロギー的には同質の社会、社会的に順応していて業績本位の、ヒエラルキーによってまとめられた社会」を求めた。そのさいナチスは、ユダヤ人のほかにもシンティ・ロマ、「遺伝病患者」や「反社会的分子」を「民族共同体」から排除し、残酷に迫害した。わたしたちはポイカートに同意できるかもしれない。だが、ナチスのおこなったユダヤ人殺戮・人種殺戮は(その影響と徴候がほかの国ぐににもみられる)一般的な「近代的なものの病患の歴史」となんの関係があるのだろうか。(78)

これに反し、近代化というテーゼはいわゆる「オーラル・ヒストリー」によって認められているらしい。オーラル・ヒストリーの歴史家は、同時代人にたいしておこなった質問で、人びとが当時ナチス時代を、一般に受け取られているほど、あるいはナチス政権の犯罪を目の当たりにしていても、否定的に受け止めてはいないことを明らかにした。(79)失業の克服(それは軍備の印だった!)と政権によるさまざまな社会的措置(政治的反対者や人種的犠牲者はむろんその恩恵に与ることがなかった!)は、同時代人によってきわめて積極的な評価を受け、第三帝国の初期の数年間は「黄金時代」と見られたほどだった。「悪く」なったのはスターリングラードの敗北の後で、ドイツの都市への爆撃が始まってからである。本当に「悪い時代」は戦争直後の数年間で、五〇年代に「経済奇跡」の「よい」時代がこれに代わったのだ、と人びとは考えた。

そこで何人かの社会史研究者は、この感情に従って新しい時代区分をおこなうことを提案した。これまでのように、第三帝国の歴史をヴァイマル共和国の歴史から、また戦後の西ドイツから峻別するのではなく、「スターリングラードから通貨改革まで」の時代、つまり一九四二年から一九四八年までを、それぞれに重大な経済的興隆があったという三〇年代と五〇年代から区別しよう、というのであった。(80)これに関連して、ナチズム研究家のマルティン・ブローシャトは、ナチスの時代を、道徳的に評価するのではなく、「歴史化する」ようにすべきだ、と呼びかけた。[81] ナチス時代にあったすべてのものが「ナチス政権の独裁的・非人間的な支配目的」に役立てられたわけではない、とかれはいっている。この「歴史化」の要請は、イスラエルの歴史家ザウル・フリートレンダー〔英語名ソール・フリードランダー〕の激しい批判を呼んだ。フリートレンダーは、ブローシャトはナチス国家の恐怖を相対化しようとしている、と非難した。[82] この非難は一九八九年に亡くなったブローシャトにたいしては明らかに不当であった。しかし、八〇年代の終わりには、西ドイツのなかにハンス＝ウルリヒ・ヴェーラーが名づけたような「ドイツの過去の廃棄」をめざす勢力がすでに明らかに存在していた。[83]

歴史家論争からゴールドハーゲン論争まで

最初に、とりわけフリッツ・フィッシャーとハンス＝ウルリヒ・ヴェーラーによって主張されたテーゼ――第三帝国はドイツ史の連続性のなかにあり、かつてリッターがマイネッケとの論争でいったような完全な断絶ではないというテーゼ――にたいする攻撃について、若干述べておかなければならない。この、たいていはいつも省略して手短かに「特有な道」と呼ばれたテーゼ（Sonderwegsthese）は、ドイツの近現代史を批判的に評価するものであったが、次のような理由づけのもとに攻撃された。ドイツにとっては、ドイツがそれから逸脱する〝正常性〟などは存在しなかった。民主主義の西欧諸国も特有な道を歩んだのだ、と。[84] たしかにそのとおりである。しかしドイツ史がいくつかのきわめて重要な点で民主主義の西欧諸国と区別されるものだったことは否定しがたい。ドイツは今世紀に二つの世界大戦を起こし、敗北した。ドイツは――イギリス、フランス、アメリカとはちがって――「ラディカル・ファシズム」の政権を樹立し（エルンスト・ノルテ）、前代未聞と呼ぶよりほかはない犯罪、ユダヤ人殺戮・人種殺戮をおこなったからである。[85]

「ドイツの過去を廃棄」しようとしたもう一つの試みは、ドイツが地理的に「中央」に位置しているという指摘によるものだった。[86] ドイツは「ヨーロッパの中心」にあるため、隣国との摩擦がどうしても避けられなかった、というのである。[87] これにたいして、わたしたちは嘲りをこめて反論することができよう。もしドイツがもう少し東に、あるいは西に位置していたら、ファシズムは、二つの世界大戦は、ホロコーストは、なかったというわけか、と。

「ドイツ特有の道」と「中央位置」についての論争は、やがて登場する本当の「歴史家論争」[88]の「副次的戦場」にすぎなかった。歴史家論争はエルンスト・ノルテの新聞記事で始まった。ノルテは、まず、ナチスの時代が「過ぎ去ろうとしない過去」であることを嘆き、[89] その後、古くからの、かれ自身によって克服されたはずの全体主義理論[90]に立ち戻っている。同時にかれは全体主義理論にラディカルな方向づけを施した。ノルテはスターリンとヒトラーの支配体制の比較だけでは満足しなかった。両者のあいだには類似性があるだけではなく、因果関係をもった結びつきがあった、というのである。ボルシェヴィズム政権の誕生は、ナチス政権のそれよりも古く、（ノルテは、公然と、というよりは暗示的に語っているが）ボルシェヴィズム政権はナチス政権よりも「始末が悪い」ものだった。だからヒトラーは――とノルテは明言している――いわば「アジア的」行為を予防しようとする意図から、つまりスターリンから自己防衛するために、先手を打とうとしたのだ、と。

ではなぜ数百万人ものユダヤ人、シンティ・ロマ、スラヴ人、「遺伝病患者」、「反社会的分子」と同性愛者が殺害されたのか、そのなかで共産主義者、スターリン主義者はむしろまったくの少数派ではなかったか。この点についてノルテはほとんど何も答えていない。わたしの考えでは決定的なこの問いに、ノルテは一九八七年に刊行した『ヨーロッパの内乱』という書物で答えようとしているが、答えることができないでいる。ノルテはここでナチス「人種国家」の人種政策についてほとんど語っていない。かれにとっては共産主義者と反共産主義者のあいだで戦われる「ヨーロッパの内乱」があるだけである。(91)

ノルテの論敵たちは、ナチズムの「過ぎ去ろうとしない過去」に一種の「終止符」を打とうとしたノルテの意図に反対しただけではない。(92) ナチズムはまだ、けっして「歴史」ではない、とかれらは主張した。ナチズムは確実に現存する過去であったし、今後もそうでないわけにはいかない。(93) ナチスの犯罪をほかの犯罪と比較するすべての試みも厳しく拒否された。ナチス政権の犯罪を軽減し、そのテロルを月並みなものにするからであった。ホロコーストは歴史上類のない現象である、とかれらは主張した。ナチスのユダヤ人絶滅はあまりにも恐ろしい、比較を絶したものであり、どのような理性的解明も不可能にし、(94)「理解の限界」を示すものである、という人びともいた。(95)

この主張は正しくないし、望ましいものでもない。歴史家は、「本当に何があったのか」（ランケ）を示すだけでなく、なぜそのようなことがおこなわれたのかを明らかにしなければならない。ユダヤ人殺戮、人種殺戮は「歴史外的意味をもつ真空」と呼ばれてはならないし、神秘化されてはならない。それは、理解された歴史になるため、叙述され、解明されなければならない。「理解の限界」は克服されなければならないし、また克服可能でもある。

これはしかし過去である。(96) 今日再びナチス国家とほかの政権との比較がなされているが、比較は、歴史家論争の参加者の大多数によって、第三帝国の歴史を相対化し、他愛のないものにする試みであるからという理由で、厳しく、また妥協することなく、拒否されている。(97) ところが、今日の「独裁・全体主義の比較研究」(98) は、第三帝国をスターリン支配下のソ連と比較するだけでなく、東ドイツを第三帝国と比較しようとさえしている。歴史家論争のときのノルテも提案しなかったことである。(99) これはまさにピーター・ゲイが「比較による矮小化（trivialization by comparison）」と呼んだものである。

歴史家論争のなかで厳しく拒否されていた地政学の議論もルネサンスを迎え、急進化した。ドイツの「中央位置」

を指摘する現在の地政学は、もはや過去のドイツ帝国の免責など問題にせず、東ヨーロッパ全体に将来ドイツの政治的ヘゲモニーが樹立されることを是認している。[100] その場合、かつての、フリードリヒ・ラッツェル、ハルフォード・マッキンダー、ルドルフ・キエレンの理論が、のみならずとっくの昔にまったく非学問的な思弁でありイデオロギーでしかないことが暴露されたカール・ハウスホーファーの理論までもが、公然と引用されている。[101] 新右翼のジャーナリストと歴史家は、この関連で、ドイツはNATOから脱退すべきであると威嚇し、西ドイツの西側への結びつきを解消し、かつての「世界強国政策」を再び選ぶべきだと主張している。[102]

しかしドイツの未来をこのように構想しようとすると、どうしてもナチズムの過去が邪魔になる。だからこの数年間、第三帝国の「近代的《モデルン》」で「進歩的」といわれる側面を引き出そうとする試みがなされてきた。口火を切ったのはライナー・ツィーテルマンである。第一に、かれはすでに一九八七年の学位論文に、ヒトラーはその「自己理解」からみると、一人の「革命家」であったというテーゼを述べていた。[103] この驚くべきテーゼを、かれはひどく拡大解釈した「革命」という概念によって理由づけしている。「革命」は「近代化《モデルニジールング》」と同じものだというのである。第二に、かれの歴史資料の取り扱いはきわめて無批判な、したがって問題の多いものだった。かれは国内外の資料批判のルールを無視している（初版では捏造されたヒトラーのことばが引用されていた）。ヒトラーの、『わが闘争』やその他の著作のありとあらゆることばが、またヒトラーが第三者に語ったという（！）ことばが、ヒトラーは「社会革命家」であったということを証明するためにかき集められている。それだけではまだ足りず、ツィーテルマンは、この実際のヒトラーのことば、もしくはヒトラーのものだとされることばから、第三帝国の現実を結論している。ツィーテルマンのもう一つの著書には、第三帝国は「さまざまな社会政策の領域にかなりの進歩」をもたらしたし、全体として「近代化の機能」をもっていた、と書かれている。[104]

ツィーテルマンが社会史家のミヒャエル・プリンツとともに一九九〇年に刊行した論集では、[105] すでに述べたように、ナチズム研究のなかでは厳しい批判を受けていたにもかかわらず、この「近代化」構想がさらに展開されている。[106] ツィーテルマンは、自分が受けた批判を無視し、「近代化」の概念を、ブローシャトによって提案された、誤解されやすい「歴史化」の要求と結びつけ、ある種の呪文をつくり出した。それは、すでにノルテが提案していたことだが、「過去の影」から歩み出るためであった。

『過去の影――ナチズムの歴史化のための衝動』というタイトルをもつ、もう一冊の論集はこの目的に向かうものだった。[107] 序文のような綱領的論文に、刊行者たち――政治学者のウーヴェ・バッケス、エックハルト・イェッセならびにライナー・ツィーテルマン――はドイツの常連評論家たちがいつも主張してきたことばを語っている。第三帝国には「いい面」もあった（アウトバーン！）。「いくつかの点できわめて進歩的な社会政策」をおこなった。ただナチスは、「〝人種的に〟排除された少数派（！）や、政治的反対派、その他の周辺グループを、迫害し、辱め、そして最後に〝駆除した〟」と、かれらはいっている。[108]

ここでは、ユダヤ人殺戮・人種殺戮が二義的なものにされている。

だから、ダニエル・ジョナー・ゴールドハーゲンが、かれの『ヒトラーの自発的死刑執行人』によって、まさにぴったりの時機に登場したのである。[109] ナチズムを「近代化」とし、その犯罪をほかの体制によって相殺し、しまいにはドイツの「悲劇的な中間地帯」のせいにして免罪しようとするすべての試みを、ゴールドハーゲンははっきり拒否した。ゴールドハーゲンにとって、ホロコーストは今世紀において最も重大な事件であった。構造派とははっきりちがって、ゴールドハーゲンは、ホロコーストがなぜ可能になったかを説明するのに、反ユダヤ主義イデオロギーが決定的意味をもっていることを指摘した。しかし意図派とはちがい、ゴールドハーゲンは、反ユダヤ主義がヒトラーだけでなく、一般の「ドイツ人」の思想と行動を特徴づけていたといっている。したがって多数のドイツ人はヒトラーの世界観の「自発的死刑執行人」だった。この「まったく普通のドイツ人」の非行が、かれらが自分たちが何をしていされている。

るのかを知っていたものとして、ゴールドハーゲンによってきわめて感情的に、のみならず力をこめた文体で、叙述構造ではなくイデオロギー、ヒトラーだけでなく「ドイツ人」、冷静で一見無関係の説明でなくまさに力をこめた叙述、というこの三点において、ゴールドハーゲンはドイツ人のホロコースト・ナチズム研究者の大部分とは異なっている。かれらがきわめてはげしく、同時にまた論戦的に、ゴールドハーゲンの書物に反応したのは、怪しむに足りない。しかし、注目すべきことに、かれらはゴールドハーゲンの方法よりも、かれの、いわゆる反ドイツ的ルサンチマンを問題にした。ゴールドハーゲンは「集団の罪」を蒸し返した、とかれらはいっている。[110] ゴールドハーゲンはある種の「典型的なユダヤ人の報復感情」をもっている、という者さえいる。

ゴールドハーゲン論争と並行して「絶滅戦争――一九四一年から一九四四年までの国防軍の犯罪」展をめぐって生じた論争［本訳書一七六―一七七頁の訳註を参照］でも、ナショナリズムが声高く唱えられた。[111] 展示に示された事実は、少なくとも専門の歴史家にはよく知られたものだった。[112] このゴールドハーゲン論争は、ナチ時代が今日においても相変わらず論争の的になることを、あらためて強調した。今後のナチズム研究も論争がその特色になるであろう。

ナチズム研究の今後

ゴールドハーゲン論争と「国防軍展示」をめぐる論争は、ホロコースト一般について、また特殊的にはドイツ人の加害行動について、人びとの注目を集めた。このような傾向がつづけば、ナチズム研究の未来は開かれたものになろう。一つには、テーマの問題に関してそういえる。これまではナチス国家の内政と外交が研究テーマの中心にされてきたが、今後は犠牲者の運命と加害者の行動が問題にされよう。加害者がヒトラーとナチスの何人かの指導的な人物に限られることはけっしてあるまい。ユダヤ人殺戮・人種殺戮は、戦争が始まってから、とくにドイツ軍の占領する東ヨーロッパの地域でおこなわれたものだから[113]、今後の研究は時間的・空間的な点で変更されることになろう。ドイツだけを問題にするのではなく、さまざまな歴史家はドイツ人によって占領されたヨーロッパの国ぐにを問題にすることになるであろう。これまでは三〇年代のドイツの外的・内的歩みだけに歴史家の関心がむけられていたが、これからは戦時への関心がいっそう強くなるだろう。

このように展望が変化するとしても、これまでの、第三帝国の意味をめぐる論争全体がその重要性を失うことはあるまい。しかし、「金融資本の一部」として「権力に達したファシズム」というドグマ的・マルクス主義的な解釈は、重要なものではなくなるだろう[114]。けれどもファシズム体制の構造の発生をボナパルティズム論を援用して説明する批判的・マルクス主義の試みは、いまも考慮に値するものであり、今後も有益でありつづけるだろう[115]。

これにたいし、とりわけヒトラー伝記著作者によって主張されているような、一枚岩に団結した「総統《フューラー》国家」という、全体主義論の特徴を帯びた第三帝国論は、ますます疑わしいものになるだろう。同じことが、近代化論者のナチズム論についてもいえる。近代化論者は、ナチス体制のいわゆる近代化の影響と目的についていまも論じているが、かれらの主要なテーゼはこの間にすでに論破されてしまっている。

ナチス国家の人種イデオロギー目的と実践に関して、それがすべての領域におよび、大きな意味をもったため、元来の「階級国家」からまったく新しい「人種国家」が生まれたという議論が生まれたが、この議論はまだ未解決である[116]。この理論が正しいということがわかれば、ナチズム国家を全体主義国家の一つとする議論は完全に疑わしいものになるだろう。ソ連は人種目的を追求したわけではないからである。

最近においても、ファシズムの「人種ジェノサイド」[117]は共産主義の「階級ジェノサイド」と同じものとする、強引な理論が再び繰り広げられている。[118] 階級に民族殺戮はなされえない、ということを度外視しても、階級と「人種」はまったく異なったカテゴリーであることをはっきり指摘しておかなければならない。さらに、そのような（人間の）「人種」は今日の人類学者や生物学者の大部分によって存在しないことがはっきりさせられている。最後に、ファシズムの「人種ジェノサイド」と、その四倍もの人間が犠牲になったという共産主義の「階級ジェノサイド」を等置することは、学問的に問題であるだけでなく、道義的・政治的理由からも批判されなければならない。

テロリズム独裁の樹立

事　実

ヴァイマル共和国の没落

一九三〇年三月二七日、社会民主党のヘルマン・ミュラーの大連合内閣が退陣した。これは社会民主党（SPD）のほかに中央党（Zentrum）、ドイツ民主党（DDP）、ドイツ国民党（DVP）から成る内閣であったが、退陣したのは各与党が社会政策問題において一致することができなかったためである。[1] 翌日、中央党のハインリヒ・ブリューニングが組閣を委任された。一九三〇年三月三〇日にブリューニングはかれの組閣を発表した。これで政府危機は回避されたかのように見えた。しかし実際には、それはヴァイマル共和国の終焉の始まりだった。

なぜなら、経済界の指導的代表やその他の保守層の求めに応じてできた政府から社会民主党を排除することは、取り返しのつかないことを意味していたからである。[2] 財界や保守層は、社会民主党だけでなく議会主義体制全体も、差し迫った経済的・政治的問題を克服するのには不適当であるとみていた。かれらは、議会主義体制の代わりに、権威主義的な大統領政権を支持した。この要望に応えて、パウル・フォン・ヒンデンブルク大統領はブリューニングを首相に任命した。ブリューニングははじめから国会のなかで多数派を形成していたわけではなかった。かれは、本来野党である諸政党の同意を得て法令を出すことができたにすぎない。さしあたりそれはうまくいった。

しかし一九三〇年七月一六日ブリューニングによって出された緊縮財政法の提案は議会の大多数によって拒否された。かれは負けていなかった。ブリューニングは、拒否された法案を、ヴァイマル憲法第四八条の大統領緊急令の条項によって有効なものにした。これは法的にはきわめて問題のある処置だったが、第四八条は緊急事態を支配した。国会の多数派による法案の拒否は、緊急事態を宣言することになり、「国民と国家の緊急事態を除去するため」押し通すことができないことになった。しかしまさにこれが、つまり議会の機能停止が、ブリューニングの公然たる意図だった。ブリューニング政府はもはや正常の政府ではなかった。それは独裁への第一歩だった。第二歩はすぐに示される。

国会はこの措置には不満だった。多数派は緊急令の廃止を決議した。これに応えてブリューニングはまたしても第四八条を使って国会を解散し、新たな選挙を公布した。選挙は一九三〇年九月一四日におこなわれ、すさまじい結果を示した。ナチ党（ＮＳＤＡＰ）[3]は、前回の二・六％に代わって一八・二％を獲得し、これまで一二議席だったのに一〇七議席を獲得して国会に臨んだ。ブリューニングはまたしても少数派内閣を形成したが、ブリューニング政権は、社会民主党が「寛容」したため、政権にとどまることができたのである。社会民主党の指導部は、ブリューニングはまだ「より小さな悪（kleinere Übel）」であるという理由から、寛容を説明した。ブリューニングはヒトラーに対抗するための唯一の選択肢であるというのであった。だから社会民主党員は「寛容政策のもつ反ファシズム的使命」と語っていた。[4]これがとんでもないことであることはすぐに明らかになった。ブリューニングは迷うことなくその厳しい緊縮政策をつづけた。その結果、失業者の数はいっそう増大した。同時に社会支出がドラスティックに削減されたので、社会的窮状は考えられないような規模に達した。これは極右政党にとっておあつらえ向きの状況だった。極右は、困窮の責任はおぞましい民主主義の「体制」にあるとして、これにたいする宣戦を布告した。一九三一年一〇月一一日、ナチ党とドイツ国家人民党（DNVP）ならびに退役軍人の組織である「鉄兜団（Stahlhelm）」はバート・ハルツブルクで共同の一大デモンストレーションを開催した。このデモンストレーションではきわめてストレートなスローガンで民主主義の除去が要求されていた。(5)

それでもブリューニングはかれの政策を変更しなかった。少なくとも、かれは、一九三一年の夏にドイツの賠償支払いが延期され、その一年後のローザンヌ会議（一九三二年六月一六日から七月一九日まで）で最終的に支払いが停止されるようにすることができた。しかしこの政治的成功はドイツでは評価されなかった。ますます厳しいものになってきたブリューニングの緊縮政策の措置にたいして、国民の不満はあまりにも大きかった。にもかかわらず社会民主党は引きつづきかれに味方した。のみならず社会民主党は一九三二年の春、ブリューニングの提案にしたがって、党員と支持者にヒンデンブルクの大統領再選を要求した。(6) フォン・ヒンデンブルクは「党派的でなく」ヒトラーにたいする唯一の対案であるから、というのであった。

社会民主党の寛容政策はここで最大のクライマックスを迎えた。以前の元帥フォン・ヒンデンブルクほど一九一八年の革命のなかで没落した権威主義的帝国を代表する人物はいなかった。かれが民主主義の精神を理解していないことには疑いの余地がなかった。そのうえ、いま八五歳になる老フォン・ヒンデンブルクは、反動的な将校やユンカーのグループの影響下にあった。このグループは、同時代の人びとが皮肉っていったように、「大統領の、憲法では後継者とされていない、息子」のオスカー・フォン・ヒンデンブルクの指揮下にあった。

にもかかわらず、社会民主党はほかに選択肢はないと考えていた。ヒンデンブルクの本当の対立候補は結局のところヒトラーだった。事実ヒンデンブルクは社会民主党の支持によって第二次選挙でヒトラーに勝つことができた。さしあたりは、社会民主党がヒンデンブルクに寄せる希望は、まさに現実のものになるように見えた。一九三二年四月一三日、その間に五〇万の勢力をもつようになっていたナチス突撃隊（SA）と親衛隊（SS）の疑似軍隊が大統領の緊急令によって禁止された。[7] これはナチ党にとって大打撃だった。ナチ党は選挙戦を突撃隊の暴力行使によって文字通り「戦う」ことにこの間も慣れっこになっていたからである。

このような状況下で、ヒトラーは東エルベの極端に保守的なユンカーから援助を得た。ユンカーたちは、ブリューニングの背後でヒンデンブルクとその息子のオスカーへの影響力を行使し、ナチス突撃隊の禁止を撤回させるだけでなく、その責任者であるブリューニングをただちに解任させようとした。かれらの陰謀の外的動機は、ブリューニングの緊急令の一つであり、これを使ってかれはドイツ東部の農民の移住を押し進めようとした。東エルベの封建領主たちはこの緊急令をかれらの伝統的な社会的特権にたいする攻撃とみた。

一九三二年五月二九日、ヒンデンブルク大統領はブリューニングに退陣を迫った。ブリューニングはただちにこの要求に応じた。とはいえかれはまだ公開の演説では「目標からわずか一〇〇メートルのところまで来て」倒されるといって憤激し、嘆いてみせた。[8] 問題はかれの「目標」がなんたるかであった。それが民主主義の擁護でなかったことは疑うべくもない。ブリューニングは公然と権威主義的な政体を樹立しようとしていた。それどころか、もう一度君主制をつくり出そうとしていた。[9]

政治的に大きな影響力をもつ将軍で、一九三二年六月以降国防大臣であったクゥルト・フォン・シュライヒャーもヒトラーへの権力移行を阻止しようとした。その代償はなんであったろう。一つには、はじめから大統領の好意とその緊縮令を頼りにしていたパーペンというかなり凡庸な中央党の政治家を首相に任命することによって、もう一つには、ヒトラーとナチ党をできるだけ大幅に政治体制のなかへ統合することによって、フォン・シュライヒャーは阻止しようとした。この「飼い慣らし構想（Zähmungskonzept）」を実現させるために、突撃隊の禁止はフォン・シュライヒャーの希望によってただちに撤回された。それ以上に不幸な結果を招いたのは、かれが社会民主主義者オットー・ブラウンの率いるプロイセン州政府を除去したことだった。どのようにしてそれはおこなわれたのか。

一九三二年四月の州議会選挙で、これまでプロイセンを統治してきた社会民主党、ドイツ民主党、中央党の連立内閣は多数を失った。[10]しかしほかの政党は、新首相の選出に意見を一致させることができなかったので、これまでの政府が引きつづき執務した。これはプロイセン州議会の憲法にも叶うことだった。にもかかわらず、一九三二年七月二〇日、この執務内閣は首相パーペンにより、罷免の宣告を受けた。この「プロイセンへの攻撃」は憲法違反であり、クーデタに近いものだった。しかしプロイセンの内相のカール・ゼーヴェリング（首相のオットー・ブラウンは休暇中だった）は無抵抗のままその職を退き、「国家全権委員（Reichskommisar）」が代わってその任についた。[11]

社会民主党は、七月二〇日に戦わずして敗北したのを一九三二年七月三一日の選挙で挽回することを望んでいたかもしれないが、この選挙はまったく期待はずれだった。社会民主党はさらに一〇の議席を失い、国会で一三三議席しか獲得できなかったからだ。それにたいし、ナチ党は三七・三％の得票率を得、合計二三〇議席を獲得した。いつヒトラーが首相に任命されるか、いまやそれはもう完全に時間の問題にすぎなかった。ついにかれは国会で最強の党の指導者になった。だがヒンデンブルクはヒトラーに組閣を委任することを拒否した。これによってさしあたりヒトラーの「権力掌握」は、シュライヒャーの「飼い慣らし構想」とまったく同じように、挫折したように見えた。

この「権力の真空状態」はひとまずつづいた。一九三二年九月一二日、国会は四二票の反対票にたいし五一二票で首相パーペンにたいする不信感を表明した。しかしパーペンの大統領内閣はけっして挫折することがなかった。代わりに新たな選挙をおこなうことが決められた。選挙は一九三二年一一月六日におこなわれた。ナチ党はちょうど四％の得票減となったが、一九六議席で、いぜん国会で最強の党だった。いまやドイツ工業界の指導的な代表者たちもヒトラーを首相に任命することに賛成したが、[12]ヒンデンブルクはそれを拒否した。ナチ党のなかには無力感が、のみならず絶望が、広がった。見極めもつかないような解体現象がはじまった。ヒトラーの権力のクライマックスはもう終わったように見えた。

一九三二年一二月三日クゥルト・フォン・シュライヒャーが首相に任命された。[13] かれはただちに労働組合からの、またグレゴア・シュトラッサーの率いるナチ党の一派からの、支持を要求した。グレゴア・シュトラッサーは、フォン・シュライヒャーの、首相代理のポスト提示を、一九三二年一二月八日最終的に断った。シュライヒャーの構想はこれで潰えた。かれの目論んだ軍事独裁はもはや大衆的基盤をもたなかった。にもかかわらずフォン・シュライヒャーは引きつづき雇用創出政策によって、経済危機を――経済危機はすでにそのピークを越えていたが――克服し、労働組合を協力させようとした。この二つの政策は大農業・大工業層のあいだに不信感を生んだ。ドイツ国家人民党の党員たちは「農村におけるボルシェヴィズム」の危険を宣伝した。

首相罷免を受諾しまいとしたフランツ・フォン・パーペンはこの状況を利用した。[14] 一九三三年一月四日、ケルンの銀行家クゥルト・フォン・シュレーダーの邸宅でかれはヒトラーと長時間の会談をおこなった。[15] 話題はドイツ国家人民党とナチ党の連立内閣だった。フォン・ヒンデンブルク大統領はその報告を受けた。かれはフォン・パーペンに公式の、しかし極秘の要請をおこない、ナチ党を加えた組閣の可能性を探らせた。大統領には東部で農業改革を実行するためのフォン・シュライヒャーの計画なるものがこっそり知らされていた。大農園所有者であるフォン・ヒンデンブルクはこの計画を攻撃と受け取った。かれはフォン・シュライヒャーに、新たな国会解散の全権を与えることを頼まれたが、それを拒否した。これを受けてフォン・シュライヒャーは一九三三年一月二八日に退陣した。その二日後にヒトラーが首相に任命された。[16]

テロルと画一統制

一九三三年一月三〇日は、国家社会主義者《ナチス》たちによって「権力掌握」の日と呼ばれ、祝われた。じじつヒトラーは、国会でナチ党とドイツ国家人民党だけに支持される内閣の首相になった。この両党は最後の国会選挙で総投票の四三%ぎりぎりを得ただけで、国会の議席の過半数を制するにはいたらなかった。したがって、ヒトラーのほかには二人の国家社会主義者《ナチス》、すなわち内相のヴィルヘルム・フリック、無任所大臣のヘルマン・ゲーリングが入閣する多数派の政府をつくることが必要だった。しかしゲーリングは同時にプロイセン内務大臣に任命されたので、ナチスは行政機構の重要な部分に介入することができた。このことは、とりわけ、最大の州であるプロイセンの警察についていえることだった。

だから首相代理の職を引き受けたフランツ・フォン・パーペンが「われわれがかれを」、つまり保守主義者がヒトラーを、「雇った」のだと告げたとき、(17) かれはまったく見る眼をもっていなかったといっていい。ヒトラーを「二ヵ月もすれば」「窮地に立たせ」「悲鳴を上げるようにする」ことができるという、(18) パーペンの期待は、一九三三年一月三〇日にはすでにまったく非現実的なものになっていた。ヒトラーは首相に任命される直前に保守主義者のパートナーから、国会が二月一日に解散され、一九三三年三月五日に新選挙がおこなわれるのに賛成であるという譲歩を、むりやりかちとっていたからである。ナチスがそのすべての力を投じて選挙戦を戦うことは、一月三〇日の晩にはもう証明済みだった。かれらはベルリンで派手な松明行列をおこない、(19) 新首相は明らかに大衆政党の指導者であること、その大衆政党の党員はいま強い動機をもち、あらゆることをおこなう用意があること、容赦ない暴力行使も辞さないことを、強調した。そのうえかれらはいまや業界から財政的援助をふんだんに得ていた。

二月三日、ヒトラーは、陸軍と海軍の指揮官との話し合いで、今後ヴァイマル共和国が最終的に破壊されるときは、国防軍は完全に受動的な立場をとり傍観するという約束をとった。(20) 陸・海軍の代表者は、憲法でこの共和国に宣誓していたにもかかわらず、共和国を擁護しようとしなかったのだ。翌日、二月四日に、ヒトラーはヒンデンブルク大統領に新たな緊急令を公布させ、新聞・集会の自由を制限させた。対象にされたのはもっぱら共産党と社会民主党の新聞だった。

そのうえ、ゲーリングの指揮するプロイセン警察がナチ党の政治的敵対者にたいし、ますます公然と差し向けられた。二月一一日、警察はゲーリングから、「国民的団体」、すなわちSA、SSの暴力組織および極右の「鉄兜団」と、密接に協同せよという警告を受けた。二月一七日、ゲーリングはプロイセン警察のメンバーに「共産主義者のテロ行為と襲撃にたいしては徹底的に厳しい手段をとるように」、その場合「容赦なく武器を使用せよ」と要求した。(21) さらにその五日後の二月二二日には、四万人のSAとSS隊員、一万人の「鉄兜団」の隊員が補助警察員に任命された。そのうえゲーリングはナチ党の政敵との闘いにはプロイセン警察の人員と専門知識を使うようにせよと指示した。(22)

二月二七日の国会議事堂の炎上は、なんの証拠もないまま共産主義者の仕業であるとされ、すでに弱体化されていた野党を暴力によって粉砕するきっかけとなった。何千人もの共産党員と社会民主党員が、党と国家のあらかじめ用意したリストにしたがって、警察、補助警察やSAとSSのメンバーによって「保護拘束」され、監獄や新たにつくられた「強制収容所」へ拉致されていった。それは兵舎、SAやSSの「突撃酒場」やその他の建物であり、また船舶さえもがこの拷問の場にされた。(23)

おもにSAとSSによって執行されたテロルは、二月二八日、新たな大統領緊急令によって「合法的なもの」とされた。(24) このいわゆる国会炎上令(Reichstagsbrandverordnung)で、ヴァイマル国憲法の保証する最も重要な権利――個人の権利、言論・出版の自由、結社の自由、集会の自由、郵便ならびに電信の秘密を守る自由、財産と居住の不可侵性など――が無効にされた。本来この措置は一時的なもののはずだった。実際には、この国会炎上令は一九四五年までたえず更新され、ナチス国家のその後のあらゆるテロル措置の基盤にされた。

　この暴力的手段によって戦われた選挙戦は、ナチスが望んだような成果をもたらさなかった。一九三三年三月五日の国会選挙で、ナチ党は総投票数の四三・九％「しか」獲得できなかった。しかしナチ党は、八％を獲得した連立パートナーの国家人民党の協力を得て、多数派政府をつくることができた。しかし、これではヒトラーは満足できなかった。大幅に排除され、テロルの対象にされてはいたものの、共産党は八一議席を獲得した。この議席は、三月一三日、無効とされた。これによって政府の力はさらに強くなった。

　しかしそれでもまだヒトラーは満足しなかった。一九三三年三月二三日、かれは国会にいわゆる全権委任法（Ermächtigungsgesetz）を提案した。これは、政府が議会の審議がなくても憲法の改正さえも公布できるとする法案であった。[25] 法案は必要な三分の二ぎりぎりの多数決で採択された。まだ残存していたブルジョワ政党と中央党の議員たちも賛成票を投じたからである。社会民主党の議員たちだけが否を投じた。[26]

　全権委任法によって国会は事実上除去された。この後にきたのが州議会の「画一統制（Gleichschaltung）」だった。すでに一九三三年三月五日、まだ国家社会主義者《ナチス》の政府でない州の内相たちが全国全権委員によって取って代わられた。三月三一日、州議会は、「国家による州統制のための法」によって国会選挙の結果に比例した割合でつくりかえられることになった。これによってナチスは（またかれらと同盟する保守党員は）すべての州で多数派になることができた。[27] 四月七日、次の一歩が始まった。「国家による州統制のための第二次法」によって州政府は解散させられた。州政府に代わっていわゆる知事（Statthalter）が登場した。

　同じ時期に、全国レベルでも、また州レベルでも、民主的な立場をとる官吏やユダヤ人の官吏は解雇された。[28] このすでに広く実行されていた措置が一九三三年四月七日に「職業官吏再建法」によって追認され「合法化」された。解雇された人びとのなかには裁判官や検事もいた。司法の「画一統制」のためのさらなる措置は、さしあたりまだとられなかった。それは必要でなかった。司法は、新しい国ができるとすぐにそのために働こうとして、いわば自らを画一統制していたからである。(29)

これにつづいたのは、まだ存在している政党や団体の禁止である。国家社会主義者《ナチス》は労働組合を簡単にうち負かすことができた。ドイツ労働組合総連合（Allgemeine Deutsche Gewerkschaftsbund：ADGB）は一九三三年三月の経営評議会選挙でまだかなりの成果を挙げていたし、(30) 国家社会主義《ナチ》の似非労働組合はナチス経営細胞（Nationalsozialistische Betriebszellenorganisation：NSBO）によってほんのわずかしか票をとれないでいただけに、ドイツ労働組合総連合の敗北は予期できないことだった。組合の基盤には抵抗力があることが明らかにされたが、指導部はナチに協力しようとした。すでに一九三三年三月二〇日にドイツ労働組合総連合の幹部は社会民主党から袂を分かつことをはっきり告げていた。四月九日、かれらはナチス経営細胞との統一労働組合の結成を提案した。この目的のための交渉が四月二八日に始められた。この対ナチ協力は世間にも明らかになった。のみならず、ドイツ労働組合総連合は、国家社会主義者《ナチス》が組織し指揮する五月一日のデモにさえ参加するように、組合員に呼びかけた。しかしこのようなナチスへの接近は役に立たなかった。五月二日、ドイツ全土のいたるところで労働組合の建物がSAとSSによって占拠された。大勢の活動家が逮捕された。労働組合の財産は接収された。自由労働組合の代わりに、五月一〇日に設立された「ドイツ労働戦線（Deutsche Arbeiterfront）」（DAF）が登場し、これまでのすべての従業員・労働者の団体は強制的にこれに合併させられた。

社会民主党も同じようにひどい目に遭った。前述のように、社会民主党は、三月二三日に全権委任法に反対票を投じたが、五月一七日にはヒトラーの「平和演説」とナチス政府の公式の外交政策プログラムに賛成することは正しいとした。ナチスがすべての政敵にたいし、社会民主党にたいしても比類のない残酷なテロルを繰り広げていたにもかかわらず、社会民主党はそうしたのである。だから、まだ国内に残っている社会民主党全国指導部の示したこの適応路線が、すでに外国に亡命しているさまざまな社会民主党員によって厳しく批判されたのは当然だった。かれらは亡命先のプラハで、「ゾパーデ (Sopade)」と略称された、新しいドイツ社会民主党を創立した。これによって党は分裂した。この状態は一九三三年六月二二日までつづいた。この日、社会民主党は公式に禁止された。

この時点までにほかの政党は禁止されるか、それとも自ら解散した。中央党はこの例に倣った最後の党で、六月五日、同じように解散した。もうドイツにはたった一つの党――ナチ党――しか存在しないことになった。この事実は一九三三年六月一四日、法的に確認された。この日、ナチスは「新党設立禁止法」を公布した。(31)

一九三三年の後半に、ヒトラーは外に向けてかれの政権を守ることにますます専念した。そのための重要な一歩が、七月二〇日にヴァチカンとのあいだに締結した政教条約《コンコルダート》 (Reichskonkordat) であった。政教条約はカトリック教会に重要な諸権利を保証した。しかし、のちにナチスによってその約束は守られなかった。そのことを人は一九三三年に予見できたはずである。にもかかわらずローマ法王は、全世界の前に、政教条約によってヒトラー政権を信頼の置ける交渉相手として承認した。ドイツ国家社会主義者《ナチス》は大きな威信を得ることができた。

野党を完全に排除した後、ヒトラーはいよいよ党内反対派をも相手にしなければならなくなった。なによりもそれはSAだった。(32) SAの隊員たちの多くは、党が獲得した成果に満足せず、「第二革命」を要求していた。(33) そのうえ、かれらは、もう重要な抵抗がほとんどなくなっていたにもかかわらず、(34) テロル活動をやめる気配を見せなかった。SAのテロルは、一九三三年六月末ピークに達し、ベルリンのケーペニク地区では一週間のあいだに九一人の共産主義者・社会主義者が殺された。(35)

七月六日ヒトラーが「革命の流れを、より確実な発展の河床へ導く」ようにと呼びかけたとき、(36) かれは明らかにこのような事件を目の当たりにしていた。ちょうど一ヵ月後にこのヒトラーのことばは実行された。八月二日、そのあいだにプロイセン首相のポストにも就いていたゲーリングがSA補助警察を解散させた。

SAは、不承不承ではあったが、この命令に従った。SA指導者のエルンスト・レームはSAを一種の民兵組織に変えようとした。あるいはSA全部を国防軍に融合しようとした。これは両方とも、軍の指導者によって明確に拒否された。ヒトラー自身は、すでに一九三三年二月三日、陸海軍の司令官に、イタリアとちがって「軍とSAの結合」を意図しないと断言していたにもかかわらず、さしあたりこの抗争に介入しなかった。

抗争は、当初決着がつかなかった。ヒトラーはこのときを利用して、社会的領域においてすでに獲得した地歩を固めた。一九三四年一月二〇日「国民的労働の秩序のための法」が公布された。[37] 同時に、「労働受託官（Treuhänder der Arbeit）」が国家によって任命された。その任務は、賃金と労働の規定遵守を管理することだった。これはドイツ労働戦線に代わったナチス経営細胞をいっそう骨抜きにするものだった。

一九三四年一月三〇日、政府は「帝国再建のための法」によってドイツの連邦構造を完全に除去した。[38] 州議会は解散させられ、州のもつすべての主権は国のものとなった。同時に、これによって州の政治警察を統合する道が開かれた。四月二〇日、ヒムラーが、ベルリンから全ドイツを管理するゲシュタポの「長官（Inspekteur）」に任命された。同時にヒムラーはかれの指揮するSSをさらに拡大した。

一九三四年六月三〇日、ヒトラーはレームにたいする絶滅戦を開始した。[39] ゲシュタポとSSのメンバーはSA指導部の全員を逮捕した。レームのほかに八三名がただちに射殺された。犠牲者のなかにはフォン・ブレードウやフォン・シュライヒャーのような将軍もいた。にもかかわらず、国防軍（Reichswehr）の側からはこの大量殺戮にたいする抗議のことばは聞かれなかった。この沈黙によって国防軍は共犯者になった。国防軍は事実上ヒトラーの一味になった。司法も何もしなかった。指導的な法学者のカール・シュミットはある論文でこの犯罪をすすんで是認しようとした。論文には「総統《フューラー》は法を守る」という注目すべきタイトルがついていた。[40]

いわゆる「レーム一揆」の鎮圧によって得られた権力の座を、ヒトラーは目標をしっかり見据えて、利用した。一九三四年八月二日、フォン・ヒンデンブルク大統領が死んだとき、ヒトラーは大統領と首相の職を統合した。「総統《フューラー》兼首相《カンツラー》」として、ヒトラーは、国防軍の——国防軍はいまかれへの忠誠を宣誓したから——最高指揮権をも同時に掌握した。(41) これによって、一九三五年「ヴェーアマハト（Wehrmacht）」と名前を変えた国防軍は、大幅に「画一統制」されるようになった。

共和国に代わって独裁が生まれた。共産主義者が正しく「テロルの」と呼んだ独裁だった。(42) このことは次節の「テロル独裁」の制度を概観すると明らかになる。

テロルの制度

まず第一に挙げられなければならないのが、ゲシュタポ（Gestapo）［国家秘密警察］である。これは、すでに述べたように、プロイセン警察から生まれたものである。一九三三年四月二六日以後、「プロイセン秘密国家警察局（das Preußische Geheime Staatspolizeiamt）」はプロイセン内相ゲーリングの直接指揮下に入った。(43) かれの任務の一つは、「（プロイセン）国家の領域における、国家にとって危険な政治的動向」の情報を集めることだった。この目的のためにすべてのプロイセン大都市と行政地区に「国家警察署（Staatspolizeistelle）」がつくられた。それらはベルリン中央の指揮下におかれ、中央から命令を受けた。これらすべては一九三三年一一月三〇日の「（第二次）国家秘密警察法」(44) によって「合法化」された。

この時点——一九三三年末——で、ゲシュタパ（Gestapa）［国家秘密警察局］は、ある郵政官僚の提案によってつくられたその略称が示すように、まだ全能の組織ではなかった。ゲシュタパは、競合するSAの権力要求にたいして、たえず自己防衛しなければならなかった。とりわけ、SAとSSによって国内のいたるところにつくられた強制収容所の指揮と管理の権限はだれのものかが、議論された。[45]

一九三四年四月二〇日、ハインリヒ・ヒムラーがゲーリングによってプロイセン・ゲシュタパの「長官（Inspekteur）」に任命された。ヒムラーがすでに指揮下においていたほかの州の政治警察は、プロイセンのゲシュタパと統合されて、全国的に活動するゲシュタポとなった。[46]この時点ですでにゲシュタポには二六〇〇人の職員がおり、そのうちの六〇〇名はベルリン中央で働いていた。[47]

ゲシュタポ「長官」として、ヒムラーは国務を執行した。同時にかれはSSの「全国指導者（Reichsführer）」[48]として党の組織を支配した。SSの歴史は、一九二三年三月に設立された「幕僚警備（Stabswache）」に遡る。それは一九二三年五月に拡大され、「ヒトラー突撃隊」と呼ばれ、一九二五年ナチ党が再建されたとき、最終的に、「親衛隊（Schutzstaffel）」、略してSSと名称が替わった。SSはSAの下に置かれ、おもにヒトラーやその他の党の指導者たちの護衛の任に当たった。

一九二九年一月六日、ヒムラーは「SS全国指導者（Reichsführer SS）」（RFSS）に任命された。ただちにかれはSSの人員を増やし、拡大しようとした。そしてそれに成功した。一九三三年の初め、SSにはすでに五六〇〇〇人の隊員がいた。[49]かれらの多くが、SAの隊員や鉄兜団の団員といっしょに、プロイセン内相のゲーリングによって、補助警察に任命された。それは「政治機動隊（Politische Bereitschaften）」と呼ばれた。ヒトラーの護衛隊がついに軍事的集団になった。一九三三年九月、それは「アードルフ・ヒトラー親衛部隊（Leibstandarte Adolf Hitler）」と呼ばれた。[50]

一九三四年一二月、SSの編成替えがおこなわれた。「政治機動隊」と「アードルフ・ヒトラー親衛部隊」は「SS実行部隊（SS-Verfügungstruppen）」に替わり、ますます拡大され、ついには「武装SS（Waffen-SS）」の師団になった。そのほかに、「SS髑髏団（SS-Totenkopfverbände）」というのもあり、それが強制収容所の監視部隊を指揮した。「SS髑髏団」の長官、すべての強制収容所の「司令官（Inspekteur）」になったのは、ダッハウ強制収容所前所長のテオドア・アイケである。[51]

最後にＳＳ保安部（Sicherheitsdienst der SS：ＳＤ）についても言及しておかなければならない。これは、すでに一九三一年に創立され、ラインハルト・ハイドリヒ[52]によって指揮されていた一種の秘密警察で、これを使ってヒムラーは国家社会主義《ナチス》の政治的敵対者と党内の敵を監視させた。ヒトラーが首相に任命されてから、ＳＳ保安部は組織的に拡大された。ＳＤがいわゆる敵対者捜査に従事したのにたいし、ゲシュタポは「敵対者撲滅」にあたった。国家のゲシュタポと党の下部組織とのあいだにはさまざまな権限の対立が生まれたが、この国家と党の機能と職務の並列は意図されたものだった。「ＳＳ保安部本部」長と（ヒムラーの代理で）「秘密国家警察局の指導者（Leiter des Geheimen Staatspolizeiamts）」は同一人物のラインハルト・ハイドリヒだった。

一九三六年六月一七日、内相のフリックはヒムラーを「内務省のドイツ警察長官（Chef der Deutschen Polizei im Reichsministerium des Inneren）」に任命した。[53]これによってヒムラーはゲシュタポだけでなく、刑事警察、保安警察ならびに治安警察を指揮することになった。休むことを知らないヒムラーは、ただちにかれの活動領域の再編に着手した。保安警察、地方警察は「秩序警察本部（Hauptamt Ordnungspolizei）」にまとめられ、ＳＳ将軍のクゥルト・ダリューゲがこれを指揮した。これにたいし、ゲシュタポと刑事警察は「治安警察本部（Hauptamt Sicherheitspolizei）」に統合され、ハイドリヒの指揮下に置かれた。

こうしてヒムラーは「ドイツ警察の長」として国家の部局と施設を、また「ＳＳ全国指導者」として党の部局と施設を支配するようになった。しかしこの国家ならびに党のさまざまな部局の協力は必ずしもスムーズに運んだわけではない。とりわけゲシュタポと保安部（ＳＤ）には仕事の重複と摩擦があった。[54]したがって両者の施設が厳密に隔離されなければならなくなったことは、理解できることだった。しかしヒムラーは、ちがうやりかたをすることに決めた。一九三九年一一月二七日、かれは国家の（ゲシュタポと刑事警察からなる）「保安警察本部（Hauptamt Sicherheitspolizei）」と「保安本部（Sicherheitsdienst-Hauptamt）」を統合して、「全国保安本部（Reichssicherheitshauptamt）」にした。[55]

全国保安本部のほかにもいくつかのＳＳの本部（Hauptamt）があった。たとえばＳＳ隊員の活動にイデオロギー的、とりわけ人種イデオロギー的方向づけを与えるための「人種ならびに移住本部（Rasse- und Siedlungshauptamt）」、さらには「ＳＳ全国指導者幕僚本部（Hauptamt Persönlicher Stab Reichsführer SS）」、「ＳＳ法廷本部（Hauptamt SS-Gericht）」、「ドイツ精神確立のための政府委員幕僚本部（Stabshauptamt des Reichskommissars für die Festigung deutschen Volkstums）」などが挙げられる。これらの本部のなかで最も重要なものは、一九四二年に「ＳＳ経済管理本部（SS-Wirtschafts-Verwaltungshauptamt）」と改名された「管理・経済本部（Hauptamt Verwaltung und Wirtschaft）」で、これはＳＳのすべての管理を司り、すべての経済活動を指導した。これには強制収容所の囚人の搾取と徹底的な略奪も含まれていた。これらの本部は、法の外にある「ＳＳ国家（SS-Staat）」の省庁のようなものだった。

しかしこれは「テロル独裁」のなかではどっちみち意味のないものだった。法廷さえもがテロルの組織になっていたからである。[56] このことは、この不正国家が公布し、「恐るべき法律家たち」[57]が自らすすんで適用した法をみると、だれよりも明らかである。すでに「正常の」法廷が通常ナチスのテロルの執行機関になっていたが、[58] ナチスの指導者たち、だれよりもヒトラー自身が、法を無視しようとした。年月が経つにつれ、ナチ党と国家の指導者たちはますます司法の領域へ介入するようになった。これは、ますます仮借ないものになった刑罰規定の公布によって、また、すでに下された判決が「生ぬるい」とみられたときはその判決を破棄することによって、最後には、新しい法廷をつくり在来の法廷の権限と存在理由がなくなるようにすることによって、おこなわれた。

最初の「特別法廷」[60]は、一九三三年三月二一日の大統領緊急令にもとづいてつくられ、[59] ただちにすべての上級地方裁判所に設置された。政治的重大犯罪行為はこの特別法廷の管轄するものとされ、同じように一九三三年三月二一日に公布された「国民的高揚の政府を陰険な攻撃にたいし防衛するための」緊急令によって、厳しい刑法上の訴追がおこなわれるようになった。もしくははじめて訴追が可能になった。[61] 犯罪には、重大な反乱や国内平和破壊と並んで、ナチの制服を不正に着用していることが挙げられていた。

さらに、同じように一九三三年四月四日に公布された「政治暴力にたいする防衛のための法」は、「特別法廷」の権限に入る新しい刑事罰規定と刑事犯罪要件を挙げている。[62] 一九三四年一二月二〇日、「国家と党にたいする陰険な攻撃に対抗し、党の制服を守るための法」がこれに加わった。[63] この法律は「特別法廷」に、政権に必ずしも順応しない人びとの行為を罰することを可能にした。そのような裁判のきっかけをつくったのは、密告で、たいていそれは個人的なもしくは業務上の動機からのものだった。

各地の司法管区におかれた特別法廷は、その法廷が下した厳しい判決のため、「国内戦線における即決裁判所」と呼ばれた。[64] こう呼ばれたのも当然だった。というのは、とりわけ戦時には、ドイツや占領地域で反対派と疑われる者はだれでも長期間の禁固刑を受けたし、死刑に処せられることも稀ではなかったからである。

「国内戦線における即決裁判所」を上回る働きを見せたのは、一九三四年四月二四日につくられた「国民法廷(Volksgerichtshof)」で、[65] それは一九三四年七月一四日にはじめて召集された。[66] 「国民の名において(im Namen des Volkes)」判決を下すと称していたこの法廷の裁判官はヒトラーによって任命された。裁判長と陪席判事だけが職業裁判官だった。ほかの三人の名誉職の判事はたいていSAとSSの指導者だった。弁護人は裁判長によってはっきり承認された者でなければならなかった。そのうえ弁護人は画一統制された階層組織によって厳しく監視されていた。この取り締まりがなかったとしても、弁護人はその本来の任務を引き受けることはできなかった。すべての書類に目を通すことはかれらには許されなかった。かれらや被告が書類を見ることができたのは、ずっと後で、はじめてそれが許されたのは審理の前夜であった。いつでも介入することができ、無罪釈放された者さえも逮捕することができたゲシュタポの措置にたいして、弁護人は完全に無力だった。

法治国の規範を嘲り笑うこのような状態では、国民法廷がきわめて「効果的」であり、ナチの観点からみて「成功」であったことは、怪しむに足りない。一九三四年、まだ国民法廷が創設されてまもないころにも、六〇件の大逆罪と三四件の州反乱罪の裁判がおこなわれた。一九三五年には、一三〇件、一九三六年には一五〇件の同様の裁判がおこなわれている。国民法廷の裁判官たちの〝活動〟への感謝のため、一九三七年、かれらも、国立最高裁判所の裁判官たちが着ているのとまったく同様の、赤い法衣を着ることが許された。司法大臣のギュルトナーによって、かれらは、「帝国の安全にたいして加えられる内外の攻撃を鎮圧し、防衛する戦闘部隊」(67)と賞讃された。

戦争が始まると、この「戦闘部隊」の構成員はますます迅速に、かつラディカルに、仕事をした。一九四〇年にはもう四〇〇件の判決が下されている。一九四三年には一〇〇〇件の、その一年後には二〇〇〇件以上の判決が出されている。一九三七年にはすでに六七九件の死刑が執行されていたが、一九四四年の終わりにはさらに二〇九七人が死刑に処せられた。これは被告のほとんど半数であった。判決理由は、たいてい、近しい人びとのなかで、たんなる意見を述べたことであり、それが「敗北主義的」と解釈されたからである。

たいていの死刑判決は国民法廷の裁判長ローラント・フライスラーのもとに下された。フライスラーはすでに一九二三年にナチ党に入党している。党の弁護士として尽力したかれは、カッセルの市会議員になり、やがてプロイセン州議会議員になった。その後、かれは司法省の次官にのし上がり、一九四二年にはついに国民法廷の裁判長になった。ここでかれはその狂信主義によって名を挙げた。ヒトラーは自らかれを、モスクワの粛清裁判にしたがって、「われらのヴィシンスキ(unser Wyschinskij)」と呼んだ。フライスラーに与えられたこの悪名は、なによりも、一九四四年七月二〇日のクーデタ関与者にたいする裁判のためであった。かれは被告たちをこのうえなく口汚く罵倒し、大部分の被告に死刑の判決を下した。(68)一九四五年二月三日、フライスラーは、国民法廷の建物への爆撃で、落ちてきた梁の下敷きになって死亡した。

ナチス不正国家の「特別」ならびに「通常」法廷の裁判官たちのことはいわないまでも、国民法廷の専門の裁判官や名誉裁判官は、今日までかれらの行為の責任を問われていない。かれらは連邦裁判所で一種の「裁判官特権」を認められている。すなわち、ナチの不正の行使は不正ではない、と認められている。だから当時まだ生きていた六七人の人民法廷の構成員への訴追はおこなわれなかった。これがおこなわれたのは一九八六年である。その八年後には東ドイツの裁判官にたいする訴訟が始まった。かれらは無罪とされなかった。

論争

権力奪取か、それとも権力委譲か？

マルクス主義の歴史家にとって一九三三年は「権力奪取（Machtergreifung）」ではなく「権力委譲（Machtübertragung）」だった。東ドイツの歴史家はいつまでもこのテーゼに固執した。東ドイツでは生徒たちは歴史教科書で次のように学んだ。「一九三三年にファシズム独裁の時代が始まった。同時にドイツの大ブルジョワジーはきわめて残忍なテロル体制を、かれらがいつも自分たちの権力を行使するのに利用するテロル体制を、樹立した」[69]。これにたいし西ドイツでは、長い間こういわれてきた。ヒトラーは自力で、ほかのだれの助けも借りずに、権力を「奪取」した。そして「全体主義の総統《フューラー》国家」をつくった、と。この単純な歴史理解は、今日でも通俗的な歴史書によく見られるものである。(70)これにたいし専門的歴史研究においてはもう少し複雑な見方がされている。(71)

それはなによりもカール・ブラッハーの功績である。ブラッハーはすでに一九五五年に出版されたスタンダードワークの『ヴァイマル共和国の解体』で、「権力奪取」は長いプロセスの最終的な結果であるというテーゼを発表している。このプロセスはハインリヒ・ブリューニングの首相就任に始まった。ブリューニングは議会で多数派をもつことができなかったので「権力喪失の段階」を招いた。かれの後継者である首相のフランツ・フォン・パーペンとクゥルト・フォン・シュライヒャーの時代に、「権力喪失の段階」は「権力の真空状態」の段階に替わった。なぜなら二人の首相は、(不法に行使された)ヴァイマル憲法の緊急令によってのみ支配することができ、ヒンデンブルク大統領の好意にすがっていたからである。この「権力の真空状態」に「権力奪取」がつづいたのだ、とブラッハーは述べている。(72)

ブラッハーの「段階」モデルが前述のナチズムと同時代の批判的・マルクス主義ファシズム研究者の試みとよく似ていることを認めるのは困難ではない。それはマルクスとエンゲルスのボナパルティズム論をファシズム独裁の樹立の解明に適用しようとしたものだった。ブラッハーの「権力の真空状態」はボナパルティズム論の「階級権力の均衡状態」に、ブルジョワジーが政治権力の行使を諦めるようになったという状態に、相当する。この状態が「執行権力の自立」を、もしくはブラッハーの呼び方では「権力奪取」を、可能にしたのである。(73)

むろんブラッハーはこのボナパルティズム・モデルの詳細な検討をおこなうことをしなかった。(74)かれはハインリヒ・ブリューニングの政治の説明に没頭した。その場合、中心問題となったのは、ブリューニングは民主主義を擁護しようとしたのか、それとも意識的に独裁をめざしたのか、であった。ブラッハーは後者であるとした。ブリューニングは「ヴァイマル共和国解体の前の最後の首相ではなく」「ドイツ民主主義の解体過程の最初の首相」である、とブラッハーは見た。[75]

ヴェルナー・コンツェはこれにはげしく反論した。コンツェによれば、ブリューニングにはほかの道はなかった。一九二九年から一九三〇年にかけて、議会主義の体制はもう完全に崩壊していた。だから政党政治国家の危機には逃げ道がなかった。それだけに経済危機を厳しい緊縮路線によって克服し、同時に第一次世界大戦の戦勝国に賠償を止めさせようとしたブリューニングの試みはほめられていい、というのである。[76]

コンツェのテーゼは、こともあろうにブリューニング自身によって反駁された。ブリューニングはかれの死後に出版された回想録のなかで、コンツェが考えているような「民主主義の救済」など自分はまったく考えていなかった、と述べている。[77] かれが厳しい緊縮路線をとったのは、ドイツはこれ以上賠償を支払うことができない、と外国に納得させるためではなかった。かれの本来の目的は国内に君主制を再建すること、外交政治において徐々にヴェルサイユ体制を廃止することだった、と。

ブラッハー／コンツェ論争はブラッハーの「勝利」に終わったように見えた。しかし、経済史家のクヌート・ボルヒャルトはこれに満足しなかった。ブリューニングが何を求めたにせよ、かれによっておこなわれた経済政策に、ほかの選択肢はなかった。[78] ドイツは、世界市場で再び競争能力をもつためには、節約をし、高すぎる賃金を引き下げなければならなかった、とボルヒャルトは主張した。これにたいしてカール・ルートヴィヒ・ホルトフレーリヒははげしく反論している。[79] 経済政策路線の変更は可能だった、とかれはいう。ブリューニングは、当時すでに知られていた経済学者ジョン・メイナード・ケインズによる学説に従い、国家による雇用創出プログラム（いわゆる赤字財政支出(deficit spending)）によって、早い時期に経済危機の克服をはかることができたはずだ。しかしブリューニングは、先に述べた政治的理由から、意識的にそれを断念したのである、と。

この論争をどう判断するにせよ、一つだけは確実である。ブリューニングだけがヴァイマル共和国の没落に責任があったわけではない、ということである。では、どんな選択肢があったのだろうか。

どんな選択肢があったのか?

なぜ二つの労働者党――社会民主党と共産党――はヴァイマル共和国を救い、「ファシズム」の勝利を阻止することができなかったのだろうか。すでに同時代の人びとがこの問いを大いに問題にしていた。両者は――社会民主主義者も共産主義者も――互いに責任をなすりつけあっていた。共産主義者は社会民主党に「臆病」を、のみならず「裏切り」を非難した。社会民主党が共産党の側につき、共産党の指導下に「革命」のために戦い、「ファシズム」に反対することをしなかったからである。

社会民主党は事実この両方を拒否した。社会民主党はどんな「革命」も望まなかった。ボルシェヴィズムの革命などはまったく望まなかった。その代わりに社会民主党は民主主義共和国の擁護のために尽力した。しかしそれは共産党の関心事ではなかった。共産党にとってヴァイマル共和国は、すべての議会制民主主義と同様、いまやまぎれもない「ブルジョワ独裁」だった。さらに社会民主党と共産党はファシズムの性格と本質について正反対の見解をもっていた。社会民主党がファシズムというとき社会民主党はもっぱらナチ党のことを考えていたのにたいし、共産党にとってヴァイマル共和国の最後のいくつかの政府は、また社会民主党さえもが「ファシズム」であった。共産党にとって、本来ドイツには三つの「ファシズム」があった。つまり「国民的ファシズム」のナチ党と並んで、かれらが戦わなければならない、大統領内閣のかたちをとった「上からのファシズム」があった。そして最後に社会民主党の

「社会ファシズム」があった。したがって共産党は、場合によっては、社会民主党と「下からの統一戦線」を結ぶ用意があった。ということは、個々の社会民主党員とは提携するが社会民主党の指導部とは提携できない、ということだった。だからこの「下からの統一戦線」は本当の「統一戦線」とはなんの関係もないものだった。

東ドイツの歴史家たちはこのことを「最後まで」認めようとしなかった。かれらは明らかに共産党の戦略と政策を正当化しようとしていた。社会ファシズムというテーゼだけは批判された。しかしそれは、いくつかの「セクト勢力」が一時期唱えたものである、と説明された。[80] しかし社会民主党の――寛容政策から一九三二年七月二〇日にとった消極的態度までの――あやまりは、西ドイツではカール・ディートリヒ・ブラッハー、エーリヒ・マティアス、ハンス・ペーター・エーニ、ハンス・モムゼン、ヴォルフガング・ピュータらによって批判された。[81] これにたいし、カール・ローエ、ハーゲン・シュルツェとハインリヒ・アウグスト・ヴィンクラーは社会民主党の政策を擁護した。[82] かれらは、社会民主党の寛容政策にはほかの選択肢がなかった、一九三二年七月二〇日の消極的態度には、流血の内乱しか選択肢がなかった、その内乱には勝利がありえなかった、と論証した。[83] そのとおりかもしれない。しかし、社会民主党が自己防衛したら本当に内乱になったかどうかについては問題の残るところである。要するに、一九三二年七月二〇日にベルリンへ出動を命じられた国防軍はきわめて弱体であり、それにたいして、重要なベルリン警察はまだ社会民主党の指揮下にあったからである。とはいえこれらはすべて推測にすぎない。現実には、ベルリンに、またほかのドイツの大都市に、大きなデモンストレーションなどなかったからである。社会民主党は完全に戦わずして破れたのであり、共産党は一九三二年七月二〇日には消極的な態度をとっていた。

ほかの歴史家たちは、クゥルト・フォン・シュライヒャーのいわゆる横断型統一戦線構想こそがヒトラーの「権力奪取」に対抗しうる歴史的選択肢だった、といっている。かれらがいうのは、労働組合から、グレゴア・シュトラッサーを中心にするナチ党左派までの、反ヒトラー同盟を結成することであった。[84] その行き着く先は軍部独裁の樹立だったろう。それは「より小さな」悪だったかもしれないが、[85]いずれにせよ「悪」であったことにはちがいがない。それに、軍部にヒトラーの「権力奪取」を阻止する用意が本当にあったかどうかは疑問である。

その他の論争

すでに当時の左翼の人びとは、また一部のリベラルな人びとも、ナチ党がどこから財政資金を得てあのかなり贅沢な選挙戦を戦っているのかを、繰り返し問題にした。その場合、大企業によるナチ党支持がいつも推測された。しかし、記録文書による証明は示されなかった。東ドイツのファシズム研究者たちもそれを試みた。工業界によるナチ党支持についてかれらの挙げた具体的証拠は、アメリカの学者ヘンリー・アシュビー・ターナーによって逐一反駁された。[86]ターナーの出した結論は、ナチ党はそのかなり大きな党機構をおもに党費と入党費によって維持したというものだった。[87]党への寄付は、あったところで中小企業からのもので、大企業の代表者は長い間控えめな態度をとり、ナチ党よりも国家人民党をはるかに強く支持した、とかれはいっている。

リューネブルクの歴史家ディルク・シュテークマンは、このターナーのテーゼを、ドイツ大企業をすべての責任から免罪しようとした試み、とみている。[88]シュテークマンがまったく間違っているとはいえない。ターナー自身、東ドイツの歴史家たちの政治的・イデオロギー的理由づけによる記述を政治的・イデオロギー的論拠から反論しているからである。[89]他方、シュテークマンは、企業がナチ党に重要な財政的支持をおこなったということについて根拠のある証明を提示することができなかった。対照的に、ターナーも、重要なドイツ工業の代表者たちの活動の政治的意味を過小評価している。かれらはその反民主主義的な見解を公然と表明し、労働組合と社会民主党にたいして容赦なく戦

い、少なくとも間接的にはヴァイマル共和国の没落に力を貸したのである。(90)

もう一つの論争は、ナチ党の党員と選挙人がどのような社会層から出てきたのか、という問いをめぐっておこなわれたものである。著名な社会学者のテオドア・ガイガーのようなナチスの同時代人は、この問題でいつも「旧中間層」と「新中間層」を指摘した。(91) しかしこのいわゆる中間層テーゼは、新しい研究の成果によって訂正されなければならない。(92) たしかに一九三三年までは中間層がナチ党の党員に占める割合は最も大きかったが、(93) 党は住民のすべての層によって選挙された。(94) しかしその場合、いくつかの宗派的・地域的な特殊性に注目しなければならない。ナチの運動にたいしてかなり抵抗力があったのは、工業国ドイツのなかで労働組合と政党によって組織された運動のほかに、農村のカトリック的環境《ミリュー》であった。対照的にナチ党は北ドイツと東北ドイツのプロテスタントの農業的基盤に依拠する地方では大きな成果を収めることができた。(95) このことは、ナチズムにたいするカトリックとプロテスタントの教会の立場のちがいによるものであった。(96) それに加えて、北ドイツでは南ドイツよりも早くから農業危機が始まり、いっそうひどい結果が生じた。最後に、ポーランド人への憎悪といった政治的ファクターについてもいっておかなければならない。憎悪は東の国境地帯でとくに強かった。

以上のわずかな所見からでも状況がきわめて複雑であったことがわかるであろう。したがって、もっと正確に考察をする必要がある。ナチ党がすべての層から選挙人を獲得したからといって、それだけではまだナチ党が——ユルゲン・ファルターはそう呼ぶことを提案しているが——「国民政党（Volkspartei）」だったとはいえない。この概念は、党員に発言権がある（もしくは少なくともあるとされている）今日の民主主義政党についていえるものである。国家社会主義《ナチズム》の「総統《フューラー》の党」にはそのような発言権などまったくなかった。(97)

狭い意味での「権力奪取」の段階には、真に重要な論争はわずかしかなかった。(98) そのなかで、だれが国会議事堂に火をつけたのか、国家社会主義者《ナチス》かそれともマリヌッス・ヴァン・デア・ルッベか、という問題に言及しておく必要があろう。[99]この問題は、たしかにいつもはげしく論争されたが、[100]ナチスの権力奪取そのものを理解するのには役に立たなかった。炎上の責任はだれにあるにせよ、[101]もっと重要なことは、ナチスがこの事件を利用して何をしたかである。国会議事堂炎上よりもはるかに重要なのは、いわゆる国会炎上令だった。

さらにきわめて問題なのは、最近幾人かの著者によってなされている、「権力奪取」を「革命」とする議論である。[102]その場合、ナチスによってなされたプロパガンダが多かれ少なかれ無批判に受け入れられている。革命の概念があまりに広く適用されており、わたしたちがこの歴史家たちに従えば、どのようなシステムの交替も、のみならずどのような政府の交替さえも、革命ということになってしまう。

テロルはどこまで有効だったのか？

革命テーゼより重要なのは、ファシズムの「不正政権」の諸制度が、現実にどこまでテロルによるものであったか、テロルはどこまで有効であったか、という問題についての議論である。このことは、とりわけ司法の役割についていえる。ナチスの場合、問題はテロルの制度だったことさえもが、長い間否認されてきた。一部では、責任を問われていた法律家たちが戦後の早い時期に書いた比較的大きな書物に、そのような議論の代わりに、「苦しむ司法界」の印象が示されていた。勇敢ではあったが、結局はうまくいかず、政権の「全体主義的」な要求に抗しきれなかった法律家たち、というイメージである。[103]すべての弁明のなかで、国民法廷だけがクローズアップされ、全司法界の誤った態度のスケープゴートにされた。[104]

このようなイメージは、責任を問われはしたがけっして罰せられることがなかったナチの法律家たちが引退した七〇年代、八〇年代になって、ようやく変わってきた。新しい世代の法律家たちが「わたしたちの司法界の克服されていない過去」を発見した。[105] ミヒャエル・シュトライスは、一九七四年に出版された研究書で、「通常」法廷も「公共の福祉」という決まり文句を使って正義を不正に変えたことを書いている。[106] さらにディームート・マイヤーは、かれの大学教授資格取得論文で、第三帝国における人種主義的動機からなされた「外国人（Fremdvölkische）」の排除と権利剥奪について書いているが、これはきわめて立派な仕事だった。[107] また歴史家ロータル・グルーホマンがナチの（不）法判決の個々の局面について書いているさまざまな文書も挙げておかなければならない。グルーホマンは、一九四〇年までの第三帝国の法廷の果たした役割について記述し、最終的にそれを厚い書物にまとめている。[108]

これらのパイオニア的研究につづいたのが、多数のモノグラフィーや論文集、一般に司法の役割を、[109] また個別的に個々の法廷を、問題にした展示カタログである。これらすべての研究においては、「恐るべき裁判官たち」（インゴ・ミュラー）がけっして美化されておらず、反対に、特別法廷が、また少なくとも「通常」法廷の一部が、ナチの不法国家のなかでのテロルの機能を発揮したこと、とくにユダヤ人政策、人種政策においてそうだったことが明らかにされている。[110]

しかしこれらの批判的な研究は、右翼からの攻撃を受け、批判された。たとえばこれに関連して著名な修正主義歴史家のハンスヨアヒム・W・コッホは、一九八八年に出版した研究書で、人民法廷の悪名高い裁判長のローラント・フライスラーを高潔な、いつも義務を意識していた官僚として讃えるのが正しいとしている。フライスラーは法を国家社会主義《ナチ》的イデオロギーの精神で解釈しただけだ、というのである。[111] このような、潔白を証明し、罪をないものにしてしまおうとする、コッホの手口が政治的動機によって方向づけられたものであることに疑いの余地はない。最近公刊された、ナチス国民法廷に関するある研究書はこれとはちがっているようだ。著者はきわめて勤勉な調査によって、「ナチスの国民法廷の下した判決」は法的正常性の特色を示していた、という結論を出しているからだ。[112]

最近のいくつかの調査では、ゲシュタポの、テロルの特徴ではなくて、その有効性が問題にされている。以前の研究では、テロルの有効性はまさにデモーニッシュなものだったとされていた。[113] しかし最近のナチズム研究は再びもう一つの極端な方向に走ってしまっているように見える。[114] たしかに、抵抗運動の研究者たちは、抵抗運動者の勇敢な行為を賞讃するため、ゲシュタポの情報と権力を過大評価した。[115] ゲシュタポによっておこなわれた「追及の成功」といわれるものは、とりわけ住民のなかからの密告によって可能にされたものだ、[116] という指摘も正しい。しかしこの神話脱却の試みは、次のような理由からいって、少し行きすぎである。第一に、著者たちはゲシュタポ・スパイの意味を過大評価している。[117] 第二に、かれらは、カナダの歴史家ロバート・ジェレイトリーがわずかな職員しかもたなかったヴュルツブルクのゲシュタポに関しておこなったケース・スタディから出した結論を早まって受け入れ、一般化している。このことは、だれよりも、ゲアハルト・パウルについていえる。パウルは第三帝国を「小さな犯罪者集団によるドイツ国民支配」と特徴づけ、その特徴を「伝説」の領域にしてしまった。かれは、第三帝国は「監視の国」であるよりも「密告の社会」であったとしている。[118] 第三に、最後に、ジャーナリズムのなかでいまではほとんど流行のようになっている、ゲシュタポとシュタージー［東ドイツの国家保安局］の比較について警告しておかなければならない。この比較はゲシュタポを軽視するものである。そのうえ、このゲシュタポ／シュタージーの比較では、第三帝国には、東ドイツにはなかったような、ほかのいくつものテロル制度があったことが見逃されている。このことはとりわけ「国家保安局本部」と「SS経済管理本部」についていえる。

しかしこれらのナチス中央のテロ組織についても、わたしたちはまだあまりにも知るところが少ない。[119] またわたしたちは通常警察（Ordnungspolizei）[120] についても、刑事警察（Kriminalpolizei）についても、まだ知るところが少ない。これは一九四五年以後、以前の刑事警察員とかれらに近い立場にいた著者たちが、犯罪はゲシュタポだけのもので刑事警察は刑事事件の「犯人だけを追及した」[121] という印象を与えるようにしたためである。しかし、「完全に普通の」警察官が加害者・犯罪者になったことを、クリストファー・ブラウニングとダニエル・ジョナー・ゴールドハーゲンは、説明の仕方は異なっているが、同じように示している。(122)

全体としては、ファシズム・テロル国家の法廷、ゲシュタポ、警察、またその他のテロル制度を相対化すること、もしくは濫用された概念でいわれるように「歴史化する」ことは、許されないことである。

外交政策と戦争遂行

事　実

アンビヴァレントな始まり

一九三三年、新首相のアードルフ・ヒトラーは、かつてかれが党首として『わが闘争』やその他の演説と文書で告げた外交政策の原則を忘れてしまっているかのような印象を人びとに与えたかもしれない。(1) 当初、ヒトラーはきわめて穏やかに、控えめに振る舞った。かれは国内ではヴァイマル共和国を少しずつ破壊したが、ヴァイマル共和国の外交政策を継続するように見えた。ソ連にたいしてさえそうだった。一九三三年五月五日、ベルリン条約が延長された。これは一九二六年に締結された条約で、一九二二年のラッパロ条約にもとづくものだった。ナチスのプロパガンダが飽きることなくソ連を「悪の帝国」ときめつけてやまなかったにもかかわらず、ヒトラー政府は親密な経済的協調政策をつづけていた。(2) これはたまたまの個別ケースではなく、実際的に穏健な外交政策の始まりであるように見えた。

一九三三年五月一七日、ヒトラーは国会で、あらゆる手段を講じて「平和」を守ることがかれの政府の最終目標であると言明した。[3] いかなる戦争も、重大な「ヨーロッパの均衡への妨害」となり、最終的には「今日の社会秩序・国家秩序の崩壊」を招来させることになるから、絶対に阻止しなければならない、とかれはいった、この「平和演説」を聞いて、社会民主党の国会議員たちもヒトラーに拍手喝采した。

この欺瞞策動に引っかかったのはかれらだけではない。ローマ法王もためらうことなくヒトラーとの政教条約《コンコルダート》締結の交渉を始めた。[4] 交渉は一九三三年七月二〇日に首尾よく終わった。カトリック教会に重要な権利を認める政教条約が締結されたので、ヒトラー政権は、これまでおこなってきた犯罪にもかかわらず、法王によって全世界の前に公然と承認された。これはナチス指導部にとっては、プロパガンダの、大きな政治的成功だった。[5]

ヒトラーは一九三四年になってもその平和コースをつづけるように見えた。一九三四年一月二六日、かれはポーランドと不可侵条約を結んだ。[6] この条約では、両国はいかなる暴力行使も放棄し、したがって少なくとも間接的には、ヴェルサイユ条約で取り決められたドイツ・ポーランドの国境を承認した。いままでヴァイマル共和国のどの政府もこのような措置をとることはできなかった。[7] だからポーランドへの政治関係はいつも緊張したものだった。それにたいしてヒトラーはポーランドといい関係をもつことに関心をもっていた。両国のなかにあった少数派は援助され、その組織は妨害を受けることなく活動できた。それどころか、ドイツ・ポーランド教科書共同会議までつくられ、相互の偏見克服の試みがなされたほどである。[8]

オーストリアにたいしてもヒトラーのドイツは正常な関係をもった。一九三四年七月にオーストリアの国家社会主義者《ナチス》が反乱を起こし、オーストリア連邦首相のエンゲルベルト・ドルフスが殺されたとき、かれらはヒトラーからどんな支持も受けることができなかった。オーストリアの併合をあらゆる手段を講じて阻止するといったムッソリーニのことばを、ヒトラーはまともに受け取っていたからである。[9] 一九三六年七月にも第三帝国はオーストリアの独立を認めるという条約をまだ遵守していた。とはいえ、この条約には、オーストリアは今後も「ドイツ国家」であることを認め、「ドイツ政府による外交政策の平和への努力を支持する」と謳われていた。[10]

しかし、第三帝国がけっして「平和への努力」ばかり追求していたわけではないこと、ヒトラーはかれの攻撃的な外交政策の計画をけっして忘れてはいないことは、遅くともこの時点には、だれの目にも明らかであった。[11] すでに一九三三年二月三日、ヒトラーは国防軍の代表者たちを前にしたある演説で、かれの外交政策の本当の目的は「東方における生存圏(Lebensraum)の獲得である」ことを語っていた。[12] 抑制を知らない「国防軍の拡大」と妥協を知らない「対ヴェルサイユの戦い」がこの政策の無条件の前提である、とかれはいっている。

この演説の内容は一般には知らされていなかったが、少なくとも国内政治のテロルと計画されていた攻撃的な対外政策とのあいだにつながりがあることは、明らかだった。ヒトラー自身が五月一七日の「平和演説」でも、自分にはさしあたり自分の「革命」の完成と「安定した、権威主義的な国家指導部の再建」が重要であるといったとき、かれはそのことをほのめかしていた。[13] これは「けっしてほかの世界の利害に」矛盾することではない、というヒトラーの断言は、とうてい信じられるものではなかった。

このことをヒトラーはじじつ行動によって示した。ここではまずナチスの、すでに一九三三年に始められていた軍備についていっておかなければならない。[14] これは外国にも知られないわけにはいかなかったし、事実知られていた。ドイツが一九三三年一〇月一四日にジュネーヴ軍縮会議から退席し、同日、国際連盟から脱退すると予告したとき、それはもうヒトラーの平和の意志を示すものではまったくなかった。[15] のみならず、一九三五年三月一六日に国民皆兵の義務を導入したヒトラーは、ヴェルサイユ条約の核心的な規定を蹂躙した。[16] これにたいしてフランスはヴェルサイユ条約を守り、一九三五年一月一三日ザールラントで住民投票がおこなわれて九一%がドイツへの併合に賛成したときも、併合を承認した。[17] イギリスにいたっては、一九三五年六月一八日、ヒトラー相手にすすんで海軍力協定を結ぼうとしたほどである。この協定は、ドイツがイギリスの保持する海軍力の三五%(潜水艦の場合は四五%)まで戦力を拡大することを認めるものだった。[18]

こうしてヒトラーは、イギリスへの接近によってフランスを孤立化させるという目的にかなり近づいたように見えた。同時に、ほとんど計画的に、かれはイタリアとの同盟を実現させた。[19] すでに一九三五年四月にイタリアはイギリスおよびフランスと「ストレーザ戦線（Stresafront）」を結成していた。[20] これはこれまでの外交条約の遵守を監視するものだった。しかし、イタリアのアビシニア［現在のエチオピア］襲撃が、イギリスとフランスの票を含めた国際連盟によって断罪されると、イタリアは早くも一九三六年一月六日にはこの反ドイツの「ストレーザ戦線」から離脱し、ドイツに接近した。同時にドイツはアビシニアにおけるイタリアの汚い戦争を政治的・物質的にすすんで支持した。ここからやがて一九三六年一一月一日に、二人の独裁者が荘重に発表した「ベルリン＝ローマ枢軸」なるものが生まれた。

この時点で、ヒトラーはすでに二つの行動によって、平和を守り政治的現状を維持することにはまったく関心などもっていないことを、明らかにしていた。一つは一九三六年三月七日の非武装地帯のラインラント占領である。これは明らかにジュネーヴ条約の度重なる、同時にまた重大な、違反であった。にもかかわらず西側の諸国は沈黙していた。反対にヒトラーは、かれの「計画」のかなりの部分を達成した。これにたいし、もう一つの行動である、スペイン内乱への介入は、完全に計画外の、場当たり的なものだった。[21] スペインで一揆を起こしたフランコにドイツの輸送用飛行機を提供しフランコがかれの部隊をモロッコからスペインへ運ぶようにするという一九三六年七月一八日の決定は、明らかにヒトラーがなんの申し合わせもないまま、突発的に下したものだった。[22]

ヒトラーはまた、フランコのさらなる望みに応じて、空挺部隊――いわゆるコンドル軍団――をスペインへ送った。ムッソリーニは地上軍部隊によってフランコを支援した。[23] このドイツとイタリアの協力するスペイン内乱への介入は、両国のあいだの「枢軸」を固めた。またきわめて手堅い、物質的・軍事的な利益が生まれた。スペインは地下資源をもっていた。まさにそれをドイツの軍事産業はうまく利用することができた。そのうえ、スペインは新しいドイツ空軍に「訓練地域」として役立てられた。そのことをゲーリング自身がニュルンベルクの戦争責任裁判の法廷でおおっぴらに認めている。ヒトラーの目からみて、もっと重要なのは政治的威信の獲得だった。イギリスもフランスも、ドイツの（またイタリアの）公然たる軍事介入にたいして抗議したが、その抗議は象徴的なものにすぎなかった。ヒトラーはそれを、この民主主義の両国がまたしてもその弱点を証明した、と解釈した。全体として、一九三九年までつづいたスペイン内乱は、ヒトラーが追求する戦争のための「総稽古《ゲネラールプローベ》」のようなものだった。[24]

一九三六年八月――同じ時期にベルリンでは平和のための「諸国民の祝祭」としてのオリンピックが開かれた――、ヒトラーはかれの秘密の「四ヵ年計画の覚え書き」に、「ヨーロッパのもうもちこたえられない状態は公然の危機を」招来させる、だからドイツには「この破局にたいしてあらゆる手段を講じて自らの存在を守る」「義務」がある、と言明している。したがってヒトラーは次のような命令を下した。「一、ドイツ軍は四年以内に出動できるようにしなければならない。二、ドイツ経済は四年以内には戦争能力をもたなければならない」。[25]

一年後の一九三七年一一月五日にヒトラーは外相ならびに陸海空軍の最高司令官たちとの話し合いのなかで、次のような見解を述べた。「より大きな生存圏を獲得すること」がさまざまな経済問題にたいする唯一の「解決の道」である。この目的は「抵抗を打破し、危険を冒してのみ」達成される、と。しかしヒトラーは「経験上の困難」のため「イギリスが対独戦争には加わらない」のを当てにしていた。[26]

これはたんなる「隠喩」でもなければ、内政的な、とりわけ経済的な問題から人の目をそらすためのプロパガンダの決まり文句でもなかった。ヒトラーの説明は本気だった。当時すでにこの説明は行為をともなっていた。軍備は抑制を知らない拡大をつづけた。スペインでは新しいドイツ空軍が無抵抗の民間人に爆撃をおこなった。ロッテルダムとコヴェントリーの空爆よりもずっと早く、とりわけハンブルクとドレースデンの空爆よりもはるか以前に、バスクのゲルニカ市がほとんど完全に壊滅させられた。この攻撃がおこなわれたのは一九三七年四月二六日である。

新しい戦争を始めるための政治的前提もすでに一九三六年から三七年にかけてつくられていた。一九三六年一一月二五日、ドイツは日本と協定を結んだ。公式には共産主義インターナショナル（コミンテルン）に対抗する協定だった。[27] 一九三七年一一月六日にはイタリアもこの「反コミンテルン協定」に加わった。[28] この協定に擁護されて、日本は一九三七年七月七日から中国にたいして残虐な戦争を始めた。この日中戦争は、いわゆるスペイン内乱とまったく同様、第二次世界大戦の直接的な準備段階だった。

ミュンヒェンとモスクワ

とりわけイギリスは、戦争の勃発を阻止するために、全力を尽くした。イギリスは、ヒトラーを「宥める」ことによってそれをしようとした。この「宥和」政策はネヴィル・チェンバレンによって始められた。かれは一九三七年一一月一九日、使者のハリファクス卿をヒトラーのところへ送り、イギリスがオーストリア、チェコスロヴァキア、ダンツィヒの領土変更に同意する旨を伝えた。[29] ヒトラーはこれを一種の勧誘と受け取った。最初に犠牲になったのはオーストリアで、その存在は、イタリアによっても、またイギリスによっても保証されなかった。イタリアは、一九三四年にはまだきわめて有効だった防衛保証を一九三六年にはもう廃棄していた。他方フランスは国内問題に忙殺されていた。[30]

一九三八年二月一二日、ベルヒテスガーデン近郊のオーバーザルツベルクでヒトラーとオーストリア連邦首相のクゥルト・フォン・シュシュニックとの会談がおこなわれた。[31] ヒトラーは客人に誤解のしようがない威嚇のことばを並べた。オーストリアの歴史は「絶え間ない人民への裏切り」の歴史だった。自分――ヒトラー――は「こうしたすべてに決着をつける」決心をした。[32] イタリア、イギリス、フランスはオーストリアのためには「小指一本動かさない」だろう。オーストリア首相はただちにオーストリア国家社会主義党の指導者のアルトゥア・ザイス＝インクヴァルトを公安大臣に任命し、オーストリア国家社会主義党の自由な政治活動を認め、その他の外交政策ならびに経済政策においてドイツと協調するようにすべきである、とヒトラーはいった。

すっかり怯えてしまったクゥルト・シュシュニックは、すべての要求を呑んだ。しかしヴィーンへ帰ってきたかれは、まだ救えるものはなんでも救おうとした。オーストリア国家社会主義者の権力掌握を阻止するため、かれは一九三八年三月九日、その三日後の三月一二日に人民投票をおこなうことを命じた。この投票でオーストリア人は、「自由な、ドイツのオーストリアから自立した、社会的な、（……）キリスト教的、統一オーストリアに」賛成か反対かを決めるべきだ、というのであった。[33]

これにたいしてヒトラーは、もし国民投票が取り止めになり、国家社会主義者のザイス＝インクヴァルトがフォン・シュシュニックに代わって首相にならなければ、即座に軍事的侵入がおこなわれる、と脅迫した。フォン・シュシュニックがただちに屈服し、三月一〇日のうちに退陣したのに、連邦大統領のヴィルヘルム・ミクラスは、さしあたりはザイス＝インクヴァルトを連邦首相に任命することを拒んだ。この決定は三月一一日から一二日にかけての夜に修正されたのに、ドイツ軍は三月一二日の朝、オーストリアに進軍している。[34] ドイツ軍はいたるところ住民の歓声に迎えられた。

ヒトラー自身はこの日の午後、ブラウナウの近くでオーストリア国境を越え、リンツへ行き、そこで「併合」と「オーストリアのドイツとの再統合」を告げた。[35] 数時間後にかれはヴィーンで圧倒的な歓迎を受けた。

しかし、すべてのオーストリア人が歓声を上げたわけではない。[36] たくさんの社会主義者、共産主義者がゲシュタポとSSによってさっそく逮捕された。ユダヤ人は公然と辱められ、虐待され、殴打された。[37] ほかならぬヴィーンで、名状しがたい光景が繰り広げられた。しかし圧倒的多数のドイツ人とオーストリア人は見て見ぬふりをした。ヒトラーは人気の絶頂にあった。(38) しまいに外国もオーストリア併合に賛成した。イタリアは即時に、イギリスは二週間後に賛成した。ドイツはオーストリアの「併合」によって、第一次大戦の敗北の後ヴェルサイユ条約によって失ったものよりも多くを、勝ち取ったのである。ドイツの経済は、価値のある、緊急に必要な、外貨を、原料を、工業設備を獲得した。また熟練した、意欲をもった労働力を獲得した。

　この成果によって成功を確信したヒトラーは、一九三八年三月二八日には、チェコ問題も「あまり遅くならないうちに」解決することを決めた。(39) チェコ問題というのは、当時のチェコスロヴァキアには、チェコ人とスロヴァキア人だけでなく、ハンガリー人とドイツ人も住んでいたという事実である。これらの国民のあいだには、一九世紀に後のチェコスロヴァキアの全領土がオーストリア＝ハンガリーのものになったとき、軋轢が生まれた。とりわけチェコ人とドイツ人とのあいだの軋轢は激しかった。このドイツ人は自らを「ドイツ・ボヘミア人」と名乗っていた。二〇世紀になってはじめて「ズデーテン・ドイツ人」という人工的なことばが普及した。（だが、バイエルン人やザクセン人のような意味での「ズデーテン・ドイツ人」などは存在しなかった。）

「ドイツ・ボヘミア人」もしくは「ズデーテン・ドイツ人」はドイツの国民であったことがないのに、かれらは一九一八年に「ドイツ・オーストリア人」と同じように「併合」を要求した。この要求は第一次世界大戦の戦勝国によってきっぱり拒否された。しかし、あわせて三五〇万人ものズデーテン・ドイツ人はチェコスロヴァキア共和国のなかで引きつづき自治権を要求した。一九二六年以来、かれらの政治的代表者の何人かは中央政府の代表者になっていた。

　ズデーテン・ドイツ人の一部の者たちにとっては、まだこれでは十分ではなかった。かれらはコンラート・ヘンラインの指導する「ズデーテン・ドイツ党」をつくった。この党はまもなくナチ党の兄弟党になった。ヒトラーは、そのあいだにズデーテン・ドイツ人の少数派のなかで最強の政治勢力になっていたヘンラインの党を、チェコスロヴァキア国家を弱体化させる政治的道具として利用しようとした。一九三八年三月二九日、ヘンラインはドイツ政府の指図を受けて、チェコスロヴァキア政府に、過激な、本当は実行不可能な要求を突きつけた。[40] 予想される拒否を、ヒトラーは軍事介入のきっかけにしようと思っていた。

しかしチェコスロヴァキア政府はこの政治的駆け引きを見抜いていた。一九三八年五月二〇日、チェコスロヴァキア政府は軍を動員した。軍はドイツの攻撃を――攻撃がある、と公式にいわれていた――予期していたからである。[41] これはヒトラーの計算に入っていなかった。すっかりうろたえたヒトラーは、さらに、イギリスとフランスがチェコスロヴァキアの動員をはっきり承認したことを知らされたばかりでなく、ソ連邦からもチェコスロヴァキア共和国との同盟の義務を思い出させられた。こうしてヒトラーは窮地に陥った。かれは譲歩しなければならなかった。ヒトラーは、チェコスロヴァキアがいまにもドイツが攻撃しようとしているというのは、まったく根拠のないことである、と憤激してみせた。(ドイツ軍は事実まだ動員されてはいなかった!)

しかし、ヒトラーは公式には平和の意志を発表していたが、すでに一九三八年五月三〇日、国防軍に「近いうちにチェコスロヴァキアを軍事行動によって粉砕する」というかれの「不退転の決意」を知らせていた。[42] 約束の期限は一九三八年一〇月一日とされた。

ヒトラーのこの「不退転の決意」には――こんなことははじめてだったが――ナチ党の指導部のなかでも抗議の声が上がった。だれよりも反対したのがゲーリングで、かれはドイツがまだ戦争の用意ができていないことを指摘した。同じ意見だったのは、高級官僚、将校たちのほかに、参謀本部長のルートヴィヒ・ベックだった。[43] 全国防軍指導部が一致してヒトラーの戦争路線に対決するようにさせることはできないとわかったとき、かれは、一九三八年八月一八日、これ見よがしに、そのポストを辞任した。カール・ゲルデラーおよびその他の官僚、軍人との協力のもとに、ヒトラー打倒の計画がつくられたほどである。幾人かの歴史家がいっているように、これは国民的保守主義者の抵抗の誕生だった。[44] しかし計画のクーデタにはいたらなかった。その責任はイギリス首相ネヴィル・チェンバレンの突然の譲歩にあった。

つまり、チェンバレンは一九三八年九月一五日にヒトラーを訪問し、イギリスはズデーテン・ドイツへの譲渡について交渉する用意がある、と打ち明けたのである。[45] しかしヒトラーは、厳しい、粗暴な口調で、これを拒絶した。かれはチェコスロヴァキアの完全な絶滅に固執した。これに応えてチェンバレンはかれの提案を拡大した。バート・ゴーデスベルクにおける再度の会談で、かれはフランスと調整した計画を示した。それによれば、住民の五〇％以上がドイツ人であれば、全領土はドイツへ委譲される。これにたいしてヒトラーは、チェコスロヴァキアの国境を承認すべきである、というのであった。この計画に、すべての人びとが、完全に独り放置されたチェコスロヴァキア政府さえもが、同意したが、ヒトラーだけは同意しなかった。かれは一〇月一日のチェコスロヴァキア攻撃に固執した。

これにたいしてイギリスもフランスも戦争の準備を始めた。チェコスロヴァキアは国民に臨戦態勢を命じた。このような状況下にあって、イギリス政府はムッソリーニに仲介を頼んだ。事実ムッソリーニは九月二八日にヒトラーに会議を開くように説得した。会議は一九三八年九月二九日から三〇日にかけてミュンヒェンでおこなわれた。これに参加したのはイギリス、フランス、イタリアならびにドイツの国家・政府首脳――チェンバレン、ダラディエ、ムッソリーニとヒトラー――である。チェコスロヴァキア政府ははじめから招待されなかった。このミュンヒェン会議では、ズデーテンのドイツへの完全な割譲があらかじめ合意されており、ズデーテンはドイツ軍によって段階的に占領されることになっていた。そのうえ、チェコスロヴァキアは、ポーランドのためにオルザ地域を諦め、その他の領土をハンガリーへ委譲することを強要されていた。[46]

このミュンヒェン協定は西側列強の宥和政策が道義的に最低であることを示していた。同時にヒトラーにとってそれは外交政策の最大の成功を意味した。にもかかわらずかれは不満であった。死の直前のいわゆる政治的遺言にもかれは「われわれはミュンヘンで、不可避の戦争に容易かつ迅速に勝利する、唯一の機会を逸した」と述べている。(47)そのうえ一九三八年には、もうヒトラーがこのように簡単に得られたズデーテンの成果に甘んじないことは明らかであった。このことはさまざまな証拠から明白である。

一九三八年一〇月二一日、かれは国防軍に、意味深長にも「残りのチェコの始末」(48)をするために、あらゆる準備をしておくことを命じた。一九三八年一一月八日、ハインリヒ・ヒムラーは部下のSS指導者たちに、「総統《フューラー》」は昔もいまも「大ゲルマン帝国」を樹立することをめざしており、それは「これまでに人類が樹立した、そして世界が見たことがないようなものである」と告げている。(49)その二日後の一九三八年一一月一〇日に、ヒトラーはある秘密の会議でドイツ新聞記者の代表者たちに、自分はこれまでのように「平和プロパガンダ」を口にすることをやめ、その代わりに民衆を心理的に戦争の準備をさせ、「最終的勝利を狂信的に信じ」させるようにする、といっている。(50)一九三九年一月三〇日、かれは国会のある演説で、「国際的金融ユダヤ人が再び諸国民を世界戦争に陥れる」のであれば「ヨーロッパにおけるユダヤ人種を絶滅する」と予告している。(51)

遅くとも一九三九年の初めには、ヒトラーが戦争開始を決めているのは、明らかであった。ただ正確な「時期」だけがまだ不明だった。(52)最初にきたのは「残りのチェコを始末すること」だった。ヒトラーは手慣れた手法でそれに取りかかった。まずかれはスロヴァキアの民族主義者に、チェコ人から完全な自立を要求するように勧めた。これによってスロヴァキア人は、先に手本を示したオーストリアの国家社会主義者やズデーテン・ドイツ人と同様に、トロイの木馬の役割を引き受けることになった。今度も計画は思い通りになった。新たにチェコの首相になったエーミール・ハーハは、スロヴァキア人国家主義者の要求を拒否し、国のなかでスロヴァキア人の多い地域へ部隊を送った。これを理由にしてヒトラーはハーハによって罷免されたスロヴァキア人首相のヨーゼフ・チソに、完全に独立したスロヴァキア国をつくることを勧めた。この後、ヒトラーはハーハをベルリンへ呼びつけ、戦わずに屈服せよと勧めた。

すっかり落胆したハーハは、かれに押しつけられた降伏文書に書かれていたように、「チェコの国民と国土をドイツ帝国の総統《フューラー》の手に信頼して委ねること」[53]にした。その二時間後にドイツ軍部隊は国境を越え一九三九年三月一五日の朝のうちにプラハに入った。「残りのチェコ」は「帝国保護領ベーメン・メーレン」に、つまり完全にドイツに従属し、その管理下におかれる衛星国となった。

いまや西側列強も「宥和」政策が間違いであったことを、それどころか破局的な誤りであったことを、認めた。ヒトラーのような男は「宥和する」ことなどできなかった。一九三九年三月一八日、イギリスとフランスはかつてない激しいことばで、たった六ヵ月前に結ばれたミュンヒェン協定をヒトラーが公然と破ったことに抗議した。一九三九年三月三一日、両国はさらにもう一歩進んだ。イギリスとフランスの政府は、両国がポーランドの国家主権と領土を守ることを公然と宣言した。[54] これによってイギリスとフランスは、ポーランドの差し迫った併合を手を拱いて傍観するつもりはないという意図を明らかにした。

遅くとも一九三八年の終わりには、ドイツとポーランドの政治的関係は悪化した。一九三八年一〇月二四日、リッベントロップ外相は、一九三四年一月二六日のドイツ・ポーランド不可侵条約の延長は、ポーランドが反コミンテルン協定に参加し、自由国家ダンツィヒのドイツへの併合に賛成し、ポンメルンから東プロイセンへの国境を越えた高速道路・鉄道の建設を承認するかぎりのことである、と言明していたからである。[55] ポーランドはすべての提案を拒否した。一九三九年三月二一日、ヒトラーはそれを最後通牒的なかたちで繰り返した。しかし、今度もポーランドは屈しなかった。

リトアニアはちがう態度をとった。リトアニアも同じように一九三九年三月二一日にメーメルを放棄するように要求された。ヒトラーが装甲艦「ドイチュラント」に乗ってメーメルへ赴いたとき、リトアニアはまだメーメル分割の文書に調印していなかった。三月二三日、メーメルの人びとは熱狂してかれを迎えた。いまやダンツィヒならびに回廊地帯〔ドイツが領土権を主張するバルト沿岸の地域〕の問題が浮上した。一九三九年五月二三日、ヒトラーは国防軍の司令官たちとの話し合いのなかで、ダンツィヒは「問題ではない」、本当の目的は「東方における生存圏の拡大」である、と打ち明けていた。[56]

すでに一九三九年四月一一日に、ヒトラーは国防軍に「白の場合」、つまりポーランドへの攻撃がおこなわれた場合の命令を下している。[57] 一九三九年四月二〇日、ヒトラーはポーランドとの不可侵条約と一九三五年のドイツ・イギリスの海軍力協定の破棄を通告した。四月二八日、かれはアメリカ大統領フランクリン・D・ローズヴェルトの平和アピールにたいし、ゲーリングがいっていたように、もう完全に「破れかぶれの、最後の賭け」を演じているという印象を受けるような、きわめて侮辱的なかたちの発言をした。[58] しかしこれは見せかけにすぎなかった。

つまり、世界には気づかれないように第三帝国とソ連邦とのあいだで交渉がおこなわれていた。これまでナチスのプロパガンダ戦争ではソ連は容赦なく敵視されていたのに、交渉の相手にされていたのである。[59] 一九三九年八月一四日、外相フォン・リッベントロップはソ連邦に一つの形式的な交渉内容を提示した。かれはこれを、「イギリスの戦争準備」と、それにたいする「資本主義の西側民主主義」にたいする国家社会主義《ナチズム》と共産主義の敵対であると説明した。[60] スターリンの外相ヴィアチェスラフ・モロトフはこの提案を受け入れた。具体的な交渉がおこなわれ、世界中のだれもが驚いたことに、一九三九年八月二三日、条約が結ばれた。

ドイツとソ連は不可侵条約を締結した。[61] そのうえ、ある——秘密の——付帯条項が調印された。「ポーランド国家に属する領域に領土的・政治的変更がおこなわれる場合〔……〕ナレフ川、ヴィスワ川とサン川によって区切られた地域はドイツとソ連邦の利益になる」という条項である。[62] この冷淡な表現によってポーランドの分割が決められていたのだ。さらに、ドイツとソ連のあいだにある東ヨーロッパを分配することが協定されており、その場合、フィンランド、エストニア、ラトヴィア（そののち一九三九年九月二八日の協定ではリトアニアも）がソ連の「利害領域」

に入ることになっていた。

ヒトラーをして、こともあろうに不倶戴天の敵であるスターリンを相手に、このような協定を結ばせた動機がなんであるかについては、いろいろに謎解きがおこなわれている。ヒトラー自身は戦略的術策しかもっていなかったようだ。いずれにせよ、かれはすでに一九三九年八月一一日、ソ連との交渉が具体的段階に入ったとき、ダンツィヒにいた当時の国際連盟の高等特命委員のカール・ヤーコプ・ブルクハルトにこういったという。自分のすべての企ては「反ロシア」である。ただ「西側の諸国があまりにも盲目で」「これを理解しないので」「ロシアと合意せざるをえなくなった」までである、と。[63]

しかし、西側諸国は戦わずしてポーランドをヒトラーに明け渡すほど「愚かで（……）盲目」ではなかった。一九三九年八月二五日にヒトラーが示した――このときポーランド襲撃の準備はすでに大車輪で進められていた――「太っ腹な提案」に西側諸国は応じなかった。イギリスはその国王を存在させるためにポーランドを引き渡すだろうと、ヒトラーは本当に考えていたのだろうか。[64] 一九三九年九月一日の朝、ドイツ軍はポーランドを攻撃した。九月三日、イギリスとフランスはドイツに宣戦布告した。第二次世界大戦が始まった。[65]

「電撃戦」

ポーランド軍にくらべてはるかに優勢なドイツ軍はすみやかに戦果を収めた。九月三日にはもうポンメルンとダンツィヒの間が結ばれた。そのため、ダンツィヒ近郊のヴェスター低地で防衛戦を戦っていたポーランドの駐屯部隊は補給を絶たれた。戦車と航空機で戦力的優位に立つドイツ軍は、容赦なくその力を行使した。九月一五日、すでに九月六日に降服したクラコフのほかに、ブレスト＝リトフスクとビアウィストクが占領され、ワルシャワは包囲された。二日後の九月一七日にソヴィエト軍が国境を越え、八月二三日のスターリン＝ヒトラー協定にしたがって獲物の分け前を確保した。にもかかわらずポーランドは屈服しなかった。首都ワルシャワは包囲され、二日間、空軍と砲兵隊による攻撃を受けた。たくさんの一般市民がその犠牲になった。ワルシャワは九月二八日に降服した。最後の戦闘行為が終わったのは一〇月六日である。

しかしポーランドとのあいだに正式な講和条約は締結されなかった。ポーランド国家はもう存在しないとされた。その領土は侵略国のあいだで分配された。スターリンは東側の部分を受け取り、ヒトラーは一九一八年までプロイセン領だった西ポーランドを併合した。さらにポーランドのスヴァウキ地域は東プロイセンに併合された。残りは「総督府」とされ、植民地のように、クラコフに本拠をもつドイツの「総督」によって管理された。(66) 総督府は食糧と原料の供給者として容赦なく搾取され、そのうえ、ますます多くの強制労働者を蓄えるところとされた。強制労働者は、奴隷のように扱われ、一九四〇年以降は衣服の上に差別的な「Ｐ」の標識をつけなければならなかった。ただちに結束して抗議に立ち上がったポーランド人は弾圧され、苛酷な懲罰を受けた。しかし弾圧も、広汎な、また有効な、抵抗運動が形成されるのを阻止することができなかった。抵抗運動はロンドンへ逃げたポーランド亡命政府によって指導された。(67)

ドイツ国防軍がポーランド軍を粉砕し、初めて設置された治安警察（Sipo）やＳＳ保安部の殺戮者集団が前線の背後でその残忍な仕事を始めたとき、西部戦線はまったく静かだった。フランス軍とイギリス軍は、まだ完全にはできあがっていない「西の防塁」を守るのを任務にしていた弱いドイツ軍師団を攻撃することを諦めていた。(68) この「対峙戦」は冬の間もずっとつづけられた。フランスとイギリスの兵士たちのあいだには「ダンツィヒのために死ぬ」ことにいったい意味があるのか、という疑念が芽生えていた。しかしフランスとイギリスは――イギリスでは頑固者のチャーチルが宥和政策の政治家チェンバレンにとって代わっていた――ヒトラーからの講和条約のためのすべての申し出を、ヒトラーはそれを「寛大な」ものとしていたが、拒否した。

一九四〇年の春になって初めて、それまできわめて一面的に遂行されていた戦争に動きが出てきた。ドイツが第一次世界大戦のときと同じように大西洋への道を失うのではないかと恐れていた司令官マレーネ・エーリヒ・レーダーの要請に応じて、デンマークとノルウェーを襲撃する計画が立てられた。デンマークとノルウェーはドイツの軍需工業のために重要なスウェーデン鉱石が輸入されるルートだった。一九四〇年四月の初めに、イギリスはノルウェーの港ナルヴィクへの上陸準備を始めた。これにたいしてヒトラーは攻撃を開始した。[69] 四月九日、ドイツ軍は国境を越え、デンマークへ侵入した。デンマークは巨大なドイツ軍の戦力を前にして、ただちにいっさいの抵抗をやめた。そのためデンマークはヒトラー・ドイツから経済的にも政治的にも独立した国家として存続しつづけることができた。デンマークもドイツの軍部の管理下に置かれるようになった一九四三年までは、デンマーク政府はコペンハーゲンで職務を遂行することができた。しかし、デンマークはドイツの「全権委任者（Generalbevollmächtigter）」によってコントロールされていた。

ノルウェーはデンマークとはちがってひどい目に遭った。[70] ノルウェー軍は激しい抵抗をしたからである。最初、抵抗はナルヴィクの周囲で成果を収めた。イギリス艦隊がドイツのいくつかの艦船を沈め、先に上陸したドイツ軍部隊の補給路を断った。しかしイギリス陸上部隊は戦闘に加わることができなかった。イギリス軍は数時間遅れて到着した。そのため主導権は再びドイツ軍に移った。一九四〇年六月一〇日に、勇敢に戦ったノルウェー軍の部隊は、ついにドイツ軍に降服させられた。国王と政府は、すでにロンドンに亡命しており、そこからただちに自国民に、ドイツ人と、ヴィドクン・クヴィスリングの指導下にあってドイツ人に共感する土着のファシストにたいする抵抗を呼びかけた。その名前がナチス協力者の同義語にまでなったこのクヴィスリングは、ヒトラーの恩恵に与る一つの政府の首長として承認してもらおうとしたが、失敗した。ドイツ人は、それを認めず、ヴェストファーレン大管区のこれまでの指導者であったヨーゼフ・テルボーヴェンをノルウェーの「国家全権委員」に任命した。(71) テルボーヴェンは、警察、国防軍ならびにファッショ的な国民連合党《ナスヨナール・サムリング》（Nasjonal Samling）(72) のたくさんの党員の力を借りて、残忍な連隊をつくった。しかしこの連隊はノルウェーの抵抗を打ち破ることができず、それまでかなり反ドイツ的だったノルウェー人のあいだにトラウマを残す経験を与えた。この経験は今日なお克服されていないし、忘れられてもいない。

一九四〇年五月、ドイツの西ヨーロッパにたいする攻撃が始まった。(73) 第一次世界大戦のときと同じように、イギリス軍とフランス軍は北西からドイツ軍を包囲しようとした。このためにドイツ軍によってベルギーが襲撃されたが、それだけではなく、オランダも攻撃された。ベルギー軍は一九四〇年五月二八日まで戦いをつづけた。オランダはすでに五月一五日には降服していた。その少し前に、ロッテルダムはドイツ空軍によって爆撃された。(74) ロンドンへ逃げた政府に代わってドイツの「国家全権委員」アルトゥア・ザイス＝インクヴァルトがオランダの権力を掌握した。(75) かれは土着のファッショ党に支持されてますます残忍に権力を行使した。

小国のルクセンブルクは併合された。(76) ベルギーはドイツ軍の管理下におかれ、一九一九年に獲得されたオイペンとマルメディー周辺の地域「だけ」を放棄すればいい、とされた。(77) ベルギーでもレオン・ドゥグレルの指導下に、ナチス協力者のファッショ的なレックシスト(*)の運動がドイツ占領軍と協力した。(78)

これら三ヵ国においてはそれにつづく時期に強力な抵抗運動が繰り広げられたが、それはドイツ占領軍によって残酷に弾圧された。オランダ、ベルギーとルクセンブルクの数千人の抵抗運動の闘士は、「夜と霧（Nacht und Nebel）」行動のなかで逮捕され、NN囚人としてドイツの強制収容所へ移送された。(79)

オランダとベルギーですみやかな勝利をえたドイツ軍は、強力な戦車隊を仕立てて、フランスとイギリスの部隊に襲いかかった。両国の砲兵隊の戦列は一九四〇年五月一六日には突破された。ドイツ軍の戦車はパリに迫り、同時にイギリスの派遣部隊に向かった。派遣部隊は海港から切り離される危険に陥った。五月二六日、イギリス海軍省は即時退却を命じた。退却は成功し、約二〇万人のイギリスの、また約一三万人のフランスの兵士が船でイギリスへ到着することができた。むろん兵士たちはほとんどすべての重装備を後に残してこなければならなかった。かれらは命だけが助かることができた。そしてその命も、もしドイツの戦車がもっと断固として、もっと迅速に、重要なダンケルク港へ突進してきたら、危ないところだった。なぜそうなったかについてはいろいろ詮索された。イギリスが恥ずべき敗北をしないですむようにし、ことによれば単独講和をすることができるように、ヒトラー自身がダンケルクへの進撃をやめさせたのだ、とさえいわれた。しかしそれは空論にすぎない。実際には、イギリスの派遣部隊が包囲され、捕虜にされなかったのは、ドイツ軍の補給に問題があったためであり、またドイツ軍指導部のなかでの意見の不一致と権限争いがあったためである。(80)

しかし、これで西部の戦争が終わったわけではけっしてない。フランスの部隊は抵抗をつづけていた。しかしその抵抗はますます弱くなり、成功することが少なくなった。イタリアも闘争に介入するのに絶好な時がきたとみた。六月一〇日、イタリアはフランスに戦争を布告した。しかしイタリアが参戦したことはそれほど大きな意味をもたなかった。一九四〇年六月一四日、ドイツ軍はパリへ進駐した。(81)六月一七日、その一日前に大統領に就任したペタンは停戦交渉を申し出た。停戦は六月二二日、ヒトラーの同席するなかで締結された。交渉の場としては、意図的にコンピエーニュの森が選ばれた。この森にはドイツが一九一八年に屈辱的な停戦協定に署名させられた列車がまだ置かれていた。

一九四〇年のドイツの要求は一九一八年のフランスの要求よりもはるかに苛酷な、徹底したものだった。フランスはエルザス＝ロートリンゲン［アルザス＝ロレーヌ］を放棄させられ、それは一九四〇年八月二日に併合されてドイツ領とされた。(82)さらにパリとフランスの北部と西部はドイツ軍によって占領された。(83)残りのフランスには、第一次世界大戦の老元帥ペタンをトップにする、ドイツの衛星政権がつくられた。ペタンはヒトラーのすべての命令をすすんで受け入れた。(84)

ポーランド、デンマーク、ノルウェー、オランダ、ベルギー、ルクセンブルクにたいする勝利の後、ついにフランスにも勝利したヒトラーは、かれの権力とドイツ国民のあいだの名声の絶頂にあった。(85)第一次世界大戦のとき伍長だったこの男は、皇帝の将軍や元帥が失敗したのに、自分は成功したと思ったのかもしれない。しかしそれはそう見えただけだった。戦争に勝利したわけではけっしてなかった。チャーチルは一九四〇年七月一九日のヒトラーの「平和の呼びかけ」に応じようとはしなかった。この呼びかけで、ヒトラーは、もしイギリスが大陸におけるドイツのヘゲモニーを認めるのであれば、国王の存続をもう一度保証してもいいといっていた。(86)

イギリスへの侵入の準備は、重要な条件が整わなかったので、行き詰まっていた。なによりも、イギリス空軍を片づけることはできなかった。それは、「アシカ」作戦のため、つまりイギリス侵攻を実行するため、すでに一九四〇年七月一六日のヒトラーの「第一六号指令」でも、不可欠とされていた。(87)イギリス空軍（Royal Air Force）の防戦は次第に成功した。(88)ドイツ軍の航空機はますます多く撃ち落とされるようになった。それ以上に重要だったのは、イギリス市民のモラルと忍耐力が、ドイツ軍のイギリスの都市への空襲によってうち砕かれることがけっしてなかったことかもしれない。ドイツ空軍は攻撃をつづけ、一九四〇年一〇月一四日から一五日にかけての夜の空爆ではイギリス中部の都市コヴェントリーはほとんど完全に破壊されたが、一九四〇年一〇月一二日「アシカ」作戦は翌年に延期され、実際には中止されなければならなかった。イギリスをめぐる制空権の戦いで、ヒトラーは初めて敗北した。(89)

一九四〇年一〇月二三日、ヒトラーはまったく予期しない政治的失敗を喫した。かれはスペインの独裁者フランコを参戦させて、協力してイギリスのジブラルタル海峡を占拠し、北アフリカのフランス植民地を確保し、イギリスが地中海に入ってくるのを阻止しようとした。しかし阻止することはできなかった。(90)

ヒトラーのめざした戦争に否定的な影響を与えたのは、イタリアのギリシア攻撃が完全に失敗したことだった。一九四〇年一一月、ギリシアはイタリア軍を撃退した。イタリアが敗北した結果は、やがて一九四一年の初め、ドイツの戦略と戦争遂行に影響を及ぼし、それを変化させた。すでに一九四〇年一二月一八日、ヒトラーは「第二一号指令」によって国防軍に「対イギリス戦を終える前にすみやかな遠征によってソヴィエト・ロシアをうち負かす」準備をせよ、と命じていた。[91] この戦争は「電撃戦」であり、同時に、高級将校たちとの話し合いのなかでかれが内々いっていたように、「絶滅戦争」であった。[92] だがその前にドイツ国防軍はまだ二つの「電撃戦」に勝利しなければならなかった。しかしこれによってソ連にたいする「絶滅戦争」の日程と成果は危ういものになった。

これらの戦争のきっかけは、さきに述べたように、イタリア軍がギリシアで困難な事情に陥ったためである。イタリアは弱体化し、地中海でのイギリスとの対決のために割り当てられていた任務をはたすことができなくなった。[93] そのため、ヒトラーはムッソリーニを助けることが自分の義務だと感じた。ところが、ドイツはユーゴスラヴィアを相手にしなければならないようになり、もう一つの問題を抱えることになった。[94]

経済的にも政治的にもドイツに依存するようになっていたほかのバルカン諸国とはちがって、ユーゴスラヴィアはドイツと同盟することを拒んでいた。一九四一年三月四日にはじめて、ユーゴスラヴィアの首相ツヴェトコーヴィチュがヒトラーの最後通牒に屈した。しかしそのすぐ後、ツヴェトコーヴィチュは西側の立場をとる将校たちによって失脚させられた。かれはただちにドイツにたいして結ばれたすべての義務を無効とした。ヒトラーの怒りはたいへんなものだった。かれは「裁き」という注目すべき暗号名でユーゴスラヴィアへの攻撃を命令した。攻撃は一九四一年四月六日ベオグラードの壊滅的な空爆だった。この空爆で、その前におこなわれたワルシャワ、ロッテルダムとコヴェントリーへの空爆を合わせたよりも多くの人命が失われた。このテロ行為と、ユーゴスラヴィアの諸民族のあいだに、とりわけセルビアとクロアチアのあいだに――これらの国ぐにには固有の国家が約束されていた――始まった争いのため、ユーゴスラヴィアは早くも一九四一年四月一七日には降服した。

イギリス軍に支援されたギリシア人の抵抗はもっと激しかった。また長くつづいた。にもかかわらずドイツ軍は一九四一年四月三〇日にペロポネソス半島の南端に達した。ドイツ軍は多大の損害を出したが、空挺部隊の戦いによって、ついにクレタ島の占領に成功した。この軍事的成功をはるかに凌駕したのは、イタリア人を助けるために派遣されたエルヴィン・ロンメル将軍がアフリカで少数の兵力をもって、また部分的には上官たちの命令に反して、達成した成功である。[95]

しかし、戦いに破れたとはいえ、ユーゴスラヴィア人とギリシア人は屈しなかった。ギリシアでは、共産主義者に指導された「国民解放戦線」（EAM）から生まれた「ギリシア民族解放軍」（ELAS）がイタリアとドイツの占領軍にたいして、また国内の、「国民的共和主義ギリシア同盟」（EDES）の政敵にたいして、パルチザン闘争をおこなった。かれらはこの国内の政敵が占領軍に協力していたのを非難したのである。[96]当初きわめて弱体だったドイツ軍は、ギリシア民族解放軍と国民的共和主義ギリシア同盟によっておこなわれたサボタージュ行動と襲撃にたいし、人質の射殺、村全体の破壊、その住民の虐殺をもって応じた。ペロポネソスのカラーヴリュタ村でおこなわれた大虐殺はとくに有名である。この村では一九四三年一二月一二日、七〇〇人の人びとがドイツ軍によって射殺された。ユーゴスラヴィアの抵抗闘争は、ドイツ軍以上に激しい、残酷なものになった。[97]ここでは、ティトーと名乗るジョージプ・ブローズの指導下に共産主義者の抵抗運動組織がつくられた。組織はますます拡大し、ドイツ、イタリアの占領軍ならびに、アンテ・パヴェリッチュの指揮するクロアチアの衛星ファシスト国家と国王に忠実なチェトニク人にたいし、闘争をおこなった。このパルチザン闘争と内乱は、その参加者によって前代未聞の残酷さをもっておこなわれた。ドイツ占領軍はドイツ兵への襲撃にたいして報復をした。占領軍は、とくにユダヤ人とロマを人質にし、かれらを射殺した。こうしてセルビアにおける「ユダヤ人ならびにジプシー問題」は一九四二年の末にはもう「解決」されていた。[98]したがってここではパルチザン闘争はユダヤ人とロマの民族殺戮に移行したのである。それにたいし、ソ連邦にたいする戦いは初めから「絶滅戦争」として構想されていた。

（＊）一九三〇年ベルギーのレオン・ドゥグレル（Léon Degrelle）によって創立された反民主主義の「キリスト教・国王運動」で、出版社キリスト・レックス（Christus Rex）の名前をとって「レックシスト（Rexist）」と自称した。党員の大部分はカトリックの右翼で、家族主義の秩序を重んじた。一九三六年五月の選挙では二一名の国会議員と一二名の上院議員を出した。その後、組織はますますファシズムに近いものになったが、一九三八年の選挙では大幅に得票を失った。一九四〇年以後、占領軍に協力し、武装SSに志願する者が多かった。

「絶滅戦争」

ヒトラー自身はすでに一九四一年三月三〇日に国防軍に対ソ連邦の「絶滅戦争」をおこなうことを命じていた。その命令では「共産主義者は以前も（……）味方ではなかったし、今後も味方ではない」という原則から出発しなければならない、とされていた。[99] 将軍たちはいつものようにヒトラーに服従し、かれら自身も、はっきりと、ソ連の一般市民と赤軍の兵士を殺戮せよという命令を出した。たとえばヴィルヘルム・カイテル将軍は、一九四一年三月一三日に「軍事裁判権」に関するある命令で「義勇兵は、戦闘中の、もしくは逃亡中の部隊によって（……）容赦なく始末されなければならない」といっている。[100] しまいに国防軍最高司令部は、一九四一年六月六日の悪名高い「政治局委員《コミサール》射殺命令」で、捕虜にしたソ連赤軍の「政治局委員《コミサール》」は全員即時殺戮せよ、と命じている。この命令は、国防軍司令部がすでにどれほどナチズムのイデオロギーに影響されていたかを、その言い回しにはっきり示している。たとえばなによりも次のようにいわれている。「野蛮なアジア的闘争手段をはじめて考案したのは政治局委員である。かれらには、即時、有無を言わせず、このうえなく厳しく、対処しなければならない」。[101]

この野蛮なことばの後に、一九四一年六月二二日以後、このことばにふさわしい「アジア的」行為がつづいた。前進する国防軍部隊の後に、特別行動隊（Einsatzgruppen）の殺戮班がやってきた。[102] 特別行動隊は、ただちに、とりわけユダヤ人の、シンティ・ロマの、また赤軍の政治局委員の殺戮をおこなった。国防軍自身の行動もこれに劣らず非難されるべきものだった。一九四一年の末までに全部で三〇〇万を超えるソヴィエトの兵士がドイツの捕虜になったが、一九四二年二月の初めにはその四〇%しか生存しなかった。[103] これほど多くのソヴィエトの兵士が飢餓と病気で死んだのは、けっして、生活物資の補給状況が悪かったためでも、またその他の組織的な問題のためでもない。この大量殺戮は、国防軍の司令部によって意識的におこなわれたのである。司令部にとって、捕虜になったソヴィエト兵は、戦争のあらゆるルールや慣習にもかかわらず、「仲間ではなく」、「ボルシェヴィズムの下等人間」だった。

「バルバロッサ作戦」は、初めからこのような犯罪によって、特別の性格が与えられていた。[104] この作戦で、バルト海から黒海までの全戦線にわたって進軍するドイツ軍部隊は、またかれらに同盟するルーマニア軍の部隊は、のちにはフィンランド、ハンガリー、イタリア、スロヴァキアの部隊は、いずれも相当の軍事的成果を収めた。国境に駐屯していた赤軍の部隊は完全に不意を打たれた。スターリンは、ドイツ軍の襲撃が迫っているというさまざまな警告を受けていたが、明らかに最後までそれを信じようとはしなかった。これはひどい報いを受けた。ドイツ軍の戦車はソ連軍の戦線を突破し、ソ連軍を包囲し、戦闘行為を開始してから一、二週間後の一九四一年六月二二日にはもうドニエストル河とブグ河にまで到達した。

陸軍参謀本部長のハルダー陸軍大将は、この戦争はもう「勝ったもの」とみていた。[105] まだ残されている必要な課題は、ソヴィエト軍をモスクワの手前でうち破り、首都とその近くの重要なロシアの工業地域を占領することだけだ、とかれはみた。これにたいしヒトラーは、まずレニングラードとウクライナ全土を手中に収めることが重要だ、とみた。ヒトラーとハルダーのあいだに激しい意見の対立が生まれた。両者のあいだの論争は、一〇月の中旬まで三つの占領目標のどれ一つ達成されないことによって、終息した。つまり、ドイツ軍はウクライナの一部を占領できただけで、モスクワもレニングラードも占領できなかった。[106]ドイツ軍の前進は次第にその速度を弛め、しまいには完全にストップした。

このことはしばしばドイツの軍事研究家や軍事史家によって、悪路のため、降りつづく雨で柔らかになった道路のためである、と説明されている。しかしこのような天候と地面のためとする説明は、ドイツ国防軍が自ら設定した目標をまったく達成できていなかったという事実を隠すことはできない。一九四一年一二月六日、モスクワの手前でソヴィエトの反攻が始まったとき、電撃戦として構想された「バルバロッサ計画」が失敗したことが明らかになった。ソヴィエト軍部隊の前進を止めることはたしかにできた。しかしその前にソヴィエト軍は重要な地域を確保していただけでなく、ドイツの作戦計画を完全に修正させていた。したがってモスクワをめぐる戦闘は完全に「戦争の転換点」になったといっていい。[107]

敗北

アメリカは、完全な国際法違反である日本の一九四一年一二月七日の真珠湾攻撃に応えて戦争に踏み切っていたが、ドイツはまだ戦争に負けたわけではなかった。一九四一年一二月一一日にアメリカに宣戦布告したヒトラーは、戦争が世界中に広がることを歓迎する、とはっきりいっていたという。アメリカはヨーロッパの戦場に介入することなど、まだだれもまったく考えていなかった。他方、日本人はアジアにおいて当初きわめて大きな軍事的成果を挙げ、イギリス帝国の存在を脅かしていた。[108]

ドイツのUボートも一九四二年の初めの数ヵ月までは連合国の多数の艦船を撃沈することに成功しており、そのためイギリスの補給は重大な危機に陥った。[109] しかしやがて局面は一変した。イギリス海軍は新たに発明されたレーダーのおかげでドイツのUボートを探り出し、次々にそれを撃沈した。ドイツの海上戦力も同じ目にあった。一九四一年五月にはもう戦艦「ビスマルク」が沈没させられたが、一九四三年と一九四四年には戦艦「シャルンホルスト」と「ティルピッツ」も失われた。「大西洋戦争」は敗北だった。

しかし決定的だったのは、東方の戦場における推移である。ここでは一九四二年五月、ドイツ軍の部隊は、一九四一年一二月に失ったすべての地域を再び取り戻し、ハリコフの近郊で攻撃してくるソヴィエトの部隊を殲滅するのに成功した。[110] しかし、一九四二年の末、黒海とカスピ海の油田を狙うドイツ軍は、再び前進を阻まれた。[111]

とくに危険な状況に置かれたのは第六軍だった。第六軍はスターリングラードまで進撃していたが、この都市は、一九四二年一一月八日にヒトラーがすでに占領したと公表していたにもかかわらず、まだ完全に占領されてはいなかった。[112] ここでは赤軍が一九四二年一一月二一日、反攻に転じた。その五日後にスターリングラードのドイツ軍は包囲された。[113] 第六軍は、スターリングラードの包囲から脱出しようとしたが、ヒトラーは逃げることを許さなかった。閉じこめられた兵士たちには空から補給できると思われていたが、その望みは絶たれた。一九四三年一月九日、ソヴィエト軍の襲撃が始まり、生き残った第六軍は一月三一日と二月二日に降服した。戦死したドイツ兵は一〇万人、負傷した兵は四万二千人だった。九万人が捕虜になったが、そのなかで生きて故国に帰れた者は一万人だけだった。

スターリングラードは第二次世界大戦の最後の戦闘ではなかったが、最も重要な戦闘であった。そのことに疑いの余地はない。それは、戦争の軍事的な、また「心理的な転回点」[114]を示すものだったからである。[115]

一九四三年五月の初めにアフリカ軍団の残存部隊は降服した。カサブランカ会議（一九四三年一月一四日から二六日まで）でのチャーチルとローズヴェルトの申し合わせによって、ドイツの都市にたいする連合国軍の空襲はいまや昼夜を問わずおこなわれるようになった。ますます多くの破壊がおこなわれ、ますます多くの人びとの命が奪われた。[116]にもかかわらず、ドイツ国民の戦い抜こうとする意志は弱められることがなかった。ドイツ軍需産業の生産指数も下がりはしなかった。軍需産業の生産指数は一九四四年の中頃に初めて――航空機とロケットの生産では一九四四年の末になって――最高になった。航空戦ではドイツは負けていなかった。一九四三年にドイツの敗北に決定的な貢献をしたのはソヴィエト軍である。ドイツ軍は一九四三年五月にダーニイェッツまで再び前進していたが、赤軍は、一九四三年七月一一日、オーレル近郊で反撃に転じることによって、ずっと前から計画されながらたえず延期されていた「砦」という暗号名をもつドイツ軍の攻勢計画を挫折させた。クゥルスク戦線の戦闘は赤軍の大勝利で終わった。赤軍は決定的な軍事的主導権を握り、一九四三年の末までにウクライナの大部分を解放した。そのなかには首都キエフも入っていた。

これらの敗北だけがヒトラー・ドイツにとっての敗北ではなかった。一九四三年五月一三日、北アフリカのドイツ軍が降伏した。一九四三年七月一〇日、連合軍はシチリアに上陸した。七月二五日、ムッソリーニが倒された。[117]かれの後継者であるピエトロ・バドリオ元帥は一九四三年九月三日に連合国を相手に特別の休戦協定に調印した。これにたいしてドイツ軍は一大行動を起こし、その勢力下にあったすべてのイタリア艦船を捕獲した。イタリアの兵士たちを待っていたのは厳しい運命だった。かれらは「バドリオの豚」と罵倒され、強制労働に就かされ、ソ連兵の捕虜と同じように、残酷な扱いを受けた。[118]

イタリアのまだ解放されていない地域は苛酷な占領支配を受けた。ドイツ人は、ムッソリーニを中心にしていたファシストによって支持された。かれらはドイツ兵によって捕虜の状態から解放され、サロに根拠地を置くドイツ衛星国政権の首領になった連中である。[119] このサロ共和国と占領者のドイツ人にたいして、イタリア人の抵抗運動はますます広がった。しばしばきわめて残酷な闘争がおこなわれたが、その闘争のなかでドイツ人はさかんに東方で実践済みの手法を使い、一部では、人質として捕らえたまったく無関係の人びとをも射殺した。同時にドイツ軍はゆっくり前進してくる連合軍にたいして（とりわけモンテ・カシーノで）激烈な戦闘を挑んだ。連合軍がローマを解放したのはやっと一九四四年六月のことである。

このとき――一九四四年六月――赤軍は南でルーマニアとハンガリーの国境に達し、戦線の中央地帯から大攻勢を開始した。このためドイツ軍の二五師団は全滅させられた。長い間の約束であった、西部における第二戦線の形成がやっと始まった。

一九四四年六月六日、連合軍がノルマンディーに上陸した。（連合軍が、そのなかにはフランスの兵士もいて、友好国もしくは自国に上陸したにもかかわらず）ドイツではいまでも「侵攻」と偽って呼ばれるこの上陸に、ドイツ軍の部隊は不意を襲われたが、それでも頑強に抵抗した。七月の末に、やっとドイツ軍の陣地はうち破られた。

その一ヵ月後の一九四四年八月二五日に、連合国軍はパリに進軍した。九月の末、連合国軍はトリアとアーヘン近くの国境まで進撃してきた。しかしそれ以上進むことは、一二月のアルデンヌにおけるドイツ軍の反攻によって、阻止された。一九四五年一月になってやっとアメリカ、イギリス、カナダの部隊がライン川に達し、一九四五年三月、ついに川を渡った。

この時点において、ドイツと同盟を結んでいた諸国、ルーマニア、ブルガリアおよびフィンランドはすでに降服していた。もしくは反抗勢力が戦いを有利に押し進めていた。しかしドイツ軍に占領されていたハンガリーでは抵抗が失敗した。反対にユーゴスラヴィアはティトーのパルチザンによってその大部分が解放された。そしてパルチザンは進軍してくるソヴィエトの部隊と合流した。一九四五年二月、ブダペストはソヴィエト軍によって占領された。その後ソヴィエト軍はウィーンをめざして進軍し、ウィーンは一九四五年四月一三日に降服した。

それより先に戦線の北部と中部地区でソヴィエトは大攻勢に出た。その結果、ポーランド全土とオーバーシュレージエンが解放された。三月にはソ連軍はバルト海沿岸のコルベルクとシュテッティン近くに到達し、ついにダンツィヒに達した。その後、包囲された東プロイセンが占領された。戦線はオーダー川とナイセ川でやっと止まった。一九四五年四月一六日、ソヴィエト軍の最後の攻勢が開始された。ソヴィエト軍はオーダー河を越え、ベルリンを包囲した。一九四五年四月二五日にはソ連軍とアメリカ軍がエルベ河岸のトルガウで出合った。同じころイギリス軍はハンブルクの北でエルベ川を渡り、メクレンブルクへ進軍した。

状況はドイツにとってまったく見込みのないものになった。[120] 戦争貫徹のスローガンも、一九四四年の末からおこなわれた一六歳の少年の召集と六〇歳の老人の召集も、役には立たなかった。逃亡したという、または本当に逃亡した兵士にたいする「移動軍事法廷」[121]による犯罪処刑も、ナチのプロパガンダがいう「狂信的抵抗精神」を呼び覚ますまでにはいたらなかった。ドイツのほとんど全土が破壊され、占領されたいま、ヒトラーは敗北を認め、四月三〇日に自殺した。[122] その二日後の五月二日にベルリンは降服した。残ったドイツ軍はすでに四月二九日に降伏していた。イタリアにいたドイツ軍部隊は四月三〇日に、まだ南西ドイツにいた部隊とオランダ、北西ドイツ、デンマーク、ノルウェーにいたドイツ軍は五月四日に降服した。全国防軍の「無条件」降伏は五月七日にランスのアイゼンハウアー司令部でおこなわれた。降服は一九四五年五月八日にベルリン・カールスホルストのソ連軍司令部でもう一度おこなわれた。[123]

ヒトラーによって任命され、フレンスブルクに居をもっていたカール・デーニッツ海軍元帥の率いる帝国政府は、やっと五月二三日に、連合国によって罷免され、デーニッツは逮捕された。[124]

論争

プロパガンダだったのか、それともプログラムだったのか？

「ヒトラーを選ぶ者は戦争を選ぶ者だ！」——一九三三年に共産党はそう警告した。そう予言することは難しいことではなかった。ほんの少しでもヒトラーの『わが闘争』を読んだことのある者ならだれでも、ヒトラーが東方に「ロシアを犠牲にして」「生存圏」を獲得するための戦争をしようとしていたことを知っていた。しかし多くの同時代人はヒトラーの攻撃的な外交政策のプログラムを真面目に受け取りはしなかった。かれの「原理」は一般には「無視され」ていた。[125] テオドア・ホイスのように、明敏で、同時代の政治に批判的な論評を加えていた人さえもが、一九三二年に発表した『ヒトラーの道』でも、ヒトラーの「生存圏政策」について注意を払っていない。[126] その代わりにホイスは、当時もうかなり時代遅れなものになっていた一九二〇年の二五箇条の綱領に注意を集中している。かれの意見によれば、この綱領は「ドイツ国民の具体的な条件」を改善するためのなんの指針も示していない。[127]

コンラート・ハイデンは、一九三六年から三七年にかけて出版された一二巻のかれのヒトラー伝記で、矛盾した見解を述べている。[128] 一方で、かれは、ヒトラーは「ドイツの世界制覇」をめざしており、「選良《エリート》アーリア人」がほかのヨーロッパの諸民族を支配することになっていた、そのため「少なくとも一億人のヨーロッパ人が絶滅されるか、もしくはかれらの居住地から追放される」ことになっていた、といっている。ところが、もう一方でハイデンは、ヒトラーが計画にしたがって行動したと考えるべきでないと警告し、ヒトラーは「国際的行動の理念構想」をもつことができない政治家であり、むしろあらゆる機会を捕まえて自分の都合のいいように利用する、無原則的な権力政治家の一人とみられるべきである、といっている。[129]

良心もなければ原則ももたないヒトラーというイメージは、ヘルマン・ラウシュニングからきたものである。かつてのナチス指導者の一人でダンツィヒの市政府長官だったラウシュニングは、自分は党の内部事情についてよく知っている、また、ヒトラーとは長時間「対話」をしたことがあって、かれのことはとりわけよく知っていると主張している。しかしこれは後世の研究ではむろん確認されていないことである。[130]

インサイダー情報にもとづくといわれる、ラウシュニングの叙述は一九四五年以後、研究者のなかでも通用した。イギリスの歴史学者のアラン・ブロックはこのテーゼに従い、その浩瀚なヒトラー伝記の初版で、ヒトラーを「完全に無原則のオポチュニスト」としている。[131] ブロックのテーゼはほかの著者たちにも引き継がれた。[132] しかし、このテーゼは一九六〇年にイギリスの歴史家ヒュー・レドワルド・トレヴァー＝ローパーによって根底的に疑問視された。ほかならぬ外交政治の領域で（トレヴァー＝ローパーはユダヤ人政策・人種政策にはほとんど立ち入っていない）、ヒトラーはよく考え抜いた構想をもっており、それはかれの「戦争目的」にも通じるものだった、とトレヴァー＝ローパーは書いている。[133] トレヴァー＝ローパーはどこまでもこのような解釈を譲らなかった。ブロックもかれの改訂版のヒトラー伝記ではこの意見に従った。[134]

その後一九六三年にエルンスト・ノルテは、かれの精神史的研究の書である『その時代のなかでのファシズム』において、ヒトラーの思想は「その首尾一貫性と整合性は息をのませる」ような理念体系である、という結論を出した。[135] アンドレーアス・ヒルグルーバーは、一九六五年に出版されたかれの「ヒトラーの戦略」についての書物で、もう一歩先へ進んだ。[136] ヒトラーは『わが闘争』と『第二の書』[137] で首尾一貫した外交政策の綱領をはっきり示しているだけでなく、「総統《フューラー》として、また首相として」それを守った。第三帝国の外交政策は、ヒトラーによってまさにこの綱領どおり展開された、とヒルグルーバーはいっている。その場合、ヒルグルーバーによれば、問題は「三段階計画」

だった。ヨーロッパのヘゲモニーを獲得した後、ヒトラーは、その第二段階において近東とその他のイギリス植民地[138]を占領し、最後の段階にアメリカに勝利して世界制覇を達成することを計画していたからである、とかれはいっている[139]。

ヒルグルーバーの「三段階計画テーゼ」は幾人もの歴史家によって受け入れられた。たとえば、クラウス・ヒルデブラントがその一人である。ヒルデブラントはドイツの植民地政策を研究した歴史家である[140]。また、ヒルグルーバーのテーゼは海軍軍備計画を研究していたヨースト・デュルファーによって受け入れられた[141]。さらに、ヨッヘン・ティースもこのテーゼを受け入れた。ティースは、ベルリンやその他のドイツの都市の世界制覇計画をめざしたナチスの拡大計画という珍しい研究にかかわっていた人である[142]。エーバーハルト・イェッケル、アクセル・クーンなどの「ヨーロッパ制覇論者《コンチネンタリスト》」たちは、この「世界制覇論者《グローバリスト》」よりは控えめだった。かれらの意見によれば、「東方の生存圏獲得」をめざしたヒトラーは、ヨーロッパにおける覇権を得ようとしただけである[143]。

しかしこの「ヨーロッパ制覇論者」たちは、ヒルグルーバー、ヒルデブラントらを中心にする「世界制覇論者」とまったく同じように[144]、幾人かの、むしろ社会主義的な傾向をもつ歴史家たちによって批判された。かれらはヒトラーの、「東方の生存圏獲得」の計画を具体的な綱領ではなく、ただプロパガンダ的な「メタファー」とみようとした[145]。さらに、ナチス国家の対外政策は、イデオロギー的思考によって決定されたというよりは、政治的・経済的要因によって決定されたのであり、ヒトラー一人によって実行されたものではない、とかれらは主張している。こうして対外政策の解釈は、先に述べた「意図派」と「構造派」のあいだの論争に大きな意味をもつことになった[146]。

意図的行為だったのか、それとも場当たり的行為だったのか？

「意図派」が「総統国家《フューラー》」の一枚岩的な全体主義の構造に重きを置いたのにたいし、「構造派」はこの国家がむしろ多頭支配的につくられたものであることを強調した。(147) 対外政策こそは、ヒトラーによって特色づけられていない政策だった。「構造派」は、ヒトラーのイデオロギーによる目的追求よりは社会政治的要因の方が重要である、と主張した。イギリスの歴史家のティム・メイスンは、ナチスの対外政策は経済的な要因やその他の内政的要因から生まれているものだ、と主張した。したがって、ナチスの戦争への道は内政的・経済的危機をいわば「前方への逃走」によって解決しようとした試みである、とかれは説明した。(148)

意図派のテーゼにたいして最も厳しい批判をおこなったのはハンス・モムゼンである。かれはヒトラーを、「決断能力のない、しばしば自信を喪失した、自分の体面にこだわり、個人的権威ばかりを重んじた、その場その場の周囲の者たちから影響され、いろんな意味で弱い、独裁者」と呼んでいるが、(149) それだけでなく、さまざまな論文で次のようにいっている。ヒトラーは、ほかならぬ対外政策の領域において、きわめて唐突な対応をしている。かれは期待されていたさまざまな路線も、また計画されていた路線さえも、とることがなかった。(150) モムゼンによればヒトラーの場合「段階計画」など問題外である。ヒトラーの多くの対外政策行為はまったくの場当たり的行為（Improvisation）だった、と。モムゼンのこのテーゼは、とりわけクラウス・ヒルデブラントによって厳しく斥けられた。(151)

両者によっておこなわれたこの論争があまりにも激しかったため、歴史そのものが幾分背後に引っ込んでしまった。しかし、さまざまな個別的研究は、ナチスの実際のいくつかの対外政策は場当たり的なものであり、イデオロギー的であるよりはむしろ経済的な要因によるものであることを明らかにした。このことは、たとえばドイツのスペイン内乱への介入についていえることだった。ヴォルフガング・シーダーの意見によれば、スペイン内乱への介入の決定はまったく自然発生的になされたものだった。したがって、イデオロギー的要因よりは、経済的要因の方がはるかに重要である、とかれはいっている。[152]

スペインは例外的な事件ではなかった。ほかの対外政策行動も多分に場当たり的なもので、けっして計画的なものではなかった。このことはとりわけ一九三四年のポーランドとの不可侵条約について、またなによりもヒトラー＝スターリン不可侵条約〔独ソ不可侵条約〕について、いえることである。その後の戦争遂行にも、イデオロギー的でもあればまた経済的でもある要因が決定的であった。デンマークとノルウェーへの襲撃は「生存圏獲得」というイデオロギー的目的とはまったくなんの関係もなかった。海軍はノルウェーを占領することによって大西洋へ自由に出ることを可能にしようとした。ドイツの軍需工業は、ノルウェーのナルヴィク港を経由するスウェーデンの鉄鉱石供給の道を絶たれることを望まなかった。それにたいし、ユーゴスラヴィアとギリシアへの戦いは、完全に無計画的なものだった。ヒトラーがすでに『わが闘争』で予告していたソ連にたいする「絶滅戦争」は、けっして「生存圏獲得」だけを狙ったものではなく、経済的・軍事的理由ももっていた。ソヴィエトの土地を占領し、イギリスの周囲の制空権は失われていたものの、ソ連の経済的資源を搾取することによって、イギリスを屈服させることを望んだからである。

ナチスのファッショ的な対外政策と戦争遂行の解釈をめぐっておこなわれた論争は、全体として、「意図派」と「構造派」の立場が、その立役者たち自身が主張していたほどにはかけ離れたものでなかったことを明らかにした。対外政策や戦争のなかで、ナチスは意図的な決定や処置もしているし、場当たり的な決定・処置もしている。人種イデオロギー的な決定や処置もしているが、経済的・軍事戦略的な動機をもった決定や処置もしている。しかし、「ドイツ民族の人種浄化」の後、ヨーロッパに階層的構造をもつ「人種秩序」を樹立するという計画は疑いがもたれることはなかった。この目的を実現するため、人種殺戮がおこなわれ、東方では前代未聞の「人種戦争」がおこなわれた。しかし、この事実には最近異論が唱えられている。ドイツの侵略戦争全般さえもが疑問視されている。

予防戦争だったのか？

以上のすべての「意図派」も「構造派」も（そしてむろんマルクス主義者さえもが）、ヒトラーの対外政策は攻撃的で戦争をめざした性格をもっていたという点では、同意見だったし、また現在でもそうだ。ところがごく最近、この合意が、何人かのきわめて右翼的な歴史家やジャーナリストによって疑問視されるようになった。[153] かれらは、ローズヴェルトがチェコとポーランドの政治家を励まして頑迷な立場をとらせるようにしたのであり、そのためヒトラーはこの挑発に応えて「残されたチェコ」の占領とポーランド襲撃をおこなわざるをえなかった、と大まじめで主張し、新たな戦争責任論争を始めようとしている。[154] 第二に、かれらは、ヒトラーはまた一九四一年にスターリンによって、目前に迫ったソ連のドイツ攻撃に先んじて行動することを強いられたのだ、といっている。[155]

このテーゼは、これまで重要視されることがなかったが、明白な右翼的・極右的動機づけと目的をもっていた。ここではこれ以上立ち入ってこのテーゼに立ち入ることをしない。予防戦争論争は学問的論争ではない。それは、この間、西ドイツの存立にとって真面目に考えなければならなくなった、極右主義と修正主義の危険の問題である。[156] 国防軍の犯罪に関する学問的論争は、ユダヤ人・人種殺戮の章で扱うことにする。[157]

社会政策と経済政策

事　実

雇用創出と軍備拡大

ヒトラーが政権に就いたとき、ドイツの登録失業者は六〇〇万人だったが、実際の失業者数はそれを大きく上回っていた。この数字には学校を卒業しても職を得られなかった若者が数えられていないし、同じように、数多くの家内労働者や季節労働者、さらには、失業の直前にやむなくパートで働いていた女性たちの数がまったく含まれていないからである。かれらや彼女たちのほとんどは、失業手当の支給期間を過ぎて、手当を受けられなくなり、福祉に頼らざるをえなくなっていたが、その支給金額は生活の最低限度を大きく下回っていた。まだ職場にあった者も厳しい賃金や俸給の切り下げを甘受しなければならなかった。また、官公吏も同様の状況にあった。

危機は、都市や工業地区にとどまらず、農村にも影響を及ぼした。農産物価格の急激な下落は、とりわけ農民に強烈な影響を与えた。農民は、前から構造的な危機の影響とのたたかいを強いられていた。多くの農民はすでに多額の債務を抱えこんでおり、危機的な不況が、いわばかれらにとどめをさした。農民は土地と家屋を売り払わなければならなくなった。もしくは買い手が見つからなかったので、自分の財産が強制競売に付されるのを拱手傍観しなければならなかった。

一九三三年の初頭に、経済危機はおよそ考えられない規模に達した。他方、すでにこの時期に景気回復の最初のきざしが見え始めていたことは見逃せない。かなり多くのドイツの経済人はそれを予見し、景気の回復と失業者を減少させる計画を練っていた。(1)

ヒトラーは、政権につくと同時に、この計画を再び採りあげ、(2)諸官庁とそのポストにとどまっている専門家の協力をえて、さっそく、計画の具体化に乗り出した。(3)「自発的労働奉仕（Freiwillige Arbeitsdienst）」（FAD）が拡大されて「全国労働奉仕（Reichsarbeitsdienst）」（RAD）に編成替えされ、この労働集団はただちにアウトバーンの建設に投入された。こうした計画はかなり以前から準備されていて、ハンブルク―フランクフルト―バーゼルを結ぶアウトバーン（略称HaFraBa）のプロジェクトはすでに完全にできあがっていたから、ただちにその建設が始められた。

ヴァイマル共和国の時代とはちがって、ナチス政府のこの経済政策はドイツの工業労働者陣営から批判されることがなかった。これはなんら不思議ではなかった。労働組合はすでに一九三三年九月二日に消失していたからである。労働組合の機能は、多くの組合員はそれを期待していたが、「ナチス経営細胞（Nationalsozialistische Betriebszellenorganisation）」（NSBO）に引き継がれることがなかった。(4)逆に、一九三三年五月一〇日には、およそ労働者の利益代表とはいえない「ドイツ労働戦線（Deutsche Arbeitsfront）」（DAF）が設立された。(5)ドイツ労働戦線が面倒をみたのは労働者の利益ではなく、労働者の余暇をどうするかという企画であり、そのため「喜びを通じて力を（Kraft durch Freude）」という下部組織がつくられた。組織的な休暇旅行もこの組織の仕事の一つであったが、それは労働者のためというよりは、サラリーマン層や官公庁職員の要望に応じるものだった。(6)けれども、ドイツ労働戦線は労働条件の具体化とその改善にはある種の影響を及ぼしている。

しかし、労働者は、一方的に経営者の側に立った賃金協定を遵守することを要求された。それを見張ったのは、一九三三年一月二〇日に公布された法律によって創設された、いわゆる「労働管理官（Treuhänder der Arbeit）」[7]である。この「管理官」はドイツ労働省の管轄下にある国家官僚で、かれらはいつも経営者の意を体して事を決めた。経営者の力は「国民的労働秩序のための法律（Gesetz zur Ordnung der nationalen Arbeit）」[8]にも助けられて決定的に強化された。他方、ドイツ労働戦線の活動は、もっぱら政治宣伝の領域に限定されることになった。[9]

ナチ政府の経済政策はさっそく成果を挙げた。失業率は、期待よりもゆっくりとではあったが、減少した。一九三五年の失業率はいぜん一〇%を越えていたが、[10]それでも大きな成果として讃えられた。ナチスの宣伝は、何かが起こり始めているという楽観的な気分を生み出すことに成功し、これによって、多くの人たちの目を、労働運動の関係者やユダヤ人にたいするテロルといった負の随伴現象から、そらさせることができた。しかし、雇用の創出のため、さらになによりも軍備拡大のために投じられる財政支出が現在の財政資金をはるかに越えていることは、すぐさま明らかになった。

一九三三年の国防軍にたいする支出は総予算の四%にすぎなかった。[11]一年後の軍事予算は総予算の一八%、一九三五年には二五%、一九三六年にはじつに三九%に達している。[12]その結果は、インフレの進展と保有外貨の急速な減少、そして対外貿易の赤字だった。赤字の金額は一九三四年にすでに二億八四〇〇万ライヒスマルクに達した。予想される国家財政の破綻を避けるため、そして、可能であれば、赤字の進行を抑制するため、一九三三年四月からライヒスバンク［ドイツ国立銀行］総裁の地位にあったヤルマル・シャハトが一九三四年七月に経済相に任命された。[13]

新しい経済相はヒトラーから広範な裁量権を得ていた。シャハトの構想はまず第一に対外貿易の危険な赤字を減少させることだった。その目的のために、一方では輸入の制限が、またもう一方では国家による輸出の促進が、求められた。そのうえ、いくつかの東南ヨーロッパ諸国とのあいだにドイツの工業製品とその地の農産物や原料品を交換する双務協定が締結された。これによって外貨は節約され、ドイツの工業経営者の注文書にはたくさんの注文が記入された。同時に軍需生産が引きつづき強行され、それは手形（いわゆるメーフォー手形）[14]によって調達された。この手形はシャハト自身が一九三五年五月の覚え書きに記しているように、おもに「紙幣印刷機」によって調達されたものだった。[15]

シャハトの経済政策はとりあえず成果を挙げた。一九三六年の失業率は七・四％にまで低下し、その一年後にはわずか四・一％になった。これで事実上の完全雇用が達成された。一九三八年にはすでに労働力不足が支配的になっている。就業可能でありながらまだ失業状態にある労働者はわずか一・九％にすぎなかったからである。[16]しかし、ドイツの対外貿易は一九三六年には一九％も増加しているにもかかわらず、[17]対外貿易の赤字は減少しなかった。同時に軍備拡大のテンポがやむことなく上昇していたからである。こうした状況のもとで、シャハトは輸出をいっそう促進させることと、少なくとも一時、軍事費を縮小することを、提案した。[18]

四ヵ年計画

しかし、ヒトラーはヴィルヘルム・クレップラーの指導する「ドイツ原料ならびに原材料調達特別任務局」が作成した計画を採用することにした。この計画では軍事予算や軍備計画の縮小はまったく考慮されていなかった。必要な原料は、できるだけ輸入しないで、ドイツ国内で生産されるべきである、たとえ、生産価格が世界の市場価格を上回ったとしても、そうすべきである、とされていた。とりわけ、ゴムと動力用燃料の合成施設、そして、国内産の鉱石を使用する精錬工場の強制的建設が重要である、とされていた。

このような自給自足政策の最高目的は戦時経済への準備だった。同時にそれは、国家がますます経済の領域に介入することを意味した。[19]この二つの目標は一九三六年の四ヵ年計画に関するヒトラーの覚え書きのなかにはっきり述べられていた。「ドイツ軍は四年で出撃可能となり（……）ドイツ経済は四年で戦争能力を備えることができる」。[20]同時に、かれは次のように指示している。「私企業」は「国家経済の課題」を果たさなければならない。もし「私企業がその能力がないと判断する場合は、国家社会主義の国家が自らの手によってその課題を果たすであろう」。『わが闘争』のなかで経済にたいする国家の優位を表現したこのことばは、ただの脅しではなかった。事実、いくつかの国家企業が（たとえば、ザルツギッターに）設立されている。[21]そのうえ、ゲーリングが「四ヵ年計画全権委員」となり、もう一方で、産業界の代理人と目されたシャハトが一九三七年一一月二六日、政治的、個人的理由から経済相の地位を追われた。[22]しかし、国家の経済への強い干渉をもたらすこの経済政策にたいして、当時の工業界からの非難の声はほとんど聞かれなかった。

この抑制の理由は明白である。軍需産業の利益と来たるべき戦争の獲物[23]についての確実な見通しが工業家たちに自制させたのである。そのほかにも、いくつかの理由があった。工業界は自分たちの利益代表を送り込むことができた。[24]とりわけ、この点で成功しているのはI・G・ファルベンだった。[25]四ヵ年計画の担当部局における工業界の利益代表の人的影響力はナチ党の代表のそれよりも大きかった。さらに、工業界の指導者たちはゲーリングと軍部との摩擦を利用することもできた。「総統《フューラー》国家」をひろく特徴づけていた権限争奪競争によって、工業界は直接に、またとりわけ間接的ルートを用いて、自分たちの勢力を容易に確保することができた。[26]

四ヵ年計画という名のもとに出現したこの経済政策は、少なくとも当初は、成功したかにみえた。軍需生産が減退することなく続行されたにもかかわらず、貿易収支は好転した。輸出を増加させることができたし、輸入経費は低減した。さらに、これに農業面での豊作が加わった。「軍需ブーム」が景気のいっそうの上昇をもたらし、失業問題の解決によって購買力が上昇した。また、購買力の拡大は生産財の生産を刺激した。

しかし、この軍需景気という特徴をもった好景気のなかに、権力者側の予想していなかったいくつかのネガティヴな付随現象も見られた。一九三三年における賃金引き上げ停止と労働組合禁止にもかかわらず、多くの労働者、とりわけ軍需工場の労働者は、働き場所を変えることで、あるいは、たんにそういって脅すことで、賃金の引き上げに成功した。(27) こうした行為は強く禁止されていたし、使用者側の利益にまったく反していたが、ほとんどの場合、使用者は譲歩した。作業計画を維持し、利益を確保するためにはそうせざるをえなかったからである。しかし、このような状況のなかで拡大した消費財の需要は国内の消費財生産だけでは十分に満たされなかった。原料が供給されなかったうえに、労働力が軍需産業に吸収されたことによって人手が不足していたからである。過剰な購買力を吸い上げようとするいくつかの試みも、結局は失敗に終わった。(28)

このような状況下に、政府はなによりも国内政治の観点から譲歩に踏み切った。消費財生産には外貨の割り当てと労働力の雇用増が認められた。その結果、貿易赤字の増加と軍需産業部門に外貨と労働力の不足がもたらされ、再軍備のテンポが遅れた。しかし、政府は消費の制限をおこなわなかったし、就業していない女性を生産過程に組み込む措置をとることもしなかった。(29) 一九三八年七月、ゲーリングは率直に告白している。計画された生産量、とりわけ火薬類の生産は、目標が達成されなかった。外国への依存度も基本的には減少しなかった、と。(30)

「拡張軍備」と「総力戦」

こうした状況のなかでゲーリングが管理機構の改編と四ヵ年計画の目標の後退を余儀なくさせられていたとき、「防衛経済ならびに軍備生産担当局」を指揮していたトーマス将軍は「禍を転じて福となす」方策を追求した。かれの計画では、多大の費用を必要とし、またいまでは達成できる見込みがほとんどない「徹底軍備（Tiefenrüstung）」に代わって「拡張軍備（Breitenrüstung）」が意図されていた。世界戦争の長期消耗戦ではなく、短期間に決着をつけようとする「電撃戦」がすでに意識されていたのである。[31]

ヒトラーは経済専門家たちの忠告や、おそらくはゲーリングの忠告にも反対して、トーマスの案を採用した。[32] ポーランド、デンマーク、ノルウェー、オランダ、ベルギー、ルクセンブルク、フランスへの「電撃戦」の戦果は、ヒトラーにこの計画の正しさを証明したものと受けとられた。やがて、かつて「道路〔アウトバーンを含む〕計画総監督官」の地位にあったフリッツ・トトが一九四〇年三月一七日に「軍需相」に就任し、軍需生産を興したので――いまやかれは占領地域の生産能力を自由に利用することができた――ヒトラーは、これで、十分な兵器が調達できる、危険ではあるがもう「完全にユダヤ化し」弱体化してしまっている「ロシアの巨人」を打ち破ることができる、と確信した。

事態がまったく別の結果に終わったことは知られている通りである。「電撃戦」として計画され、「拡張軍備」を基盤にして開始された「ロシア遠征」は、一九四一年の末にモスクワの手前で挫折した。ヒトラー自身も一九四一年にはある程度この事情を認識しており、トーマス将軍に次のように語っている。「戦争の推移はわれわれが自給自足への努力にこだわりすぎたことを示している。われわれに不足しているすべてを化学合成やその他の方法で造り出そうと望んでも、所詮、それは無理である」。[33]

こうした的確な現状認識から、ヒトラーは二つの結論を引き出した。その一つは軍事戦略的見地からのもので、ヒトラーは再びトーマス将軍に向かって、何にもまして重要なことは「わが国の軍需産業に特別の関係のある」地域を占領することである、といっている。ヒトラーの脳裏にあったのはカスピ海沿岸の油田地帯の占領であるが、これは一九四二年の夏にドイツ国防軍によってほぼ実現されていた。しかし、ドイツ国防軍はスターリングラードで決定的な敗北を喫した。第二の結論は人事に関するもので、一九四二年に航空事故で死亡したトトに替わるアルバート・シュペーアの軍需相任命がそれであった。(34)

シュペーアは、軍需相と「四ヵ年計画の軍需関係担当全権委員」の職務を兼任することで、かれが形式上従属していたゲーリングを上回る権限をもつことができるようになり、さらにその権力を国防軍に及ぼすことにも成功した。しかし、かれの前には一九四二年三月二一日に「労働力配備特別全権委員」に任命されたフリッツ・ザウケルが権力拡大の競争相手として登場してきた。(35) シュペーアとザウケルとのあいだの権力闘争が開始されたが、権力闘争は軍需生産の効率化にはほとんど役立たなかった。シュペーアもザウケルも、どのような過酷な手段を用いても計画目標を達成させようと努めたからである。かれらの最高の目標はただ「総力戦」の遂行であった。(36)

この目標に対応するように、経済界は再編成された。個々の産業部門に「全国連盟」「委員会」「連合会」が結成され、それらを通じて原材料や労働力が個々の経営者に分配された。これによって、とりわけ大工業家は利益を得たが、かれらには、経済活動にたいする国家の干渉の強化を阻止することはできなかった。逆に、大企業がめざした巨大な利益を前に、政府による規制は無視された。(37) こうして、「自由な市場経済」への復帰は戦後にもちこされた。(38) これまで企業家たちは、利益が市場からでなく、原料品や労働力を分配してくれる国家を通じてある程度まで確保されることで満足していた。いずれにせよ、製品の顧客には事欠かなかった。顧客はなによりも国家、もしくは軍だった。全工業生産に占める軍需品生産の比率は一九四二年から一九四四年までにすでに二二％から四〇％まで上昇していた。(39)

ベルトコンベアによる流れ作業や大量生産方式といった新しい生産様式の導入と改善によって、また、重要な品目の生産工場が地下、もしくは、連合国軍の爆撃編隊の来襲しない地域に移動されたことによって、軍需生産は大きく上昇した。武器、弾薬、航空機の生産は三倍に、戦車のそれはじつに七倍に達している。(40) 軍需生産は一九四四年の夏に最高点に達し、その後は再び下降に転じた。(41)

シュペーアは一九四五年以後もこの時期のかれの業績を自慢し、「軍需生産の奇跡」とさえ呼んでいるが、(42) この「奇跡」の代価はドイツの労働者、また、それ以上に外国人の強制労働者が支払わねばならなかった。

ドイツ人労働者と外国人労働者

共産主義者が予言していた、労働者階級の全面的な窮乏という現象は、戦時下にも起こらなかった。その理由の一つは一九三九年以後も継続されたナチの社会政策にあった。(43) とはいえ、これにもナチス独裁の政治的、および人種イデオロギーからくる関心と目標がますます色濃く投影されるようになった。福祉を享受できた者は、政治的に従順で人種的基準に合致した労働者に限られていた。それは「福祉国家（Wohlfahrtsstaat）」というよりも「操行善良国家（Wohlverhaltensstaat）」というべきものであった。(44)

同じようなことが賃金政策についてもいえた。政治的に信用され、「人種」の点でも問題のないドイツ人労働者だけが職場を変えることができた。または、かれらは、職場を変えるとほのめかせるだけで、戦時経済法に依拠して一九三九年九月四日に告知された賃上げ禁止令の裏をかいくぐって、賃上げを実現できた。多くの経営者によって支払われた「おとり賃金（Locklöhne）」は戦時中も「全国労働管理官」によって完全には阻止できなかった。むろん、そのためには、労働者は長時間の、またほとんど全面的に導入された、交代制労働のなかで、これまでとは異なった時間帯での労働といった条件を受け入れねばならなかった。ほとんどの分野で夜間勤務と日曜出勤が常態化した。さらに重要なことは、出来高賃金の制度が徐々に浸透したことであり、これは労働者の仲間意識とそこから来る団結心を弱めさせる結果を招き、同時に、多くの場合に賃金条件を悪化させた。また、これは労働者集団を個々人の作業効率と就業態度を基準にして階層的に序列化することにもつながった。(45)

この、最後に挙げた点についての国家と経営者の側からの監視と強制はますます強化された。(46) すでに一九三五年に導入された「労働手帳」の制度――これによって労働者は自分の都合で自由に職場を変えることが難しくなった――も、この目的のために利用された。さらに、一九三九年九月一日以後、労働者の職場の移動には管轄労働局の許可の明示が必要となった。また、民間人の労働奉仕の義務が制度化されたことによって、労働者はもはや職場を選ぶことができなくなった。逆に、かれらは労働力の配置を担当した官庁の命令によって別の職場へ、もしくは住所から遠い職場へ、転勤させられた。

このような監視と規定の実施によって、労働者の権利は深刻なものになった。労働奉仕の義務に従わない者、もしくは、期待通りの業績を挙げられない労働者には、いつでも、どこでも、「労働契約違反」(47)を理由として、賃金の引き下げから「労働教育収容所（Arbeitserziehungslager）」への送致にいたる、いくつかの段階にわかれた懲罰が宣告されることになった。(48)

この「労働教育収容所」は、いくつかの大企業が工場の敷地内に「反抗的」な労働者を再教育のために収容する暫定的な収容施設を設置したことに始まった。収容者はそこで悪評高い作業監督の監視下におかれた。このアイディアを当を得たものと考えたハインリヒ・ヒムラーは、一九四〇年三月八日、すべてのゲシュタポがその管轄区域内にこの種の施設を設置するように命じた。「労働教育収容所」はゲシュタポの配下にあって、強制収容所の監督官の管轄下にはなかった。しかし、この収容所の生活環境は強制収容所のそれと大差がなかった。両者の唯一の相違点は、

「労働教育収容所」の拘留期間が最も長い場合でも五六日に限定されていたことである。拘留者はその期間を終えれば正規の職場に復帰できた。しかし、「強情な労働忌避者」はそれとは逆に〝正規の〟強制収容所へ送られた。

苦労の末に手に入れた、相対的に高い賃金を維持できた労働者もまだ多くいたが、かれらはそのためにより多くの時間を、より悪い条件のもとで働かなければならなかった。その意味で、自由な労働と強制労働とのあいだの境界線はますますぼやけてきた。このことは、とりわけ政治的、および、社会通念における人種上の理由から労働者社会の下層部分に入り込んでしまった者たちに当てはまる。

しかし、かれらの下には何百万人もの、よその国からやってきた「外国人労働者」[49]がおり、さらには、捕虜[50]と強制収容所の囚人[51]がいた。この最後の集団は政治的基準によって、またそれ以上に人種的基準によって、いくつもの集団に分けられていた。上層部分にいたのは――もちろん、ドイツ人労働者の下位におかれていたが――北欧、西欧からやってきた、いわゆる「西の労働者」で、かれらもひとしく容赦なく搾取され、ほんのわずかでも反抗や「労働嫌悪」の兆候を見せただけで、「労働教育収容所」に送り込まれた。しかし、かれらには通常、自由な移動が認められており、この点で「東の労働者」とはちがっていた。かれらはユダヤ人と同じように特別な標識――ポーランド人は「P」、ソ連地区からの労働者は「Ost〔東〕」――を着けさせられていて、かれらには、ほんの微罪でも仮借ない刑を与える特別法が適用された。反抗的な者やドイツ人女性と性的関係をもった者は通常、強制収容所送りか、さもなければ、死刑という厳罰に処せられた。

保護と権利のすべてを失った強制収容所の囚人を最底辺とし、中間に東と西の強制労働者をおき、最上部に自由なドイツ人労働者をおく、この労働力のヒエラルキーは、あらゆる領域を網羅する国家イデオロギーとしての人種主義が何を意味するかを、はっきり示した。さらに、人種主義はテロル独裁の政治的基盤を保障する役割も果たした。人種主義のヒエラルキーは労働者の団結と反対行動を根本的に妨げたからである。これはすでにドイツ人労働者のなかに始まっていた。かれらはつねに、いまより悪い職場に転出させられるのではないか、戦場に送られるのではないか、あるいは、「労働教育収容所」に入れられるのではないか、と恐れなければならなかった。これは、かれらがこれまでもっていた階級意識を根本から弱めた。[52] かれらが外国人強制労働者に共通の階級意識を抱くことは最初からほとんどなかった。両者が連帯行動をとった例がなかったわけではないが、ドイツ人労働者は外国人の「同僚」にたいして、極度によそよそしい態度をとり、一部では明確な敵意さえ示していた。その理由にはまったく根拠がないわけではない。かれらは自分たちの職場が熟練労働者になった外国人労働者に奪われるのではないかという恐怖感をたえずもっていたからである。加うるに、ナチス国家によるこれら強制労働者にたいする人種差別は労働者の多くから同意を得た。人種主義と外国人敵視の偏見が労働者階級の内部にも見られていたのだから、これも驚くにはあたらない。さらにこれに、先に述べた労働者世界のヒエラルキー化が加わった。これによって、ドイツ人労働者はだれでも、何人かの外国からきた「同僚」たちを配下におく職長や上司の地位に上昇できた。これが、すべての労働者ではないにせよ、かなりの労働者を惑わせた。かれらは、自らをナチスの宣伝する支配者人間（Herrenmensch）の地位におき、ナチの価値観を内面化したのである。[53]

論争

支配者か、それとも従僕か？

すでに述べたように、マルクス主義者のファシズム論では経済と国家の関係が中心におかれていた。[54] 共産主義者が政治にたいする経済の全面的優位を主張したのにたいし、社会民主主義者は異なる判断を示した。一九三三年に、国家と経済は「階級勢力として均衡」状態にあり、両者は同盟関係に入った、とかれらは考えた。だから、かれらは第三帝国は「二重国家」と理解すべきである（エルンスト・フレンケル）、もしくは、第三帝国は野蛮で時代遅れの「ビヒモス」である（フランツ・ノイマン）といった見解をもった。なお、ノイマンは国家は五つの「支柱」を基盤としており、経済もその一つだとしている。

戦後（西）ドイツのナチス研究が最初に受け継いだのは、フレンケルやノイマン型の第三帝国モデルではなく、ルードルフ・ヒルファーディングのそれであった。すでに述べたように、ヒルファーディングの見解では、ナチス国家において執行機関は全面的な自立性を獲得しており、経済もその支配下におかれていたとされる。こうしたかれの、経済にたいする政治の優位というテーゼが受容されたのは、まさにこの見解がフリードリヒやブジェジンスキの全体主義モデルと合致していたからである。かれらによれば、共産主義国家においてもファシズム国家と同様の「命令経済」がみられたという。[55]

これによって、ドイツ経済界の指導者たちは――かれらの一部は少し前に連合国の法廷において短期の刑にせよ有罪の判決を宣せられたばかりだったが――無罪にされた。なによりも、多くの社史（それも、かつてかれらがいた企業が編集したものだった!)では、かれらはナチス国家指導部の意志に完全に従属させられていたので、自らの行動に責任をとりうる状態ではなかった、とされた。(56) 八〇年代までは、こうした神話が、つまり、かつてのオーナーやマネージャーたちは完全に無罪である、さらには、かれらはなにも知らなかったのだとする神話が、広く信じられていた。(57)

これにたいして東ドイツでは、第三帝国では経済の全面的な優位が支配的であったとする、かつての共産党の見解が守られ、ヒトラーとナチ党は実際の権力をもつ少数の「金融資本の構成分子」に操られる「道具」にすぎないとされた。この関係のなかで、個々の工業家、(58) もしくは、特定の「独占グループ」(59) が第三帝国の政治に、したがってまたこの国の犯した犯罪に、責任があるとされた。東ドイツの歴史家たちは「その最後まで」このドグマ的見解に固執した。もしくは、固執せざるをえなかった。(60)

すでに六〇年代の末から、西側ではマルクス主義的なファシズム論をめぐる論争のなかで、幾人かの、かつての批判的マルクス主義者の理論が再発見された。かれらによれば、第三帝国においては「執行権力は自立」していた。この時期の論争の立役者となったのはイギリスのマルクス主義者ティム・メイスンであるが、かれは一九六八年に経済にたいする政治の優位というテーゼを打ち出し、これにたいしてエーバーハルト・チヒョン、ディートリヒ・アイヒホルツ、クゥルト・ゴスヴァイラーといった東ドイツの歴史家たちがはげしい反駁を加えた。(61)

しかし、このように正統派マルクス主義者とネオ・マルクス主義派のファシズム理論家たちが激しい論争を繰り返しているあいだに、(62) 政治の優位か経済の優位かという問題は研究によってすでに克服されていた。(63) 二、三の研究者の名を挙げれば、アメリカのアーサー・シュヴァイツァー、(64) イギリスのアラン・ミルウォード、(65) 西ドイツのディートマル・ペッツィーナなどの経済史家であり、(66) かれらの研究は一九三三年以前もそれ以後も、(67) ヒトラーのナチ党とドイツの工業とのあいだには緊密な相互関係があったことを実証した。

これらの歴史家は、この両者の関係を説明するためにエルンスト・フレンケルやフランツ・L・ノイマンの「二重国家」、もしくは、「同盟モデル」といった解釈を再び受け継ぎ、それを発展させて、次のような解釈を示した。ナチス国家は成立当初から、少なくとも「相対的自立性」をもっていたのであり、まだ「画一化」されていない工業界の大部分と同じ利害関係をもっていた。労働組合組織の粉砕の場合も、赤字財政や再軍備による経済危機の克服の場合もそうだった。国家の自給自足体制《アウタルキー》確立のための政策さえも、ドイツ工業界の大部分によって承認された。この工業家たちは、当然のことながら、来たるべき戦争がかれらの期待どおりになることを望んでいたからである。つまり、襲撃され征服された国ぐにからの、無慈悲な収奪による利益を期待したからである、と歴史家たちはいっている。(68)

しかし、このように両者の利害が一致したからといって、工業界の代表者たちが外交やとりわけ経済政策に関するナチ政権の決定に直接関与することはほとんどできなかったという事実を見逃すことはできない。工業界とナチスとの「同盟」における勢力関係ははっきりとナチ党の側に重点が移行していたが、(69)工業界を完全に排除するまでにはいたらなかった。言葉を替えれば、第三帝国はこの領域でも「多頭制的」性格を保持しており、工業界は、（軍部と同じく）ますます弱体化してはいたものの、あくまでも自立した権力構成要素の一つでありつづけた。(70)

第三帝国の構造に関するこのモデル説明は、昔もいまもさまざまなハンドブックにも書かれているような、(71)経済の優位か政治の優位かといった議論とは大きくちがっているが、具体的な研究のなかではまだ粗雑な証明しか示されていない。ここでは、そのちがいを示すことがどうしても必要である。

たとえば最近の研究の示すところでは、四ヵ年計画とゲーリングの指揮下に四ヵ年計画担当官庁の設置が公布されたことは、必ずしも政治の優位の方向への決定的な第一歩とはなりえなかった。化学工業の代表、とりわけI・G・ファルベン社(72)は、国家の計画に大きな影響を及ぼしただけでなく、自分たちの利益代表を数多く四ヵ年計画担当部局に送り込むことにも成功したからである。

工業界、もしくはその一部の部門は、ナチス国家の道具になりさがることから身を守ることができたが、他の部門はそうはいかなかった。とりわけ重工業や軍需産業がそうだった。経営者たちは政府の指令に徹底的な服従を余儀なくされた。(73) しかし、ここで重要だったのは、経済と政治のどちらが優位に立つかという問題ではなかった。ナチス国家のイデオロギー的目標、とりわけ、人種主義的目標の達成こそが最大の問題であった。

イデオロギーか、それとも経済か？

ナチス政権の経済政策、またそれ以上に、社会政策が、経済的動機だけではなく、イデオロギーの動機からきたものであったことは明らかである。これにたいし、ナチス国家が工業界の経済的利益を考慮していたこともたしかに事実である。(74) たとえば、ヒトラー＝スターリン協定［独ソ不可侵条約］の場合、そこではドイツ経済界の大きな部分にもたらされる経済的利益が計算されていた。しかし、ソ連にたいする襲撃の決定は、これとはまったく異なった理由から下された。それを決定させたものは、ヒトラーが倦むことなく追い求めてきた「東方における生存圏」の獲得のような、政治的・イデオロギー的要因であった。(75) これにたいして、スペイン内乱への干渉やデンマーク、ノルウェーへの奇襲攻撃はイデオロギーよりも、それ以上に経済的な理由からきている。この場合、問題は重要な原料の入手だった。(76) 原料資源に乏しいノルウェーにはナルヴィクという不凍港があり、この港を通じてドイツが望んで止まないスウェーデンの鉄鉱石は輸入されたのである。(77)

ユダヤ人迫害にさえも、経済的動機がまったくなかったわけではない。(78)「アーリア化」——これは直接、もしくは間接に、ドイツのユダヤ人の財産を取り上げることを意味した——は、多くの会社や個人に、なんのためらいもなく簡単に富を手に入れる絶好のチャンスを提供した。ナチス国家も一九三八年の厳しい財政状況から破産の危機に直面したとき、同じ手段に訴えた。一一月のポグロムの後にドイツのユダヤ人から搾り取った金額は、当時の状況のもとでは「焼石に落とされた一滴の水」以上のものであった。

国家と経済界は、ドイツ軍に攻略され占領下におかれた国ぐににおいて、自分たちの双方に利益をもたらす「アーリア化」政策をつづけた。しかし、その後のユダヤ人への迫害や殺害を経済的要因のためとするのは不適切である。(79) まさにその反対が正しい。緊急に必要として使ってきた労働力を絶滅させることは、経済的観点からみても不条理である。アウシュヴィッツはだれの〝役に立つ〟ものでもなかった。ここにあったのは経済にたいするイデオロギーの優位である。(80)

最後に、第三帝国の雇用政策と社会政策が、すでに述べたように、ナチス政権の人種主義的、社会人種主義的性格をますます強く帯びるようになったという事実を指摘しておかなければならない。外国人強制労働者にたいする人種的目標設定についても、ドイツ国籍の労働者にたいする社会人種的目標設定についてもいえることだった。第三帝国の「人種国家」としての性格は、社会政策の分野でもますます明らかになった。こうした事実は、そもそもナチス国家ははたして階級国家であったのかどうか、という問いさえも挑発する。

「近代化」だったのか？

近代化テーゼ（Modernisierungsthese）の唱導者の大部分は、社会政策にみられる人種主義的性格を見逃している。(81) このことは、とりわけ、さきに言及し、批判したカールハインツ・ヴァイスマンとライナー・ツィーテルマンのグループの仕事についてもいえる。かれらの仕事は、第三帝国の恐怖政治を、その「近代的」な、のみならず「進歩的な社会政策」を引き合いに出すことによって、相対化しようとする、あるいは、かれらの言葉を借りれば、「歴史化」しようとする、試みである。[82] ナチ政府の社会政策や経済政策にある種の「近代的」な視点が存在していたことを指摘した幾人かの社会史家もほかにいるが、この人びとも、同じように、このような目的をもっていたとするわけにはいかない。[83] いったい、この「近代化」というのは正しいのだろうか。

第三帝国において技術面での大きな発展があったことは明らかな事実である。このことはとりわけドイツの軍需産業に顕著である。二つだけ例を挙げれば、軍需産業は、周知の通り、中距離ミサイルとジェット戦闘機を世界ではじめて開発し、ベルトコンベアシステムの工場で生産することに成功した。しかし、こうした発展を過大評価することはできない。ドイツの軍需産業は、質的にも量的にも、アメリカの、さらにはソ連の軍事産業にも比肩できなかった。このことを、イギリスの経済史家リチャード・オヴェリーははっきり指摘している。[84]

さらに、ドイツの社会政策と経済政策の業績と成果そのものについても、ハンス・モムゼンが提案したように、そこにあったのは、むしろ「見せかけの近代化」であったというべきであろう。[85] さまざまな工業部門における成長率、とりわけ住宅建設の分野におけるそれは、一九四五年以後になってもまだ人びとが考えていたほど、大きなものではなかった。また、社会政策や経済政策の多くの分野においても、ナチス国家はヴァイマル共和国がすでに到達していた水準を越えることはなかった。[86]

ナチの宣伝家たちは、民族共同体というイデオロギーによって階級社会に代わる平等社会の到来を信じさせようとしたが、ナチの社会政策は現実にはけっして平等社会ではなかった。それは、全面的な、ナチス時代の前にも後にも観察された、経済の集中化プロセスがつづいたためである。犠牲者は農民、手工業者、中小企業の経営者たち、つまり、まさに、ナチ党が一九三三年以前から、破滅とプロレタリア化から守ると約束してきた社会層の人びとであった。[87]

たとえこの階層の人たちからの抗議の声がほとんどなかったとしても、その理由を政権のテロルとプロパガンダのせいだとすることはできない。より重要なのは、ナチの経済政策と社会政策から出てきた統合の作用であった。失業の克服、同時に、継続された、のみならず、いっそう強化された社会政策は、前述の中産階級の人たちだけではなく、かなり多くの労働者たちにも、進歩と受け取られた。(88)

共産主義者が繰り返し予言してきた、「ファシズム独裁」——それはかれらにいわせると「金融資本」の支配であった——の下での広範な大衆の貧困化は起こらなかった。(89)しかし、実質賃金はそれほど上昇しなかったし、とりわけ、賃金の上昇がすべての経済領域で見られたわけではない。(90)加うるに、労働時間は延長され、労働条件は悪化し、労働者の行動にたいする規制も強化された。そして、最後に、先に述べた、ドイツ人および外国人労働者にたいする人種主義の特徴をもったヒエラルキー化を指摘しなければならない。(91)

このような理由から、ナチス「人種国家」(92)の人種主義的性格を強く帯びた社会政策を「近代的」と呼ぶことはできない。それに、「近代化」という概念は、少なくとも日常用語ではポジティヴな意味合いで使用されている。だから、近代化テーゼの唱導者とその支持者は、現在の政治的意図から過ぎ去った第三帝国を「近代化」しそれを相対化しようとしている、という非難を受けることを覚悟しなければなるまい。(93)

ナチスの対青少年政策

事実

ヒトラー・ユーゲント

ナチ党はすでに一九二二年に青少年組織をつくりあげている。(1)「ナチス青少年同盟（Jugendbund der NSDAP）」とよばれた組織であるが、これは当初それほど重要視されず、ヒトラーは『わが闘争』でもまったくこれには触れていない。一九二五年のナチ党再建以後すぐに、多くの青少年グループがつくられるようになり、一年後の一九二六年のヴァイマルの党大会にそれらがようやく統合されて「ヒトラー・ユーゲント／ドイツ労働者青年同盟（Hitler-Jugend. Bund deutscher Arbeiterjugend）」となった。この「ヒトラー・ユーゲント」――発足時に添えられていた「ドイツ労働者青年同盟」の名称はすぐに捨てられた――に加入できたのは、少なくとも一四歳以上になった男性の若者であった。「ヒトラー・ユーゲント」は組織としてはＳＡに所属していて、この二つのナチ党の下部組織のあいだにはほとんど区別がなかった。「ヒトラー・ユーゲント」の隊員も、年上の同志とともに、演説会場や街頭の激しい闘いに参加した。当然、かれらにも負傷者や死者が出た。その一人がベルリン生まれのヘルバート・ノルクゥスで、かれは一九三二年の初め、共産主義者との暴力対決のなかで命を失った。ノルクゥスは一つの神話となった。ナチスはかれの墓を聖地巡礼の地とし、かれの名が通りや広場につけられた。詩や小説、さらには大当たりをとった映画――「ヒトラーの若者クヴェックス（Hitlerjunge Quex）」――で、かれの生涯が、とりわけかれの死が、賞賛された。ヒトラー・ユーゲントにとってノルクゥスは――ホルスト・ヴェッセルが党全体にとってそうであったように――政治上の殉教者、擬似宗教的な崇拝の対象となった。(2)

しかしノルクゥス崇拝だけで若者たちの熱狂を呼び起こすことはできなかった。つまり、街頭での戦闘行為は若者たちが余暇に取り組む"正常"な活動ではなかった。一九三一年一〇月三〇日にヒトラーから「全国青少年指導者（Reichsjugendführer）」に任命されたバルドゥア・フォン・シーラハもそれに気づいていたと思われる。シーラハはこれまで別々に行動していた「ヒトラー・ユーゲント」と一九二九年に設立された「ナチス生徒同盟（NS-Schülerbund）」、一九三〇年につくられた「ドイツ女子青年同盟（Bund Deutscher Mädel）」（BDM）などのナチの若者組織を統合し、そこに独特な青少年活動の方法を導入した。一九三二年の三月からヒトラー・ユーゲントがSAに編入されたのもこの理由による。しかし、ヒトラー・ユーゲントは最初からもっていた党派的性格を強く保っていたから、ほかの、どちらかといえば非政治的であった当時の青少年組織とは大きく異なっていた。(3) 若者にたいするヒトラー・ユーゲントの魅力が相対的に低かった理由はそこにあった。一九三二年初頭にヒトラー・ユーゲントの公式の、つまり会費を支払っていた、会員数はわずか二万人にすぎない。とはいえ、一九三二年一〇月には「全国青少年指導者」のバルドゥア・フォン・シーラハが企画した「全国青少年大会」には八万人の若者が参加して、ヒトラーの前を数時間にわたって行進している。

しかし、ヒトラー・ユーゲントが大衆運動となったのは一九三三年一月三〇日以後のことである。(4) これは驚くほど短期間に実現した。一九三三年の末には、ドイツ人の一四歳以上一八歳未満の若者の総数七五〇万人のうち二三〇万人がすでにヒトラー・ユーゲントに組織され、その一年後には三五〇万人がヒトラー・ユーゲントに所属した。こうした信じられないまでの会員数の増加には多くの理由が考えられる。多くの若者がヒトラーへの熱狂から、また、ここで自分たちの余暇を有意義に過ごせると信じてヒトラー・ユーゲントに参加したにちがいない。しかし、それがヒトラー・ユーゲントやナチ党から、かれらの両親や教師、雇主らにかけられた直接、間接の圧力の下での入会であった例も少なくはない。徒弟のポスト、職場、そして勉学の場さえもがヒトラー・ユーゲントのメンバーだけに与えられた事例があちこちで見られるからである。そのうえ、ヒトラー・ユーゲントは競合する若者組織のすべてを排除することに成功した。

　労働者の青少年運動はすでに一九三三年の最初の数ヵ月のあいだに粉砕されている。「ドイツ共産主義青年同盟（Kommunistischer Jugendverband Deutschlands）」（KJVD）[5]も、社会民主主義を志向していた「社会主義労働者青年（Sozialistische Arbeiter-Jugend）」（SAJ）や社会主義労働者党（SAP）の「ドイツ社会主義青年同盟（Sozialistischer Jugendverband Deutschlands）」（SJVD）も、そういう目に遭った。これに対抗して、労働者青年運動のさまざまな構成員たちは対ナチ党の防衛戦に参加したが、その戦いは犠牲が大きく、成果がなかった。ブルジョア諸政党の青少年組織は自ら解散するか、さもなければヒトラー・ユーゲントに合流した。

　残ったのは同盟《ブント》系の組織やキリスト教諸宗派、職業身分の青年組織、さらに、スポーツ青年組織などであった。ヒトラー・ユーゲントは最初からこれらの全部にたいして挑戦状を送りつけ、こうした競合組織を可能なかぎりすみやかに「画一統制」することに全力を挙げた。これには二つの道があった。一つは政治的・行政的措置による上からの道、もう一つは暴力による下からの道で、この仕事はヒトラー・ユーゲントの隊員自らが担当した。すでに一九三三年四月五日にベルリンのヒトラー・ユーゲントの隊員が「ドイツ青少年同盟全国委員会」の事務所を占領している。

ドイツのすべての青少年同盟組織の独立性を奪って、バルドゥア・フォン・シーラハを議長とする上部組織のもとに組み込んでしまうのがその狙いであった。その後まもなく、「ドイツ・ユースホステル機構（Deutsche Jugendherbergswerke）」の経営が吸収されて、ユースホステルの施設を利用できるのはヒトラー・ユーゲントだけになった。またユダヤ人がこれを使用することもただちに禁止された。

　同盟の組織を排除し、画一統制するのにかなりの困難をともなったのは、これらの組織がすでに一九一四年以前に生まれた「ヴァンダーフォーゲル」――「ギター」を手に、「揃いのユニフォーム」姿で「山野を旅し」、そこで自然と「友情（Kameradschaft）」を体験する運動――の伝統をひく若者たちのグループだったからである。このような「同盟」の多くは、強いナショナリズムと反ユダヤ思想を併せもっていた。かれらは戦争を賛美し、民主主義を非難し、強力な「総統《フューラー》」のもとで「大ドイツ帝国」が築かれることを求めていた。つまり、かれらはイデオロギー面ではっきりナチズムへの近親性を示していた。[6]

　しかし、ヒトラー・ユーゲントはこれだけでは満足しなかった。かれらは全面的降伏を求めた。さもないと――ヒトラー・ユーゲントの新聞「フューラーブラット（Führerblatt der HJ）」の論説の一つにもそう書かれていた――ヒトラー・ユーゲントは「同盟にたいする仮借なき戦い」に転じるであろう。[7]「さまざまな同盟の特殊性」は徹底的に「根絶され」なければならない、と。他方、「同盟の人的資源」は評価されていて、かれらの「特殊的性格」のいくつかを残すことが約束された。事実、ヒトラー・ユーゲントはかつての同盟の徒歩旅行やキャンプ・ファイヤーといった行事の多くを受け継ぎ、多くの若者たちの心を引きつけるようにした。

　同盟のなかのいくつかのグループはあくまでヒトラー・ユーゲントに参加することを拒んでいたが、それらの同盟も最終的にはバルドゥア・フォン・シーラハによって禁止された。シーラハは一九三三年六月一七日にヒトラーによって「ドイツ全国青少年指導者《フューラー》（Jugendführer des Deutschen Reiches）」に任命されていた。こうした全面的な禁止から除外されたのは、極度に反ユダヤ主義的で民族主義的な傾向をもった「アルタマーネン・ブント（Bund der Artamanen）」だけだった。[8]ハインリヒ・ヒムラーや後にアウシュヴィッツの司令官になるルドルフ・ヘスらはこの組織のメンバーだった。この「アルタマーネン・ブント」はやがて一九三四年には自発的にヒトラー・ユーゲントに合体した。

一九三三年の末に八〇万人の会員を擁していたプロテスタント青少年連合会（evangerische Jugendverbände）が新任の「全国主教」ルートヴィヒ・ミュラーの勧めに応じてヒトラー・ユーゲントに合流し、[9]フォン・シーラハの目標はほぼ達成された。かれは正真正銘の「ドイツ全国青少年指導者《フューラー》」となった。この時期に残っていたのは、ヒトラー・ユーゲント以外には、カトリック系、職業身分系（とりわけ農村の青年組織）とスポーツ系の青少年組織だけだった。一九三四年にはスポーツ団体に加盟しようとする者、あるいは、スポーツ賞[*]の授与を望む者はヒトラー・ユーゲントの隊員でなければならないとする指令が出され、スポーツ系の若者組織は事実上画一化された。また、「全国職業コンクール」なる制度が導入されて、ここでもヒトラー・ユーゲントの隊員しか参加できないとされたことで、職業身分系組織の若者は職場を失うことになった。かれらは解散するか、さもなければ、ヒトラー・ユーゲントに合流した。

これに比べると、カトリック系青年組織との戦いはいささか時間がかかった。[10]一九三三年七月二〇日に締結された政教条約によって、カトリック系青年組織はその存続が正式に保証されていたからである。しかし、この規定にもかかわらず、カトリック青年組織の行動はますます強い制約を受けた。ゲシュタポは一九三五年に、制服や記章を着用すること、「集団行進、徒歩旅行、キャンプ」をすること、「旗、のぼり、ペナント」を持ち歩くこと、「スポーツ、および、軍事スポーツを実施し、また指導すること」などのすべてを禁止した。[11]警察官とヒトラー・ユーゲントのメンバーがこの禁令を貫徹しようとして全力を挙げたにもかかわらず、さまざまなカトリック系青年団体は活動をつづけた。これは、個々の成員にとって、個人的にも、職業的にもいちじるしい不利益をもたらし、多くの者が職業教育の場と職場を失った。

「ユンゲ・フロント（Junge Front）」のようなカトリック青年運動の機関誌が何度も禁止され、[12]個々の活動家が逮捕されるといった状況がつづいた後、一九三六年の二月、ゲシュタポは大規模な攻撃を開始した。[13]デュッセルドルフのカトリック青少年団体の本部が占拠、閉鎖され、五七人の青少年指導者と聖職者――そのなかには代表司祭のルートヴィヒ・ヴォルカーがいた――が逮捕された。ローマ法王は一九三四年の復活祭にはまだ、カトリック青年同盟が「キリストとその教会への愛と信義」を毅然として守り抜いたとして、かれらの「殉教者としての勇気」を公然と賞賛していたが、[14]その一年後には、ドイツのカトリック主教たちは青少年同盟の維持のための戦いを事実上放棄した。全国的に活動し、かなりの自主性をもっていた同盟や連合に代わって、いわゆる小教区青少年団（Pfarrgemeindejugend）がつくられた。かれらはそれぞれの小教区のなかでのみ活動し、専門の青少年指導者に代わって、そこを管轄する主任司祭の指導を受けた。こうした青少年活動は国家の監視をより困難にし、同時に教会による管理をより容易にした。一九四五年以後もこうした組織の原則が強く保持されているのは、おそらくこのためであろう。

個々のカトリックの、またさまざまな自立した同盟の、ヒトラー・ユーゲントとナチ政権にたいする抵抗はまだあったものの――これについてはもっとくわしく見る必要があるが――バルドゥア・フォン・シーラハは一九三六年の末には目的を達成した。いまや、かれは、一九三六年一二月一日に公布されたヒトラー・ユーゲントに関する法律でいわれている「すべてのドイツ人青少年の教育」を統括する権限を手中にした。[15]教育は「ナチズムの精神」と「民族および民族共同体への奉仕」によって実践されるべきもの、とされた。すべての若者は一〇歳になると「小国民団（Jungvolk）」もしくは「少女団（Jungmädel-Bund）」に加入しなければならなかった。さらに若者には、一九三九年三月二五日に公布された、ヒトラー・ユーゲントに関する法律の第二施行規則によって、ヒトラー・ユーゲントへの加入が法的に義務づけられた。[16]一四歳になった若者は全員がヒトラー・ユーゲントもしくは、その女子部門である「ドイツ女子青年同盟」に加入させせられた。一八歳に達すると、最終的に勤労奉仕団、または兵役が、女子の場合は勤労奉仕団、もしくは「勤労奉仕義務」とよばれる奉仕活動が待っていた。[17] その後は、少なくとも党の支部に加入するすることが期待された。

要求と現実のあいだにはしばしば乖離があるものであり、ここでもそうだった。一方では、さまざまな若者がこのような「青少年の勤労奉仕義務」を免れた。他方、フォン・シーラハの権限もけっして無限ではなかった。一九三九年三月二五日のヒトラー・ユーゲントに関する法律の第一施行規則により、かれは「両親の家庭と学校の外部における国内のすべてのドイツ人青少年の肉体的・精神的・道徳的教育に関するあらゆる問題」にのみ責任を負うとされた。[18]「学問・教育・民族教育に関する主務大臣の管轄権、個人教授や社会的な教育施設の権限は変更されることなくそのまま」残されることが明記された。

(＊) 全国的に体力テストがおこなわれ、合格者には金・銀・銅のメダルが授けられた。

学校制度

学校制度はヒトラー・ユーゲントによってコントロールされなかった。[19] とはいえ、それはイデオロギー面と組織面でかなり画一統制されていた。すでに一九三三年に、同年四月七日に公布された「職業官吏再建法（Gesetz zur Wiederherstellung des Berufsbeamtentums）」にもとづいて、数千人の教員や学校職員が、ユダヤ人である、もしくは政治的に信用できない、という理由で解任されている。一例を挙げれば、ベルリンでは三四人の督学官のうち一九人、六二二人の校長のうち八三人、三二〇〇人の上級学校の教員のうちの一三〇人が解任された。[20] 同じように、一九三三年の初めにはこれまでの教員組合は解散、もしくは画一統制されている。一九三五年にはすでにドイツの全教員の二五％が「ナチス教員同盟（NS-Lehrerbund）」に加盟している。[21] ある熱心なベルリンの物理の教師は、すでに一九三三年の四月に、このようなあまりにも急速な順応ぶりをなんとか正当化する必要に迫られて、ナチス教員同盟系の新聞に、次のような、まことに注目に値する文章を寄稿している。

「画一統制は、それがもつ本来的な効果を発揮するためには、すべての活動が、メンタルにも、肉体的にも、全面的に実行される必要がある。画一統制について、わたしたちは電気技術から学んでいる。たとえば、それぞれ別個に電線と接続されたいくつかの電球は、すべてが同じ明るさで輝く。それぞれがどんなに離れていようとも、まったく同じ明るさで輝くのは、すべてに同じ量の電流が流れているからである。わたしたちの宰相アードルフ・ヒトラーがその比類なき事業に〝画一統制《グライヒシャルテン》〟なる名称を与えたとき、かれの心にはたぶんこうしたイメージがあったことであろう」。[22]［グライヒは〝同じ〟という意味。シャルトゥンクは〝統制〟という意味のほかに〝スイッチを入れること〟。］

はたしてヒトラーが、この教育術に習熟した教師が想像したように「電気技術」についての広い知識をもっていたかどうかは疑わしい。また、実際にすべての教師が「同じ明るさ」で輝いていたか、同じ熱心さでナチの教育の理想を学校での実践のなかにもちこもうとしていたかどうか、これも疑わしい。これについての、具体的な学校の日常生活からの報告はかなり複雑である。[23] ＳＡの制服を着て校内を歩き回り、「ハイル・ヒトラー」という挨拶をしない生徒、つねに念頭に置かれるべきナチズムの「精神」の普及に努力しない生徒をすぐにどなりつける、過度に熱心な教師は多かったが、[24] きわめて慎重な教師、あるいは、とりあえずは新しい授業計画や学校計画やその他の指示が〝上から〟来るまで、傍観者的な態度で待つ教師もいた。

しかし、〝上から〟の指示は時期的に遅れることが多く、矛盾している場合もあり、のちに部分的に撤回されたものさえあった。[25] 撤回はなによりも宗教教育に典型的に現われた。宗教教育は一九三三年にはすべての学校に義務づけられていて、宗教教育をまったくおこなわない少数の世俗学校は、廃止されるか、宗派別学校に変えられた。しかし、それからわずか一年後に、ナチは宗派別学校にたいする徹底的な反対キャンペーンを開始した。[26] その後、宗派別学校の大部分は、カトリック教会の激しい抗議を押し切って「共同体学校（Gemeinschaftsschule）」に変えられた。こうした、学校を巻き込んだ教会闘争が進行するなかで、宗教教育は縮小もしくは完全に廃止され、さらには、キリスト教の象徴である十字架や聖像を教室から撤去するといった行動がとられた。しかし、これはドイツのカトリック地域に激しい反対運動を呼び起こし、ナチは譲歩を余儀なくされた。十字架像はもとの場所に戻された。[27]

同じように、一九三三年に導入された、女子学生の数を入学者総数の一〇％しか認めないとする大学入学定員制（Numerus Clausus）も撤回された。[28] しかし、原則的には、教育制度における女子の不利はそのまま残された。女子は上級学校に進む場合、近代語ギムナジゥムしか選べず、大学のさまざまな学部に進むために必要なラテン語を学習することができなかった。また、家庭科目のコースを終了して、俗にいう「プッディング・アビトゥア［女子の高校卒業試験］」をとっても、それは大学入学の資格とは認められなかった。[29]

しかし、全体的に見ると、ナチスは学校制度への大幅な介入を断念せざるをえなかった。国民学校―中等学校―ギムナジゥムという三本立ての学校体系はそのまま保持された。伝統的な教科基準についても同じことがいえた。ただ、「志操教科」のドイツ語と歴史の時間数は増やされた。それ以上だったのはスポーツの時間増［週に五時間］で、ついには、スポーツで「5」の評価をとった生徒にはアビトゥアが認められないようになった。(*) ヒトラーが『わが闘争』のなかで述べたことがここで実践に移されたわけである。[30] だが、同じようにヒトラーから求められた「人種学（Rassenkunde）」は独立した必修科目とはならなかった。一九三五年一月一五日の省令によって、「人種学」は教科を越えて授業されるべきものとされた。とくにこれが実行されたのは歴史と、当然のことながら、生物学の授業だった。[31]

しかし、人種イデオロギーは学校で教えられただけではなく、実行された。まず第一に、ユダヤ人が槍玉にあげられた。ユダヤ人教師はほとんど全員が、すでに一九三三年の「職業官吏再建法」によって、解任されていた。[32] また、「前線戦闘者条項(**)（Frontkämpferklausel）」の適用を要求できた少数の教員もさまざまな敵対行為と嫌がらせを受け、やがて一九三五年には職場から追い出された。それ以上にみじめだったのはユダヤ人の生徒たちがおかれた状況である。[33] 一九三三年四月二五日の「ドイツの学校と大学の人員過剰を防ぐ法律」によって、「非アーリア人」の生徒数は「国内ドイツ人の人口にたいする非アーリア人の比率」を上回ることが許されなくなった。[34] その結果、ギムナジゥムやその他の上級学校で学ぶユダヤ人生徒は全生徒数のわずか一％しか許されないことになった。これによって、ユダヤ人共同体は自分たちの私立学校の設立と拡充を迫られたが、[35] 一九三八年一一月のポグロムによってこのようなユダヤ人学校は暫定的に閉鎖され、[36] やがて一九四二年六月二〇日に最終的に閉鎖された。[37]

　ユダヤ人の子供たちはこの時期まではユダヤ人学校に通うことで「ドイツ人の血」をもつ仲間たちの敵意から多少なりとも守られたのにたいして、ドイツのシンティ・ロマの子供たちにはそうした可能性はまったくなかった。シンティ・ロマは、経済的な理由からだけでも、自分たちの学校をつくり、それを維持していくことができなかった。まず、地方自治体や州のレベルでシンティ・ロマへの授業が制限、もしくは全面的に禁止され（オーストリアのブルゲンラントではすでに一九三八年の末に始まっていた）、やがてそれが全国化された。これを法的に裏づけたのが、すべての「ジプシーの子供」は学校から追放される、「その子供たちは、道徳的およびその他の点で、ドイツ人の血をもつ同級生に危険だからである」とした一九四一年三月二二日の全国科学・教育担当相の出した省令である。[38]

　このころ「援助学校（Hilfsschule）」の名でよばれた特殊学校も、ナチの人種政策の実行機関となった。[39] 生徒を強制的に断種すべきかどうかの判断がしばしばここで下された。[40] つまり、特殊学校は人種政策における選別という恥ずべき役割を担った。また、この事実はすでにひろく知れ渡っていた。その証拠として、一九三六年三月九日にフランクフルト・アム・マイン市の「広報誌」に掲載された一文を引用しておこう。[41]

「市の保健所は特殊学校の生徒が生殖不能にされているという噂が事実無根であることをお伝えします。これまでの調査の結果、生徒のほとんど半数は遺伝的疾患をもっておらず、したがって、不妊手術の対象にはなっていません。（……）ですから、良心的な両親には、学習困難な子供を援助学校に行かせないとする理由はまったくないのです」。

この官庁の公式な否認は、まさしく援助学校の生徒のほぼ半数が強制的に断種されていたことを自白している。これは今日まであまりよく知られていなかった犯罪であり、ナチス時代の学校が「独裁の学校」（クゥルト＝インゴ・フレッサウ）になったことを、またどれほどそうなっていたかを、はっきり示している例である。

ちなみに、こうした学校は多少なりとも自由意志にもとづいて行動しており、ヒトラー・ユーゲントの圧力下に行動していたわけではない。むしろ、学校はヒトラー・ユーゲントの要求を撤回させることさえできた。一九三三年に導入された「全国青少年大会」（これに参加するヒトラー・ユーゲントのメンバーは全員が休校扱いを認められた）は三年後には廃止されている。学校は自らに課せられた教育内容を達成できないとする、教師代表の主張が通ったのである。この点で、学校側は教科の面で（イデオロギーではなく）十分に教育された青少年を期待する産業界や軍部の支持を受けていた。

これは全国教育相のベルンハルト・ルストの「全国青少年指導者」フォン・シーラハとの戦いにおける勝利でもあった。しかし、第三帝国の未来のエリートを養成しようとしたルストの努力はさほど成功したとはいえない。ルストがこの目的のために一九三三年四月二〇日に創設した国民政治教育施設《ナポラ》（Nationalpolitische Erziehungsanstalten：Napola）は一九三八年になっても全国で一五校しか存在しなかったから、それだけでもこの機能を果たすことはできなかった。[42] そのうえ、ナポラはフォン・シーラハとドイツ労働戦線のローバート・ライが共同で設立した「アードルフ・ヒトラー学校」（＊＊＊）と競合しなければならなかった。さらに、これもライの支配下にあった「オルデンスブルゲン」（Ordensburgen）」も存在していた。[43]

もっとも、フォン・シーラハはこうした権限競争で負けてはいなかった。かれは「アードルフ・ヒトラー学校」をかれの管轄下におくことに成功した。さらに、かれのヒトラー・ユーゲントには「学童疎開（Kinderlandverschickung）」（KLV）を組織・指導する任務が委託された。[44] 疎開がおこなわれるようになったのはドイツ各都市にたいする連合国軍の空襲のためである。子供たちを農村地区に疎開させる必要が生まれ、子供たちはヒトラー・ユーゲントの運営するホームに宿泊することになった。政治面、イデオロギー面の教化もヒトラー・ユーゲントが担当した。教化はここではとりわけ効果を発揮した。子供たちには両親の保護と支援がまったく与えられなかったからである。[45] ヒトラーがかつて『わが闘争』で書いていた「民族主義的な教育」は学童疎開のホームのなかで大幅に実現された。[46] しかし、どこでもそうであったとはいえない。ますます強まったイデオロギーの圧力と、若者たちを直接、間接に戦争に動員しようとする国家指導部の企図は、抗議を呼び起こし、抗議はやがてラディカルなものになっていった。


（＊）ドイツ式の五段階評価では1が最優秀で、5は不合格。

（＊＊）ユダヤ人であっても、第一次世界大戦中に前線で戦い、戦功をあげた者は除外するという規定。

（＊＊＊）党の活動家を育成するために、義務教育を終了しただけの若いナチ党員に七年間の教育を施す施設。

抵抗

すでに述べたように、第三帝国の成立期には、禁止され、非合法化された政治的な若者集団のメンバーによる抵抗がみられたが、この抵抗は年長者のそれと同じく、ゲシュタポによって急速に鎮圧された。[47] しかし、宗派的な青少年グループ、とりわけカトリックの抵抗を制圧することはかなり困難だった。ヒトラー・ユーゲントはこれに対応するため、「ヒトラー・ユーゲント・パトロール隊（HJ-Streifendienst）」をつくりあげ、ゲシュタポからも効果的な支援を得た。しかし、この二つのテロ組織をもってしても、同盟系青少年グループの非合法活動を完全に阻止することはできなかった。(48)

さらに、第三帝国の末期には、この他にも自立的な、ということはつまり非合法な、若者の集団が生まれた。(49) ここで、まず挙げられるのは、いわゆる「スウィングの若者（Swing-Jugend）」である。これは主として市民層の子弟からなり、最初はハンブルクに、ついでドイツ各地に広まっていった。かれらはレストランや個人の住宅に集まり、当局から「ユダヤ的で退廃した」、また「堕落した」音楽として排斥されていたベニー・グッドマン、トミー・ドーシー、デューク・エリントン、ルイ・アームストロングらの曲にあわせて踊った。そのダンスのスタイル（いわゆる「スウィング」）も、曲と同じく、ナチの「文化監視人」たちを怒らせるのに十分だった。こうしたすべてはそれ自体としては無害なものだった。スウィングの若者のなかには、戦争が始まってから禁止された外国放送を聞いていた者もあったが、かれらの関心はもっぱら音楽放送にあった。一般に、スウィングのメンバーは政治にはほとんど関心を示さなかった。政治的な抵抗運動との接触がないことは明らかであった。かれらが望んだのは単純かつ明瞭なもので、ヒトラー・ユーゲントに干渉されないことだった。ヒトラー・ユーゲントの主催する行事はますます頑迷な軍事教練に近いものになってきたので、若者たちには不快なものになった。もしスウィングの若者が政治化することがあったとすれば、それはかれらの私生活への、ヒトラー・ユーゲントのパトロール隊やゲシュタポの野蛮な干渉のためであった。(50)

ほかの自立した青少年グループの場合、事情は最初からまったく異なっていた。これは各地の大都市にみられたが、都市によってその名が異なっていた。たとえば、ライプツィヒでは、かれらは自らを「モイテ（Meute）」［猟犬の群れ、転じて無頼の徒を意味する」、ミュンヒェンでは「ブラーゼ（Blase）」［一味、徒党の意］と称し、ラインラントやルール地方では「キッテルバハ海賊」「ナバホ団」「エーデルヴァイス海賊」などと名乗った。こうした集団に属していたのは、スウィングの若者とはちがって、主として労働者階級の若者だった。かれらが志向したのはアングロアメリカ的な手本ではなく、いまは非合法化された青年同盟《ブント》のそれであった。かれらはヒトラー・ユーゲントの制服を着たがらず、色とりどりのチェックのスキーシャツとスキーズボン、それに、エーデルヴァイスなどのバッジ類を身に付けた。そのうえ、かれらはかつての青年同盟を範とした近隣への徒歩旅行や自転車旅行をおこない、時としてはかなり遠くまで足を伸ばした。なお、こうした旅行や、週末、あるいは日々の集合場所となった食堂、公園、映画館などには男の子だけではなく、女の子たちも参加した。これだけでも、ヒトラー・ユーゲントに不快感を抱かせるには十分だった。ヒトラー・ユーゲントはこのような若者の競合組織を排除することに躍起になった。さっそく、ヒトラー・ユーゲントのパトロール隊とこのような「無法な徒党」のメンバーとの暴力対決が始まった。これについて、一九四二年九月の全国青少年指導部の報告はこう述べている。

「一九四二年の春以後、ヒトラー・ユーゲント・デュッセルドルフ隊の管轄下のすべての地域で、次のような状況が確認されている。男女の若者たちが再び大規模な徒党を組み、徒歩旅行をしている。かれらはしばしば公然とヒトラー・ユーゲントに敵対し、当地のヒトラー・ユーゲントの統一行動を阻害している。その一部は三〇人程度の集団をつくって歌を歌い、楽器を鳴らして市中を行進する。ヒトラー・ユーゲントのリーダーたちが襲われ、罵られ、時には撃たれて負傷することさえある。（……）最近、禁止された同盟活動による刑事裁判の有罪判決が急増している」(51)。

この報告は、「刑事裁判の有罪判決」が「禁止されたブント的活動」だけを理由にしていたことにはまったく触れていない。ナチスはなによりもこうした「無法な徒党」を対象にした指令を発しているが、そのなかでまず挙げておかなければならないのが「青少年の保護に関する警察指令（Polizeiverordnung zum Schutze der Jugend）」である。これは「ドイツ警察長官（Chef der Deutschen Polizei）」の地位にあったヒムラーによって一九四〇年三月九日に公布された指令である。[52] これによって、若者たちは、二一時以後に酒場や映画館に出入りすること、公然とたばこを吸うこと、暗くなってから「公共の道路や広場を徘徊する」ことが禁止された。この禁令に違反した場合、若者たちは、一九四〇年一〇月のドイツ国防省の省令にもとづいて、青少年担当判事だけではなく、警察によっても、「少年拘置所（Jugendarrest）」に四週間拘留され、[53] そこで強制労働に服しなければならなかった。しかし、こうしたすべてはあまり効果を挙げなかった。青少年の犯罪件数はさらに増大している。むろん、ここで忘れてならないことは、何が犯罪であるかを決定したのがナチスであったということである。[54]

このような状況の推移にたいするヒムラーの反応は、新しいタイプのナチの「青少年保護収容所（Jugendschutzlager）」の創出だった。[55] このタイプの収容所は一九四三年の末に設立された。ゲッティンゲン近傍のモーリンゲン収容所はその一つである。これは男子の収容所で、女子の収容所としては「ウッカーマルク青少年収容所」がつくられた。ラーヴェンスブリュック女性強制収容所のすぐ近くである。また、のちには、ポーランド人の若者を対象とした「青少年保護収容所」が一つウーチに新設されている。

わたしたちにはモーリンゲンの「青少年保護収容所」についてとくにくわしい情報が提供されている。[56] それによると、この収容所はかつて地方にあった工場の建物の一部につくられ、一九三三年にまず「非合法の」強制収容所として、ついで女性用の強制収容所として使用された。「青少年保護収容所」の状態は事実上成人の強制収容所とはまったく変わらなかった。とりわけそれは、劣悪な宿泊施設、供与される食物の悪さ、医療の不備、一四―一八歳の収容者の労働力がなんの躊躇もなく搾取されたこと、についていえることだった。

この収容所での「犯罪生物学」の基準による科学的な〝面倒見〟は新しい独特なものだった。責任者はDr・Dr・ローバート・リッターで、すでに「犯罪生物学」の知識と「ジプシー」と「混血ジプシー」の選別で頭角を現わしていた人物だった。そのかれがいまやヒムラーの委託を受けて「反社会分子問題の解決」に取りかかったのである。[57] リッターはこのモーリンゲンの「青少年保護収容所」を一種の実験場として利用した。モーリンゲンの「青少年保護収容所」はやがて次のようなものになった。リッターによって「教育の見込みのある(erziehungsfähig)」とされた青少年は、ほかの者とは別のブロック――「Eブロック」――に収容された。これがかれらにとって幸運であったかどうかは大いに疑わしい。かれらは一八歳に達してここでの拘留を終えると、「最終的保護観察」のために最前線に赴かねばならなかったからである。第二のグループは「教育の見込みが疑わしい(Fraglich-Erziehungsfähige)」者たちであった、かれらは「Fブロック」に行かされた。これにたいして、「Sブロック」には「妨害者(Störer)」のグループが収容された。最底辺のグループは「Uブロック」に入れられた「役立たず(Untaugliche)」の者たちで、かれらは例外なく強制的に断種手術を施され、一八歳に達すると「正規の」強制収容所へ送られた。[58]

しかし、リッターの「犯罪生物学」研究も、それと分かちがたく結びついたテロルの措置も、ナチスが望んだような成果を挙げることはなかった。青少年の逸脱行動や抗議、そして反抗は、やむことがなかった。[59] ヒムラーは一九四四年一〇月の末になってもまだこの「問題」に取り組まざるをえなかった。かれの書いた長文の回状には次のように書かれている。

「全国のいたるところで(……)ここ数年来、とりわけ最近になって、ますます多くの若者たちが集団(徒党)を形成している。これらの一部は犯罪的・反社会的、もしくは、政治的・反政府的行動に走っている。なによりも、戦争によって多くの父親が不在であるため、ヒトラー・ユーゲントの指導者やその教育にたずさわる者のより強力な監視が必要である。(……)この徒党はヒトラー・ユーゲントの外部にある若者集団であり、かれらは明らかに国家社会主義の世界観とは相容れない原則によって独自の生活を送ろうとしている。かれらに共通するのは、民族共同体、もしくは、ヒトラー・ユーゲントに所属することからくる義務の拒否、もしくは、それへの無関心、さらには、戦時の要請に応えようとする意志の欠如である」。

若者集団にたいするヒムラーのこの特徴づけは全体としては間違ってはいない。かれらのなかには明らかに政治的なレジスタンス・グループと接触する集団、もしくは個人がおり、したがって「政治的・反政府的行動」に走った者がいた。だがほかに、実際に盗みを働いた者もいた。自分のための盗みもあれば、逃げ出して隠れている「外国人労働者」や脱走兵に金銭や食料を与えるための盗みもあったが、どちらもナチの視点からは「犯罪的・反社会的」だった。何が「犯罪的・反社会的」であるかを決定したのはナチスであったし、ナチスは人種的判断基準にしたがってそれを決定した。これは後世の視点からかれらを見る場合に十分に考慮されなければならないことである。(60)

人が「エーデルヴァイス海賊」をどう評価するにせよ、ナチスの目には、それが体制にたいする現実の脅威であったことは間違いない。かれらは「戦時下の要請」に応えようとせず、ヒトラー・ユーゲントや「民族共同体」にたいする「義務」を果たそうとしなかった。かれらの「独自の生活（Sonderleben）」は明らかに「国家社会主義の世界観」の原則に背いていた。これは、ナチスがその最も基本的な目標の一つ、すべての青少年を全面的に体制内に取り込み、完全に教化するという目標を、完全には達成できなかったことを示している。

論争

「足並みそろえた世代」だったのか？

「足並みそろえた世代（Generation im Gleichschritt）」というのは、ヴェルナー・クローゼの自伝的要素の濃いヒトラー・ユーゲント史の題名である。[61] この題名は疑う余地がないまでに巧みな表現であるだけでなく、適切なものでもあった。なぜなら、この題名からは、多くの修正主義者たちがおこなっているような、ヒトラー・ユーゲントを無害なものとするどころか賛美するようなことはまったくできないからである。[62] ナチの政治家や教育家たちが、ヒトラーの「教育学の原則」にもとづいて、全面的な教育の変革をおこなったことには議論の余地はない。[63] だから、問題はかれらがその要求を解決できたかどうかだけである。[64]

一九四五年以後もまだかなり長い間、この要求は実現されたと思われていた。早くからアルノ・クレンネが第三帝国に「若者の抵抗」もあったことを指摘していたにもかかわらず、[65] 第三帝国の青少年教育を扱うほかの出版物では、全面的に監視され、徹底的に教化された若者像のみが描かれていた。[66] 一部のジャーナリズムは、ヒトラー・ユーゲントの世代は、ナチの教化によって特別に冷酷にされた世代であり、のみならず精神的に病気にされた世代であると、非難していた。[67]「後から生まれた者の恩寵（eine Gnade der späten Geburt）」というのは、一九四五年に一五歳で、したがってヒトラー・ユーゲントの世代であるヘルムート・コールの自己宣伝の言葉であるが、第三帝国で青年時代を過ごした年長の政治家たちは、この恩寵を認めようとしなかった。反対に、新しい民主主義エリートにたいするかれらの懐疑はいっそう強くなった。[68]

若者たちはヒトラー・ユーゲントと学校によって全面的に掌握され、教化されていたとする見解は、六〇年代にいたるまで優勢であった第三帝国の理解と重なっていた。第三帝国はソ連とその他の東欧の同盟諸国と似た「全体主義」の国家である、という理解である。[69]事実、多くの全体主義理論家が、全体主義の重要な特徴の一つは、若者たちを全面的に掌握し、かれらを恒常的に動員したことである、と主張していた。しかし教育学者のオスカー・アンヴァイラーは、第三帝国とソ連における「全体主義教育」の「比較研究」をおこない、「組織的にも内容的にも若干の合致点と類似点」はあるが、重要な相違点もあったという結論を出している。[70]たとえば、「ナチスの人間像の根拠である生物学的・人種主義的性格」と、むしろ「合理主義的」な、「啓蒙と実証主義と、技術・科学的思考に培われたマルクス主義の世界像」は対立する。[71]この二つの体制は異なる「教養理念」を追求した。したがって、「教育システムにおけるナチス(ファシスト)のそれと共産主義のそれとの区別できない同質性」を云々することはできない、とアンヴァイラーはいっている。[72]

これにたいして、第三帝国は対青少年政策においても、カール・ヨアヒム・フリードリヒやズビニエフ・ブジェジンスキらの全体主義理論家が主張するほど全体主義的な性格をもってはいなかったとする著者もいる。[73]かれらがここでもちだすのは権力闘争、とりわけ「全国青少年指導者」であったバルドゥア・フォン・シーラハと教育相ベルンハルト・ルストとのあいだのそれである。[74]しかし、このようなナチ政権を多頭制的とする見解にもかかわらず、ヒトラーの「教育原理」がナチス政府の対青少年政策に強い影響力を及ぼしたことに疑問の余地はない。[75]それだけに、この問題が「意図派」と「構造派」のあいだの論争の種になっていないのは驚かされる。

「出世の可能性」があったのか？

近代化論を主張する人たちも、ナチの対青少年政策にはあまり関心を示していない。カールハインツ・ヴァイスマンだけが例外で、かれは「社会的国家」としてのナチの社会政策は「近代的」な性格をもっていたという意見であったただけではなく、ナチスはその青少年対策、学校対策によって意識的に「出世の可能性（Aufstiegsmobilität）」を助長していたというテーゼを強く主張している。(76)

ヴァイスマンはかつてのヒトラー・ユーゲントやドイツ女子青年同盟のメンバーの回想に依拠しているが、ヒトラー・ユーゲントが階級の枠を除去し全面的な「出世の可能性」を助長したというかれのテーゼは、具体的な証拠をもっていない。ヒトラー・ユーゲントの指導者のなかに占める労働者階級の子弟の比率は明らかに小さい。学校制度のなかで、国民学校―中等学校―上級学校という三本立ての学制は廃止されなかった。この三本立ての学制が社会階層と切り離せないものであったことを、すでにヴァイマル共和国にあっても極度に少なかった労働者階級出身の大学生の数がナチ時代になってさらに減少した事実が示している。大学は、ナチの支配下にあっても、以前と変わることなく、ブルジョア階層一般の、とりわけ官吏層の子弟が支配する領域だった。(77)

したがって、全体としてわたしたちが同意できるのは、「近代化の影響の過大評価」を強く警告しているロルフ・シェルケンの見解だけである。(78) さらに、ナチスの対青少年政策が人種主義と強制によって特徴づけられていたことを、もう一度指摘しておかねばならない。この理由からも、ポジティヴな意味合いをもつ「近代的」の概念をナチズムに適用することは避けるべきであろう。

抵抗者だったのか、それとも犯罪者だったのか?

ケルンやルール地方で活動した「エーデルヴァイス海賊」の位置づけと評価をめぐって、副次的ではあるが、新たな論争が起こった。これは八〇年代のデートレフ・ポイカートの著作[79]によって再発見されたものであるが、まもなく神話化され、「第三帝国にたいする若者の反乱」が存在した証拠とされた。[80]いうまでもなく、これは過大評価であった。「エーデルヴァイス海賊」とこれに類似したグループはむしろ例外的な存在であり、一般化することはできない。とはいえ、エーデルヴァイス海賊を非神話化するためにゲルント・A・ルージネクがおこなったような瑣末なあら探し的批評は無用である。かれはエーデルヴァイス海賊の何人かが犯したとされる犯罪の事実を広く知らせることを不可欠と考えているが、その場合、かれは単純な事実を見落としている。ファシストの不正な国家において、何が犯罪であるかを決定したのは、「エーデルヴァイス海賊」の敵であり、かれらを迫害していた者たちであったという事実である。[81]

日常生活史の方法を用いる歴史家[82]や社会学的・人間学的な青少年研究の方法を用いる歴史家[83]は、そのうえ、一般的なファシズム・反ファシズム研究のなかで使われてきた「順応(Anpassung)」「レジスタンス(Resistenz)」「反対派(Opposition)」「抵抗(Widerstand)」[84]といった政治的概念を、使用できるかどうかを問題視した。かれらは、そのような概念を使用する代わりに、世代の経験[85]や男女の青少年の集団的経験[86]に自分たちの関心を集中させた。さまざまな著者がこの問題を自伝の研究としてとり上げた。[87]

しかし、こうした研究がどれほど重要であり、今後に約束するところが多いとしても、それだけに、ファシズムの対青少年政策と青少年の抵抗の政治的テーマの領域がもつ意味は強調されるべきであろう。ナチス時代の若者たちはたしかに反逆的ではなかったが、完全に教化され「足並みをそろえた世代」ではなかった。若者特有の抵抗は存在した。[88] それは成人のそれと同じように評価されるべきである。それは神話化されてはならないし、揚げ足取りによって批判されたり、挙げ句の果てに犯罪者扱いされたりするようなことがあってはならない。

女性とナチズム

事実

ナチ党は結成当初から極度に女性に敵対的な政党だった。(1) これはすでに一九二〇年二月二五日の二五ヵ条の党綱領に始まっている。(2) この綱領のなかで、女性に関係した項目はたった一箇所だけで、その二一条には次のように記されている。「国家は、母親と子供を保護することによって、年少者労働を禁止することによって、体育とスポーツを法的に義務づけ、身体の鍛錬を実現させることによって、すべての青少年の身体的トレーニングにかかわる団体を最大限支援することによって、国民の健康のために努力しなければならない」。

つまり、すでに一九二〇年の党綱領で、女性はその生物学的機能に還元され、家庭政策、人種政策の道具とみなされていたのである。ナチ党はこうした女性観に固執しつづけた。そのうえ、党は、一九二一年に、あらゆる指導的委員会において女性は原則的に排除されるべきだとする決議をおこなっている。

このようなシグナルは人びとに理解された。一九二三年に二〇%を占めていた女性党員の割合は三〇年代の初頭には五%にまで低下している。(3) 一九三二年の国会選挙まで、ナチ党に投票した女性の数は男性のそれを大きく下回って

いた。(4)

これは権力の座を狙う政党にとって、明らかにマイナスだった。さらに、すでに述べたように、ナチ党の女性敵視を攻撃する社会民主党の反ナチ・キャンペーンがこれに加わった。(5) ナチ党はなんらかの行動に迫られた。いまや党は、女性の「本来的」な役割は母親であることだという、その原則的イデオロギーを放棄するか、もしくは、それを弱めることなく、女性にも党の政策を教え込み、女性を組織化するか、そのどちらかであった。

ドイツ女子青年同盟とナチス女性部

ナチ党による女性の組織化は、一九三〇年に「ドイツ女子青年同盟（Bund deutscher Mädel）」（ＢＤＭ）が生まれ、さらに「ナチス女子学生協同体（Arbeitsgemeinschaft Nationalsozialistischer Studentinnen）」（ＡＮＳｔ）が誕生したことによって、はっきりとした形をとったものの、ナチス女子学生協同体は男子学生の組織「ナチスドイツ学生同盟（Nationalsozialistischer Deutscher Studentenbund）」の一部でしかなかった。(6) その一年後に、ナチの女性活動家によって設立されていた女性組織の「ドイツ女性赤色鈎十字団（Deutscher Frauenorden Rotes Hakenkreuz）」と「ドイツ女性闘争同盟（Deutscher Frauen-Kampfbund）」が「ナチス女性部（NS-Frauenschaft）」に統合されて、党指導部によってただちに、公式の女性代表として「承認」された。(7)

ナチス女性部は相反する価値観をもった、内部的に矛盾した立場をとっていた。その綱領は、一方では結婚と家族、そして母親であることが「国民全体にたいする最も身近な奉仕」であるとしながら、他方では「女性の教育と女性の力のすべてを国家のために養成し結集させること」を目標に掲げていた。だから、ナチ党員の女性のなかには、自分たちの政治的機能の強化を望む者も出てきた。その一人が一九三三年に二六歳でドイツ女子青年同盟の「全国女性指導者（Reichsfrauenführerin）」になったリディア・ゴットシェウスキである。しかし、まもなく彼女はたいへん失望させられた。ナチス女性部の指導者に任命されたのは彼女ではなく、熱心で党の路線に忠実なゲルトルート・ショルツ＝クリンクだったからである。(8)

ショルツ＝クリンクはその生き方（彼女には一一人の子供がいた）がナチの理想とする女性像と合致するように見えた。彼女は、一九三三年一月三〇日の後、きわめて短期間に、ほかのすべての女性団体を排除するか、もしくは新しい上部組織である「ドイツ女性事業（Deutsche Frauenwerk）」（DFW）の傘下に組み込むことに成功した。そのドイツ女性事業の指導者がショルツ＝クリンクで、彼女はドイツ女性赤色鈎十字団の全国女性連合会やドイツ労働戦線（DAF）女性部の議長も兼ねていた。(9)

ナチス女性部（と「全国母親奉仕団（Reichsmütterdienst）」のような、その下部組織もしくは、並行組織）は、一九三五年にはナチ党の支部の地位に昇格され、その後も勢力を拡大した。一九三九年にナチス女性部の会員数は三二〇万人を越えていた。にもかかわらず、それは明らかに男性の党組織の陰の存在にすぎなかった。「全国女性指導者」のショルツ＝クリンクは、ドイツ女子青年同盟の指導さえも、全国青少年指導者のバルドゥア・フォン・シーラハの監督支配を受けなければならなかった。同じように、女子の勤労奉仕団も、彼女ではなくて、全国勤労奉仕の指導者であるコンスタンティン・ヒーアルの管轄下に置かれていたし、彼女自身はドイツ労働戦線の女性部局の指導者として、ローバート・ライに従属していた。また、「母子救援事業（Hilfswerk Mutter und Kind）」もナチス国民福祉（Nationalsozialistische Volkswohlfahrt：NSV）の一部として、その指導者であるエーリヒ・ヒルゲンフェルトの管轄下にあった。そればかりでなく、ヒルゲンフェルトはナチス女性部にたいするある種の監督権まで要求していた。(10)

つまり、第三帝国にしばしばみられる管轄権をめぐる権限争いが対女性政策にもあったわけである。しかし、ナチス女性部を過少評価してはなるまい。ナチス女性部が（また、ドイツ女子青年同盟が）存在したこと自体が、第三帝国で女性たちが政治生活から完全には排除されえなかったこと――一部の党指導者は男性だけの党をつくることを要求したが――を証明している。[11] しかし、その場合、わたしたちが忘れてはならないことは、政治生活といっても、それは、すべての市民を、またすべての女性を、全体主義的に掌握し、管理することをめざし、また、事実それをかなり実現していた政治体制における政治生活であったということである。[12]

このような管理と掌握は、彼女たちが遅くとも一〇歳になると開始された。すでに一九三九年には、同時代の男子がそうであったように、女子も党の年少者組織に義務的に加盟させられた。[13] 一四歳になると、彼女たちは「少女団(Jungmädel)」から「ドイツ女子青年同盟」へ移行した。彼女たちは一八歳になると、一九三八年に新設されたドイツ女子青年同盟の「信仰と美(Glaube und Schönheit)」に、ついで、二一歳でナチス女性部に入会した。大学に進もうとする者には、卒業後に全国勤労奉仕での奉仕作業が義務づけられた。[14] この義務は、一九三五年以後、形式的にはすべての女性に課せられたが、一九三九年以後は、未婚の女性にも、まだ職業教育を受けていない女性にも適用されることになった。すでにその一年前――つまり一九三八年――には一四歳から二五歳までの女子にも、男子の一年間の兵役義務に対応する、「勤労奉仕年(Pflichtjahr)」が義務づけられた。彼女たちは農村で、もしくは、家政で働かされた。[15]

このようなすべての組織のなかで、またあらゆるレベルで、女性は政治的に管理され、イデオロギー的に教化された。しかしこれは彼女たちに、わずらわしい強制と受け取られることはなかった。多くの少年や男たちがそうであったように、未婚の女も既婚の女も、このようなナチス組織のなかでの生活に魅力と充実感を感じていた。とりわけ、富裕で保護の行き届いたブルジョア家庭に育った少女や若い女性たちにはその傾向が強く見られた。彼女たちはドイツ女子青年同盟やナチス女性部に、両親の後見から、あるいは夫の監視からさえも、逃れ出る可能性を見た。またさまざまな文書や口頭での回想を信用するなら、幾多の女性や娘たちが、前述の組織の一員であることを、その組織のなかで「友情」を見出し自己意識を獲得できたから、高く評価した。[16]

家族政策

しかし、ここで忘れてならないことは、「異人種の」「遺伝的疾患をもつ」「非社会的な」女性たちは、そのような好ましい体験とはまったく無縁であったことである。そのような女性たちは「民族共同体」から締め出されており、ナチの女性団体も人種主義にもとづく排除と迫害に加担していたからである。ナチの人種政策は原則的には男性にも女性にも均しく向けられていた。しかし、いくつかの領域では性による相違があった。女性はとくに、ナチの人種主義によって、もしくは男性とは異なったやりかたで、ひどい目に遭わされた。

このことは、すでに一九三三年七月一四日に公布された「遺伝的疾患をもつ子供を予防する法律」にも示されていた。[17] この法律自体は男女を区別していない。また、わたしたちの知るかぎり、強制的に不妊手術を受けさせられた女性の数は男性のそれとほぼ同じである。[18] しかし、だからといって、女性が男性と同じに扱われたとはいえない。というのは、二つの相違点が挙げられるからである。一つは、不妊手術を受けたことで死亡した者の数は、女性のほうが男性のそれに比べてはるかに多かったことである。[19] もう一つは「優生裁判所（Erbgesundheitsgericht）」が一人の人間を強制的に不妊手術を受けさせるかどうかを決定する場合の男女差である。たとえば、優生裁判所は幾人ものセックス相手をもった女性、また、家事をきちんとおこなえないといわれた女性を「社会的精神薄弱者」として不妊手術の対象にした。[20] いうまでもなく、こうしたことで非難された男性はない。男性の場合、数多くのセックス相手をもつことは、些細な罪とみなされるか、あるいは、男らしい生きざまとさえ見られた。

一九三五年六月二六日に公布された「遺伝的疾患をもつ子供を予防する改正法」はもっぱら女性に向けられていた。[21]

この改正法では優生裁判所が「遺伝的疾患」と認定した女性の強制的堕胎が規定されていた。同時に、一見これとはまったく対照的に、刑法二一八条の堕胎禁止の処罰規定が厳しく適用されており、避妊器具の販売も制限されていた。[22] しかし、ナチの人種政策推進論者の目からすれば、これはなんら矛盾ではなかった。「優生学的に健全」で「人種的に純粋」な女性はできるだけ多くの子供を生むべきだとされていたからである。またこの目的のために、さまざまな、一見純粋な家族政策の、しかし実際には人種イデオロギーの動機による、法律が公布された。

すでに一九三三年六月一日に、ナチスは「失業者を減らすための法律」を公布している。[23] これによって、若い夫婦は最高一〇〇〇マルクまでの「結婚貸付金(Ehestandsdarlehen)」をもらうことができた。この貸付金は子供が生まれるたびに総額の四分の一ずつが軽減されていった。つまり、当時の民衆が的確にいったような「子供による分割返済(abkindern)」ができた。しかし、この有利な貸し付けには二つの条件がついていた。一つは、妻はいかなる職業にもつかないことが義務づけられていたことである。失業者数を減らすためのこの規定は一九三七年に完全雇用が達成され、労働力が必要となったとき、再び廃止された。しかしもう一つの条件は廃止されず、逆により強化された。それは結婚貸付金を受けるためにぜひとも必要な、健康と人種イデオロギーを判断基準とした審査である。この審査に合格しない者は、貸付金を得られなかっただけではなく、結婚そのものが否認された。かれらは、結婚を認められず、優生裁判所で鑑定をおこなう医師によって告発され、そののちに裁判所が強制的に不妊手術をするかどうかを決定した。一九三五年一〇月以後、結婚しようと思うすべての者はこの種の検査を受けねばならなかった。結婚は「結婚健康証明書」を提出したのちにはじめて可能となった。[24]

同じような法律条項は、一見進歩的な家族政策にも見られた。一九三六年の児童手当、子供の多い家庭の割引運賃、公営プール・劇場などの公共施設の利用料金の割引、さらには、一九四二年、戦争の真っ最中にさえも公布された母性保護のための完全有給休暇などがそれである。もちろん、「人種的異分子」および「遺伝的疾患の持ち主」、また

「反社会分子」もしくは「共同体異分子」とされた者は、このような家族政策、社会政策上の恩恵をまったく受けていない。基本的にその動機が社会政策である以上に、人種政策であったからである。この政策は人種イデオロギーの基準による住民の選別にも、「人種的に純粋」で「優生学的に健康」な子供の出生を促進することにも利用された。[25]

一九三四年にナチス女性部の下部組織としてつくられた「母子救援事業」も「人種的に純粋」で「優生学的に健康」な子供を可能なかぎり多く誕生させるために役立てられた。妊娠した女性はこれによっていくばくかの物品を入手したが、彼女たちは同時に「母親講習会（Mutterkurse）」への参加が義務づけられた。[26]ナチスは出生率を引き上げるために、より直接的に、道徳的に問題のあるやりかたで、これとは別のナチスの施設をつくった。「SS全国指導者」であるヒムラーが創設し、かれの指揮下におかれた「レーベンスボルン〔生命の泉〕」がそれである。[27]

この組織は全ドイツに、のちには占領地も含めた地域に、「ゲルマン人住民」のための宿舎をもち、未婚の母親はそこで親戚や近隣の者の軽蔑や非難を受けることなく出産することができた。彼女たちは子供を養子に出すことも（必ずしもそうしなければならないわけではなかったが）できた。この「レーベンスボルン」の宿舎は、刑務所でもなければ、当時、住民のあいだで噂されていたような、「功労のあった」SS隊員のための娼家でもなかったが、「ナチの人種政策上の施設」であったことに間違いはない。とりわけ戦時中におこなわれたことであるが、レーベンスボルンはナチス国民福祉（NSV）と共同で、占領地区での大規模な小児誘拐に関与した。[28]

しかし、ナチスの家族政策の「成果」（この表現がそもそも適切であるかどうか、ここでは問題にしないとして）は限定されたものでしかなかった。たしかに出生率は一〇〇〇人あたり二〇・四人に増加している。[29]しかし、この出生率は経済危機が始まる前の状態に戻ったにすぎない。さらに、この時期の結婚数の増加を考慮すると、夫婦あたりの子供の数は減少している。事実、一九二〇年の一家族あたりの子供の数が、平均二・三人にたいして、一九四〇年の「比率」は一・八人にまで低下している。つまり、ナチスも「子供二人の結婚生活」を理想とする傾向――これは当時の人口学者によって必然的に「民族の死」を招来するものとされていた――をくい止めることはできなかった。さきに述べた経済的恩典と多大の宣伝経費を費やして授与された「母親十字勲章（Mutterkreuz）」――子供四人の母親が銅、六人が銀、八人以上が金賞――もどうすることもできなかった。[30]

一般国民からも、こうした家族政策に人種主義的な動機が内在していることは十分に知られていたが、これを批判する声はほとんど出なかった。しかし、戦争中にヒムラーやボルマンといったナチスの幹部が、出生率を高めるために結婚制度を改変して、一夫多妻制度を法的に認める計画を練っているということが噂になったとき、はじめて抗議の声が挙がった。[31] 人びとはこれを非道徳とみた。しかし、これと時を同じくして実行されたユダヤ人、シンティ・ロマ、心身障害者にたいする集団殺人への憤慨が大きく高まることはなかった。

社会政策と経済政策

これにたいして、女性を職業から締めだそうとするナチスの試みには抗議の声が挙がった。ナチスはすでに「権力獲得」の直後から、予告していたとおり、締め出しにとりかかった。まずこの目的に利用されたのが、前述の、一九三三年六月一日付の「失業者を減らすための法律」で、この法律は妻が職を辞めることを結婚資金貸し付けの条件としていた。そのうえ、すでにヴァイマル共和国時代に始まっていた「二重稼ぎ（Doppelverdienertum）」反対キャンペーンも引きつづきおこなわれた。[32] ついで、だれよりも高度な資格をもった職業婦人が締め出しの対象にされ、彼女たちは結婚していると、解雇された。すでに一九三三年には、女性の高等学校教員研修者は全体の四分の一以下でなければならないとする指令が出されている。

大学にはより厳しい学生の定員制が導入された。女子は学生全体の一〇％までとされた。一九三四年には女性の医師が自分の診療所を開設することは禁止された。また一九三六年からは、法律によって、女性を検事や判事に任命することが禁じられた。国家公務員として働く女性の待遇も、給与や地位の面で男性の同僚よりも低く押さえられるのが通例だった。(33)

しかしその後、このような男女差別のいくつかは廃止された。一九三七年からは、夫婦は妻が仕事をつづけていても、結婚資金の貸し付けを希望すればそれを受けられるようになった。大学の女子学生に関する定員制度も一九三五年にははやくも廃止された。一九四一年には、高校の家政科を卒業した女子生徒で大学への進学を希望する者に必要とされていた追加試験が廃止された。これによって、大学入学を許される女性の数は大きく増加し、一九三三年から一九三九年までのあいだに一八・二％から一四・二％にまで低下していた女子大学生の数は、一九四三年には四七・八％という、現在でも追いつけない高い数値にまで上昇した。(34) この時代にドイツの大学生の半数近くが女子学生であったことの主な原因は戦争であったことは疑いの余地がないが、これもナチスがかれら本来のイデオロギー目的のいくつかを経済的強制に従属させたことを示している。(36)

これは社会全般についていえることだった。というのは、統計学者のいうところによると、女性の就業率は次第に上昇しているからである。一九三九年の全就業者に占める女性の比率は三六・七％だった。(37) サービス業などの経済分野ではこの比率はさらに高かった。このようなデータをみれば「(女性を) 生産工程から排除することをめざしていた」などとはとてもいえない。(38) しかし、当時の女性たちのほとんどは、低資格かつ低賃金の職場で働いていた。

戦争が始まると、経済界や軍部の、また党の代表が——その先頭にあったのはゲーリングとシュペーアである——女性（かれらのいう「女性予備軍」）の動員を強く要求した。しかし、かれらの要求した女性にたいする全面的な就業義務制度——これはイギリスでは一九四一年から実施されていた——は実現しなかった。かれらは一九四三年に、一七歳から四五歳までのすべての女性にいわゆる申告義務を命じるだけで満足しなければならなかった。しかしこの指令にも多くの例外規定や抜け道があったから、現実には一九四三年の末までに新たに「総力戦」のために動員できた女性は五〇万人にすぎなかった。一九四四年九月の女性の就業者数一四九〇万人という数値は、一九三九年四月に一四六〇万人の女性がなんらかの職業についていたのに比べると、ほとんどとるに足りない増加だった。[39]

多くのドイツ人女性が生産過程に組み込まれなかったことには多くの理由がある。第一に考えられることは、経済界の幹部が、これ以上の女性、とりわけ子供のいる女性を動員すれば、従業員食堂、幼稚園、その他の社会施設の必要経費がかさむと考えたことである。ドイツでは戦争末期まで、乏しかったとはいえかなりの量の食料品を入手することができたので、国民の栄養補給を、より安価に、より効率的に切り盛りできる個々の家庭に委ねる方が、国家経済の点からは望ましいと考えられた。ナチス女性部が提供した家計や料理についてのさまざまな講習会も、たんなるイデオロギーだけではなく、経済的な役割を果たした。手っ取り早くいえば、ナチスは家政が国民経済に占める意味を正しく理解していたのである。[40]

なぜ、もっと多くの女性が軍需産業に投入されなかったのかという、第二の、重要な理由は、ナチス指導部が抱いた「銃後（Heimatfront）」の住民の抗議にたいする恐怖感と関係する。かれらが思い浮かべていたのは、第一次世界大戦の結末と一九一八年の革命という悪しき前例だった。[41]ヒトラーがさまざまないい方で語ったように、「一九一八年一一月」は二度と繰り返されてはならなかった。この政治的な恐怖感に、女性はやはり母親としてその「本源的」な生物学的役割に専念すべきだとする、人種論的イデオロギーのドグマが混合した。ゲーリングは、このジレンマを、かれ一流の粗野ないい方で、「繁殖用雌馬か作業馬かだ」といい換えた。[42]さらに――そして、これこそが最も重要な原因だったことに疑いの余地はないが――ドイツの女性をさらに生産過程に投入することへの代案が考案された。「外国人労働者」を徹底的に利用することである。

「外国人労働者」

一九三九年から一九四四年までのあいだに、ドイツ人女性の就業者数は一四六〇万人から一四九〇万人に増加しているにすぎない。全就業者にたいする女性の比率は二五・一%から二五・〇%に低下している。[43] これにたいして、同じ時期にドイツで働いていた外国人労働者の数は増加しており、三九年には四〇万人足らずであったが、[44] 四四年には登録された民間外国人が五七〇万人へと上昇している。[45] これに強制収容所の囚人と捕虜を加えると、じつに七〇〇万人を越える外国人がドイツの戦時経済に従事させられていたことになる。これは、本来、ドイツ人女性によって占められていなければならなかった職場のほぼ三分の一がかれらによって担われていたことを意味する。ドイツ人女性の——もしお望みならこういってもよい——「保護」のために、外国人労働者に重荷が転嫁されたのである。だから「外国人の動員」は女性特有な問題と深くかかわっていたのだ。[46]

さらに、いくつかの女性の特殊性が加わった。一九四四年八月の外国人労働者数五七〇万人のちょうど三分の一にあたる一九二万四九一二人は女性労働者だった。その八七%はポーランドとソ連から来た女性だった。[47] この二つの国の労働者は外国人労働者のなかで最低待遇のグループに属していた。かれらを識別するために、ポーランド人は「P」、ソ連出身者は「Ost〔東〕」の文字を記した布を着衣に縫いつけることが命じられた。人種的差別に男女差はなかったが、女性にはいくつかの点で特殊な問題があった。[48]

ポーランドやソ連から連れてこられた女性の強制労働者が妊娠した場合、彼女たちはとりわけ過酷な運命に見舞われた。彼女たちは、一九四二年六月二六日のヒムラーの通達によって、結婚することを厳しく禁じられていた。[49] そのうえ、一九四三年以後は、妊娠した女性は故郷へ送り返されなくなった。[50] 食料の追加支給やその他の特典を与えられることもなく、彼女たちには労働の継続が命じられた。[51] しばしば彼女たちは妊娠中絶を強要されたが、衛生上欠陥のある環境で、未熟な人間によって手術がおこなわれたため、女性の死をもって終わった事例はまれではなかった。[52]

中絶を拒否した女性には、出産とともに真の苦難が待ち受けていた。彼女たちは粗末な「東方労働者分娩所」で子供を産まなければならなかった。分娩のあと、ただちに「人種的」見地からする検査がおこなわれた。この選別検査で「プラス」の判定、つまり、子供が「同じドイツ人の血統」をもつと想定される根拠があるとの判定を得た場合、その子供は母親から引き離されて「外国人児童施設（Ausländerkinderheim）」に収容され、そこでナチス女性部、もしくは、「レーベンスボルン」の仲介するドイツ人夫婦の養子となった。逆に、管轄する保健機関の医師が、母親、もしくは父親に「ドイツ人、もしくはそれに近い種族の血統」を示す特性がないと判定したとき、子供は残酷に餓死させられた。[53]

ドイツ人の女性も男性にはない厳しい処罰を受けた。彼女たちがナチスの人種的規範に従わず、「外国人労働者」と性的交渉をもった場合であった。[54] ナチスがいう「ドイツの血を汚す」ことをさせないために、まずある種のプロパガンダ・キャンペーンが広められた。これには人種主義的でもあれば性差別的でもある特徴が示されていた。というのは、「ドイツ人の純血を守る」ことは、ドイツ人女性だけに要求されていたからである。この要求が期待された効果を挙げなかったとき、外国人と性的関係をもったと疑われた女性は公衆の面前へ引き出された。たいていの場合、彼女たちは大声でわめく民衆に囲まれて、髪の毛を剃られた。この野蛮な行為はヒムラーの賛意を得た。「総統代理」ルドルフ・ヘス宛の一九四〇年三月八日付の手紙に、かれは次のように書いている。「わたしは、公衆の面前で名誉を傷つけることは、むしろ大いに見せしめの効果をもつものと考えています。だから、たとえば、ドイツ人女性がその恥ずべき行為のゆえに村の若い娘たちの前で髪の毛を剃られたり、その罪名を書いたプレートをぶら下げて村中を引き回されても、これに異論を唱える気持ちはまったくありません」。[55]

しかし、このような行為――それは第三帝国の出発の時点から、ユダヤ人との性的関係が疑われた女性にたいしておこなわれた行為であった――は、やがて民衆のなかにも強い嫌悪感を生み、一九四一年一〇月にはこのような誹謗行為は公式に禁止された。[56] しかし、この「事態」そのものは引きつづき追求された。ポーランドやソ連からきた男性の強制労働者は、ドイツ人女性と性的関係をもったと非難されたとき、ただちにリンチによって殺されるか、さもなければ、強制収容所送りになった。[57] もっとも、一九四一年六月五日のヒムラーの訓令にもとづいて、この「特別処置」が免除されることもあった。しかし、それは当の犯罪者に「北方人種の血が混じっている」ことが証明された場合に限られていた。[58]

関係したドイツ人女性が男性と同じように容赦されることはなかった。ゲシュタポがたんなる「戒告」では満足しないと、彼女たちは「特別法廷」へ引き渡された。彼女たちはここで数年間の、禁固もしくは懲役刑を言い渡された。[59] 彼女たちのなかにはラーヴェンスブリュックの強制収容所へ送られた者さえいた。彼女たちはそこで囚人仲間のジャルゴンで「ベッド政治犯（Bettpolitische）」と呼ばれた。これはかなりいい加減な表現ではあるが、全体としては的確な表現だった。彼女たちの行動にはしばしば明確な政治的動機が認められたからである。ドイツ人の女性は男友達を選ぶ場合、女性を軽視し人種差別を説くナチの言いなりになっていなかったからである。ことによれば、これを抵抗と呼ぶこともできるかもしれない。

抵抗

女性も抵抗運動に参加した。[60] このことは、いくら強調してもしすぎることはない。女性は、あらゆるグループの抵抗に、あらゆる形態の抵抗に、参加した。このことは労働運動の抵抗運動にも、市民と軍人による抵抗運動についてもいえる。当時のプロテスタント教会のような男性優位の色彩の濃い組織においても、女性は教会闘争に積極的に参加した。[61] 女性の行動とその功績は、第三帝国の時代の告白教会の代表者たち——代表はもっぱら男性によって占められていた——にも認められ、教会の指導部に、はじめて何人かの女性副牧師を主任牧師に昇格任命させることになった。これは、ある程度まで、教会闘争という緊急事態のための応急対策であったが、一九四五年以後も、もはや逆行させられてはいない。それ以後、福音派教会には女性の牧師が存在している。

とはいえ、全体的に見ると、組織的な抵抗運動において女性は数的には明らかに劣っていた。[62] 女性に指揮された抵抗グループは一つもなかった。しかし、抵抗グループのなかで女性はきわめて重要な役割を担った。共産党や社会民主党の抵抗グループで宣伝ビラの作成や配布を受けもったのは、ほとんどが女性だった。この場合、しばしば乳母車がカムフラージュされた輸送手段として使用された。市民と軍人の抵抗グループで、正式にそのメンバーになった女性はいないにしても、彼女たちはそれなりの役割を果たした。彼女たちは面倒な証拠物件をゲシュタポから隠し、最終的には、自分や子供たちがヒトラーが命じた「犯罪に関する家族の共同責任（Sippenhaft）」に問われてナチス国家の弾圧にさらされることを覚悟のうえで、迷うことなく捕えられた夫の側に立った。[63]

このように女性たちが抵抗に大きく貢献したとしても、また、さまざまな女性がナチス国家のテロ組織によって逮捕され、抵抗運動のゆえに禁固刑や懲役刑を科せられ、[64] なかには死罪に処せられた者があったとしても、組織された抵抗運動の主力はやはり男性だった。これにたいして、組織されない抵抗の分野では事情ははっきりちがっていた。

迫害されたユダヤ人を援助した「讃えられたことのない英雄たち（unbesungene Helden）」には、きわめて多くの女性が参加していた。[65]理由は、ほとんどの男たちが前線にいたことにもよるが、このような利他的な行動は女性本来の特性によるものだったからである。

とはいえ、女性特有の抵抗が存在したということは今日にいたるまで証明されていない。むしろ、われわれの知るかぎり、もっぱら女性を対象にしたナチスの処置にたいしても、女性の抵抗は驚くほど少ない。強制的不妊手術や強制的妊娠中絶についても、女性からは、個々の異議申し立てはあったにせよ、大衆的な批判の声はまったく挙がらなかった。[66]また、母親十字勲章のようなナチス側の「出産奨励」行動についても、このような、いわゆる顕彰が人種主義的で反フェミニズム的な目的をもっていることが十分すぎるほどはっきりとしていたにもかかわらず、抵抗らしい抵抗はほとんど見られなかった。

しかし、とりわけ戦争の末期になると、ナチの支配者たちは「女性」に恐怖感を抱いたようである。そのことはSS保安部（SD）[67]や党のその他の部局から出されたさまざまな世論調査報告に示されている。フランクフルト・アム・マインのナチ党地区指導部による一九四四年二月一二日付の報告はその典型で、それには次のように記されている。「あちこちで、女たちが（……）とっくの昔に忘れ去られた平和のスローガン」をはっきりと口にしている。しかも、「すべての女が力を合わせたら、こんな狂気の沙汰はすぐに終わるだろう（……）といわんばかりである」。[68]

論争

女性はヒトラーに権力を掌握させたのか？

ヒトラーとナチの指導者たちが自分たちの徹底した反女性的立場をまったく隠そうとはしなかったにもかかわらず、反ナチの諸政党は一九三三年まで、長い間この点を無視し、ほとんど非難することもなかった。ドイツ共産党にとって、このイデオロギーの問題はどのみちあまり重要ではなかった。[69] 共産党にとって決定的な問題は「ファシズム」の親資本主義的機能だった。共産党のなかでは女性問題の研究は影のような存在でしかなかった。教条的マルクス主義理論に、「女性問題」はせいぜい「副次的矛盾」のレベルしかもっていなかったし、また、もちえなかったからである。[70]

ドイツ社会民主党も基本的にはこれと変わらなかった。しかし、ドイツ社会民主党は女性のナチズムとの関係について、かなり検討している。その契機になったのはテオドア・ガイガーの推測で、それによると、一九三〇年九月の国会選挙において、ナチ党は女性の選挙人にとって大きな魅力であったという。[71] しかしガイガーはこの主張を証明できなかった。にもかかわらず、かれはこの推測にかなり怪しい説明を提供している。多くの女性がナチ党に引きつけられたとすれば、それはこの党の示したかなり強烈な「感情の強調（Gefühlsberontheit）」と、「残忍な男らしさ」に「エロチックな流行の魅力を感じたこの当時の女性の趣味」のためだ、とかれはいっている。[72]

「ナチズムのイデオロギー」についての論文を書いたフリッツ・ブリューゲルもこれとあまり変わらない。かれがその論文でナチ党を特殊な「男性の党」としていることは正しいが、かれはこの党の極端な反フェミニズムと人種主義的な目標設定をたんなる物笑いの種にしているにすぎない。「男性が鉄兜に鈎十字をつけて、第三帝国のために戦うとき、かれの貞淑なる妻はかれの家の名誉と尊厳を守り、夫が北方でドイツ人種のゲルマン化のためにいそしむのを待ちつづけねばならない」。[73] この種の皮肉は社会民主党のパンフレットのいくつかにも見られ、そこでは「第三帝国こそ女性の天国」とするナチのプロパガンダが槍玉に挙げられている。[74] しかし、「ナチズムと女性」というテーマはただの物笑いの種ですまされるようなテーマではなかった。

イェニー・ラットは一九三一年に公表された論文ですでにこのことを見抜いていた。[75] 冷静に、またあとでわかったことだが、的確に、彼女は次のように予言した。第三帝国においては、人種的な少数派だけではなく、国民のなかの多数派である女性も差別される。女性から「公民としての発展を約束するすべてのものが奪われる」からである、と。[76] ユーディト・グリューンフェルトも似たようなことをいっている。[77] 彼女は、ナチスがきわめて公然と「経済面で女性を抑圧していること」また「政治面で女性を無権利化し」「旧来の男性支配をめざしていること」を指摘し、このナチスのめざすところを真剣に受け取るよう、社会民主党に呼びかけた。なぜなら「社会主義かファシズムかという世界史的対決の意義は、プロレタリア女性の立場に立って、男性国家を社会主義的意味における人間の国家に変革するか、それとも、男性の残酷な専制に回帰し、女性をこれまでのような最低で苦労に満ちた職業に順応させることを許すか、にある」からだ。[78]

このようにいったグリューンフェルトは間違いなく正しかった。しかし、彼女の党はそのことばに耳を貸さなかった。この社会民主党女性党員は、屈辱と立腹のなかで、社会民主党がすでに一九三一年の秋に中央党が提案した「結婚した女性公務員の解職」を容易にする「二重稼ぎ反対キャンペーン」に同意したことを指摘した。社会民主党がおこなった、およそ信じられないようなこの決定は、この党のブリューニング内閣にたいする「寛容政策」の一つだった。だからこそすでに社会民主党は、ナチ党の反フェミニズム政策にたいして真っ向から反対することが、効果的で、かつ確信に満ちた論議を展開することが、できなくなっていたのである。

ほかの政党もあまり変わらなかった。女性に敵対的なナチ党の主張にひそかに賛意を表することはあっても、この問題についてなんらかの見解を表明している政党はない。[79] その意味では、ドイツ民主党の国会代表のテオドア・ホイスは例外だった。かれは、当時かなり注目された『ヒトラーの道』と題された著書のなかで、ナチのプロパガンダに見られる「反フェミニズム的傾向」を指摘している。[80] しかし、かれはこれについて、間違った、また、救いようのない解釈をほどこしている。「ナチスは国会や地方自治体の議会にひとりの女性も送り出していないことで〝男性の利益代表〟とみなされているが、ナチスがそのことによって女性から嫌われてはいないことは明らかである」と、かれは書いている。[81]

テオドア・ガイガーに始まり、ここでテオドア・ホイスによって広められたテーゼ、つまり、多くの女性が、ナチ党の「反フェミニズム的」な傾向にもかかわらず、この党に票を投じ、これを支持したという主張は、その後も伝承され、ほとんど疑われることがなかった。[82] これには、ナチのよく考えられたプロパガンダ、とりわけ「自分たちの総統《フューラー》」に向かって熱狂的に歓声をあげる女性を写した写真や映画も、大きな影響を及ぼしたのかもしれない。ことによると、この歪曲されたイメージは、女性を「政治的に未成熟で、周知のようにヒステリックな女たち」とする男性の偏見にとって好ましいものだったのかもしれない。さらに驚かされるのは、第三帝国に関するまじめな学問的研究のなかにさえ、ナチの女性政策やその女性向けプロパガンダについての関心がきわめて薄いことである。[83] すでに一九三八年にナチの女性政策に関する批判的で学術的な研究がアメリカで発表されていたが、これは一度もドイツ語に翻訳されることなく、ほとんど忘れられてしまった。[84]

一九四五年以後もさしあたりそれほど変化はなかった。[85] 歴史家たちはこのテーマを無視するか、さもなければ、ヒトラーは「本来、女たちによって権力を握るにいたったのだ」と暗に説くほどであった。ヨアヒム・C・フェストにいわせると、女性たちがヒトラーを「発見し、投票し、神格化した」からである。[86] 最近の概説書や基本的な学術論文も、ナチの女性政策にはほとんど言及していない。[87]

さらに問題なのは、ヒトラーに向かって歓呼の声をあげる女性たちという、ナチのプロパガンダ写真（または映画）が多くの学術書や一般向けの教養書のなかになんの注釈もないままに提示されていることである。[88] これによって、読者は、女性があたかも狂信的な「国家社会主義者《ナチス》」であったかのように思わせられてしまう。しかし、これについて、ギーゼラ・ブレメは、すでに一九六三年の、当初はあまり読者の注目を引かなかった研究で、ナチへの投票数において女性の票は男性のそれを上回っていなかったことを指摘している。[89] ただ、彼女がここで、女性は全体としては、どちらかといえば、保守的な党や人物（とりわけヒンデンブルク）を好んでいたと書いているのは、いささか唐突で説明不足である。

ナチスの女性政策はどこまで「近代的」だったか？

六〇年代と七〇年代に、デイヴィド・シェーンボウムやティム・メイスンといった社会史家たちは、ナチスの女性政策に「近代化」の要素を発見したと主張している。[90] その証拠とされたのは、ナチスが女性も政治的な視点において教化したこと、経済的、とりわけ軍需経済的動機から、女性を搾取したという事実であった。これがほとんど「近代的」と呼べるものでなく、政治的、もしくは、経済的理由からの説明にすぎないことは、すぐにジル・ステファンソンやとりわけデルテ・ヴィンクラーによって明らかにされた。もっとも、ステファンソンは最初の著書では近代化テーゼを主張していた。[91]

しかし、このナチスの女性政策を「近代的」とするテーゼはカールハインツ・ヴァイスマンによって再び取り上げられた。[92] これにたいして、前述のように、ナチスの女性政策、家族政策には人種主義的動機と目標があったことをはっきり指摘しておかなければならない。どうして、このようなナチの政策を「近代的」とし、ナチの人種国家まで「社会国家」とひっくるめて呼ぶことができるのか、わたしには理解できない。それだけに、ウーテ・フレーヴァートまでが、最近の論文のなかで、ナチの女性政策の「近代化機能に関する問題」に「予断に煩わされることなく」取り組むことに賛意を表わしているのは驚きである。[93]

ナチスの女性組織、[94] 経済の領域や軍務における女性の動員などに関する詳細な研究も近代化テーゼを証明することはできなかった。[95][96] ナチスのイデオロギーやプロパガンダが描き出した女性像には「近代的」特性はおよそ存在しない。[97] ナチの家族政策や「優生政策」には人種主義的な目標が、より正確にいえば、人種衛生学的な目標が設定されていた。[98] これを「近代的」と呼ぶべきではあるまい。

女性は犠牲者だったのか、それとも加害者だったのか？

ドイツのファシズムのなかでの女性の状況については、さまざまな研究が書かれているが、それらが新しい女性運動の政治的働きかけに影響されていることは否定できない。これとの関連で、学問的検証に耐えないようなテーゼも表明されている。次のような主張もその一つである。家父長制度のもとにおける女性はつねに男性の暴力の犠牲者だった。ファシズムのもとでも変わりはない。[99] つまり、ファシズムは家父長制度の最高の段階であり、同時に、その最も残忍な形態に「すぎない」、というのである。

このような見方では、ユダヤ人男女、シンティの男女、「遺伝病者」や「非社会的分子」の男女に向けられたナチの人種主義の意味が極度に過小評価された。反対に、存在したことに疑問の余地のない反フェミニズムの意味が過大評価された。この考えが「抵抗運動」にも適用されると、女性はすでに「一八四八年以来」男性支配にたいして抵抗運動をおこなってきた、ということになる。[100] ある著書ではマイダネク強制収容所の女性囚人と女性監視員がほとんど同列に置かれ、「犠牲者」も「殺人者」も、ともに「マイダネクの女性」だったといわれている。[101] さらに、女性心理学者のマルガレーテ・ミッチャーリヒは、「反ユダヤ主義」は（そして、人種主義も、と補ってよいであろう）一種の「男性の病気」だった、というとんでもない主張をしている。[102]

しかし、この「女性はつねに犠牲者であったとするテーゼ」はフェミニストの内部でも批判された。アメリカの女性歴史家クラウディア・クーンズは一九八七年に女性の役割に関して、ナチス国家のなかでも出世することのできた女性は、ナチの人種政策、抑圧政策にもなんらかの形でかかわっていたことを指摘した。[103] これはギーゼラ・ボックからの厳しい批判を招いた。[104]「女性歴史家論争」[105]という、いささか誇張した名で呼ばれたボックとクーンズのあいだの論争は、のちにいくぶん過度に熱狂的なものになった論争のなかで、女性は「犠牲者であり、また加害者であった」とする論議に移行した。[106]

たとえば強制収容所の女性監視員として犯罪を犯した女性もいたことはたしかである。[107] しかし、第三帝国のなかでの女性の行動を叙述するのに、犠牲者であると同時に加害者であったという、相互に相容れない概念を選ぶべきかどうかは、[108] 疑問であると思われる。[109] ここでは、次の二つの点があまりにも安易に見逃されているからだ。第一に、女性にも抵抗をおこなった者がいた、つまり、犠牲者でも加害者でもなかった女性が存在していたこと。[110] 第二に、ナチスが女性にたいしてとった苛烈な処置は、第一義的に反フェミニズムから出たものではなく、その動機は、なによりも人種主義にあったこと。わたしは、ナチスの女性政策に経済的要因や政治的に女性を統合しようとする意図があったことを否認するつもりはないが、ナチの女性政策の最も重要な動機は人種主義的なものであったことに、つまり、特定の人種の育成と特定の人種の絶滅を意図したことにあったと考えている。

しかし、この場合に留意しておかなければならないことは、第三帝国にあっては（たとえば一つの省庁のような）中央からの指導による、統一的な女性政策は存在しなかったことである。それはナチス体制が多頭的構造をもっていたからだけではなく、体制のイデオロギーによるものでもあったからだ。このイデオロギーは、すでに述べたように、性差別の特殊性の要素をはっきり示していた。

ユダヤ人とその他の犠牲者の迫害

事実

第一段階

ナチスの対ユダヤ人政策と人種政策は、大量殺戮の前とそれ以後の、二つの段階に分けられる。最初の段階は、すべての反ユダヤ的・人種的措置が住民に明らかにされていなかっただけでなく、なによりも、住民によって公然と歓迎され、一部では猛烈に要求されてさえいたことによって、第二段階とは区別される。(1)

ヒトラーが首相に任命された直後、すでに、方々の都市でユダヤ人の所有する商店や百貨店がボイコットされ、ユダヤ人の裁判官や検事が、暴力によって、なんの法的根拠もないまま、法廷から追放された。ユダヤ人、とりわけ「東方のユダヤ人」(2)が、殴打され、強制収容所へ連行された。(3)どれほど多くのユダヤ人が第三帝国の最初の数ヵ月間にすでに殺害されたかは、いまでもわかっていない。

突撃隊の隊員たち――かれらだけではけっしてなかったが――によっておこなわれたこのテロルは、もう完全に抑制の利かないものになっていたらしい。そのうえ、これにたいする外国の反応がますます激しいものになった。ナチスの指導部は、二つの問題をきわめて巧妙な方策によって解決した。ナチス指導部はテロルの組織を自ら受け継ぎ、よりうまく制御できるようにしたのである。さらに、ナチス指導部は、外国のメディアでおこなわれた批判的報道はユダヤ人によるものとし、[4] ユダヤ人を訴追した。そのような「凶悪な宣伝」を防ぐため、ナチ党の指導部は一九三三年四月一日の「防衛ボイコット」を実施した。ボイコットを組織したのはすべての地区グループによってつくられた「行動委員会（Aktionskomitee）」[5]で、この行動委員会が「ユダヤ人商品、ユダヤ人医師、ユダヤ人弁護士のボイコットの計画的実施」のために働いた。事実ボイコットはどこでも「午前一〇時きっかりに」始められ、「党指導部」の指令によって同じ時刻に終えられた。ボイコットの目的は達成された。SAの歩哨に妨げられることなくユダヤ人の店で買い物をすることのできたドイツ人はほんのわずかしかいなかった。

　経済生活からのユダヤ人排除は、一九三三年四月一日のボイコットで始まり、一歩一歩押し進められた――その過程で「アーリア化」という概念が市民権を獲得していった[6]――が、それが非ユダヤ人の住民のなかできわめて人気のあるものだったことには疑いの余地がない。このことは、同じように漸次拡大されたユダヤ人の就業禁止についてもいえる。ヒトラーが首相に任命された数週間後には、早くも下位官庁は自ら進んで、また街頭にあふれるSA集団の圧力によって、ユダヤ人の官吏を解雇した。この措置は、一九三三年四月七日に、多少条件付きではあったが「合法的」なものとされた。「職業官吏再建法」には、「世界大戦でドイツ帝国、もしくはその同盟国のために前線で戦った（……）公務員、もしくはその父たち、息子たちは保護され」なければならないと謳われていた。[7] この、いわゆる前線兵士条項は、一九三五年にはむろん撤廃された。しかしすでにこの時点において、法律ではまだそうなっていなかったにもかかわらず、ユダヤ人の就業禁止はすでに一般公務員やその他の職業部門の構成員にまで拡大されていた。

　一九三四年、内相ヴィルヘルム・フリックはいっそうの拡大を予告した。かれは「ドイツの立法における人種問題」を論じた論説で、すべての、つまりけっしてユダヤ人だけではない「外国人人種の除去、とまではいかなくても、せめて排除を」要求した。[8] その後、この目的に役立てられたのが「公民法（Reichsbürgergesetz）[9]」と一九三五年九月一五日の「ドイツ民族の血と名誉を守る法（Gesetz zum Schutze des deutschen Blutes und der deutschen Ehre）」であった。二つのニュルンベルク法では「ユダヤ人」ばかりでなく、「ドイツ人もしくはそれに類似する血統をもたない」人物一般も問題にされた。ユダヤ人は、新たにつくられた「公民権」を奪われ、「ドイツ人もしくはそれに類似する血統をもつ国民と結婚もしくは性交することを（……）禁止」された。[10]

二つの法はニュルンベルク党大会のあいだに大急ぎでつくられたので、[11] そもそも「ユダヤ人」とはだれのことか、「ドイツ人」とはだれのことか、もしくは「非ドイツ人、あるいは類似の血統をもつ者」とはだれのことか、定義するいとまもなかった。二つの法は後から次のように定義された。一九三五年一一月一四日の公民法の第一次指令では「少なくとも人種的に三代にわたって完全なユダヤ人である祖父母をもつ者」は「ユダヤ人」であるとされたが、この「人種」所属は、その人物がユダヤ教の宗教団体のメンバーである場合、もしくは過去にメンバーであった場合、[12] そのままあてはまる、とされた。人種を宗教によって定義する、それ自体矛盾したこの発想は、巧妙なものだった。ナチは、だれがかつてユダヤ教の信者であったかを探し出すためには、ユダヤ教団の、あるいは戸籍役場の登記簿を見さえすればよかった。また戸籍役場がまだなかった一八七五年以前の時代のためには、教会記録簿を見さえすればよかった。すべての人びとから――教会からも[13]――自発的に、あるいは完全に無抵抗で、提供されたこれらの記録によって、ナチには、だれが「ユダヤ人」であるか、もしくは「非アーリア人」であるかを決めることが、また「血統の等級」を決めることが、問題なくできた。

しかし、だれが「ドイツ人」で、だれが「ドイツ人もしくは昔からドイツ人に近い人種」でない、という問題を解決することは難しくなってきた。一九三五年一一月一四日に公布された、血統保護のための第一次条例でも、「総じてドイツ民族の純血を脅かす」おそれのある結婚は「今後なされてはならない」とかなり漠然と謳われたにすぎない。[14]このナチズムの人種法にとってきわめて重要な規定は、まず、一九三五年一一月二六日付の全国ならびにプロイセン内相会議の回覧通達にくわしく規定された。通達では「ドイツ人の血をもつ人物がジプシー、黒人もしくはその混血児と結婚することは」許されないとされていた。[15] さらにこの規定は、ヴィルヘルム・シュトゥカルトとハンス・グロプケがこの法のガイドラインを定めた「ドイツ人種法についての注釈」に受け継がれた。[16](*) この注釈では、ユダヤ人と並んで、「ジプシー」と「黒人」が「異種の血」をもつ者と規定された。これによってニュルンベルク人種法が、類似の裁判で、ほかの「人種」にもある程度適用されることができるようになった。

この規定はその後、じじつ実施された。さらにくわしく規定されなければならなかったシンティ・ロマを除いて、同時代のドイツ人から「ラインラント混血児」[17]と軽蔑をこめて呼ばれたアフリカ系ドイツ人の少数派が、一九三七年に強制不妊手術を施され、のちには強制収容所へ送られた。[18] 同じように人種的理由から差別され、一部では迫害されたのがスラヴ系少数民族のソルブ人［ヴェンド人］であった。かれらを東方に移送する計画があったが、それはもう実行されなかった。[19] 戦時中にドイツの支配下にあったスラヴ系民族の人びとは人種的特別法のもとにおかれた。[20]

ナチスが「ドイツ人の純血保護」というとき、かれらは「人種的混血」の防止だけでなく、「遺伝病の子供の出生」防止もその内容として考えていた。[21] かれらの人種政策は「人種人類学の」目的だけでなく、「民族衛生学的な」目的をも掲げていた。この「民族衛生学的」目的を達成するために、ナチスはすでに一九三三年七月一四日、「遺伝性疾患をもつ子供を予防する法律」を公布している。[22]

一九三四年一月一日から施行されたこの法は「アルコール中毒」にかかった人びとや「遺伝病者とみなされた」人びとに断種手術を施すことを予定していた。これはいわゆる遺伝病法廷で検査され、決められた。一九三六年六月二六日からは、「遺伝病者」に分類された妊婦にも強制堕胎手術がおこなわれた。しかもそれは妊娠六ヵ月の妊婦にもおこなわれた。[23]

人為的不妊法そのものと同じように犯罪的だったのはその拡大解釈による実施だった。「反社会的」とみなされた人びとにも強制的断種・不妊手術が施された。遺伝病法廷はその法的根拠として、法にも定められていた「精神薄弱」の概念を、簡単にある種の社会的・道徳的行動様式にまで拡大させ、「社会的精神薄弱者」もしくは「道徳的精神薄弱者」と鑑定された人びとに強制手術を施した。だから法廷は、人間の「非社会的」犯罪的行動は遺伝によって引き起こされたものとみる、「人種衛生学者」や「犯罪生物学者」たちのテーゼに従ったのである。このような実践は、「対反社会分子法」、もしくはナチスの呼びかたによれば「共同体異質分子排除法」によって正当化された。[24]

ナチスは一九三三年一一月二四日に、ある意味ではこの法の先走りとみることもできる、「危険な常習犯罪者取締法」を公布した。これは公安維持のため、「犯罪生物学者の鑑定」によって「生まれながらの犯罪者」に分類された犯罪者を強制的に去勢しようとする法であった。[25] ついでながら、この法が人種的な理由によって、もっと正確にいえば、「人種衛生的」もしくは「犯罪生物学的」理由によってつくられたことは、ナチス自身が認めるところであった。かれらは「反社会的問題の解決」を、ヒトラーが先に告知していたように、すべての「異人種」からの、また「遺伝病者」からの、前述のように「反社会的分子」と呼ばれた者たちからの、「ドイツ民族の浄化」とみていたからである。

「堕落した分子」には、同性愛者も含まれていた。かれらを「駆除」することを、SSの機関誌『黒色軍団』は一九三五年にすでに公然と要求していた。[26] この要求をしたのは「SS全国指導者」のハインリヒ・ヒムラー自身である。一九三七年、かれはある秘密演説で、同性愛者を泥沼に埋めたゲルマンの先祖に倣えと訴えている。[27] その理由として、ヒムラーは、同性愛者は「反社会的」であり、かれらは子供をつくらないから「ドイツの性管理を無秩序なものにしてしまう」と非難している。じじつ同性愛者は、一九三五年六月一八日付の刑罰を強化した刑法一七五条[28]によって、懲役刑を科せられ、刑に服するため強制収容所へ送られ、そこで監視するSSによって、また一部では囚人たちによって、とくにひどい仕打ちをうけた。

同性愛者の強制収容所への連行は、[29]一九三七年一二月一四日の「犯罪者根絶のための基本的命令」[30]にもとづいておこなわれた。その責任者は、やはりハインリヒ・ヒムラーで、一九三六年に「内務省のドイツ警察長官」に任命されてから、刑事警察ならびに治安警察を指揮していたかれは、一年後の一九三七年に「反社会的分子」を「警察の予防拘束」に委ねる命令を出した。[31]かれが「反社会的」と呼んだのは、ナチズム国家にとっては自明の秩序に従おうとしない、あらゆる者たちであった。[32]

そのような「反社会的分子」としてまったく一括りに数えられたのは「ジプシー」である。ただシンティ・ロマだからというのが拘束の理由だった。こうして、すでに「人種立法」の注釈で「非ドイツの、もしくはそれに類似する、血統所有者」に属するとされていたシンティ・ロマは、人種的理由からも、烙印を押された。[33]このことについて責任があったのはローバート・リッターのような「ジプシー研究家」で、かれは「純粋のジプシー人種」を「劣等人種」に数えた。「混血ジプシー」をリッターは「より劣等の人種」とした。かれらは「反社会的分子」と「犯罪者」の結合からできた輩であり、「反社会的」なまた「犯罪者的な行動様式」を遺伝的に継承しているからだ、というのであった。

このような「人種人類学的」な、「人種衛生学的」もしくは「人種生物学的」な特徴をもつ物の見方はヒムラーによって受け入れられた。一九三八年一二月八日、ヒムラーは「ジプシー問題の最終的解決にあたって、人種的ジプシーと混血ジプシーを切り離して扱うことを」命じた。[34]この時点において「ジプシー問題をこの人種の本質から扱うこと」はすでにかなり実行されていた。たくさんのシンティ・ロマが強制的に不妊手術を施され、中央の、またヒムラーの指揮下にある「ジプシー根絶全国センター」の指示によって、強制収容所や「ジプシー収容所」へ移送された。

同じく「ユダヤ人問題の最終解決」のためのきわめて重要な段階も一九三八年の末であった。ここにいうのは、一一月のポグロムである。これはそれ自体が行き当たりばったりのものであったが、その経過と結果は、長期的には計画的な、反ユダヤ主義の構想に従うものだった。[35] ポグロムのなかで九一人のドイツ国籍のユダヤ人が虐殺され、数千人が強制収容所へ移送された。もっとも、大多数の逮捕者は、できるだけ早く亡命するという証明をもってくれば再び自由の身になることができた。そのためには、かれらはほとんど全財産を放棄しなければならなかった。

全体としてみると、まだこの時点においては、ナチスはドイツのユダヤ人の生命よりは金に関心をもっていたようにみえる。この目的のためにナチスは一九三八年一一月一二日に二つの命令を出した。これによってドイツのユダヤ人は全体で二〇億マルクを国に支払わなければならなかった。ドイツ大使館員のエルンスト・フォム・ラートの殺害を「償う」ためであり、またポグロムのあいだにナチスによって引き起こされた損害の支払いをするためであった。[36] 一九三八年一二月一〇日に決議された「ドイツの経済生活からのユダヤ人排除」[37] によって、ドイツのユダヤ人の「金融死」[38] は確定されたも同然だった。これは「最終的解決」の重要な前提の一つだった。

「最終的解決」は一九三九年一月三〇日にヒトラーによって、もう一度、誤解の余地がないようにはっきりと告知された。ヒトラーは、公開の演説で、新しい「世界大戦」が起こる場合、[39] それは前例のない「人種戦争」になるだろうといい、「ユダヤ人種の絶滅」を警告したのである。とりあえず、以下のささやかな補説で、それまでの反ユダヤ主義的・人種主義的措置の犠牲者たちがかれら自身の迫害にどのように反応したかという問いについて答えることにしよう。

（＊）戦後アデナウアー政府の次官となったグロプケはこの犯罪的関与をきびしく問われた。

ドイツ・ユダヤ人の反応

ナチス人種主義のいわゆるその他の犠牲者がさまざまな理由から迫害に抵抗できなかったのにたいし、ドイツ・ユダヤ人の多くは受動的なままではいなかった。たくさんのユダヤ人ができるかぎり早くドイツを去ろうとした。[40] 移住者の数は急速に増加した。それにたいし、そのほかのユダヤ人は踏みとどまることに決め、シオニストのローバート・ヴェルチュの呼びかけに従った。ヴェルチュは、四月のボイコットの直後、大いに注目を浴びたある論説で「攻撃を受けたユダヤは（……）自らを信じなければならない」と要求した。[41] しかし、大部分のドイツ・ユダヤ人はいまもなお自分たちはドイツ人であると感じていた。このようなドイツ国民の意識をもつユダヤ人とシオニスト（ならびに特別な立場に立つ正統主義者たち）とのあいだの対立の溝は埋めることができないようにみえた。にもかかわらず、ベルリンのラビ、レーオ・ベックの仲介で、統一が生まれた。長い交渉の後、一九三三年九月一七日、「ドイツ・ユダヤ人全国代表」が創立された。[42] すべてのユダヤ教信者と、さしあたりはすべての政治グループが、シオニストや正統主義者さえもが、この組織に所属した。レーオ・ベックは「ドイツのユダヤ人へ」の呼びかけで、この「統一」を守り、それを「生き生きしたものにする」ことが必要であると訴えている。[43]

「ドイツ・ユダヤ人全国代表」は、一九三五年ナチスの圧力によって「ドイツにおけるユダヤ人代表」と名称を変えさせられ、[44] 主として二つの任務を担った。「代表」は、すべてのドイツ・ユダヤ人の代表者として、まずナチスの指導部のユダヤ人に敵対する政策を緩和させようとした。この試みは徒労に終わったが、それだけでなく、かれらはナチスの道具になったという非難をすぐに浴びるようになった。反対に、成功したのは――このような関連においてそもそも成功について語ることができるとすればの話であるが――個々のユダヤ人にたいしてナチスの政策を緩和させることができたことである。このことはとりわけ経済的な観点についていえることだった。「全国代表」中央指導部のもとに、ドイツのさまざまな都市で、失業した、もしくはいままでの職業をもはや営むことができなくなったユダヤ人のために、いわゆる再教育コースがつくられた。たいていの場合このコースは国外移住の準備でもあった。多くの国ぐには医者や高い教育を受けた大学人がおらず、かれらを必要としていた。あるいは、自分たちの業績を心配する自国の医師、弁護士、教授などがかれらを入国させまいとしていたので、それを考慮して、なによりも、農夫、庭園師、職人、家事手伝いなどの養成が実行された。[45] このような職業は、まだユダヤ人の移民をまったく受け入れたことのない国ぐにで求められた。しかし、まもなく移民受け入れの割合も減少した。とりわけ、アメリカと当時イギリス委任統治領だったパレスチナがそうだった。これらの国はドイツから移住しようとしていたユダヤ人にとって人気のある目的地だった。[46]

さらに重要だったのは、ユダヤ人がかれら自身の学校をつくり、それを大きくしようと努力したことである。これは、「ドイツの学校と大学の人員過剰を防止するための法」によって、高い教育を受けようとするユダヤ人の学生や生徒の数が急激に減少させられた[47]ため、どうしても必要だった。ギムナジゥムや上級学校に学ぶ生徒の割合が全住民のなかでのユダヤ人の割合よりも大きくなると、たくさんのユダヤ人の生徒たちがギムナジゥムや上級学校を去らなければならなかった。また、一般の学校で学ぶユダヤ人の子弟は不断の排斥といじめを受け、それにもう堪えられなくなっていた。ユダヤ人の子弟はみんな、ユダヤ人学校ではじめて支援と支持を得たし、どれほど困難であっても、そこでは良い教育を受けることができた。このようなユダヤ人学校の大部分は新設校だった。ただごくわずかの都市には一九三三年以前にすでにユダヤ人学校があった。このような例外の一つが、フランクフルト・アム・マインにあった尊敬に値する有名な学校の「フィラントロピン」である。[48] 最後に言及しておかなければならないのが、さまざまな都市につくられたユダヤ人の成人教育の場である。それらはフランクフルトの「自由なユダヤ人教育の家」を手本にしてつくられたものだった。[49]

これにたいし、「ドイツ・ユダヤ人の文化同盟」は問題のある活動の例だった。これはすでに一九三三年五月につくられていたが、その後ほかの組織と同じように「全国代表」の支配下に入った。[50]その場合、ユダヤ人の俳優、音楽家、芸術家は、就職口を失った後、さまざまな都市で固有の演劇や音楽の催しを実施したのである。観客はユダヤ人だけであったのに、上演はゲッベルス宣伝省によって厳しく管理され、若干の例外を除けばユダヤ人の作家や作曲家の作品しか上演することが許されなかった。

たとえばレッシングの『賢者ナータン』はユダヤ人文化同盟によって上演されることができた。ユダヤ人の新聞報告では上演は大成功だった。「フランクフルト・イスラエル信者新聞」の報告によれば、フランクフルトの観衆はこの上演に接して「震撼させられ」た。人びとは「真の人道性が永遠に妥当すること」を知り、「広い人間的善意への新たな確信」を得た、という。[51]しかしそれは「最終的解決」からユダヤ人を救うものではなかった。そのかぎりではユダヤ人のこの「永遠の抵抗」は、悲劇的でアンビヴァレントな特色をもっていた。

「最終的解決」

「最終的解決」の直接の前段階は「安楽死」行動だった。[52]それはすでに一九三九年の夏、「遺伝的また生来の重大な疾患に関する学問的鑑定をおこなうための全国委員会」が「遺伝病」と分類した新生児の殺害で始まっていた。分類された新生児はいわゆる「児童専門部」へ移され、そこで殺害された。その後、一〇月に起草されたものであるがヒトラーによって九月一日にさかのぼる日付にされた全権文書によって、選ばれた医師たちが成人の「厳密な鑑定によって不治の病にかかっている者に安楽死を与えること」になった。(53)「全国治療・介護施設共同事業体（Reichsarbeitsgemeinschaft Heil- und Pflegeanstalt）」なる組織がこの大量死を指揮する任務を課せられた。この組織はベルリンのティアガルテン街四番地に居を構えたので、すべての「行動」が「Ｔ４行動（Aktion T4）」という暗号名をもつことになった。(54) 全国治療・介護施設共同事業体はすべての治療施設にアンケートを送り、そこの医師たちに記入させた。(55) アンケートはティアガルテン四番地へ送り返され、そこで鑑定委員会が「＋」か「－」の符号を記入して、かれらが一度も顔も見たことのない病人の生死を決めた。とくにこの目的のためにつくられた「病人移送公益株式会社（Gemeinnützige Krankentransport GmbH）」（Gekrat）が選別された人びとをバスでハーダマー、グラーフェンエック、ベルンブルク、ブランデンブルク、ハルトハイムならびにゾンネンシュタインの「安楽死」施設へ移送した。そこで人びとはガスで殺害された。死体はすぐに焼かれた。一九四一年までの「安楽死」行動の第一期に七万人の人びとが殺害され、その後もう一度三万人が殺されている。(56)

東方における人種殺戮は、「安楽死」行動と同様、開戦の直前に始められた。ポーランドの占領地域ではユダヤ人やシンティ・ロマのほかに、ポーランド指導者層の人びとも殺害された。(57) 同時にベルリンではすべての「ユダヤ人をドイツからポーランドへ」強制移送する計画がつくられた。(58) 一九四〇年一月三〇日におこなわれた会議〔後述のヴァンゼー会議〕ではよりくわしい計画が示されている。(59) この会議でハイドリヒは、すでに八七〇〇〇人のポーランド人とユダヤ人が「そこへ移住するバルト・ドイツ人に土地を明け渡すために」「ヴァルテ大管区《ガウ》」から追放された、と報告している。この後、さらに一二万人のポーランド人、「新東大管区《オストガウ》のすべてのユダヤ人」、「ドイツからの三万人のジプシー」、最後にテッティンからの一〇〇〇人のユダヤ人が「総督領へ追放される」とかれは報じている。

じじつ一九四〇年二月にはシュテッティンとポンメルンからユダヤ人が、一九四〇年三月には二五〇〇人のシンティ・ロマが総督領へ強制移送されている。「総督」のハンス・フランクは一九四〇年二月一二日、これに抗議した。

抗議は成果を収めた。一九四〇年三月二四日、ゲーリングは今後「総督の了解されたという証明なしに強制移送をすることを（……）」禁止した。[60]

ついでフランスが降伏した後、外務省から出された案が検討された。ドイツの権力範囲にいるすべてのユダヤ人を——その数をハイドリヒは三二五万と見積もった[61]——フランス領のマダガスカル島へ強制移送しようというものであった。だがイギリスは戦争にまだ負けていないし、移送のために必要な艦船の積載量はとても十分ではないとわかったので、この想像力の乏しい計画はやはり放棄された。[62]

一九四一年七月三一日、四ヵ年計画全権者としての資格をもつゲーリングはその権限によって、ラインハルト・ハイドリヒに「懸案のユダヤ人問題の最終的解決を実行するための組織的・具体的・物質的前提措置を近いうちに提示すること」を要求した。[63] この時点までに、すでに治安警察とSS保安部の特別行動隊（Einsatzgruppe）は、警察部隊と国防軍とともに、占領したソ連邦の地域においてユダヤ人、シンティ・ロマとソ連軍政治将校の大量殺戮を開始していた。

さまざまな措置を、とりわけ「ユダヤ人問題の最終的解決」を目標にする措置を調整する必要があることが明らかになった。これは、一九四二年一月二〇日にベルリンでおこなわれ、その後アム・グローセン・ヴァンゼー五六―五八番地の別荘での、歴史に残った「ヴァンゼー会議」でおこなわれた。[64] この会議を招集したのはハイドリヒで、かれは会議の冒頭、「ヨーロッパ・ユダヤ人問題の最終的解決を準備するため帝国元帥（ゲーリング）によって自分が全権委員者に任命されたこと」を知らせた。会議に参集したのは、関係するすべての省の次官と代表である。審理内容は、ハイドリヒが明確に述べたように、一一〇〇万のヨーロッパ・ユダヤ人の殺戮だった。ユダヤ人の殺害は、次のような、よく引用された言葉に言い換えられた。「残っているかもしれない最終的な残部は、疑いなく抵抗能力をもっている部分であるから、それ相応の扱いをしなければならない」。

たくさんのポーランド・ユダヤ人と西ヨーロッパのユダヤ人の大部分は、ヘウムノ、ベウジツ、ソビボル、トレブリンカならびにアウシュヴィッツ＝ビルケナウとマイダネクの絶滅収容所でガスで殺された。(65) ヘウムノでは三二万人、ベウジツでは六〇万人、ソビボルでは六〇万人、トレブリンカでは八七万人、マイダネクでは二五万人、アウシュヴィッツ＝ビルケナウではおそらく二〇〇万人が殺害された。ベウジツ、ソビボル、トレブリンカのような純粋の「死の工場」では殺戮は次のような方法でおこなわれた。(66)

ポーランドから、またしまいにはその他のヨーロッパの国ぐにから強制移送者を乗せた列車がこの「死の工場」へ到着するたびに、全体で四〇両から六〇両の貨車の半分が切り離され、特別の機関車に繋がれて収容所へ向かった。それから教育を受けた土地によって「トラウニキの男たち（Trawniki-Männer）」と呼ばれた、ロシア人の、またウクライナ人の捕虜が貨車の扉を開け、一台に一〇〇人から一三〇人詰め込まれていた人びとを外へ追い出した。外ではまず男が女から分けられた。ここでかれらは貴重品を預け、裸にならなければならなかった。そのさい女は髪も刈り取られた。その後かれらは脅かされ、殴られ、「チューブ」と呼ばれた通路を通ってガス室へ追いやられた。断末魔の苦しみは二〇分か三〇分つづいた。ついで、いわゆる特務囚人（Funktionshäftlinge）が扉を開け、死体を大量墓地へ埋めた。のちには殺された人びとは特別の構造をもつ火葬場で焼かれ、その灰が撒かれるようになった。死体が埋められているあいだ、「トラウニキの男たち」の別のグループは、殺害された人間の衣服や貴重品を選別し、積み上げ、また、空っぽになった貨車を清掃した。その後、人びとは収容所から運び出され、列車の残る半分が空にされた。それからいま述べたような絶滅のプロセスが繰り返された。初めのころ、それは三時間から四時間かかったが、のちには六〇分か九〇分しかかからなかった。(67)

これにたいし、多くのポーランド・ユダヤ人と、ソ連のドイツ軍占領地区のユダヤ人の大部分が、特別行動隊の隊員や警察大隊（Polizeibataillon）(68) ならびに国防軍の「正規の」部隊の隊員によって、射殺された。(69)(*) バルカンではそれはパルチザン闘争との関係でおこなわれた。ドイツの兵士一人がパルチザンに殺されるたびに、一〇〇人のユダヤ人やシンティ・ロマが虐殺されたのである。[70] このようにしてセルビアは、配属将軍のハラルト・トゥルナー博士がすでに一九四二年八月二九日に自慢そうにいっていたように、「ユダヤ人問題、ジプシー問題が解決された唯一の国」となっていた。[71]

しかしセルビアだけが、ユダヤ人がシンティ・ロマとともにナチの人種殺戮の犠牲者になった「唯一の国」ではけっしてなかった。ポーランドとソ連邦でも、かれらは特別行動隊の、警察大隊の、また国防軍の殺戮者たちの手にかかり、犠牲になった。[72] シンティ・ロマはさらにユダヤ人やその他の犠牲者とともに強制収容所で、絶滅収容所で殺された。[73]

約三五〇万人のソ連軍の兵士たちも――かれらは捕虜になるとすぐに射殺されるか、それともためらうことなく餓死させられた――ナチスによる前代未聞の「人種戦争」の犠牲者とみなされるべきであろう。[74] 国家ならびに国防軍の公式の命令でもかれらは「人種的に低い価値の下等人間」と呼ばれており、したがって絶滅の対象にされているからである。

ユダヤ人、シンティ・ロマ、ソ連軍の捕虜とスラヴのさまざまな民族が特別行動隊、警察大隊と国防軍の部隊によって射殺され、また「死の工場」でガス殺戮されていたその同じ時期に、一九四二年にできたSS経済管理本部によって、ますます多くの囚人が軍需生産で労働奴隷として投入されるようになった。しかしこの強制労働のシステムは、結局は絶滅計画全体の一部にすぎなかった。そのことはアウシュヴィッツの強制収容所・絶滅収容所の歴史を例にとって示すことができる。[75]

アウシュヴィッツ強制収容所はすでに一九四〇年六月に建設されていた。もともとこの強制収容所にはほとんどポーランド抵抗運動の闘士だけが収容されることになっていた。一九四一年三月にアウシュヴィッツを訪れたヒムラーは、近くの辺鄙な、しかし鉄道の利用できる場所に、収容所を建て増しすることを命じた。一九四一年一〇月、これまでの基幹収容所（やがてそれは「アウシュヴィッツ第Ⅰ収容所」と呼ばれた）から三キロメートル離れたビルケナウ村のあたりに、巨大な、四〇平方キロメートルの、一〇万人以上の囚人を収容できる新しい収容所がつくられた。一九四二年の初めから、アウシュヴィッツ＝ビルケナウ、もしくはアウシュヴィッツ第Ⅱ収容所と呼ばれたこの収容所は、奴隷収容所であり、同時に絶滅収容所であった。労働能力のない囚人、すなわち老人、病人、子供は、到着したときに「選別」され、ガス室へ駆り立てられたが、残りの人びとは「検疫バラック」へ行かされた。ということは、かれらはビルケナウでは強制労働に投入されるかされないかを、予想しなければならない、ということだった。それをしない場合、もしくはすみやかに予想できない場合、そういう人びとの大部分は、痩せ衰えて、「回教徒」と呼ばれる、生きた屍になった。そうなるとかれらは毎日の点呼のさいに「再選抜」され、ガス室送りになった。それにたいし、「労働能力のある」囚人は、アウシュヴィッツ＝ビルケナウから七キロメートル離れたモノヴィッツにＩＧ染料株式会社がつくった工場だった。この収容所は一九四二年以来、「アウシュヴィッツ第Ⅲ強制収容所」もしくは「アウシュヴィッツ＝ＩＧファルベン」と呼ばれた。そこの労働・生活条件はきわめて劣悪だったので、多数の囚人がたいていは来てから数ヵ月後にはもう病気になった。かれらは、まだモノヴィッツで死なない場合、ＳＳによって、もはや労働不能というカテゴリーに分類され、アウシュヴィッツ＝ビルケナウへ送り返され、ガス室で虐殺された。

アウシュヴィッツ＝モノヴィッツは最大の強制労働収容所だったが、囚人たちが「労働によって殺戮」された唯一の強制労働収容所であったわけではない。ほかの強制収容所もいわゆる外部収容所をもち、そこではほとんど全ヨーロッパから来た囚人がドイツ軍需工業のため死ぬまで働かされた。最も有名な収容所はハルツのノルトハウゼン近郊にあったドーラ＝ミッテルバウ収容所である。ここでは数万人の人間が、わざわざその目的のためにつくった地下の横穴施設でV２ロケットをベルトコンベアで生産させられた。(76) この労働でかれらのうちの少なくとも一万人が死んでいる。ドーラ＝ミッテルバウは、一九四四年一〇月になってもまだ自主的強制収容所というステータスをもっていたが、ドイツのほとんどすべての比較的大きな都市にあった同様の数百の強制収容所の一つにすぎなかった。

（＊）ハンブルク社会研究所（Hamburger Institut für Sozialforschung）（所長は有名なフィリップ・レームツマ（Philipp Reemtsma））は、一九九五年、「一九四一年から四四年までの国防軍の犯罪」（Ausstellung »Vernichtungskrieg. Verbrechen der Wehrmacht 1941 bis 1944«）（編集者ハネス・ヘーア（Hannes Heer））を刊行し、ドイツ各地で移動展示会を開催した。東方での国防軍の殺戮を一四〇〇点の資料で展示したこの展示会への社会的反響はきわめて大きく一九九九年までに訪問者は一〇〇万に達しようとする勢いだった。「誠実な国防軍」という神話は打ち破られた。移動展示はドイツだけでなく、アメリカで、またおそらくは日本でもおこなわれる予定だった。しかしハネス・ヘーアらの展示には問題があった。かれらによって国防軍の殺戮とされた展示資料のなかに、殺戮がドイツ国防軍ではなくソ連のＮＫＷＤ［ソ連の特務機関］によるものがあること、またドイツ国防軍自体ではなくドイツ国防軍と協力するハンガリー軍部隊の殺戮であることが早くから指摘されていた。論争が起こり、ドレースデン、キール、ミュンヒェンなど各地でＮＰＤなどのネオ・ナチの反対デモが繰り広げられた。ザールブリュッケンでは展示会場に爆弾が投げ込まれた。国会でも一九九七年三月一三日と四月二四日にこの展覧会についての討論がおこなわれた。（以下を参照。Hans-Günther Thiele, Die Wehrmachtsausstellung. Dokumentation einer Kontroverse, Bremen 1997.）当初から資料の誤りを指摘していたのはハンガリーの歴史家ボグダム・ムジアル（Bogdan Musial）で、かれは後に展示資料に言い逃れできない誤りがあることを明らかにした（Bilder einer Ausstellung. Kritische Ausstellung zur Wanderausstellung »Vernichtungskrieg. Verbrechen der Wehrmacht 1941 bis 1944«, in: Vierteljahrshefte für Zeitgeschichte 4, 1999, S. 563-603）。とはいえ、資料のなかに誤りがあったからといって国防軍の犯行がなくなったわけではなかった。ハンブルクの社会研究所は率直に誤りを認め、右記のカタログに替えて良心的な七四九頁におよぶ浩瀚な新しいカタログを刊行し、新しい展示をおこなった。

Hamurger Institut für Sozialforschung (Hrsg.), Verbrechen der Wehrmacht. Dimension des Vernichtungskrieges 1941-1944. Hamburg 2002.

ドイツ人とホロコースト

このような成り行きはドイツの民衆にもだいたい知られていた。[77] しかし、チクロンBの効果がどのようなものであるか、アウシュヴィッツ＝ビルケナウやその他の絶滅収容所の火葬場の造りがどのようなものであるかについて知る人は、たぶんほとんどいなかった。[78] ドイツで、とりわけ見知らぬ「東方」で人間が殺されたことを、ひとは安心して聞いていられた。しかし、「ドイツ人」は、かれらの名前においてかれらの同国人がこのような理解しがたい犯罪を犯した事実に、どのように反応したろうか。

ここでは物事を区別してみていくことが必要である。患者の殺害は、社会的同意が得られず、広範な批判を呼んだ。ミュンスターの司教のガーレン伯爵は、公開の場で、殺害に抗議した。[79] これによって「安楽死」行動は――そういう伝説が広まっているが――中止させられたわけではなく、その実行にいくらかの変更が加えられたにすぎない。[80] とはいえ、それはけっして民衆の支持を得られるものではなかった。

民衆の支持は――残念ながら――「反社会的分子」、同性愛者、シンティ・ロマの迫害と虐殺の場合には当てはまらなかった。わたしたちが知るかぎり――そしてわたしたちはいまでも少ししか知らないのだが――この人種主義的な動機をもった犯罪の実行者たちは、ドイツ人民衆の大部分から、そしてシンティ・ロマの運命に関していえばドイツ軍によって占領された国ぐにの民衆からも、暗黙の同意以上のものを得ていた。

最もよく研究されているのは、ユダヤ人でないドイツ人が、かれらの同胞市民のユダヤ人が迫害されたとき、またヨーロッパ・ユダヤ人が虐殺されたときにみせた反応である。あらゆる社会層の、ユダヤ人でない多くのドイツ人が「経済生活からユダヤ人を排除すること」を、全体として歓迎した。また、しばしば自ら「アーリア化」に強く関与した。一一月のポグロムはナチの活動家によっておこなわれたものではあったが、市民がこれに沈黙していたことは驚くべきことであり、市民も同意していたとみられることも、必ずそうみられなければならないというわけではないが、ありうることであった。(81)

その後に、国内にまだ残っていた、たいていは貧しい、年老いたドイツ・ユダヤ人の移送がつづいたが、ユダヤ人でないドイツ人は、通常、これ見よがしに目を背けた。一九四三年三月の初めにベルリン・ローゼン街の収容所の前でおこなわれた抗議は、まったくの例外だった。この抗議によって、すでに逮捕されて移送されることになっていた「非アーリア人」は再び釈放されることができた。

このような援助は、移送されたドイツやヨーロッパのユダヤ人、また数百万人もの、いつもとくに軽蔑されていた「東方のユダヤ人」が虐殺された東方では、ないに等しかった。オスカー・シンドラーは唯一の例外だった。ドイツ人の加害者は、またこれはぜひともいっておかなければならないことであるが、外国の、とくにバルトやウクライナの共犯者たちは、「自発的死刑執行人」だった。

いまなお十分な研究がおこなわれていないのは、戦争末期にドイツ民衆がとった態度である。そのころはドイツのほとんどいたるところに強制労働者のための収容所があったし、そのほかに強制収容所の大小の外部収容所があり、そこではユダヤ人やシンティ・ロマや、「人種的に劣等」という烙印を押されたグループがかろうじて命をつないでいた。(82)この人びとは、ドイツの軍事経済のために酷使されており、同時にきわめて硬直した、残忍な人種差別を受けていた。(83)この二つ――経済的搾取と人種的差別――はすべての人びとの目の前でおこなわれていたが、わずかな例外を除いて、批判を受けることがなかった。そこからわたしたちは、ナチスによってつくられた人種秩序はドイツ人の大多数によって受け入れられたと結論することができる。かれらは与えられた「支配者人間」の役割に慣れ、「人種的に劣った」とされるユダヤ人、ロシア人、ウクライナ人と「ジプシー」を見下し、この「下等人間」といわれた人びとが「労働によって絶滅させられる」のを、恐るべき冷淡さで傍観していたのである。強制収容所やその他のナチの強制的収容所の不幸な囚人たちが、解放される直前に「死の行進」をさせられて、ドイツ国内を彷徨い歩かされていたとき、ドイツ人民衆のなかからはまだ抗議の声は挙がらなかった。[84]

論争

なぜ人種殺戮の研究はこれほど遅くなってから始められたのか？

ユダヤ人殺戮、人種殺戮の歴史研究が始まったのはきわめて遅かった。これにはいくつかの原因があった。まず、ヒトラーが『わが闘争』のなかで告知した人種政策、人種絶滅は多くの同時代の人びとによって十分まじめには受けとめられなかったということを、指摘しておきたい。[85] 人種絶滅政策を納得がいくと考えた人びともいた。労働運動の戦列のなかにさえ、少なくともヒトラーの「人種衛生学的」目的には、理解を示す者がいた。[86] ついで、ヒトラーの人種的、反ユダヤ主義的な考えは当時はけっして異常なものでなかったということがある。アフリカ人、スラヴ人、(87)とりわけシンティ・ロマのようないわゆる「劣等人種」への偏見はヴァイマル共和国に広くみられた。反ユダヤ主義の(88)ステレオタイプの思考は、ブルジョワ社会全体のまさに「文化的コード」だった。(89)

民主的な政党さえもが、ますます攻撃的になった反ユダヤ主義を拒否しようとしなかったのは、その明確な証しである。拒否しないのは「ユダヤ教のドイツ公民中央協会（Centralverein deutscher Staatsbürger jüdischen Glaubens）」や「ユダヤ人前線兵士全国同盟（Reichsbund jüdischer Frontsoldaten）」のような組織のためだとされた。(90)いくつかのブルジョワ政党はその政治的アジテーションに反ユダヤ主義のスローガンさえ用いていた。(91)ドイツ共産党も、「ユダヤの金権政治」を、しばしば反ユダヤ主義的な特徴を見せたやりかたで平気で攻撃した。(92)共産党が反ユダヤ主義を原則的に拒否していることに疑いの余地はなかった。しかし、反ユダヤ主義のイデオロギーと人種主義は、せいぜいのところ、農民や「小市民」がさらにはプロレタリアートのなかの遅れた分子が労働者階級の革命的代表に与しないようにした資本主義の権力者の策略にすぎない、とみられたにすぎない。(93)

反ユダヤ主義と人種主義はけっしてなんらかの目的を実現するための手段ではなく、あくまで綱領的性格をもったものであることを、共産主義者は、権力に就いた「ファシズム」が一歩一歩その人種イデオロギーの綱領を実現しかかっていたときも、まだ認めようとしなかった。そうすることで、かれらは孤立していたわけではない。抵抗運動のすべてのグループの告示や表現のなかで、ユダヤ人の迫害は重要視されることがきわめて少なかった。ナチスの人種主義によるその他の犠牲者の状況については、言及されることがいっそう少なかった。

外国でも事情はあまりちがっていなかった。外国の政府やメディアの大部分はナチスのユダヤ人殺戮・人種主義殺戮について驚くほどくわしい情報をもっていたが、この情報は、意識的に抑圧されたとはいえないまでも、密かに疑われ、さほど重要ではないものとされた。(94)ヒトラーの人種イデオロギー的綱領が告知されてもまじめに受け取られなかったのだから、その人種主義の実行も容易には認められなかった。それだけに、強制収容所を解放した連合軍の兵士が死体の山を目の前にしたとき、世界の人びとは大きなショックを受けた。死体は、ドイツ人が前例のないユダヤ人・人種殺戮をおこなったことを示した。反論の余地はまったくなかった。

人びとはそれを自ら（アイゼンハウアー将軍のように）体験したか、それとも写真や映画で見たかのいずれかであったが、[95]まだその印象も生々しいうちに、第二次世界大戦の勝利者はいち早く「主要戦争犯罪人」にたいするニュルンベルク裁判を準備した。[96]しかし「戦争犯罪」と理解されたのは、「攻撃戦争の準備」と「人間性に反する犯罪」だった。ホロコーストだけでなく、捕虜になった連合国軍兵士の射殺や、ハーグ陸戦条約違反などのさまざまな事項も考慮されなかった。連合国の検事たちはホロコーストについてたくさんの証拠を集めたが、[97]ユダヤ人殺戮・人種殺戮はニュルンベルク裁判の中心テーマにはならなかった。被告たち自身は、殺戮の事実を否認しなかったが、犯罪の責任をほかの被告に転嫁し、自分たちは命令に従わざるをえないような状態に置かれていた――実際はそうでなかったのに――と言い逃れしようとした。[98]

かれらのこの罪状認否は、まもなく（西）ドイツの世論の大部分によって支持されるようになった。世論は、教会の代表や、官僚、経済、国防軍のかつてのエリートに指揮されて、裁判の早期終了とすでに有罪判決を受けた犯人の恩赦のために尽力した。[99]反対に犠牲者を悲しむ能力は次第に減少した。[100]

東ドイツにおいても事情は変わらなかった。ここでは「反ファシズムの新秩序」を樹立するために、ファシズムの資本主義的な「根」を除去すること、最も重要な「ファシズムの」犯人を処罰することに、努力が集中した。人種的殺戮を認め、その被害者の償いをすることは二次的なこととされた。この犠牲者たちは、（とりわけ共産主義の）反ファシズムの闘士のように「結局は戦うことをしなかった」という理由で、当初は犠牲者と認められなかったほどである。[101]こういうやりかたは通用しないことがわかってきたので、ついに、「反ファシズムの」（政治的）「闘士」と

（人種的）「ファシズムの犠牲者」を区別することがおこなわれた。

犠牲者を中傷するこの区別は、[102] ファシズムの「闘士」と「犠牲者」の年金に大きな差をつくったが、それだけではない。それは東ドイツの歴史家に、ユダヤ人殺戮と（問題にもされなかったも同然の）その他の人種殺戮よりは、むしろ（共産党の指導下にある）「反ファシズム」の歴史に関心をもつようにさせた。[103]

決定的だったのは、すでに述べたように、親資本主義的、したがって第一義的に反共産主義的という、ファシズムの定義である。ナチの政策とプロパガンダの内部にあった反ユダヤ的・人種主義的要素は、（「階級意識に目覚めた労働者」を「階級闘争」から遠ざけるための）経済的な、またある程度は間接的な意図をもったものとみなされた。ごくわずかの例外を除けば、[104]（人種主義的）イデオロギーよりも、この経済の優位というドグマが固執された。[105] 八〇年代になってはじめて、クゥルト・ペッツォルトのような歴史家が、ユダヤ人の迫害はけっして経済的原因だけによるものではなく、ソ連邦にたいする戦争の激化の結果だったことを認めた。[106] 事実はまさにドグマの反対だった。人種イデオロギー的目的が「ユダヤ・ボルシェヴィキ」とされていたソ連邦にたいする「人種戦争」を激化させたからであるが、ペッツォルトやその他のマルクス主義ファシズム研究者は当初そのことを認めようとしなかった。[107] 全体としては、ホロコーストに、疑いの余地なくもっていた、その意味を認めなかった。

（旧）西ドイツにおいても、当初、事態は同じだった。六〇年代の中頃になってやっと次第に沈黙と抑圧が除かれるようになった。それはけっして歴史家の功績ではなかった。一九五八年のウルムの特別行動隊の裁判[108]や、一九六〇年頭のケルンのユダヤ教会落書きのような政治的出来事のほうが歴史家の仕事よりも重要だった。それに世界の世論の圧力が加わった。圧力はアードルフ・アイヒマンの誘拐と裁判（一九六一／六二）とアウシュヴィッツ裁判（一九六三／六五）の後、明白になり、しまいに連邦議会は、当時、民族虐殺を時効にすることを計画していたが、それを決議することもできなくなった。[109]

こうしたすべてによってユダヤ人殺戮への関心が（ほかの殺戮犠牲者への関心はまださしあたりはタブーだったが）世論のなかに現われるようになった。しかしいぜんとして（西）ドイツの現代史家はホロコーストの重要性を——それが重要なものだったことには疑いの余地がなかったのに——認めようとしなかった。[110] 六〇年代の終わりにはまだ「ユダヤ人迫害」についての二つのきわめて簡単な歴史概観しかなく、それは主として最も重要な事実を要約するだけのものだった。[111] やっと一〇年後に、けっして満足できないこのような状態が変わった。ここで挙げておかなければならないのは、ハンス＝ハインリヒ・ヴィルヘルムのドクター論文『治安警察ならびに治安本部のA特別行動隊』[112]（完全に出版されたのはやっと一九九六年だったが）とホロコーストの生き残りであるハンス・ギュンター・アードラーの重要な著書『ドイツからのユダヤ人の移送』[113]である。

計画どおりだったのか、それとも「予想外の展開」だったのか？

当時あまり受容されなかったヴィルヘルムとアードラーの著作よりも重要で、いずれにせよ大きな反響を呼んだのは、一九七二年に発表されたウーヴェ＝ディートリヒ・アーダムのドクター論文『第三帝国におけるユダヤ人政策』[114]だった。アーダムはナチスのユダヤ人迫害についての、とりわけ大量殺戮までの段階の、かれ一流の恐ろしく厳密な調査に精力を傾けたが、[115] そのさいかれは、個々の段階や決定がこれまで幾人もの外国の歴史家が考えたように、[116] けっして計画にしたがっておこなわれてはおらず、全体としてはむしろ場当たり的な印象を与えることを、強調している。アメリカの歴史家カール・A・シュロイネスのことばを借りれば、「予想外の展開だったアウシュヴィッツへの道（twisted road to Auschwitz）」というテーゼ[117]は、その後ハンス・モムゼンやマルティン・ブローシャトのような「構造派」に取り上げられ、ヒルデブラント、ヒルグルーバー、イェッケルらを中心とする「意図派」たちによって再び激しく攻撃された。[118]

この論争は、ヒトラーが「最終的解決」の（文書による）命令を出したのかどうか、もし出したのであればそれはいつか、という問題に収斂した。[119] 論争はイギリスのジャーナリスト、デイヴィド・アーヴィングの、ヒトラーはそのような命令を一度も出していないという、挑発的発言によって思いがけないきっかけを与えられた。ホロコーストはヒトラーの知らないうちにヒムラーとハイドリヒによって始められたものである、とアーヴィングは主張した。

このアーヴィングという人物は素人にすぎず、その専門能力の欠如と極右的思考は当時すでに明らかだった。[120] にもかかわらず、当時の現代史研究所所長のマルティン・ブローシャトはアーヴィングの奇妙なテーゼの相手になるべきだと考えた。[121][122]「最終的解決の発生」を概観したブローシャトは、かれの意見を繰り返し、要約している。それによれば、ユダヤ人迫害の個々の段階は場当たり的なものだった。ホロコーストは計画されたものでなく、「蓄積されて生じた過激化」[123]だった、とかれは述べている。ブローシャトは数年後に、このテーゼを、できるだけ価値判断を抜きにしたナチズムの「歴史化」[124]というかれの要求に結びつけている。

「屠殺台へ向かう羊たち」だったのか？

ザウル・フリートレンダー[125]とその他のユダヤ人の歴史家たちは、ブローシャトの「歴史化」の要請も構造派の無計画テーゼも批判した。かれらはこれまで加害者の動機よりは犠牲者の行動をおもに研究していただけに、これは驚くべきことだった。かれらの関心の中心にあったのは、ハンナ・アーレント[126]とラウル・ヒルバーグ[127]によって唱えられた非難である。それによれば、ユダヤ人は一般にほとんど無抵抗であった。またドイツ人によって設置された「ユダヤ人評議会」はすべての命令をすすんで文句もいわずに実行したほどだった、というのである。

このテーゼを論駁するために、イスラエルの歴史家たちは、イスラエルの歴史意識のなかでもひときわ大きな役割を演じているユダヤ人の抵抗を、[128]徹底的に研究した。[129]ドイツではほとんど受け入れられなかったが、さまざまな著作で、[130]かれらは、ユダヤ人がけっして「屠殺台へ向かう羊」のように駆り立てられたのではなく、じじつ抵抗したことを指摘した。そのばあいアーレントとヒルバーグの反対意見はきわめて鋭く批判された。[131]

アーレントによって、またその後同じようにヒルバーグによって主張された、加害者は狂信的な反ユダヤ主義者などではけっしてなかったというテーゼにたいしても、[132]批判は厳しかった。ハンナ・アーレントは、アイヒマンの特徴を、せいぜいのところ「悪の凡庸」としか呼べないような、無感覚な官僚であるとした。ヒルバーグは、加害者たちが残した資料を徹底的に研究した後、イデオロギーの要素の意味はこれまで考えられていたのよりもはるかに小さいという結論に達した。[133]この点では、ヒルバーグは前述の構造派と同じ意見であった。ナチスの反ユダヤ主義は綱領的な性格のものではなく、むしろプロパガンダ的機能をもつものであった、というのである。

相対化と合理化

しかしハンナ・アーレントもラウル・ヒルバーグも、またブローシャトやモムゼンを中心にする構造派も、ホロコーストが例のないものであることを、かりそめにも疑うことはなかった。のちにそれをしたのが、エルンスト・ノルテである。ノルテは、はじめは短い論文で、[134]のちには浩瀚な著書で、ヒトラーのユダヤ人殺戮は、もっと昔の、スターリンの階級殺戮へのリアクションである、スターリンの殺戮がホロコーストの手本になり、動機となったのだ、というテーゼを主張した。[135] この見解をノルテはさらに過激なものにし、ユダヤ人にかれらの殺戮の責任の一端を負わせることも厭わなかったので、[136]「歴史家論争」が始まった。[137]

この論争では「ユダヤ人殺戮の比類のなさ」が主要な問題とされたが、それだけではなかった。ノルテに敵対する論争相手の人びとは、ホロコーストはほかのジェノサイドとは比較されることはできず、けっして「相殺される」ことはない、という意見だった。こういう考えから、同時にかれらは、ナチズムとコミュニズムの犯罪を原則的に同じ類のものとする全体主義理論に[138]反対した。

しかし、共産主義の思いがけない崩壊の後、それ以上に思いがけない全体主義理論のルネッサンスと急進化が訪れた。[139] その結果、ヒトラーがスターリンと比較されるようになっただけでなく、ホロコーストが収容所列島と比較され、東ドイツもその比較に加えられるようになった。さまざまなドイツの学者、ジャーナリスト、作家が[140]ヒトラーとホーネカー、ゲシュタポとシュタージー、アウシュヴィッツとバウツェンの共通性を見つけたといっている。[141] 全体的には、国内外で、ファッショ的な「人種」殺戮と共産主義の「階級ジェノサイド」を比較し、等置する傾向が認められるようになったようにみえた。[142] こうして、「構造的比較」が、いままで「比類がない（singular）」とみられてきたホロコーストの「構造的相対化[143]」を招いたのも、やむをえないようにみえた。

しかし、この、急進化した全体主義理論という標識をもった相対化は、これだけではなかった。アメリカの歴史家アルノー・J・マイヤーの著書『十字軍聖戦としての戦争』[144]にもここで言及しておかなければならない。ノルテはマイヤーをべた褒めしている。[145] ノルテの考え方からすればこれは当然だろう。しかし、マイヤーは、反ユダヤ主義の動機も「大量絶滅の技術的近代性と凡庸性」もホロコーストの決定的な特徴ではない、と主張している。[146] かれは次のように述べている。反ユダヤ主義はけっして「ヒトラーの世界観の土台」ではなかった。[147] ヒトラーとナチスは、中世的な十字軍イデオロギーにしたがい、「神のないボルシェヴィズムにたいし、キリスト教的西欧を守るための聖戦」を計画した。その戦いに「〝バルバロッサ〟という暗号名」がつけられたのも偶然ではない。[148]「この十字軍戦争がもはや計画どおりにいかなくなった」とき、ナチスは「ユダヤ人にたいする故意の組織的な大量殺戮への敷居」を踏み越えたのである。[149]ホロコーストは、一〇九六年の最初の十字軍戦争のユダヤ人大虐殺と同様、計画的でない「副次的所産」であり、「〝ユダヤの〟ボルシェヴィズムを抹殺する」ための「世俗的十字軍戦争」だった、と。[150]「バルバロッサとユダヤ人虐殺」のあいだには「共生的」な関係がある、[151]とマイヤーはいっている。

　したがってマイヤーによればホロコーストは意図的なものでなく、とりわけ、イデオロギー的動機づけをもったものではまったくなかった。このテーゼは、似たようなかたちで、ほかの人びとの最近の著作にも表われている。たとえばゲッツ・アリーとズザンネ・ハイムである。かれらはその書物『絶滅の代表的思想家』で、ドイツ軍が占領していた東方地域において住民の削減をめざした計画を分析している。[152]しかしなぜかれらの「ネガティヴな住民政策」[153]の犠牲になったのが、すべての「余剰」小市民や大農ではなく、とくにユダヤ人、シンティ・ロマであったのかは、このテーゼでは説明されない。[154]

　ゲッツ・アリーはもう一つの書物で、ホロコーストは長期的な、また中期的な計画でもなかったと書いている。[155]「ヨーロッパ・ユダヤ人の組織的・工業的殺戮に主意的〝決意〟などまったくなかった」[156]。民族殺戮はむしろバルトとロシアに住むドイツ人が併合されたポーランド地域へ移住したプロセスの結果であり、しまいにユダヤ人とポーランド人が「民族ドイツ人（Volksdeutsch）(*)」に住む場を譲るため、ゲットーに住まわせられ、追放されたのである、と。[157]この場合、数百万のユダヤ人の殺戮を唯一の打開の道であると思わせるような、おのずから生まれた状況、いわゆるSachzwänge（行動の自由を制限する外的事情）が生じた。[158]アリーは、それを「計画的な矛盾克服（projektive Konfliktüberwindung）」[159]と呼んでいる。したがってホロコーストは、ヒトラーの、というよりはむしろヒムラーの、思いつきの、反ユダヤ主義とはなんの関係もない、場当たり的政策の結果である、とかれはいう。アリーが、ブローシャトとモムゼンが論争のなかへもちこんだ「累積的過激化」を、こうしてもう一度過激化させたことがわかるであろう。[160]これにたいしてだれよりも激しく異議を唱えたのはフィリップ・ビュランである。かれは、その著書『ヒトラーとユダヤ人』[161]のなかで、ヒトラーはいつもユダヤ人の絶滅を望んでおり、「主導権志向」が挫折したとき、自らそれを始動させたから、「過激化」など必要ではなかった、[162]と書いている。[163]

（＊）「民族ドイツ人」というのは、国籍からいえばドイツ人でないが、「民族的にはまぎれもないドイツ人」という意味の呼称で、一九三三年以来ドイツ、オーストリア、スイス以外の国籍をもちながら東・南ヨーロッパに住み、ドイツ語・ドイツ文化を維持するドイツ人を呼ぶ官庁用語だった。これにたいしドイツ本国（Reich）に住むドイツ人は Reichsdeutsche と呼ばれ、法的にドイツ市民（Reichsbürger）であり、外国に住むドイツ人は在外ドイツ人（Auslanndsdeutsche）と呼ばれた。民族ドイツ人の多くは、ソ連邦、ルーマニア、ブルガリア、ユーゴスラヴィア、南チロルのイタリアにまとまって住み、ドイツへ再移住するばあい、ナチス政権からドイツ国籍を与えられた。Benz/Graml/Weiß (Hrsg.), Enzyklopädie des Nationalsozialismus, München 3. Aufl. 1998, S. 785; Schmitz-Berning, Vokabular des Nationalsozialismus, Berlin 1998, S. 650ff.

「ヒトラーの自発的死刑執行人」だったのか？

ビュランよりももう一歩踏み込んだのが、ダニエル・ジョナー・ゴールドハーゲンであり、かれは大いに討論されたあの著書でそれをおこなっている。[164]ヒトラーは反ユダヤ主義の綱領をもっていただけではない。ヒトラーはこの

「抹殺志向の反ユダヤ主義（eliminatorischer Antisemitismus）」の「自発的死刑執行人」である「ドイツ人」に助けられてその綱領を実現した。「ドイツ人」はかれら自身が狂信的な反ユダヤ主義者だったからだ。そうゴールドハーゲンはいっている。したがって構造派とはちがって、ゴールドハーゲンは反ユダヤ主義のイデオロギーの意味を強調し、そのうえ、ユダヤ人殺戮そのものは、ヒトラーだけの犯行ではなく、たくさんのドイツ人によってなされた犯行である、としている。これによってかれは意図派からも区別される。かれが二つの潮流のドイツのホロコースト研究者グループの代表者たちから激しく攻撃されたのも不思議ではない。

かれらは、ゴールドハーゲンの方法論についての批判だけでは満足せず、ナチスのユダヤ人殺戮をほかのジェノサイドと比較しなかったことで、かれを非難した。[165] かれらのなかにはゴールドハーゲンのドイツ人憎悪を告発し、かれは（ユダヤ人の）復讐欲を満足させようとしているのだ、という人びともいた。その場合、かれらの議論にはナチ的な、のみならず反ユダヤ主義的な響きがあるのを、聞き逃すわけにはいかない。[166] しかしこれについてはいまここでこれ以上論評することはできない。

さまざまな国内外の著者たちは激しく否定するが、[167] わたしの考えでは、ゴールドハーゲンはホロコースト研究に重要な貢献をしている。このことはいくつもの点についていえる。第一に、かれはホロコーストの比類のなさに固執しており、したがって、ナチスの犯罪をほかの犯罪と比較しようとするような、全体主義論の徴を帯びたすべての議論を厳しく拒否しているからだ。第二に、かれはヒトラーと、大勢のヒトラーの「自発的死刑執行人」の思想と行動のなかにある、反ユダヤ主義の核心的な意味を強調しているからである。このように強調することによって、ゴールドハーゲンは、ホロコースト研究者たちのなかの構造派に、またすべての構造派的史論に、断固反対している。[168] 第三に、かれの感情的な表現方法は、わが国で普通なものになっている、ユダヤ人迫害についてのきわめて無味乾燥で無感動な叙述にたいする、（わたしにはベターと思われる！）オルターナティヴである。ドイツでは、迫害されるユダヤ人は、通常ナチスの政策の対象としてしかみられておらず、行動し、苦しむ、一人ひとりの人間が示されていないからだ。第四に、これが最後の点であるが、ゴールドハーゲンは、犯罪の責任を、ヒトラー、エリート、もしくは無名の資本家グループだけのものとはせず、「ドイツ人」のものとしているからである。「ドイツ人がいなければホロコーストはなかった（No Germans no Holocaust）」という反論の余地のないことばで、かれは、比喩的にいえば、ハチの巣をつついてしまった。しかし同時にかれは、ここにはけっしてたんに歴史的な問題だけではなく、倫理的な（罪の）問題があることをはっきりさせた。そのかぎりで、かれの著書は、ドイツの専門歴史家が示すべきだったのに、これまでほとんど示されたことがないものを示した、一つの挑戦である。[169]

これにたいして、ゴールドハーゲンが反ユダヤ主義とユダヤ人殺戮にのみ一面的に集中していて、人種主義のイデオロギーとナチスのその他の人種殺戮にほとんど注意をはらっていないことは、批判されていい。

反ユダヤ主義か、それとも人種主義か？

反ユダヤ主義のイデオロギーと人種主義のイデオロギーは互いに分かちがたく結ばれているから、ホロコーストはその他の人種殺戮から切り離すわけにはいかない、というのは新しい説ではない。これはフランツ・ノイマンやハンナ・アーレントの先駆的な著書が、[170]またレオン・ポリアコフ、ゲオルゲ・モッセやその他多くの人種主義の歴史研究が[171]指摘しているとおりである。ナチスがユダヤ人とともに「人種的に劣等」と烙印を押したほかの人びとをも虐殺したことは、初めからよく知られていた。この人種殺戮はすでに戦争犯罪裁判でも言及されており、とくに安楽死行動などは裁判の主題にされている。[172]

しかし、この知識はその後の時代に、しばしば抑圧され、圧殺された。抑圧は部分的には加害者自身やかれらのかつての同業者によって意識的におこなわれた。ここで先頭に立ったのはドイツの医師たちとその同業者の代表である。かれらは、「安楽死」犯罪の準備と実行にドイツの医学が演じた役割と果たした機能について沈黙が守られるのを、不安をもって見守り、うまくいったのを喜んだ。[173]

八〇年代の初頭になってはじめて、この沈黙は、新しい批判的な世代の医師たちによって破られた。矢継ぎ早にナチス時代の医学についてのさまざまな出版物が公表された。[174] ついで人びとの関心は、長い間その運命について意識的に沈黙されてきたシンティ・ロマやその他の土着の少数派の人びと、「非社会的分子」、同性愛者に向けられた。これにたいして、国家官庁は、このナチス人種主義の犠牲者を犠牲者として承認し、生き残った人びとに補償をすることを拒んだ。[175]

しかし、個々の犠牲者グループについての研究がどれほど重要であり、賞賛できるものであっても、「分析的関連づけ」が欠けていた。[176] このことはとくに人種殺戮とユダヤ人殺戮のイデオロギーと事件の歴史関係についていえる。人種殺戮とユダヤ人殺戮のあいだにそのような結びつきがあったということは、ダン・ディナー、ザウル・フリートレンダー、エーバーハルト・イェッケルその他の歴史家によって否認されている。ダン・ディナーによれば、「ユダヤ人敵視は（……）人種主義よりも古い」という理由からだけでも、ユダヤ人殺戮はほかの人種殺戮とはなんの関係もない。[177] ザウル・フリートレンダーも、反ユダヤ主義を、それは「政治的宗教」であるとして、人種主義からはっきり区別し、ユダヤ人殺戮の絶対的世俗化を強調している。[178] エーバーハルト・イェッケルもこれに賛成し、その理由を、ヒトラーは『わが闘争』やその他の綱領的文書で、「ほかの犠牲者」についてはほとんど語っていないも同然だからだ、と説明している。

これにたいし、さまざまな医学史家、社会史家は、ユダヤ人ばかりでなくその他のグループも殺戮されている事実を指摘しているが、それだけでなく、この人種殺戮は計画された「社会問題の最終的解決」との関連においてみられなければならない、というテーゼを主張している。[179]この「社会的問題の最終的解決の拡大構想」は「(ナチスの)絶滅政策の人種主義的表面の下に」潜んでいた。[180]しかしナチスのイデオロギーはこのことをあの「騒々しいプロパガンダ」で隠していたのである、[181]とかれらはいっている。

これでは事が逆立ちさせられてしまっている。[182]ナチスの人種主義はたんなるプロパガンダではなかったし、政権の掲げる社会政策を隠蔽するヴェールなどではなかった。ナチスの人種主義は一種の「表現的イデオロギー」の性格をもっていた。[183]それは「存在するものでなく(……)成るもの、生まれるもの、消滅するもの」と説明されていた。[184]それは綱領的な性格をもっていた。[185]したがってユダヤ人殺戮と人種殺戮は関連あるものとみられなければならない。これは要求されただけでなく、[186]すでに実現されていた。[187]ナチスの「人種国家」は、内政の領域で「民族体の浄化」を、なによりも「異質な人種」、「病気」、「反社会的分子」からの浄化を、同時に「人種帝国」の樹立をめざした。この目的を達成するために、例のない人種殺戮がおこなわれたのである。[188]

教会闘争と抵抗

事実

労働運動のなかからの抵抗

ナチスは、最初から、労働運動からの激しい抵抗に遭った。ナチのテロ機関は、どれほどささやかな反抗も、もしくは抗議も、このうえない残虐さで弾圧した。何千人もの抵抗の闘士が死刑もしくは長期の禁固刑を宣告され、強制収容所へ送られた。かれらは勇気と命を賭ける覚悟をもっていた。しかしかれらがめざした政治的な成果は、ほんのわずかしか達成されなかった。これには政党やグループの不一致によるところが大きかった。それぞれがばらばらに戦い、いっしょに倒されたからである。(1)

とりわけ強烈な抵抗闘争が共産党員の指導のもとに展開された。共産党員がとくに力を傾けたのはパンフレットや宣伝資料の作成と配布だった。(2) かれらは非合法状態のなかでも党の結束をできるかぎり維持することに努めた。そのための方策が一九三五年までつづけられた党費支払い印紙の発行であった。この活動のために、ゲシュタポは出納係を追うだけで、非合法化された共産党の細胞や地区組織全体の所在さえも知ることができた。何千人もの共産党員が逮捕され、長期の懲役刑を宣告されるか、さもなければ、補助警察官として活動していたSAとSSによって拷問を受け、しばしば死にいたるまで殴打された。[3]

一九三五年のコミンテルン第七回世界大会とドイツ共産党の「ブリュッセル会議」[4]の後、非合法化されていたドイツ共産党は、初めてその政治路線を変えた。[5]これ以後、共産主義者はファシズム独裁の崩壊をプロレタリア革命のはじまりと結びつけて語ることをしないようになった。[6]さらに、社会民主党を「社会ファシズム」として告発し、これと戦うこともしないようになった。ドイツではナチスの「権力獲得」の後にもこうした状態がつづいていたのである。これに代わって、社会民主主義者やヒトラーの敵対者に、共産主義者とともに「反ファシズム人民戦線」を結成することが求められた。しかしドイツでは、共産党員と社会民主党員が協調し、あるいは共同集団としておこなう抵抗行動が実現したのはごく少数の都市だけだった。

非合法化されたドイツ共産党は、その後、活動を、居住地区や企業内での、最大でも五人を越えない活動家集団を組織することに限定した。この集団は党の指導部とはゆるやかな連携しかとらなかった。これはカムフラージュには良い方法であったが、同時に、抵抗の活動力を大きく弱めた。この状態は継続し、さらに一九三九年から一九四一年までのあいだに活動力は最低点に達した。ヒトラー＝スターリン協定の時期に、共産党の抵抗活動はほとんど休止状態にあった。ソ連にたいするドイツ軍の奇襲の後はじめて、再び新たな共産主義抵抗グループが結成され、反ファシズム・パンフレットが配布され、散発的ではあるが、サボタージュ活動も企てられた。とりわけ特筆されるのは、ルール地方のヴィルヘルム・クネッヘルのグループ、[7]ベルリンのローバート・ウーリヒ、[8]ライプチヒのテオドア・ノイバウアーとマグヌッス・ポーザー、[9]それに、アントン・ゼフコウ、フランツ・ヤーコプとベルンハルト・ベストライン[*]らに指導された抵抗グループである。[10]社会民主党員のユリウス・レーバーとクライザウ・クライスのアードルフ・

ライヒヴァインがかれらと連絡をとり、共同行動を話し合った。しかし、共同行動は実現しなかった。この労働者の抵抗グループと市民と軍人の抵抗グループの接触がゲシュタポのスパイに嗅ぎつけられたからである。

ここで破綻した保守派と共産主義者との協力は、しかし、これとはまったく異質な抵抗組織のなかで機能した。ゲシュタポの文書で「ローテ・カペレ（Rote Kapelle）」［赤い楽団］と呼ばれた組織がそれである。[11] この連合組織には、一方に、医師のヨーン・リットマイスターや学者のアルフィート・ハルナク、および、大きく右寄りのユングドイチェ・オルデン（Jungdeutsche Orden）(**)のメンバーで空軍将校のハロー・シュルツェ＝ボイゼン[12]らを囲むブルジョア保守派がおり、もう一方にハンス・コッピィやヨーン・ズィークに指導された共産主義者がいた。これらの人物やグループは一九三九年に集合して、密接な協力を申し合わせた。かれらの抵抗行動は、なによりも反戦とナチスが犯した戦争犯罪に向けられた反ファシズム・パンフレットの製作と配布に重点をおいた。ドイツ国内の迫害者ユダヤ人の救出もおこなわれた。最終的にかれらが目標としたのは、重要な情報を伝達することで、反ヒトラー連合の諸国への支援を強化すること、それによって戦争をすみやかに（そして、いくらかはドイツに寛大なかたちで）終結させることであった。[13]

この種の行動はこれ以外のグループ、とりわけ、市民と軍人の抵抗グループからも報告されており、重要な抵抗運動として賞賛されている。[14]「ローテ・カペレ」は西側諸国だけではなく、かれらの同盟相手であるソ連とも接触を求めた。このソ連との接触は大いに成果を挙げた。ソ連大使館内の協力者を通じて、ソ連奇襲の計画がモスクワに伝達された。しかし、この情報はスターリンと特務機関（機密情報部）の長官であったラウレンティ・P・ベリヤによって無視された。対ソ戦の開始によって、ソ連とのコンタクトは大幅に減少した。ソ連奇襲の直前まで、このグループとソ連の機密諜報部員を結んでいた二つの無線機器は機能しなくなった。残された伝達手段は「ローテ・カペレ」からブリュッセルのソ連諜報部員を経由してモスクワに送られる情報だけになった。[15] それがこのグループ全体に不幸をもたらした。暗号化された無線通信のなかに「ローテ・カペレ」のメンバーの三人の名が挙がっていた。一九四二年の夏にモスクワとブリュッセルとのあいだの無線が解読されたことで、ゲシュタポはただちにかれらを逮捕できた。「ローテ・カペレ」のメンバーのほとんどは死罪を宣告され、処刑された。

社会民主党と自由労働組合の指導部は、一九三三年一月三〇日以後もしばらくのあいだ、(協力とまではいわないまでも)休止政策をとることで、自分たちの諸機関を残すことができるかもしれない、という幻想を抱いていた。[16]しかし、ナチスはそのような幻想をいつまでも許しておかなかった。すでに五月二日には自由労働組合が禁止され、資産が没収された。国内に留まっていた社会民主党の指導部はこの運命から逃れようとした。党首のオットー・ヴェルスはこれみよがしに社会主義インターナショナル指導部から脱退した。ドイツ社会民主党の「ナショナルな」性格を証明するためである。一九三三年五月一七日、逮捕と強制的国外退去によって大幅に人員を失った社会民主党の国会議員団は、ヒトラーの「平和演説」に賛同することさえも、正当な行為とみなした。しかし、こうした政策は亡命した社会民主党員から厳しく批判された。プラハに新しい党が生まれ、これまでの社会民主党と明確に一線を画して「ゾパーデ(Sopade)」[Sozialistische Partei Deutschalnd の略]と名乗った。ゾパーデは一九三三年六月一八日、つまり社会民主党が最終的に禁止される以前に、路線の転換へ踏み切った。ゾパーデはドイツの労働者階級に向けて綱領を発表し、「鎖を断ち切ること」とファシズムの打倒、そして、資本主義経済の社会主義経済への転換をめざして戦うことを要請した。[17]

しかし、すでにそれ以前から何人かの社会民主党員[18]や労働組合員[19]が組織を離れて地下に潜入していた。共産党員とちがって、かれらは、細胞や党の指導、党費の納入などをともなう非合法の大衆組織はゲシュタポを挑発することを、ただちに認識した。かれらは暴力的なナチス国家における抵抗の可能性にたいする疑いから出発した。だから、かれらは自分たちの行動範囲を基本的に伝統的な私的な討論サークルやスポーツ団体などでの同志的結合の内部に止めた。[20]来たるべきナチズムの崩壊に備えて、必要な人物、党の再建のための中堅幹部を温存しておくためであった。[21]

このような、直接的で公然たる抵抗活動を断念した、非公式なしかし巧みに偽装された社会民主党や労働組合のグループのほかに、地方レベルの、あるいは、地方レベルを越えた、行動的で少なくとも当初は成果を挙げた、社会民主主義系の抵抗グループが存在した。とりわけ重要だったのはベルリンの「赤い突撃隊（Rote Stoßtruppe）」[22]とハノーファー地域の「社会主義戦線（Sozialistische Front）」[23]の二つである。こうした抵抗グループも共産主義者のそれと同じく、活動の主眼を反ファシズム・ビラの作成と配布においていた。

少数の社会民主党員と労働組合員、とりわけテーオ・ハウバハ、ユリウス・レーバー、ヴィルヘルム・ロイシュナー、カルロ・ミーレンドルフといった人たちは、反ヒトラーの市民や反対派の将校とともに一九四四年七月二〇日の反乱の準備に加わった。これについては後で論じる。個々の男女の抵抗者は高く評価されてもいいが、全体として、社会民主党と労働組合系の抵抗を過大評価することは避けるべきであろう。それは「大衆的抵抗」（ゲアハルト・バイヤー）といえるものではまったくなかった。抵抗は「きわめて小さなグループの仕事」（ヴィリ・ブシャク）にすぎなかった。

共産党や社会民主党の歴史は、現在にいたるまでこうした共産党や社会民主党の分派のおこなった抵抗について充分な評価を与えてこなかった。[24]ドイツ共産党から分離した共産党反対派（KPO：Kommunistische Partei Deutschlands - Opposition）[25]や一九三一年にドイツ社会民主党から分離し、ヴィリ・ブラントも連絡をとりあっていた社会主義労働者党（SAP：Sozialistische Arbeiterpartei）[26]などの分派がそれである。さらに、「国際社会主義闘争同盟」（ISK：der Internationale Sozialistische Kampfbund）[27]の名も挙げるべきであろう。これらは、いくつかの無政府主義者、アナルコ・サンディカリスト、トロツキストのグループと同様に、強力な抵抗闘争をおこなっているが、この闘争について、これまで西ドイツではほとんど、東ドイツではまったく、知らされることがなかった。[28]

共産党と社会党の小分派と、非合法化されたた共産党と社会民主党のメンバーからなる抵抗グループはとくに注目に値する。このグループは自らを「ノイベギンネン（Neubeginnen）」［新しい開始の意］と名乗っているが、この名称はヴァルター・レーヴェンハイムが一九三三年に「マイルズ（Miles）」の仮名で執筆した小冊子の題名からとられたものである。[29] この闘争文書のなかでレーヴェンハイムは社会民主党と共産党の党指導の誤りを鋭く論難し、新しい革命的社会主義政党を、ドイツ共産党やドイツ社会民主党を超えたところに、新たに構築すべきだと説いた。一九三八年の秋、「ノイベギンネン」のメンバーは、国外に逃れていないかぎり、ほとんどが逮捕されたが、この抵抗組織の細胞のいくつかは一九四四年になっても存在しつづけていた。

その後、第三帝国の崩壊の直前と直後に、ドイツのさまざまな都市や州に、自立した、つまり政党とは無縁の、反ファシズム組織が生まれたが、これらはただちに占領国によって解散させられ、再建されたドイツ共産党とドイツ社会民主党によって排除された。ドイツの労働運動における抵抗の歴史の新しいタイプを示した、いわゆるアンティファ（Antifa）の存在とその行動を思い出させるものは、いまはほとんどなきに等しい。[30]

（＊）クライスは仲間・サークルを意味するドイツ語。クライザウはモルトケ伯の所領・地名（本訳書二一四ページを参照）。

（＊＊）ヴァンダーフォーゲル（Wandervogel）と政治文筆家のアルトゥア・マーラウムによって一九二九年につくられた国民的・民族的青年運動組織。前線の体験と伝統的青年運動による新しい青年運動をめざした。一九二九年リベラルなドイツ国家党の創立に関与したが、三三年に禁止され、主な指導者が逮捕された。

教会闘争

ナチスは、すでに一九三三年の最初の数週から数ヵ月のあいだに、労働運動の組織を弾圧し、粉砕していたが、その間に、教会を、当面、社会主義と民主主義にたいする戦いの同盟者として獲得しようとした。両教派のキリスト教徒の多くは、少なくとも一時期、ナチスから与えられた役割を引き受け、新しい政権の安定に寄与しようとした。(31) 教会の抵抗などは問題になりえないが、両教派のなかのグループや個人の抵抗はたしかに存在した。(32)

圧倒的多数の同意から、一部の批判を通じて、抵抗——抵抗とはいっても、それは意に反しての抵抗であったが——へ移行することがいかに困難であったかは、ナチス国家と福音派教会の関係が如実に示している。リベラルな神学者たちの比較的少数の(ほとんど一〇%にも満たない)グループと宗教的社会主義者(Religiöse Sozialisten)を除けば、福音派キリスト教徒の圧倒的多数はナチスの政権獲得と民主主義の破壊に賛成だった。それどころか、一部の者はそれを知ったとき熱狂的に歓迎した。その原因は、究極的にはかつてルターが説いた権力への忠誠であり、また、宗教的に理由づけられたドイツ国民の賛美と、社会主義と民主主義にたいする、ひろく広まっていた軽蔑が最後にあったからである。

ヒトラーは当初、説得(33)によっても、暴力の行使(プロイセン州への国家特別監督官《コミサール》の任命)によっても、二八の地区福音教会を〝上から〟「画一統制」することはできなかったが、一九三三年の教会選挙で〝ドイツ・キリスト者(Deutsche Christen)〟を自称するナチの党員が圧倒的な勝利を得た。ここで重要な働きをしたのが一九三二年に設立され、しばしば「イエス・キリスト突撃隊(SA Jesu Christi)」と自称した確信的なナチ信奉者の運動である。こうした名称にも、この偽キリスト者の本性と目的はすでに明らかである。かれらは全体主義的な「国民教会(Volkskirche)」を設立し、「非アーリア人の血統」のすべての牧師と教会協力者を追放して、キリスト教そのものを「アーリア化」しようとした。[34] この目的のために、かれらは一九三三年一一月一三日にベルリンのシュポルトパラストで大規模な集会を開き、次のような要求を掲げた。将来、旧約聖書全部と使徒パウロの書簡は聖書に収録しないようにしよう。なぜなら、それらは「ユダヤ的」性格をもち、自分たちのゲルマン的・ドイツ的「理念」に反するから、というのであった。

このような過激な、まさに瀆神的な要求は、一九三三年九月一一日にベルリンのマルティン・ニーメラー牧師の発議によって成立した「牧師緊急同盟(Pfarrernotbund)」の厳しい抗議を呼び起こした。こうして教会内部の抗議運動は拡大した。一九三四年一月のなかばには福音教会の牧師の半数がこの「牧師緊急同盟」に加盟し、教会内の反対組織になり、やがて自ら「告白教会(Bekennende Kirche)」(ＢＫ)と名乗り、一九三三年九月二七日に「ドイツ・キリスト者」が支配する国民教会会議で「全国主教(Reichsbischof)」に選出されたルートヴィヒ・ミュラーには服従しないことを通告した。告白教会は前述のキリスト教の「アーリア化」を断固拒否し、ナチス政府のアーリア化規定を教会に適用することに、つまり、ナチスが「非アーリア」の素性をもつと考える牧師や教会職員を解雇することに、あくまで反対した。さらに、かれらは一九三四年五月の「バルメン宣言(Barmer Erklärung)」によって、ナチス国家の全体主義的支配の要求を拒否した。[35] この宣言それ自体は純粋な神学上の論証であるが、政治的効果をもつものだった。

国家指導部はますます教会内部の論争に介入した。反対派の聖職者には強制処置がとられた。さらに、一九三五年七月一六日に教会関係担当大臣に任命されたハンス・ケアルは、いわゆる無傷の教会(die intakten Kirchen)(そこでは「ドイツ・キリスト者」が多数を占めることができなかった)のハノーファー(マーラーレンス)、バイエルン(マイザー)、ヴュルテンベルク(ヴゥルム)の主教たちを動かして、「ドイツ・キリスト者」が多数を占める国民教会を使い、新しく設立された全国教会委員会に協力させることに成功した。こうして告白教会の共同防衛戦線は分裂した。一九三六年二月にバート・オインハウゼンで最後の共同の告白教会会議が開催された。政府に協力しようとする者たちは「ドイツ福音派ルター教会」を設立した。ラディカルで妥協を排した一派は一九三六年三月一二日に新しく「暫定教会指導部（Vorläufige Kirchenleitung）」を選出した。

この「暫定教会指導部」は一九三六年五月に一つの覚え書きを起草した。[36] 覚え書きは人種主義や総統崇拝といったナチの世界観の中心部分を明確な言葉で否定していた。しかし、その原稿がいち早く漏れ、ナチの干渉を招いた。覚え書きの起草者は逮捕され、その後まもなく殺害された。一九三七年にはニーメラー牧師も逮捕された。かれの裁判は一九三八年二月におこなわれた。判決は七ヵ月の禁固刑にすぎず、その刑期はすでに未決拘留の期間で終わっていたのに、ゲシュタポはかれをザクセンハウゼンの強制収容所へ送った。こうして、教会反対派の最も重要な人物は排除されたが、「暫定教会指導部」は一九三八年九月のズデーテン危機の最中に、あえて平和維持――ヒトラーはすでにそれを廃棄しようとしていた――の祈禱文を読み上げるという行動に出た。[37] しかし、これは穏健なドイツ福音派ルーテル教会からの公然たる反対を受けた。これによって穏健派は、告白教会が現実にどれほど分裂し、弱体化しているかを明らかにした。だからかれらは、一九三八年一一月の恥ずべきユダヤ人迫害のさいにも、抗議の声を上げることさえできなかった。あえてそれをおこなったのは個々の牧師であった。「ドイツ・キリスト者」の代表者たちは、ナチス政府の反ユダヤ政策を擁護することを適切であるとする始末だった。

戦争が始まった後、いわゆる教会闘争は最低のレベルにまで落ち込んだ。多くの聖職者が徴兵され、なかには志願兵となる者さえいた。告白教会に所属する者までもが、いまはドイツ軍の勝利を祈らねばならないと考えた。[38] それだけに、この時期におこなわれた――もちろんそれは個人的な行動であったが――ナチスの人種政策にたいする抗議とその犠牲者への救援活動は高く評価されてよい。ベルリンではハインリヒ・グリューバー牧師が迫害された福音派の「非アーリア人」のための避難所を設置した。福音派信者の移住やその他の社会的諸問題の克服を助けるためである。しかし、一九四〇年五月にグリューバーは逮捕され、強制収容所へ送られた。[39]

その少し前（一九四〇年の中頃）に、ヴュルテンベルクの主教ヴュルムと福音教会の数名の代表者が文書で「遺伝性疾患の患者」の殺害に抗議した。とはいえ、かれらはこの抗議文を公表してはいない。一九四一年九月、ブレースラウの女性副牧師シュターリッツは、ユダヤ人や「非アーリア人」とされている教区の構成員（かれらは一部の福音派地区教会から排除されていた）[40]との積極的な団結を呼びかけたが、むなしい結果に終わった。ようやく一九四三年一〇月に、旧プロイセン同盟教会はその第一二回告白教会会議で、ナチの人種殺害にたいする公然たる抗議の声をきくことができた。「〝駆除（Ausmerzen）〟〝抹殺（Liquidieren）〟とか〝価値なき生命（unwertes Leben）〟といった概念は神の摂理とは無関係である。犯罪者の家族である、老人である、精神病者である、あるいはほかの人種に属しているという理由だけで、その人間を殺すということは、神が権力者に与えた剣の使用法とはいえない」と。[41]

これがいかに正しく、勇気ある発言であったにせよ、あまりにも遅きに失した。またそれにともなう行動もあまりに小さかった。だから、福音教会のキリスト者が一九四五年以後に自らの罪を告白したのは当然であった。告白は一九四五年一〇月のシュトゥットガルトの教会会議での代表者の次のような言葉でおこなわれている。「(……) わたしたちは自らを告発する。わたしたちはもっと勇気をもって告白すべきであったのに、そうしなかった。もっと誠実に祈り、喜びをもって信じ、熱烈に愛すべきであったのに、わたしたちはそれをしなかった」。[42]

福音派教会とちがって、カトリック教会は一九三三年以前、ナチズムをほとんど一致団結して拒否していた。[43]これには、ナチ党の人種イデオロギーに反対する神学的留保とならんで、中央党にたいする政治上の配慮が決定的な影響を与えた。[44]カトリックはナチとは首尾よく一線を画することができた。また、カトリックには福音派内部の「ドイツ・キリスト者」のような分派がなかった。一九三三年以前に、ナチ党を公然と支持したカトリック聖職者はきわめてわずかだった。しかし、一九三三年の初めに、カトリック教会は態度を大きく変えた。ヒトラーの首相任命が歓迎された。これにつづいた共産主義者、社会民主主義者、ユダヤ人にたいするＳＡ集団のテロ攻撃を、ドイツ・カトリック教会の代表者たちは平然と眺めていたらしい。一九三三年三月二三日に中央党が国会で全権委任法を承認した直後の一九三三年三月二八日のフルダの会議で、カトリックの司教たちはこれまで教会がおこなってきたナチ党への警戒の呼びかけを撤回した。[45] その直後に、中央党は自ら解散した。一九三三年七月二〇日、ヴァティカン政庁はついにヒトラー・ドイツとのあいだに政教条約を締結した。[46]

これはたしかに巧妙な政策だった。カトリック教会は中央党を犠牲にしたが、その代わりにさまざまな権利と特権を手に入れた。とりわけ、そのなかには、宗派学校と数多くの一般信徒の団体、婦人団体、手工業職人の団体、青少年団体の法的承認があった。これによって、ほかの非ナチ組織がすべて排除、もしくは統制画一化されていたなかで、カトリック教会は傘下の諸団体を容易に引きつづいて維持できた。しかし、政教条約はナチス国家にもいくつかの利益をもたらした。これによって、ヒトラー政権は世界的に法王からの認知を受けたからである。おまけに、法王はドイツ国内のナチの活動家による数々の暴力行為について沈黙を守った。その動機は両者が共産主義にたいして共同戦線を張っていたことにあった。この共同戦線はスペイン内戦の時期にも明瞭に示された。ヴァティカンはフランコの反乱軍とその同盟者であったイタリアとドイツにかなり露骨に味方していた。

しかし、ナチスがこれに報いることはなかった。ナチスは個々の聖職者[47]にたいする風紀裁判を仕組んでカトリック教会の名誉を失墜させ、教会の出版物を検閲して嫌がらせをした。[48] ナチスはカトリックの青少年団体も次々に解散させた。ここでもヒトラー・ユーゲントは暴力を振るい、[49] こうしたテロ行為に抵抗したすべての聖職者にたいして残酷な手段をとった。[50] カトリックの学校制度までが制限を受けるようになったとき、ついに法王は沈黙を破った。さまざまなカトリック内部からの抗議文[51]につづいて、法王は一九三七年三月四日に「深い憂慮をもって」回章を全世界に送り、政教条約を破り、さまざまな人権を損なっているヒトラーを非難した。[52]

しかし、ナチスはこれに動揺せず、抑圧政策をつづけた。これにたいして、ドイツの司教たちは、このときも一致団結した迎撃体制――とりわけベルリンの司教グラーフ・プライズィングがこれを要求していた――をとることができなかった。ようやく一九四一年の夏になって、ミュンスターの司教クレメンス・アウグスト・グラーフ・フォン・ガーレンが登場し、安楽死という名の殺害に初めて公然と抗議した。(53) もっとも、いまもそう記述されることがあるが、この抗議によって病人の殺害がじっさいには完全に停止されたわけではない。殺害がちがったかたちで実行されたからである。しかし、ガーレンの抗議はまさに注目と賛嘆に値する。教会指導部の援護がなかっただけに、なおさらのことである。かれは一九四三年八月に公然と「汝殺すなかれ」という掟は「異人種や血統を異にする人間」にも妥当する、と指摘した。(54) ナチス人種主義の犠牲者はけっして「異なる人種の人間」だけではなかったが、ガーレンのいうのがユダヤ人、スラヴ人、シンティ・ロマであったことは明らかであった。(55)

この司教教書に、また、これ以外のすべての司教教書に、犠牲者を助け、かぎりなく非人間的な第三帝国にたいして抵抗せよ、という明白な要求があったわけではない。しかし、この司教教書は、数多くの聖職者や一般信徒が迫害された者たちに援助の手を差し伸べることを妨げるものではなかった。多くの人びとが自らの生命を犠牲にして迫害された人びとを助けた。ガーレンは――同じように行動し、同じ苦しみを味わった数多くのプロテスタントや無神論者とともに――犠牲者、殉教者として敬われてしかるべきである。とはいえ、ここで忘れてならないことは、かれ以外のカトリック教会の代表者たちがナチス政権にかれら自身の忠誠と従順さを約束し、「ドイツ軍」のために祈ることが必要だと考えつづけていたことである。(56)

にもかかわらず、カトリック教会は一九四五年以後も「罪の告白」をおこなうべきだとは考えなかった。一九四五年八月二三日の戦後最初の司教教書で、カトリックの司教たちは、きわめて漠然と、「われわれの陣営にも」多くの者が「無関心のまま」であったり、「犯罪の手助け」をしたり、「自ら犯罪者となった」者もいた、と述べるにとどまっている。いま述べたような犠牲者と殉教者には最大の敬意を払うとしても、司教たちが「カトリックの大衆」を「残酷な権力者の邪神信仰から大きく引き離すことができた」ことを「喜んだ」というとき、本当にかれらはそういえたのだろうか。[57][*]

（＊）法王ヨハネス・パウルⅡ世が「神の息子たち、娘たちによってなされた犯罪」、つまり、教会の犯罪に初めて遺憾の意を表わしたのは二〇〇〇年三月であった。

エホヴァの証人

このようなカトリック教会の自己賛美はいささか場ちがいだと思われる。この大教会の行動をいくつかの小宗教団体――公的な教会からは軽蔑的に「セクト」と呼ばれた――が示した行動と比較するとき、いっそうそう思われる。[58]小宗教団体の行動も一様ではなかった。[59]バプテスト教会派がかなり冷たい態度をとり順応的だったのにたいして、[60]クェーカー教徒は迫害されたユダヤ人、もしくは「非アーリア人」を援助していたことがのちに明らかにされている。[61]しかし、多くの点で特別な立場を示していたのはエホヴァの証人である。かれらこそが文字通りに「残酷な権力者の強制する邪神崇拝から大きく離れて」いた。もちろん、それは政治的意図から出たものではなく、局外者からはきわめて異様に見える、かれらの宗教的信念によるものであった。そこで、わたしたちは第三帝国におけるかれらの行動をみる前に、この教派の歴史とその信仰の内容を簡単にみておく必要がある。なお、かれらの行動はすでにかなり研究されているが、その評価は大きく分かれている。[62]

宗教団体としてのエホヴァの証人は一八七〇年代のアメリカでチャールス・テイズ・ラッセル（一八五二―一九一四）によって創設された。[63]かれらは一九三一年までは「真剣な聖書研究者」と名乗っていた。[64]かれらによれば、近く（その日時はしばしば厳密に設定されたが、繰り返し修正を余儀なくされた）この世界は破滅し、新しい「千年王国」が始まるが、これを体験するのは（最大でも一四万四〇〇〇人の）特定の人間だけである。その人たちはすでに予定されている。非のうちどころのない生活態度、敬虔さ、伝導への熱情をもって神への証しをたてた人びと——つまり「エホヴァの証人」——である。こうした救済への確信から、エホヴァの証人にはまさに狂信的なまでのローマ法王への、そしてユダヤ人への嫌悪感が生まれている。

ユダヤ人がエホヴァの証人の宗教的ユダヤ人敵視にそれほど注意を払わなかったのにたいし、カトリックだけではなく、福音派教会の信者たちも、一九世紀のはじめにドイツにもひろまってきたこの教派の行動に、最初から極度の猜疑心と敵意を示した。これはドイツの急進右翼とも共通した。右翼はエホヴァの証人の国際性、とりわけ、それがアメリカと結びつき、その指導下にあることを非難した。これに、その大部分が下層社会の出であるエホヴァの証人は共産主義者と緊密な関係にあるという嫌疑——なんの証拠もなかったが——が加わった。こうした嫌疑と官憲の追及にもかかわらず、[65]ドイツのエホヴァの証人は一九三三年までにおよそ二万人を数えるまでになり、教団の全面的な禁止をまぬがれただけではなく、逆に、宗教法人としての特権さえ得た。

この法的保護は一九三三年の法治国家全体の崩壊とともに失われた。エホヴァの証人は新しいナチス体制との衝突をなんとか避けようと苦心したが、かれらの敵は国粋主義者とナチズム運動ならびに教会——教会はここで極右とのきわめて注目すべき統一戦線を形成した[66]——の戦列のなかで成果を挙げた。多くの州でエホヴァの証人は禁止された。バイエルンではいち早く一九三三年四月五日に禁止され、一九三三年六月二四日にはプロイセンがバイエルンの例にならった。大教会はこれを拍手をもって迎えた。枢機卿ファウルハーバーはこれを歓迎して「もはや聖書研究者はそのアメリカ的・共産主義的行動を展開しえないであろう」といっている。[67]しかし、現実には、エホヴァの証人には強力な助っ人が現われた。アメリカ政府であった。アメリカ政府はベルリン駐在の同国大使にエホヴァの証人の禁止に抗議するよう、訓令を発した。[68]

アメリカの抗議は成果をおさめた。エホヴァの証人の全国的な禁止をかなり公然と求めていた教会の要望に反して、[69] 個々の禁止処置が撤回された。[70] エホヴァの証人には没収されていた財産が返還され、かれらはマクデブルクの本部からの宗教冊子の発送をつづけることができるようになった。にもかかわらず、ナチス国家の下部機関は（それがヒトラーの承認を得ていたかどうかは不明だが）エホヴァの証人にたいする抑圧措置をとりつづけた。これにたいして、エホヴァの証人国際連合議長のジョセフ・フランクリン・ラザフォード（一八六九―一九四二）は、一九三四年二月二四日、エホヴァの証人にたいする迫害の即時停止を求める最終的要求を述べた手紙をヒトラーに送った。もし、停止が「一九三四年三月二四日まで」におこなわれない場合、自分、つまりラザフォードは、ドイツでおこなわれている「キリスト者にたいする不当な取り扱い」を全世界に通報するであろう、と。[71]

ヒトラーがこの異常な手紙にどのように反応したかは残念ながら不明である。これにたいして、ナチスの国家機関がエホヴァの証人の逮捕とその宗教活動の禁止をつづけていたことは明らかである。しかし、ラザフォードはこれにひるむことなく、一九三四年九月初めの国際聖書研究者集会のためにバーゼルに赴くよう、支持者に呼びかけた。合わせて三五〇〇人（うち一〇〇〇人がドイツから）のエホヴァの証人がかれの呼びかけに応じ、ナチス政府にたいする公然たる抵抗を呼びかける決議文を採択した。聖書にあるように、「われわれは人ではなく、神に従うべし」だから、というのであった。[72]

驚くほど多くのエホヴァの証人がこの原則（それは教会の代表者たちにもふさわしいものであったろう）に従って行動した。かれらは伝導活動をつづけ、ナチス式敬礼を拒否した。それは神への冒瀆である。人間には、宗教的な「ハイル」を要求することは許されないからである、とかれらはいった。（この点でも、教会はいくらでもエホヴァの証人の例に従うことができたはずである。）さらに、かれらは首尾一貫した態度から兵役を拒否した。ナチス国家は抑圧措置の強化をもってこれに応えた。エホヴァの証人の組織はすべて禁止され、資産は没収され、あらゆる宗教活動が禁止された。ゲシュタポは個々の信者を逮捕し、特別法廷は「陰謀対策法」にもとづいて、かれらに、一部ではかなり長期の拘留刑の判決を下した。この判決は最高裁判所の支持を得ていた。最高裁判所は、一九三五年九月二四日、帝国憲法——形式的にはそのときまだ存在していた——の保証する信仰と良心の自由の条項は、エホヴァの証人には適用されない、とはっきりと言明した。[73]

しかし、エホヴァの証人は屈しなかった。一九三六年には国際会議で議決された数千部の抗議文がひそかにドイツへもちこまれ、配布された。さらに、大規模で巧みに組織されたその非合法活動によって、一九三七年六月二〇日にはドイツ全土にあっという間に「公開文書」が配布された。これには、迫害の状況が、関与したゲシュタポ職員の実名とともに暴露されていた。[74] これにたいして、ゲシュタポは一九三七年四月二二日に特別の訓令を発し、罰せられたエホヴァの証人はすべて、刑期を終えたのちも「保護拘束」とすること、ついで強制収容所に送ることを指示した。[75] 強制収容所でエホヴァの証人は特別の——すみれ色の山型の記章をつけた——囚人集団を形成した。かれらの毅然とした態度——かれらは伝道をやめず、軍事に利するあらゆる強制労働を拒否した——はほかの囚人たちに尊敬された。[76]

これにたいして、軍事法廷だけではなく一般の裁判所も、兵役を拒否したエホヴァの証人を、「国防力破壊工作にたいする法律」を適用して、死刑にした。しかし、この野蛮な措置もエホヴァの証人の抵抗を打ち破ることはできなかった。裁判所と社会福祉官庁が活動的なエホヴァの証人の子供を両親から引き離して教護施設に送ろうとしたとき、はじめて幾人もの屈伏者が出た。[77] 一九三八年五月一日のいわゆる免罪法に従って、かれらは「今後は国際聖書研究者連合（ＩＢＶ：Internationale Bibelforschervereinigung）の活動をおこなわない、またＩＢＶのための証言もおこなわない」という宣誓書に署名させられた。[78]

しかし、エホヴァの証人の抵抗は完全には根絶されなかった。信者たちは最後までその信念に忠実でありつづけ、伝道をつづけ、兵役を拒否した。また、かれらはほかの兵役拒否者や逃亡兵を援助し、匿った。[79]このため、ゲシュタポは再三にわたって、エホヴァの証人に、国内外の反対派的な共産主義者と密接な連絡をとっているという、嫌疑をかけた。[80]しかし、そのようなことはむしろ例外的なケースだった。[81]エホヴァの証人は政治的動機から抵抗をおこなったわけでないからである。かれらの全面的な拒否行動は、純粋に宗教的な動機からきたものだった。しかし、かれらのなかには、このうえなく不当な政権のもとにおかれた人間にとっての、「人ではなく、神に従うべし」という、普遍的なキリスト教の原則と、あやしげな聖書解釈とが混在していた。ヒトラーはヨハネ黙示録にいわれている「深淵から立ち現われた野獣」であり、この野獣はハルマゲドンの戦いのなかで打ち倒され、千年王国の到来とともに消え失せるであろう、とエホヴァの証人は信じていた。

したがって、屈伏をいさぎよしとしなかったこの宗派とナチスの国家は、それぞれがまったく別個の動機によって同じように行動していた。両者の対決には明らかに双方に判断の誤りが見られる。だから、エホヴァの証人にたいする迫害をもって、第三帝国の基本的な反宗教的姿勢の例証とすることはできない。[82]全体として、エホヴァの証人の行動は、宗教上、組織上の自主性のために戦った教会闘争とも、政治的な動機から政権の打倒に向かった抵抗とも異なった、特別な抵抗の事例だった。[83]だから、エホヴァの証人の殉教も、教会闘争のため、もしくは抵抗運動のためと〝受け取られる〟べきではなく、かれら自身のための殉教と見るべきであろう。

市民と軍人のグループによる抵抗

市民と軍人のグループによる抵抗は、昔もいまも注目されるべき、おそらくは、なによりも重要な抵抗であるかもしれない。[84] しかし、すでに広く定着したこの名称は、このグループのメンバーのすべてが市民的階層の出自ではないことを単純に見逃してしまう危険性を帯びている。何人かは貴族の出であり、また、ほかの者は――社会民主党系の――労働運動から出ている。しかし、市民的《ビュルガーリヒ》という形容詞にはそれなりの理由がある。このすべてのグループは（軍人も含めて）最終的には、社会主義的、もしくは君主主義的な国家形態ではなく、市民的なそれをめざしていたからである。この理由から、かれらの抵抗に「国民的・保守的」という呼称を与えることは避ける方がいいかもしれない。[85] このグループのメンバーの大多数の目標は保守的・国民的とはいえない。一部の者は、統合されたヨーロッパの枠組みのなかに国民国家を解消することさえめざしていた。つまり、市民と軍人という呼び方に誤りはない。なぜなら（全員がそうではなかったにせよ、圧倒的に多くが市民層に属する）政治家と軍人の密接な協力が、かれらを成功の一歩手前まで行かせた決定的な要素であったからである。しかし、その道のりは遠かった。

なによりも、軍人たちにとって、かれらが最初にナチスに関して抱いた幻想から脱することは困難であった。[86] 一九三三年にヒトラーが憲法――これにかれらも忠誠を誓っていた――を次々に除去していったとき、かれらはそれを拱手傍観していた。ただちに開始された共産主義者や社会民主主義者にたいする、またそれにつづくユダヤ人にたいする、血腥い迫害にも、かれらは、同じように、なんの抗議もおこなわなかった。かれらが心配したのは、せいぜいのところ、レームの計画くらいのものだった。この計画では、SAを民兵として育成し、したがって、国防軍にとって危険な競争相手にまで拡大することが意図されていた。かれらが一九三三年二月三日の「軍とSAの結合は意図していない」というヒトラーの保証のことばを疑っていたことは明らかである。[87] それだけに、一九三四年六月三〇日にヒトラーがレームとその他のSAの指導者たちを殺害させることによって約束を果たしたとき、かれらはいっそうの喜びをもってそれを歓迎した。[88] このいわゆるレーム一揆の鎮圧のさいに、SAの指導者たちとともに、保守派のヒトラーの敵手とフォン・シュライヒャー、フォン・ブレードウの二名の将軍までもが殺されたが、軍の代表者たちは無関心のままこれも受けいれた。こうした受動性によって、かれらはナチの共犯者となった。おそらく同じ理由から、かれらは、ヒンデンブルクが死去した後の、一九三四年の八月二日に、軍がヒトラー個人に忠誠を誓うことを許容した。この忠誠宣言（かれらがすでにおこなっていた民主的なヴァイマル憲法にたいする忠誠宣言ではない）に、多くの将校たちは最後まで義務を感じていた。かれらは一九四五年以後に、このことを自らの弁明書で繰り返し指摘している。

ヒトラーの首相任命の直後から始まった再軍備に、将校たちは無条件に積極的な反応を示した。それがなんのために用いられるかもかれらは知っていた。ヒトラーはかれらに、再度、はっきりとかれの本来の目的が「東方の新しい生存圏」の獲得にあることを明言した。これはすでに一九三三年二月三日の陸海軍の司令官たちを前にしておこなったかれのスピーチにも示されていた[89]。その後、一九三七年一一月五日の演説では軍備の目的はより明確に語られている。この演説については、当時大佐であったフリードリヒ・ホスバハが手記を――正式に認可されたものではなかったが――作成している[90]。将校たちのだれ一人、ヒトラーが戦争を欲し、意識的にその方向をめざしていることに疑いを抱く者はなかった。それでも、だれ一人それに介入しなかった。一九三八年の五月にヒトラーが可能なかぎりすみやかにチェコスロヴァキアを攻撃するという「不退転の決意」[91]を表明したとき、初めてかれらのなかから抗議の声があがった。

そのきっかけになったのは、チェコスロヴァキアとの紛争についてのかれらの強い危惧だった。それはイギリスとフランスの干渉を招く恐れがあり、戦争を意味する、とかれらは考えた。かれらの見解では、ドイツは戦争するだけの戦備をまだもっていなかった。さらに、その数ヵ月以前の出来事についての不満の感情が加わった。一九三八年二月初めに、二人の将軍、国防相ヴェルナー・フォン・ブロムベルクと陸軍最高司令官ヴェルナー・フォン・フリッチュが失脚した[92]。ブロムベルクは「身分にふさわしくない」結婚を理由にナチスから辞職を迫られ、フリッチュは同性愛の汚名を着せられた。名誉を傷つけられたフリッチュはただちに自発的に退職した。この二つのケースの問題はまことに些細なことだったが、そののちの政治に及ぼした影響は大きかった。ヒトラーは国防軍の最高司令権を自らの掌中に収め、唯々諾々として自分の意に従うヴィルヘルム・カイテル将軍を国防軍の総司令官に任命した。これによって、軍は完全に無力化した。

にもかかわらず、一九三八年の八月にヒトラーの戦争計画に抗議して参謀本部長を辞任したルートヴィヒ・ベック将軍とその後任のフランツ・ハルダー将軍は、ヒトラー打倒の計画を練った。この二人の将軍は、海軍提督ヴィルヘルム・カナリスとその副官のハンス・オスター大佐を中心とする軍の防諜部と外務省、そして、保守派の政治家カール＝フリードリヒ・ゲルデラーなどの協力者たちの支持を得ていた。ゲルデラーはナチスに抗議してライプチヒの市長職を辞した後、表向きはボッシュ社のために働いていることになっていたが、実際にはさまざまな官吏と軍人を抵抗運動に誘っていた。一九三八年の夏から秋に、この計画は成功しそうに見えた。

ゲルデラーとベックに指導されたグループは、どのようにして西側諸国にヒトラーにたいする強硬な態度をとらせることができるか、それでもなおヒトラーがチェコスロヴァキア侵攻を強行した場合、どのようにしてかれを逮捕するか、という計画を練っていた。周知のようにこの計画は実現しなかった。西側諸国が一九三八年一一月のミュンヒェン会談でヒトラーに譲歩し、戦うことなく、ズデーテンラントを彼に委ねたからである。ベックとゲルデラーを囲むグループのメンバーの一人であるベルント・ギーゼヴィウスは、ゲシュタポの職員で、不明な部分の多い人物である。かれはのちにチェンバレン首相が「ヒトラーを救った」といっている。[93]

しかしこの主張は大いに疑わしい。ドイツの反対派によって出された提案やさまざまな計画、とりわけ、ミュンヘン会談の前に、またその後にも、アーダム・フォン・トロット・ツゥ・ゾルツやゲルデラー自身によって出された提案に、西側諸国がきわめてそっけない態度を示したとすれば[94]、その原因はなによりもドイツの謀反者の側にあった。かれらは――あえて攻撃的とはいわないまでも――きわめて尊大な外交目標を示していた。ドイツにはヴェルサイユ条約によって失われた領土の回復だけではなく、それ以上に、ヨーロッパ大陸における支配的地位が与えられるべきだというのであった。西側諸国がそれを認めようとしなかったこと、認めることができなかったことは、当然であった。さらに、これに、ほかならぬベックやゲルデラーのグループが意図する内政面での計画が加わった。かれらは、昔から、君主主義的で権威主義的な国家形態を志向していた。ドイツの反対派と接触した外国の渉外担当者が、ベックとゲルデラーはヒトラーを犠牲にしてもヒトラーが推進している攻撃的な外交は継続しようとしているかのようだ、という印象をもったとしても、なんら怪しむにおよばない。(95)

しかし、このような批判は、批判それ自体は間違っていないにしても、あまりにも安易に次の点を見逃していた。ベックとゲルデラーのグループはたしかに「大ドイツ（Großdeutschland）」の側に立ってはいたが、ヒトラーに反対していた。さらに、ためらいがちだった将軍たちが再び動揺してヒトラーの初期の軍事的「成果」に目を奪われていたときにも、かれらはあくまで反ヒトラーの立場を捨てなかった。

ポーランド、デンマーク、ノルウェー、オランダ、ベルギーにたいする、そして、とりわけ年来の「宿敵」フランスにたいする勝利の後では、国民の盛んな歓声のなかで、ドイツ反対派の企図は崩壊した。しかし、一九四一年の冬にモスクワの手前でドイツ軍の進撃が停止し、これまで目覚ましい成果を挙げてきた「電撃戦」戦略の破綻が最終的に明らかになったとき、活動的な将校たちはクーデター計画への参加を再開した。ベルギーとフランスの司令官であったアレクサンダー・フォン・ファルケンハウゼンとカール・ハインリヒ・フォン・シュテュルプナーゲルの二人の将軍、最後には少将に任命されたヘニング・フォン・トレスコウらがそれである。トレスコウとファビアン・フォン・シュラーブレンドルフおよびルドルフ＝クリストフ・フォン・ゲアスドルフの三名の将校はその後、さまざまな暗殺計画を実行に移したが、すべては失敗に終わった。一九四三年三月一三日にフォン・シュラーブレンドルフがヒトラーの飛行機に持ち込んだ爆弾は爆発しなかった。一九四三年三月二一日にベルリンの兵器庫で開催された捕獲兵器の展示会では、そこへ来たヒトラーが予定時間よりも早く引き上げたことで、ゲアスドルフは持ってきた爆弾を爆発させることを断念しなければならなかった。

しかし、成果がまったくなかったわけではない。そのあいだに、ベックとゲルデラーのグループがほかの抵抗グループとの接触に成功したからである。それは一九四二年の復活祭の日のシュレージエンにあるヘルムート・ジェイムス・フォン・モルトケ伯の所領・クライザウでの最初の会合に始まった。[96] この――のちにこう呼ばれるようになった――クライザウ・クライスに加わっていたのは、おもに若い軍人、外交官、官吏であった。ペーター・グラーフ・ヨルク・フォン・ヴァルテンブルク、ハンス＝ベルント・フォン・ヘフテン、アーダム・フォン・トロット・ツゥ・ゾルツ、グラーフ・シュヴェーリン・フォン・シュヴァーネフェルト、カール・ディートリヒ・フォン・トロータらである。これに、両派の教会を代表するオイゲン・ゲルステンマイヤー、アルフレート・デルプ、ロータル・ケーニヒらが加わり、さらに労働組合と社会民主党からアードルフ・ライヒヴァイン、ユリウス・レーバー、カルロ・ミーレンドルフ、テーオ・ハウバハらが合流した。この最後に名を挙げた社会民主党員が共産主義者の抵抗組織と接触していたこと――そこにゲシュタポのスパイが入り込んでいたことで、この接触がグループの命取りになったが――を考え合わせると、クライザウ・クライスがドイツの抵抗勢力の政治的スペクトルのほとんど全体を包含していたことは明らかである。

しかし、それ以上に注目すべき点は、クライザウ・クライスがその集会で掲げ、討議した政治目標である。[97] かれらはヴァイマル共和国タイプの議会制民主主義の復活までは考えていなかったが、連邦主義的な、幅広い、そして、徹底的な市民の政治参加を許容する、下から上に向かって構成された国家体制を考えていた。また、それは経済の領域にも適用されるとしており、純粋な個人経済は社会主義的な共同決定権を基礎におく体制に席を譲るべきだとしていた。さらに、外交の領域では、ヒトラーの打倒と国際裁判所によるドイツの戦争犯罪者の処罰がおこなわれたのちに、同じく、連邦主義を基盤とした統一ヨーロッパの建設をめざすべきだとしていた。

七月二〇日事件

クライザウ・クライスやベックとゲルデラーを囲むグループが外交や内政面でどれだけ意見を異にしていたとしても、一つの点に関してだけはかれらは最初から完全に意見が一致していた。政府の転覆それ自体は指導的な軍人たちの援助なくしてはありえないという認識である。具体的な計画は一九四三年の中頃からヘニング・フォン・トレスコウ将軍とフリードリヒ・オルブリヒト将軍、そして、とりわけ陸軍大佐クラウス・シェンク・グラーフ・フォン・シュタウフェンベルクによって作成された。[98] この計画はクーデターの実行にはドイツ国内に駐屯する「予備軍」を動員することを前提にしていた。この「予備軍」投入計画――それは「ヴァルキューレ作戦」という暗号名で呼ばれていた――は、ほとんど変更されることはなかったが、最終的には決定的な変更を余儀なくされた。[99]

変更された「ヴァルキューレ」計画の成功の不可欠の条件はヒトラーの殺害であった。しかし、このための暗殺計画は幾度となく失敗を重ねている。ヒトラーとともに自爆しようとした若い士官アクセル・フォン・デム・ブッシェの計画もその一つである。最後の頼りはフォン・シュタウフェンベルクだけになった。謀反者のなかで、かれだけが予備軍の幕僚長として「総統大本営」での状況説明に参加することができたからである。シュタウフェンベルクはアフリカ戦線で重傷を負っていた。かれは片目と右手を失い、左手の指も三本しかなかった。それでもなお、かれはこの暗殺計画を自らの手で実行する決意を表明した。

最後の瞬間になって中止を余儀なくされたいくつかの試みの後、ついに一九四四年七月二〇日がやってきた。[100] シュタウフェンベルクは副官のヴェルナー・フォン・ヘフテンの助力を得て書類鞄に時限信管を装着し、その鞄を会議室の地図用テーブルの下に忍ばせることに成功した。口実を設けて会議場を離れたシュタウフェンベルクは、かれの爆弾が破裂したことを聞いたのちに、飛行機でベルリンに引き返した。その日の午後、かれはヒトラーがこの暗殺から生き延びることはありえないと固く信じてベルリンへ到着した。ようやくこのときになってかれは「ヴァルキューレ作戦」の指令を発することができた。謀反集団は指揮権をシュタウフェンベルク一人にしか認めていなかったからである。つまり、かれは暗殺者と蜂起の組織者という二重の任務を実行しなければならなかった。

このような遅延にもかかわらず、さしあたり行動は成功した。シュタウフェンベルクの上司である予備軍長官のフリッツ・フロム将軍は逮捕された。同時に、当時のベンドラー街にあった国防軍総司令部と官庁街の一部、さらにマズーア大通り《アレー》の放送局は、反乱勢力によって占拠された。しかし、その理由は不可解というほかないが、通常番組を中断して――その時点では確実とみられていた――ヒトラーの死を電波に乗せることは断念された。それだけではなく、政府関係者のなかで逮捕された者は一人もいなかった。ゲッベルスさえも逮捕されなかった。かれはベルリンで、ただちに行動に移った。かれは、ベルリン近衛大隊司令官オットー＝エルンスト・レーマー少佐――少佐は蜂起計画に加わっていなかった――からの電話によって、ヒトラーが生きていることを知り、ベンドラー街からの命令はすべて無視できると信じることができた。この後パリやウィーンでそれまで首尾よく成功したと見えた蜂起は、挫折した。フロム将軍は釈放され、謀反者を逮捕させた。すでに七月二〇日の夕刻には、シュタウフェンベルクとその副官のフォン・ヘフテン中尉、メルツ・フォン・クヴィルンハイム大佐、および、オルブリヒト将軍らがベンドラー街の空地で射殺された。その前に、陸軍大将ベックは自殺に失敗したのち、自分の執務室で射殺された。

ナチスの復讐は恐るべきものであった。[101] 合わせて五〇〇〇人が――そのほとんどが残酷な拷問とリンチののち――殺害された。ドイツの戦争はその九ヵ月後にようやく終結し、そのあいだに数百万の人命が失われている。もし蜂起が成功し、ゲルデラーを首班とする新政府ができていたら、新しい政府は十中八九、講和を結んでいただろうから、それだけの人命が救われたはずである。しかし、これは一つの憶測にすぎない。ただ、トレスコウの有名な言葉を引用するなら「ドイツの抵抗運動が世界と歴史を前にして乾坤一擲の賭けに打って出た」こと、それは間違いのない事実である。[102]

論　争

「ドイツ共産党の指導下に」だったのか？

ヒトラーにたいするドイツ人の抵抗と――一部では抵抗とみなされた――いわゆる教会闘争に関する研究は、いつも時々の政治の目標や意図に強く影響されてきた。[103] とりわけ、東ドイツの歴史家による抵抗――東ドイツでいう「反ファシズム」――を扱う論文には、その傾向が著しかった。[104] かれらの研究がいかに重要であり、史料に富んでいたにせよ、それは「党派的」であり、また、そうでないわけにはいかなかった。この国を支配する社会主義統一党（SED）は、この歴史的「反ファシズム」を拠り所とし、党の綱領に「反ファシズム抵抗の遺言を実現した」ことを誇っていたからである。[105] それだけではなく、日々の政治的決定を下す理由にも、この「遺言」が引き合いに出されていた。

四〇年代には工業家と大土地所有者にたいする無償の資産没収がおこなわれ、また社会主義統一党が絶対的な指導力をもつことが要求されたが、それは一般的には反ファシズム抵抗闘争の「教訓」によるものであり、特殊的にはドイツ共産党の業績によるものであるとされていた。[106] その後の経済の国有化にしても、また同時に推し進められた暴力的諸機関――すでに一九五〇年に設置された国家保安省（Ministerium für Staatssicherheit：MfS）など――の拡大にしても、それらはいずれも「反ファシズム」の処置と讃えられた。したがって、社会主義統一党にとっては、一九五三年六月一七日のような抵抗行動は、国内の、それ以上に国外の、ファシズム的扇動家による行動であった。ついには、ベルリンの壁さえもが「反ファシズムの防壁（antifaschistischer Schutzwall）」とよばれ、同時に正当化された。

東ドイツの住民はこうした反ファシズムから逃れることができなかった。とりわけ青少年はそうだった。かれらは学校で、軍隊で、工場で、「少年ピオニール団」で、「自由ドイツ青年団」で、さらには、社会主義統一党とその連合政党の組織で、「反ファシズム精神」で教育された。

これらすべては、過去の「反ファシズム抵抗闘争」とほとんど無縁であり、それ以上に、否、ほとんどもっぱら社会主義統一党支配の正当化に役立てられるだけのものだった。反ファシズムとは、社会主義統一党の役に立つもののことだった。東ドイツの歴史家たちには、この目的を考慮すること、それをかれらの仕事によって実現することが義務とされた。わたしたちが知るかぎり、東ドイツでそれを拒否した例はほとんどない。東ドイツの抵抗運動研究家は、政治的な目標に奉仕し、歴史的に見て一方的で誤ったイデオロギーを普及させたのである。[107]

反ファシズムの概念を第一義的に反資本主義的なものと規定したことは、一面的で誤っていた。第一に、歴史的な抵抗は、全体として、また「客観的に、ブルジョア社会にファシズムが根をおろすことに反対」したものではなかったからである。[108] 教会闘争や一部の社会民主主義陣営からの抵抗と同じく、市民層の抵抗はナチス国家に向けられたものであって、「ブルジョア社会」全体に向けられたものではなかった。

一面的で誤っていた第二の点は、ドイツ共産党こそが最も重要な組織であり、抵抗闘争の指導勢力であったという、長い間主張されてきたテーゼである。八〇年代になってはじめて東ドイツのなかでも、共産党以外の抵抗グループ、とりわけ市民と軍人からなるグループの働きを再評価しようとする動きが出てきた。その先頭に立ったのはだれよりもポツダムの歴史家クゥルト・フィンカーである。[109] フィンカーの研究は、これまで反動的であるとして、なによりも反ソ的であるとして貶されてきた一九四四年七月二〇日の蜂起の、まさに「名誉回復」だった。[110] いささか遅きに失したとはいえ、それは正しいことであった。しかし、ここにも同じような政治的・イデオロギー的狙いがあった。東ドイツがシュタウフェンベルクのような抵抗の戦士を讃えるときは、それはつねに多少なりとも明瞭な意図のもとにおこなわれた。こうした人物を「反ファシズムの遺産」に組み込むことが必要だったからである。[111] この「シンデレラの原則」、つまり、「善い者は東ドイツに、悪い者は西ドイツに」帰属させるという原則によって、東ドイツの末期には、ルターやフリードリヒ大王、ビスマルクのようなドイツの偉人たちが、さらには、ラサールまでもが復権され、社会主義統一党によって、いわば「たくさんの遺産を残してくれたおじさん (Erbonkel)」として受け入れられた。[112]

一面的で誤っていた第三の点は、歴史的なドイツ共産党の行動がほとんど完全なまでに無批判のままに賛美され、その視点が東ドイツの抵抗史研究の細部にいたるまで浸透していたことにある。ドイツ共産党の犯した重大な誤りや致命的な怠慢は無条件で否認された。[113] ヴァイマル共和国の時代のブルジョア政府や社会民主党はいつも「ファシスト」もしくは「社会ファシスト」として誹謗され、ファシズムと戦っていたのはドイツ共産党だけであり、党はいくつかの「分派勢力」ではけっしてなかったとされた。一九三一年夏の社会民主党主導下のプロイセン政府にたいする、いわゆる赤と褐色の人民投票の場合にしても、一九三二年秋のベルリン交通労働者のストライキの場合にも、ドイツ共産党はナチ党と一時期協力関係にあった。ところが、一九三三年一月三〇日とそれ以後にドイツ共産党の側からの抵抗がほとんどなかった事実は、たしかに隠蔽されはしなかったが、十分な説明が与えられていない。やはり、ナチの権力獲得は同時にドイツ労働運動の歴史的な敗北だった。当時の革命的美辞麗句も後世のそれも、この事実を欺くことはできない。

ドイツ共産党の抵抗闘争についての叙述そのものが、最終的にはこの党のさまざまな過ちを明瞭に示している。たとえば、致命的な結果を招いた社会ファシズム・テーゼをドイツ共産党が一九三五年まで固執していたことについては通常、説明されていない。この時点で（また一九三三年以前から）おこなわれた統一戦線の呼びかけは、社会民主党の指導部にではなく、もっぱら一般の党員に向けられたものだった。つまり、当時のドイツ共産党の用語では「上からの統一戦線」ではなく、「下からの統一戦線」だけに利用されていた。さらに、当時の党指導部がファシストのテロルの規模とその強さを過小評価していたこと、そのために党の戦術と行動様式がゲシュタポの攻撃を誘発したことも、同じように隠されていた。[114]

その代わりに、一九三五年のコミンテルン第七回世界大会とドイツ共産党のいわゆるブリュッセル会議の後に、党はこれまでのさまざまな誤りのいくつかを修正したと繰り返し述べられている。[115] しかし、これは半分の真実にすぎない。[116] 社会ファシズム・テーゼは完全に克服されなかったし、ヒトラー＝スターリン協定ののちにそれはもう一度ラディカルに表現された。ようやく一九三五年になって——つまり、遅きに失した時点になって——民族統一戦線の戦術が決定され、それはのちに大いに賞賛されたが、それがドイツの抵抗運動のなかでどのような成果をもたらしたかについての、具体的な説明はほとんどない。「トロツキスト」たちは、本物のトロツキストもトロツキストとみなされた者も、最初から排除されていた。共産主義者たちはかれらと戦うことに全力を挙げ、なんのためらいもなく、相手をゲシュタポに売り渡した。一九三九年以後、スターリンの指令によって、ソ連に亡命していた共産主義者たちさえもが、直接ゲシュタポに引き渡された。[117] こうした（また、それ以外の）スターリンの犯罪行為は東ドイツにおいてはタブーだった。そして、このタブーは、長い間ラーゲリにいた東ドイツの歴史家たち自身によって、このうえない几帳面さで守られたのである。[118]

これらのすべてが、東ドイツの歴史家たちによって描き出された「反ファシズム抵抗闘争」の英雄的イメージと大きくくいちがっていることはだれの目にも明らかであろう。ここでは共産主義者の抵抗グループ内部でのスパイ事件[119]のような個々の事件にこれ以上立ち入ることはしないが、最後にもう一度、かつての抵抗運動が現代政治の道具として利用されただけではなく、その歴史的役割がこのうえなく過大評価されてきたことを指摘しておこう。東ドイツで一般におこなわれていた、一方にファシズムを、もう一方の側に反ファシズムを置くという二分法的な見方は——残念ながら！——歴史の現実とは合致しない。ドイツの抵抗は個々人の問題で、一口でいえば、国民《フォルク》なき抵抗であった。それは国民の大多数からあからさまに拒否されたのである。

「政府を倒すのに役立つものだけ」だったのか？

西ドイツでも、人びとは抵抗が個々人の問題であったことを認めようとしなかった。[120] ここでも、ドイツの抵抗については、その範囲と意味合いが久しく過大に評価されてきた。そこにも政治的な動機があったからである。[121] それは、なによりもまず、ドイツ人のすべてが狂信的なナチであったわけではない、抵抗した「もう一つのドイツ」も存在したことを外国にわかってもらおうとする努力であった。そうすることによって初めて、なぜドイツ人の「集団の罪」（もしくは、プロイセンの「ユンカー」、あるいは、ラインラントの「大工業家」の集団責任）についてものがいえないか、また、いうことが許されないかがわかってもらえる、と考えられたからである。[122][*]

こうした目標設定は、一九四八年にハンス・ロートフェルスによって書かれた、最初の、そして現在にいたるまで強い影響を残している、ドイツの抵抗に関する記述の全体のなかに、すでにはっきりと示されている。[123] ロートフェルスはその家系がユダヤ人であったためにドイツを去らねばならなかったが、かれは亡命先のアメリカにあっても変わることなく、保守的で、かつ、ドイツ的・国民的《ナショナル》な信条をもちつづけた。ドイツの抵抗についてのかれの叙述もその影響を受けている。かれは記述のすべてを、いわゆる教会闘争と、とりわけ、市民と軍人の抵抗に集中させている。したがって、ロートフェルスにとっては、一九四四年七月二〇日の事件こそが抵抗全般の「最も明白な」表現であった。これによって、かれはほかの抵抗グループの価値を低めているばかりでなく、抵抗の概念自体をより狭いものに限定し、抵抗の名に値するのは「政府を倒すのに役立つものだけ」としている。[124] ロートフェルスによれば、たんなる「体制の欠陥やその不十分さにたいする、個々の致命的な失政にたいする、腐敗堕落にたいする、あるいは、個人的、職業的領域での煩わしく腹立たしい干渉にたいする批判」は、抵抗とはいえない。[125]

一方では抵抗の概念を縮小化して抵抗をもっぱら市民と軍人のものとし、もう一方では教会闘争に考察を集中する、この二つの考え方が政治的な意図からきていることはだれの目にも明らかである。ロートフェルスが労働運動の抵抗の意義を、相対化したというよりも、ほとんど無視したのは、当時の社会主義統一党と同党による「反ファシズム」のイデオロギー化への反対であった。同時に、ロートフェルスは市民と軍人の抵抗を賞賛することによって、市民と軍人にたいする戦後の告発を否定した。軍人と市民のグループこそはナチの政権獲得にも、また、とりわけ東部地区における人種戦争にも責任がある、少なくとも連帯責任を負わなければならない、というのが戦後おこなわれた告発である。市民と軍人の抵抗はほんのわずかのグループと人物によって担われたものにすぎなかったが、それが存在したことは、第三帝国のなかでかれらが指導的地位を占めていたからである。ロートフェルスによる軍人と市民の賞賛は、西ドイツでも再びそうした地位を占めようとしている者たちの一種のアリバイとして役立てられた。[126]

しかし、六〇年代になって、このような抵抗概念のイデオロギー化は克服され、批判の対象とされた。冷戦の雪解けといった政治的理由がこれに決定的な役割を果たしたことは間違いない。この時期の研究は、対象の歴史化、つまり、抵抗を客観的に記述し、その価値を認めることに努めた。そこでは、労働運動の抵抗もはっきりと記述されるようになった。こうした動きは——東ドイツでなおざりにされた——共産主義者や社会主義者の小分派の抵抗に関するいくつかの研究から始まった。[127] つづいて、地方レベルにおける社会民主党や共産党の抵抗[128]や亡命中の抵抗[129]についての研究がおこなわれた。こうしたなかで「ローテ・カペレ」[130]や「自由ドイツ国民委員会（Nationalkomitee Freies Deutschland）」といった、冷戦時代には抵抗の名に値しないとされていたグループや、かつてそのメンバーであった人たち、西ドイツのジャーナリズムの世界では右派の政治家や評論家たちの誹謗の対象となっていたグループも考慮されるようになった。[131]

同時に、先に述べたようなこれまでの研究にみられる弁解的傾向は批判され、克服された。これは、劇作家ロルフ・ホーホフートの戯曲『神の代理人（Der Stellvertreter）』〔邦訳＝森川俊夫訳、一九六四年、白水社〕に触発された、ユダヤ人迫害にたいするカトリック教会の態度をめぐる論議から始まった。さらに、一九三三年に中央党が全権委任法を承認し、ついには自発的な解党の道を選んだのは、ヒトラーを政教条約に同意させようとしたカトリック教会の圧力によるものではなかったか、という問いが論議の中心になった。[132]

福音教会の陣営にたいしても、「ドイツ・キリスト者」の態度が明るみに出され、厳しく非難された。[133] さらに、いわゆる無傷の教会がとった戦術への批判、最終的には、告白教会のナチのユダヤ人政策や人種政策全般への反応にたいする批判がこれにつづいた。[134] しかし、いわゆる小宗派、とりわけエホヴァの証人の行動が注目されるようになったのはかなり後のことである。[135]

これまで大いに賞揚され、一部はアリバイとしても利用されてきた市民と軍人による抵抗グループさえも、こうした全面的な批判から免れることはできなかった。このグループが議会制民主主義への支持を明瞭に口にしていないこと、また、迫害されたユダヤ人を、[136]（さらに当然補足されるように）シンティ・ロマ、同性愛者、「反社会的分子」を、もっとはっきりと味方にしなかったことは残念であるとされた。さらに、ベックとゲルデラーのグループの試みにも厳しい批判が加えられた。かれらは、権威主義的な体制を、できれば君主主義的体制さえも導入しようと考えていた。その体制によって、外交の領域ではヨーロッパにおけるドイツのヘゲモニーを保持、もしくは、それを獲得しようと考えていた、という批判である。[137]

七〇年代以後には、それまで知られていなかった形態の抵抗や新しい抵抗グループが再び注目され、あるいは、新しく発見されるようになった。それは、とりわけ若者の抵抗、[138]女性の抵抗、[139]ユダヤ人の抵抗[140]などであった。ヒトラーを暗殺しようとしたヨーハン・ゲオルク・エルザー[141](**)のように、どの抵抗組織にも属さなかった個人も研究の対象に加えられた。ついには、西ドイツでも（東ドイツではすでに早くから知られていたが）強制収容所のなかにさえも抵抗があったことが知られるようになり、[142]逃亡兵や兵役拒否者までが抵抗者に加えられた。しかしこれにはジャーナリズムの一部からは鋭い批判があり、批判はいまもつづいている。[143]このように、抵抗についての研究が強化され、同時に、その範囲も拡大されていくなかで、さまざまな歴史家は抵抗概念そのものを拡大せよと主張している。

（＊）「集団の罪」というのは占領軍が強制収容所とホロコーストの恐るべき歴史事実から目を背けようとするドイツ国民を政治的に教育しようとして出した方針で、ナチの指導者だけでなく一般の国民にも罪があったとするテーゼであった。指導者と被支配者の大衆を区別しないこと、罪の問題を個人の良心の問題とせず、政治的な問題にしたことなどの点で、このテーゼは間違っていたが、頑迷なドイツ国民は頭からこの方針を拒否した。

（＊＊）一九〇三年生まれ、家具職人。一九三九年ミュンヒェンのビュルガーブロイケラーでヒトラーを暗殺しようとしたが果たせず、逮捕され、一九四五年ダッハウ強制収容所でSSに射殺された。

抵抗とは何か？

フリードリヒ・ツィップフェルは、すでに一九六五年に、「全体主義的国家の権力を妨害しようとした行動は、それが自身の存在を守るためか、集団の存在を守るためかを問わず、すべて〝抵抗〟とみなされるべきである」[144]といっている。また、オランダの歴史家ヘル・ヴァン・ローンはさらに一歩進めて次のようにいっている。「命じられた規範を拒否する者、いかなる領域においても〝画一統制〟を受容しようとしない者は、全体主義国家の指導者にとっては抵抗者であった」[145]。「ナチ時代のバイエルン」の研究プロジェクトに参加したメンバーたちは次のようなきわめて包括的な定義を提案している。

「抵抗とは、積極的か受動的かを問わず、なんらかの危険を冒して、ナチの体制、もしくは、ナチのイデオロギーの一部を拒否することを明らかにする行動のすべてを指すものと理解される。この抵抗概念には、保守的な立場からの抵抗、部分的な不服従、防衛的な反対行動の行動様式、非協調主義、政治的もしくは宗教的理由によって迫害もしくは差別された人たちとの連帯、世界観もしくは宗教上の信念の公然たる保持、もしくは、ナチス支配に向けられた直接行動、が含まれる」[146]。

かつて現代史研究所の所長であり、右記の研究プロジェクトの主任でもあったマルティン・ブローシャトはこうした抵抗概念の拡大には批判的だった。われわれは「抵抗概念のインフレーション的価値の引き下げ」に手を貸すのではなく、代わりに「抵抗の表現形式のさまざまな段階」と「反対行動の動機とその行動を規定した諸条件を説明」すべきである[147]。この「反対行動」は、順応から非協調主義的行動をへて「レジスタンス」、もしくは、政治的あるいは宗教的動機からの「抵抗」にいたる、さまざまな段階に分類される、とかれはいっている。

しかし、ブローシャトが提案した「価値観を伴わないレジスタンス(wertneutrale Resistenz)」と「価値観をともなう抵抗(werthafter Widerstand)」という概念の区別も批判を受けた。ブローシャトは、抵抗の概念をインフレーション的に拡大して、その概念の内容を空虚化することを恐れたのである。その恐れには十分な理由があった。事実、この当時ひろく展開されていた地方史や日常生活史的傾向を帯びたさまざまな研究は、極度に拡大解釈された抵抗の概念から出発していた。そこでは、一種の聖人伝のような傾向が生まれており、一部には、あたかも「大衆抵抗」もしくは「民族的反対派《フォルクスオポジチオーン》」のようなものが存在したかのような主張さえ生じていたからである。[148]

しかし、このような傾向はまもなく克服された。また、これは、かつての社会民主党や市民と軍人のグループの抵抗の指導的人物が――これらの人たちはさまざまな伝記のなかで弁護され、あるいは賞賛された――当時抱いていた政治理念にたいして、部分的に現代の政治意識からおこなわれる批判についても、いえることだった。[149] しかし、全体としてみるとき、七〇年代と八〇年代には一般的な共通認識があった。抵抗はどのようなグループ、どのような形態であっても正当に評価されるべきであり、政治的な判断はできるかぎり避けるべきだ、という認識である。[150] しかし、最近になってこの合意は疑問視されている。

合意の破綻か?

ベルリンの抵抗展示(*)の計画内容についての政界からの干渉は無視するとしても、[151] エルンスト・ノルテの見解――それによれば、非合法化されたドイツ共産党の活動は抵抗の名に値するものではない[152]――については、やはりここで少し触れておく必要があろう。しかし、こうしたノルテの挑発的な見解は論争相手からあっさり無視されている。かれの発言から引き起こされた歴史家論争のなかでは、ドイツの抵抗に関する叙述や評価はなんの役割も演じていない。[153]論争の焦点はアウシュヴィッツの回想とユダヤ人大量虐殺、および、それのもつ意味にあった。将来の「想起の文化」とそれの「儀式的特徴」に関する新しい考察に、ひとはドイツ人とユダヤ人自身による抵抗についての示唆を求めたが無駄であった。[154]

しかし、ジャーナリズムの世界では事情はすでにちがっていたし、いまもちがっている。抵抗の評価の変化を最もはっきりと示しているのは、新連邦州〔旧東独領の州〕でよくみられる手法である。病院、広場、通り、公共建築物が次々と抵抗の戦士の名に改名されている。これまで、そうした扱いを受けたのは共産主義者の抵抗の戦士「だけ」だったが、これも変わってきたようである。たとえば、ウーヴェ・バッケス、エックハルト・イェッセ、ライナー・ツィーテルマンの三人はその共著のなかで、ナチス国家――それはかれらの見解によれば「良い面」もあって、「進歩的社会政策」を推進していた――を攻撃した「謀反者」たちを「周辺集団」とみなしている。[155]ツィーテルマンは、自著のヒトラー伝のなかで七月二〇日の謀反者に反動的な動機だけを見ている。反動的だったからこそかれらは「進歩的な」第三帝国に刃向かったのだ、とツィーテルマンはいっている。[156]

もっと右寄りの著者たちからは、すでに克服されたと信じられてきた、抵抗の中心人物を裏切り者として非難する声が再び挙がるようになった。こうした流れのなかで、すでに述べたように、これまでごく少数の右翼の政治家や歴史学界のアウトサイダーしか口にしなかった提案が取りあげられるようになった。自由ドイツ国民委員会とか、ローテ・カペレと呼ばれたグループ、さらには共産主義者による抵抗のすべては、もはや抵抗とはみなされるべきではない、当然、その成員には、生存者も死者も含めて、敬意を表する理由はない、とする提案である。[157]このように抵抗の重要部分を除外すること、もしくは評価の引き下げをおこなうこと――そこにあるものは政治的動機だけで、学問的根拠はまったくない――によって、抵抗は、いかなる集団であれ、それ自体として尊敬すべきだ、としたこれまでの合意がいま脅威にさらされている。[158]

一九八九／九〇年以後、いっそう盛んにおこなわれるようになった、第三帝国における抵抗を東ドイツにたいする反抗と比較し、さらには、両者を同一視しようとする試みについても、わたしは疑義を感じている。それは、第三帝国の暴力的性格と（反ナチの）抵抗の戦士の自己犠牲にたいする過少評価につながると考えるからである。[159]

（＊）「ドイツ抵抗運動記念館（Gedenkstätte Deutscher Widerstand）」はシュタウフェンベルク街一三―一四番地にある。ナチス時代に国防軍最高司令部のあった場所、七月二〇日事件の歴史的な場所である。ここが記念館になり一九五三年以来。抵抗運動の膨大な史料が展示されている。七月二〇日事件ばかりでなく、エルザーや社会主義者、労働運動の抵抗も展示されている。そのためとりわけ五〇年代には政治的圧力がかかったらしいが、学者や市民の力でたえず展示は更新・充実されている。

原註

総統国家か、階級国家か、それとも人種国家か？

（1）これについては次のような概論的研究がある。Wolfgang Wippermann, Forschungsgeschichte und Forschungsprobleme, in: ders. (Hrsg.), Kontroversen um Hitler, Frankfurt/M. 1986, S. 13-116; Ian Kershaw, Der NS-Staat. Geschichtsinterpretationen und Kontroversen im Überblick, Reinbek 1988. ナチズム研究の政治的意味については次も参照のこと。Norbert Frei, Vergangenheitspolitik. Die Anfänge der Bundesrepublik und die NS-Vergangenheit, München 1996.

（2）ナチズムをファシズムと呼ぶことは当時はまだ左翼のあいだでしかおこなわれていなかった。これについては次を参照のこと。Wolfgang Wippermann, Faschismustheorien. Die Entwicklung der Diskussion von den Anfängen bis heute, Darmstadt 7. Aufl. 1997, S. 1ff.

（3）Wolfgang Wippermann, Zur Analyse des Faschismus. Die sozialistischen und kommunistischen Faschismustheorien 1921-1945, Frankfurt/M. 1981, S. 59ff.; Hermann Weber, Hauptfeind Sozialdemokratie. Strategie und Taktik der KPD 1929-1933, Düsseldorf 1982; Leonid Luks, Entstehung der kommunistischen Faschismustheorie. Die Auseinandersetzung mit Faschismus und Nationalsozialismus 1921-1935, Stuttgart 1985; Wippermann, Faschismustheorien, S. 28ff.

（4）これについては次をみられたい。Wolfgang Wippermann, Europäischer Faschismus im Vergleich 1922-1982, Frankfurt/M. 1983; Stanley G. Payne, A History of Fascism 1914-1945, London 1995.

（5）Protokoll des XIII. Plenums des EKKI, Dezember 1933, Moskau-Leningrad 1934, S. 277.

（6）これについてはとりわけ次の研究を参照されたい。Wippermann, Zur Analyse des Faschismus, S. 9 ff.; Wolfgang Saggau, Faschismustheorien und antifaschistische Strategien in der SPD, Köln 1981; Wolfram Pyta, Gegen Hitler und die Republik. Die Auseinandersetzungen der deutschen Sozialdemokratie mit der NSDAP in der Weimarer Republik, Düsseldorf 1989.

（7）これについては次の研究を参照されたい。Wolfgang Wippermann, Die Bonapartismustheorie von Marx und Engels, Stuttgart 1983, S. 201ff.; ders., Faschismustheorien, S. 65ff. ここでくわしく論じられた著書のなかでも特筆されなければならないのは以下の著書である。

Arkadij Gurland, Das Heute der proletarischen Agitation. Hemmnisse und Wandlungen im Klassenkampf, Berlin 1931.

（8）とりわけ次を参照されたい。Leo Trotzki, Wie wird der Nationalsozialismus geschlagen?, Frankfurt/M. 1971. ファシズム論に関してドイツ共産党反対派タールハイマーやその他の党員のもっとも重要な論文は次の著書にある。Gruppe Arbeiterpolitik (Hrsg.), Der Faschismus in Deutschland. Analysen der KPD-Opposition aus den Jahren 1928 bis 1933, Frankfurt/M. 1973.

（9）Rudolf Hilferding, Das historische Problem, (zuerst: 1940) in: Zeitschrift für Politik NF 1, 1954, S. 293-324.

（10）Ernst Fraenkel, Der Doppelstaat, Frankfurt/M. 1974 (zuerst: New York 1940).［E・フレンケル著、中道寿一訳『二重国家』ミネルヴァ書房、一九九四年］

（11）Franz L. Neumann, Behemoth. Struktur und Praxis des Nationalsozialismus 1933-1944, Frankfurt/M. 1977, (zuerst: New York 1944).［フランツ・ノイマン著、岡本友孝訳『ビヒモス——ナチズムの構造と実際』みすず書房、一九六三年］

（12）Wilhelm Reich, Massenpsychologie des Faschismus, Kopenhagen 1934.［ヴィルヘルム・ライヒ著、平田武靖訳『ファシズムの大衆心理』（上・下）、せりか書房、一九八六年］

（13）Theodor W. Adorno u. a., The Authoritarian Personality. Studies in Prejudice, New York 1950［T・W・アドルノ著、田中義久・矢沢修次郎・小林修一訳『権威主義的パーソナリティ』青木書店、一九八〇年］; Erich Fromm, Die Furcht vor der Freiheit, Zürich 1945［エーリッヒ・フロム著、日高六郎訳『自由からの逃走』東京創元社、一九六五年］; Max Horkheimer, Die Juden und Europa, in: Zeitschrift für Sozialforschung 8, 1939/40, S. 115-137.

（14）精神分析のファシズム論については以下を参照されたい。Wippermann, Faschismustheorien, S. 76ff.; ders., Faschismus und Psychoanalyse. Forschungsstand und Forschungsperspektiven, in: Bedrich Loewenstein (Hrsg.), Geschichte und Psychoanalyse. Annäherungsversuche, Pfaffenweiler 1992, S. 261-274. Hans-Martin Lohmann (Hrsg.), Psychoanalyse und Nationalsozialismus. Beiträge zur Bearbeitung eines unbewältigten Traumas, Frankfurt/M. 1984.

（15）特有の道というテーゼはもともとドイツ国家主義的歴史記述のなかで生まれた。これについては次を参照のこと。Bernd Faulenbach, Ideologie des deutschen Weges. Die deutsche Geschichte in der Historiographie zwischen Kaiserreich und Nationalsozialismus, München 1980.

（16）これについては次を参照されたい。Wolfgang Wippermann, Der »deutsche Drang nach Osten«. Ideologie und Wirklichkeit eines politischen Schlagwortes, Darmstadt 1981.

（17）たとえば次の書である。William Montgomely McGovern, From Luther to Hitler. The History of Fascist-Nazi Philosophy, New York 1946.

(18) Robert Gilbert Vansittart, Black Record. German Past and Present, London 1941; ders., The German Octopus, London 1945.

(19) これについては詳細な文献指示のある次を参照。Christoph Kleßmann, Die doppelte Staatsgründung. Deutsche Geschichte 1945-1955, Bonn 4. Aufl. 1986.［クリストフ・クレスマン著、石田勇治・木戸衛一訳『戦後ドイツ史 1945-1955——二重の建国』未來社、一九九五年］

(20) Friedrich Meinecke, Die deutsche Katastrophe. Betrachtungen und Erinnerungen, Wiesbaden 5. Aufl. 1956 (zuerst: 1946)［マイネッケ著、矢田俊隆訳『ドイツの悲劇』中央公論社、一九七四年］。またこの後の記述については以下を参照されたい。Wolfgang Wippermann, Friedrich Meineckes »Die deutsche Katastrophe«. Ein Versuch zur deutschen Vergangenheitsbewältigung, in: Michael Erbe (Hrsg.), Friedrich Meinecke heute, Berlin 1982, S. 110-121.

(21) In: Friedrich Meinecke, Werke, Bd. 5, München 1960.［フリードリッヒ・マイネッケ著、矢田俊隆訳『世界市民主義と国民国家——ドイツ国民国家発生の研究』（全二巻）、岩波書店、一九六八／七二年］

(22) In: Friedrich Meinecke, Werke, Bd. 1, München 1976.［フリードリッヒ・マイネッケ著、菊盛英夫・生松敬三訳『近代史における国家理性の理念』岩波書店、一九七六年］

(23) Meinecke, Die deutsche Katastrophe, S. 9f.［マイネッケ著『ドイツの悲劇』前掲書］

(24) ここでいわれているのは一八九四年に創立された「ドイツ東部国境地方協会（Deutsche Ostmarken Verein）」で、協会のメンバーが Hansemann, Kennemann, Tiedemann であるところからその創立者の頭文字をとって »Hakatisten« とも呼ばれた。

(25) A. a. O., S. 28, 39 u. 49.

(26) Gerhard Ritter, Europa und die deutsche Frage. Betrachtungen über die geschichtliche Eigenart des deutschen Staatsdenkens, München 1948. 増補版が一九六二年に以下のタイトルで新たに出版された。Gerhard Ritter, Das deutsche Problem. Grundfragen deutschen Staatslebens gestern und heute, München 1962. さらに次の著書も参照されたい。Gerhard Ritter, Die Dämonie der Macht. Betrachtungen über Geschichte und Wesen des Machtproblems im politischen Denken der Neuzeit, München 1948［ゲルハルト・リッター著、西村貞二訳『権力思想史——近世の政治的思惟における権力問題の歴史および本質に関する考察』みすず書房、一九五三年］; ders., Geschichte als Bildungsmacht. Ein Beitrag zur historisch-politischen Neubesinnung, Stuttgart 2. Aufl. 1947.［同著、島田雄次郎訳『教育力としての歴史』創文社、一九五七年］

(27) Ritter, Europa und die deutsche Frage, S. 140.

(28) A. a. O., S. 193.

(29) なによりも次の伝記を参照されたい。Walter Görlitz/H. A. Quint, Adolf Hitler. Eine Biographie, Stuttgart 1952; Helmut Heiber, Adolf

Hitler. Eine Biographie, Berlin 1960; Hans-Bernd Gisevius, Adolf Hitler. Versuch einer Deutung, München 1963. その他のヒトラー伝記については本訳書二三頁を参照のこと。

(30) 全体主義論の起源と発展については次の著作を参照。Wolfgang Wippermann, Totalitarismustheorien. Die Entwicklung der Diskussion von den Anfängen bis heute, Darmstadt 1997.

(31) これについて、またこの後については、次を参照。Kershaw, Der NS-Staat, S. 11ff.; Wippermann, Forschungsgeschichte und Forschungsprobleme, bes. S. 44ff.

(32) 東ドイツのファシズム論の学問的・政治的批判については次を参照。Wolfgang Wippermann, Antifaschismus in der DDR. Wirklichkeit und Ideologie, Berlin 1980; ders., Faschismustheorien, S. 58ff.; Ulrich Herbert/Olaf Groehler, Zweierlei Bewältigung. Vier Beiträge über den Umgang mit der NS-Vergangenheit in den beiden deutschen Staaten, Hamburg 1992.

(33) 東ドイツの歴史家たちのその他の研究、とりわけテロルの諸組織、社会・経済政策、また戦争と経済状態についての研究については、この後の適当な章で逐次言及し、しかるべき評価をおこなう。

(34) Carl Joachim Friedrich/Zbigniew Brzezinski, Totalitarian Dictatorship and Autocracy, Cambridge 1956; Carl Joachim Friedrich, Totalitäre Diktatur, Stuttgart 1957.

(35) これについての詳細は次を参照。Wippermann, Totalitarismustheorien, S. 35ff.

(36) 次の著作にはきわめて対立的な議論がみられる。Totalitarismus und Faschismus. Eine wissenschaftliche und politische Begriffskontroverse. Colloquium im Institut für Zeitgeschichte, München 1980.

(37) Ernst Nolte, Der Faschismus in seiner Epoche. Die Action française. Der italienische Faschismus. Der Nationalsozialismus, München 1963. この後については以下を参照されたい。Wolfgang Wippermann, Vom »erratischen Block« zum Scherbenhaufen. Rückblick auf die Faschismusforschung, in: Thomas Nipperdey u. a. (Hrsg.), Weltbürgerkrieg der Ideologien. Antworten an Ernst Nolte. Festschrift zum 70. Geburtstag, Berlin 1992, S. 207-215.

(38) Ernst Nolte, Die Krise des liberalen Systems und die faschistischen Bewegungen. München 1968.

(39) これについてさらにくわしいことは次を参照されたい。Wippermann, Europäischer Faschismus im Vergleich.

(40) Reinhard Kühnl, Formen bürgerlicher Herrschaft. Liberalismus - Faschismus, Reinbek 1971.［R・キューンル著、伊集院立訳『自由主義とファシズム――ブルジョア支配の諸形態』大月書店、一九七七年］

(41) たとえば、とりわけイタリア人でファシズムとムッソリーニ伝記の研究者による次の著作を参照されたい。Renzo De Felice, Der

Faschismus. Ein Interview mit Michael A. Ledeen, Stuttgart 1977.

（42）とりわけイスラエルの歴史家ザウル・フリートレンダーの次の著作を参照されたい。Saul Friedländer, Kitsch und Tod. Der Widerschein des Nazismus, München 1984.〔サユル・フリードレンダー著、田中正人訳『ナチズムの美学――キッチュと死についての考察』社会思想社、一九九〇年〕

（43）Karl Dietrich Bracher, Zeitgeschichtliche Kontroversen. Um Faschismus, Totalitarismus, Demokratie, München 1976.

（44）Hans-Hellmuth Knütter, Hat der Rechtsradikalismus in der Bundesrepublik eine Chance, in: Bundesminister des Innern (Hrsg.), Sicherheit in der Demokratie. Die Gefährdung des Rechtsstaates durch Extremismus, Köln 1982, S. 113.

（45）以下については次の著作を参照。Georg G. Iggers, Die Deutsche Geschichtswissenschaft. Eine Kritik der deutschen Geschichtswissenschaft von Herder bis zur Gegenwart, München 1971; ders., Geschichtswissenschaft im 20. Jahrhundert, Göttingen 1993.〔ゲオルク・G・イッガース著、早島瑛訳『20世紀の歴史学』晃洋書房、一九九六年〕。さらに次を参照されたい。Hans-Ulrich Wehler, Geschichtswissenschaft heute, in: Jürgen Habermas (Hrsg.), Stichworte zur »Geistigen Situation der Zeit«. Bd. 1-2 Frankfurt/M. 1979, Bd. 2, S. 739-742; Wolfgang J. Mommsen, Gegenwärtige Tendenzen in der Geschichtsschreibung der Bundesrepublik, in: Geschichte und Gesellschaft 7, 1981, S. 149-188.

（46）次の著書にはこの論争に関するさまざまな論文が抄録されている。Jürgen Kocka/Thomas Nipperdey (Hrsg.), Theorie der Geschichte. Beiträge zur Historik, München 1979.

（47）Fritz Fischer, Griff nach der Weltmacht, Düsseldorf 1961.〔フリッツ・フィッシャー著、村瀬興雄監訳『世界強国への道――ドイツの挑戦 1914-1918年』（全二巻）、岩波書店、一九七二／八三年〕

（48）Fritz Fischer, Der Erste Weltkrieg und das deutsche Geschichtsbild. Beiträge zur Bewältigung eines historischen Tabus, Düsseldorf 1977; ders., Bündnis der Eliten. Zur Kontinuität der Machtstrukturen in Deutschland 1871-1945, Düsseldorf 1979. これについて、またいわゆるフィッシャー論争については次をみられたい。Imanuel Geiss, Die Fischer-Kontroverse. Ein kritischer Beitrag zum Verhältnis zwischen Historiographie und Politik in der Bundesrepublik, in: ders., Studien über Geschichte und Geschichtswissenschaft, Frankfurt/M. 1972, S. 108-198; Volker Berghahn, Die Fischerkontroverse - 15 Jahre danach, in: Geschichte und Gesellschaft 6, 1980, S. 403- 419.

（49）Hans-Ulrich Wehler, Bismarck und der Imperialismus, Berlin 1969; ders., Krisenherde des Kaiserreiches 1871-1918. Studien zur deutschen Sozial- und Verfassungsgeschichte, Göttingen 1970; ders., Das Deutsche Kaiserreich 1871-1918, Göttingen 1973.〔ハンス－ウルリヒ・ヴェーラー著、大野英二・肥前栄一訳『ドイツ帝国 1871-1918年』未來社、一九八三年〕

（50）Andreas Hillgruber, Politische Geschichte in moderner Sicht, in: Historische Zeitschrift 216, 1973, S. 529-552; Klaus Hildebrand, Geschichte oder »Gesellschaftsgeschichte«? Die Notwendigkeiten einer politischen Geschichtsschreibung von den internationalen Beziehungen, in: Historische Zeitschrift 223, 1976, S. 328-357. これにたいする反論は以下の著作。Hans-Ulrich Wehler, Moderne Politikgeschichte oder »Große Politik der Kabinette«?, in: Geschichte und Gesellschaft 1, 1975, S. 344-369; ders., Kritik und kritische Antikritik, in: Historische Zeitschrift 225, 1977, S. 347-384.

(51) Klaus Hildebrand, Deutsche Außenpolitik 1933-1945. Kalkül oder Dogma?, Stuttgart 1971; ders., Hitlers Ort in der Geschichte des preußisch-deutschen Nationalstaates, in: Historische Zeitschrift 217, 1973, S. 584-632; Andreas Hillgruber, Kontinuität oder Diskontinuität in der deutschen Außenpolitik von Bismarck bis Hitler, Düsseldorf 1969; ders., Die »Endlösung« und das deutsche Ostimperium als Kernstück des rassenideologischen Programms des Nationalsozialismus, in: ders., Deutsche Großmacht- und Weltpolitik im 19. und 20. Jahrhundert, Düsseldorf 1977, S. 252-275; auch in: Wippermann (Hrsg.), Kontroversen um Hitler, S. 218-247; Thomas Nipperdey, 1933 und die Kontinuität der deutschen Geschichte, in: Historische Zeitschrift 226, 1978, S. 86-111.

(52) ヒルデブラントはこの意図主義的テーゼをかれの第三帝国の歴史記述で主張している。Klaus Hildebrand, Das Dritte Reich, München 1979.［クラウス・ヒルデブラント著、中井晶夫・義井博訳『ヒトラーと第三帝国』南窓社、一九八七年］

(53) Hans Mommsen, Nationalsozialismus, in: Sowjetsystem und demokratische Gesellschaft, Bd. 4, Freiburg 1971, S. 702.

(54) このテーゼを最もうまく説明しているのは次である。Martin Broszat, Der Staat Hitlers, München 1969.

(55) この問題について意見の対立とその立場をくわしく示す論文集が次である。Gerhard Hirschfeld/Lothar Kettenacker (Hrsg.), Der Führerstaat: Mythos und Realität, Stuttgart 1981. この論文集は、一九七九年イギリスのウィンザーでおこなわれた会議の報告を収録している。この会議ではじめて対立がエスカレートし、激烈な論「戦」が引き起こされたが、「戦い」にはだれよりもクラウス・ヒルデブラントが関与している。これについては次を参照。Kershaw, Der NS-Staat, S. 125f.

(56) これについては本訳書九五頁以下と一八三頁以下にくわしく取り上げられる。

(57) これについては次の著作を参照されたい。Wippermann, Forschungsgeschichte und Forschungsprobleme, S. 85ff.; Eberhard Jäckel, Literaturbericht. Rückblik auf die sogenannte Hitler-Welle, in: Geschichte in Wissenschaft und Unterricht 28, 1977, S. 695-710.

(58) Joachim C. Fest, Hitler. Eine Biographie, Berlin-Frankfurt/M. 1973.［ヨアヒム・フェスト著、赤羽龍夫・関楠生・永井清彦・佐瀬昌盛訳『ヒトラー』（上・下）、河出書房新社、一九七五年］。これについては次の批判を参照。Hermann Graml, Probleme einer Hitler-Biographie. Kritische Bemerkungen zu Joachim C. Fest, in: Vierteljahrshefte für Zeitgeschichte 22, 1974, S. 76-92.

(59) Sebastian Haffner, Anmerkungen zur Hitler, München 1978.［セバスチャン・ハフナー著、赤羽龍夫訳『ヒトラーとは何か』草思社、一

九七九年」。ハフナーの「注解」も〝ヒトラーという要因〟を過大評価している。

(60) Rainer Zitelmann, Adolf Hitler. Eine politische Biographie, Göttingen 1989. ここではヒトラーは、「近代的《モデルン》」であるばかりでなく「進歩的でもある社会政策」を押し進めた「社会革命家」とされている。次も同様である。Enrico Syring, Hitler. Seine politische Utopie, Berlin 1994.

(61) Marlis Steinert, Hitler, München 1994. 伝記とナチズムの構造分析を結びつけようとするシュタイナートの試みは、残念ながら失敗に終わっている。

(62) Kurt Pätzold/Manfred Weißbecker, Adolf Hitler. Eine politische Biographie, Leipzig 1996. この有名な二人のマルクス主義歴史家は「歴史理論」のモデルを適用することを意識的に断念し、ヒトラーの「考え、計画、行為」を実証的になぞることに賛成している。

(63) ヒトラー研究者といわれるヴェルナー・マーザーはさまざまな書物でヒトラーの生涯を隙間なく再現しようとしており、多かれ少なかれさして重要でないディテールを報告しているが、かれの研究は全体としては不十分なものである。とくに次をみられたい。Werner Maser, Adolf Hitler. Legende-Mythos-Wirklichkeit, Köln 1971.［ヴェルナー・マーザー著、黒川剛訳『人間ヒトラー――ヒトラー伝（第一巻）』『政治家ヒトラー――ヒトラー伝（第二巻）』サイマル出版会、一九七六年］

(64) とりわけここで言及しておかなければならないのはルドルフ・ビニオンの「（……）君たちがわたしを見つけたこと」という叙述である。Rudolf Binion, Hitler und die Deutschen. Eine Psychohistorie, Stuttgart 1978. ビニオンは、きわめて問題の多い資料に依拠して、ヒトラーと「ドイツ人」の心理的欠陥を無理やり結びつけようとしている。

(65) これについてはカーショーのすぐれた研究を参照。Ian Kershaw, Der Hitler-Mythos. Volksmeinung und Propaganda im Dritten Reich, Stuttgart 1980.［Ian Kershaw, The Hitler Myth. Image and Reality in the Third Reich, Oxford University Press 1992. イアン・ケルショー著、柴田敬二訳『ヒトラー神話――第三帝国の虚像と実像』刀水書房、一九九三年］

(66) Wolfgang Wippermann, Hitler und die Historiker, in: Evangelische Kommentare 1/1996, S. 35-38. カーショーが予告したヒトラー伝でこの問題を解決するかどうかは、その出版を待たなければならない。

(67) これについては次を参照。Wippermann, Faschismustheorien, S. 80ff.

(68) Franz Borkenau, Zur Soziologie des Faschismus, in: Archiv für Sozialwissenschaft und Sozialpolitik 68, 1933. これは Ernst Nolte (Hrsg.), Theorien über den Faschismus, Berlin 1967, S. 156-181 に収録されている。

(69) Karl Otten, Geplante Illusionen. Eine Analyse des Faschismus, Frankfurt/M. 1989 (zuerst: London 1942).

(70) Ralf Dahrendorf, Gesellschaft und Demokratie in Deutschland, München 1965.

(71) David Schoenbaum, Die braune Revolution. Eine Sozialgeschichte des Dritten Reichs, Köln 1968 (engl.: The Social Revoluiton, New York 1966).

［D・シェーンボウム著、大島通義・大島かおり訳『ヒットラーの社会革命――1933-39年のナチ・ドイツにおける階級とステイタス』而立書房、一九七八年］
(72) Henry Ashby Turner, Faschismus und Anti-Modernismus, in: ders., Faschismus und Kapitalismus in Deutschland, Göttingen 1972, S. 157-182.
(73) Horst Matzerath/Heinrich Volkmann, Modernisierungstheorie und Nationalsozialismus, in: Jürgen Kocka (Hrsg.), Theorien in der Praxis des Historikers, Göttingen 1977, S. 86-116.
(74) Peter Flora, Modernisierungsforschung. Zur empirischen Analyse der gesellschaftlichen Entwicklung, Opladen 1974; Hans-Ulrich Wehler, Modernisierungstheorie und Geschichte, Göttingen 1975.［H・U・ヴェーラー著、山口定訳『近代化理論と歴史学』未來社、一九七七年］
(75) これについては、きわめて啓発的な次の研究を参照。Werner Abelshauser/Anselm Faust, Wirtschafts- und Sozialpolitik. Eine nationalsozialistische Sozialrevolution, Tübingen 1983 (= Nationalsozialismus im Unterricht, Studieneinheit 4, Deutsches Institut für Fernstudien an der Universität Tübingen).
(76) 同じような批判的な結果に達したものに次の研究がある。Jens Alber, Nationalsozialismus und Modernisierung, in: Kölner Zeitschrift für Soziologie und Sozialpsychologie 41, 1988, S. 346-365. また次の批判を参照されたい。Hans Mommsen, Nationalsozialismus als vorgetäuschte Modernisierung, in: Walther H. Pehle (Hrsg.), Der historische Ort des Nationalsozialismus. Annäherungen, Frankfurt/M. 1990, S. 31-46, S. 37.「たしかにナチのプロパガンダは今日の予防国家（Vorsorgestaat）の成果とみられるものを先取りしているように見える。しかしそこでは破壊的な特徴をもつものだけが実現されたにすぎない。〝役立たずの寄生分子〟を除去すること、〝生きる価値のない生命〟を殺戮し、いわゆる反社会的な分子、もしくはそのような傾向をもつ分子を抹殺し、もはや労働能力をもたない老人を住民から除去することである。」
(77) Detlev Peukert, Volksgenossen und Gemeinschaftsfremde. Anpassung, Ausmerze und Aufbegehren unter dem Nationalsozialismus, Köln 1982.［デートレフ・ポイカート著、木村靖二・山本秀行訳『ナチス・ドイツ　ある近代の社会史――ナチ支配下の「ふつうのひとびと」の日常』三元社、一九九一年］
(78) この批判はポーランドの社会学者ジクムント・バウマンのテーゼについてもいえる。バウマンによれば、ジェノサイドを可能にしたのは、まさに「現代人《モデルネ》」そのものであった。Zygmunt Bauman, Moderne und Ambivalenz. Das Ende der Eindeutigkeit, Hamburg 1992.
(79) Lutz Niethammer (Hrsg.), »Die Jahre weiß man nicht, wo man die heute hinsetzen soll«. Faschismuserfahrung im Ruhrgebiet, Bonn 1983.
(80) Martin Broszat u. a., Von Stalingrad bis zur Währungsreform. Zur Sozialgeschichte des Umbruchs in Deutschland, München 1988.
(81) Martin Broszat, Nach Hitler. Der schwierige Umgang mit unserer Geschichte, München 1986, bes. S. 159ff., (zuerst: ders., Plädoyer für eine Historisierung des Nationalsozialismus, in: Merkur 3, 1985, S. 375-385).

(82) ブローシャトはこの非難にたいして自己弁護している。この論争については以下をみられたい。Martin Broszat/Saul Friedländer, Dokumentation. Ein Briefwechsel um die Historisierung des Nationalsozialismus, in: Vierteljahrshefte für Zeitgeschichte 36, 1988, S. 339-372.

(83) わたしはここでハンス＝ウルリヒ・ヴェーラーの判断に与する。Hans-Ulrich Wehler, Entsorgung der deutschen Vergangenheit? Ein polemischer Essay zum »Historikerstreit«, München 1988.

(84) David Blackbourn/Geoffrey Eley, Mythen deutscher Geschichtsschreibung, Frankfurt/M. 1980; David P. Calleo, Legende und Wirklichkeit der deutschen Gefahr. Neue Aspekte zur Rolle Deutschlands in der Weltgeschichte von Bismarck bis heute, Bonn 1981. 同じような論証が次の諸論文にもみられる。Klaus Hildebrand, Deutscher Sonderweg und »Drittes Reich«, in: Wolfgang Michalka (Hrsg.), Die Nationalsozialistische Machtergreifung, Paderborn 1984, S. 392-394; ders., Der deutsche Eigenweg, in: Manfred Funke u. a. (Hrsg.), Festschrift Karl Dietrich Bracher, Düsseldorf 1987, S. 15-34. 次の議論も参照のこと。Institut für Zeitgeschichte (Hrsg.), Deutscher Sonderweg - Mythos oder Realität, München 1982. 「特有の道テーゼ」への完全な拒否は次の諸論文にみられる。Geiss, Hysterikerstreit, S. 188ff.; Nolte, Streitpunkte, S. 105ff. Weißmann, Rückruf in die Geschichte, S. 126ff.

(85) これにたいする鋭い批判には次がある。Hans-Ulrich Wehler, Preußen ist wieder chic ... Politik und Polemik in zwanzig Essays, Frankfurt/M. 1983, bes. S. 19ff.

(86) この後については次を参照のこと。»Die Dogmen der Geopolitik als Denkverbot« in: Wehler, Entsorgung der deutschen Vergangenheit, S. 174ff.

(87) Helmut Boockmann u. a., Mitten in Europa. Deutsche Geschichte, Berlin 1984; Hagen Schulze, Wir sind, was wir geworden sind. Vom Nutzen der Geschichte für die deutsche Gegenwart, München 1987; Michael Stürmer, Das ruhelose Reich. 1866-1918, Berlin 1983; ders., Dissonanzen des Fortschritts, München 1986. ドイツの過去と現在に関する、このような地政学理論の急進化については本訳書二九頁以下を参照されたい。

(88) 最も重要な論文——その大部分は新聞紙上の論説（!）だった——は以下に収録されている。»Historikerstreit«. Die Dokumentation der Kontroverse um die Einzigartigkeit der nationalsozialistischen Judenverfolgung, München 1987.［J・ハーバーマス、E・ノルテほか著、徳永恂・清水多吉・三島憲一ほか訳『過ぎ去ろうとしない過去——ナチズムとドイツ歴史家論争』人文書院、一九九五年、抄訳］

(89) Ernst Nolte, Vergangenheit, die nicht vergehen will, in: Frankfurter Allgemeine Zeitung 6. 6. 1986, in: Historikerstreit, S. 39-47.

(90) たとえばノルテの著書『その時代のなかのファシズム（Der Faschismus in seiner Epoche）』についてのわたしの解釈は次にある。Wippermann, Faschismustheorien, 2. Aufl., S. 77. ノルテはすでに一九七九年に、これに反駁している。Ernst Nolte, Despotismus - Totalitarismus - Freiheitliche Gesellschaft. Drei Grundbegriffe im westlichen Selbstverständnis, in: ders., Was ist bürgerlich?, Stuttgart 1979, S. 114-133.

(91) Ernst Nolte, Der europäische Bürgerkrieg 1917-1945. Nationalsozialismus und Bolschewismus, Berlin 1987.

(92) ハンス＝ウルリヒ・ヴェーラーはとくに断固とした姿勢を示している。Hans-Urlich Wehler, Entsorgung der deutschen Vergangenheit? Ein polemischer Essay zum »Historikerstreit«, München 1988.

(93) Dan Diner (Hrsg.), Ist der Nationalsozialismus Geschichte? Zur Historisierung des Historikerstreits, Frankfurt/M. 1987. これの大部分の執筆者はそういう意見である。

(94) きわめてはっきりした意見を示しているのは次のものである。Dan Diner, Zwischen Aporie und Apologie. Über Grenzen der Historisierbarkeit des Nationalsozialismus, in: ders. (Hrsg.), Ist der Nationalsozialismus Geschichte?, S. 62-73. 七三頁にはこう書かれている。「アウシュヴィッツは理解できる者がいない場所だ。理解のブラックボックスだ。歴史理解を吸い取る、のみならず、歴史の外にある意味をも呑み込んでしまう、真空だ」。

(95) Hanno Loewy (Hrsg.), Holocaust: Die Grenzen des Verstehens. Eine Debatte über die Besetzung der Geschichte, Reinbek 1992. しかしこの論文集のすべての執筆者がこの「理解の限界」というテーゼに賛成しているわけではない。

(96) 以下については次を参照されたい。Wolfgang Wippermann, Wessen Schuld? Vom Historikerstreit zur Goldhagen-Kontroverse, Berlin 1997.［ヴォルフガング・ヴィッパーマン著、増谷英樹ほか訳『ドイツ戦争責任論争――ドイツ「再」統一とナチズムの「過去」』未來社、一九九九年］

(97) ヴァイスマンの次のような勝ち誇った発言を参照。Karlheinz Weißmann, Rückruf in die Geschichte. Die deutsche Herausforderung, Berlin 1992, S. 48.「〝歴史家論争〟はたしかに〝啓蒙・原理主義者たち〟の勝利に終わった。しかしそれは見せかけの勝利だった。論争は独立し、ナチズムを〝歴史化〟せよという要求がますます強くなり、その要求は確実なものになった。ここでは、かつての党派的境界を越えて物事を新しい視点でみることを求める若い歴史家が重要な役割を演じているから、行きつく先はもう目に見えている。共産主義の崩壊以後におこなわれたもう一つの大きな全体主義体制の現実との対決は、どこかで生まれていた〝パラダイム・チェンジ〟を早めただけだ」。

(98) たとえば次の研究がある。Ulrich Herbert, Der Holocaust in der Geschichtsschreibung der Bundesrepublik Deutschland, in: ders./Groehler, Zweierlei Bewältigung, S. 67-86, S. 82.

(99) 例を挙げると次の諸研究がある。Klaus Hornung, Das totalitäre Zeitalter. Bilanz des 20. Jahrhunderts, Berlin 1993; Uwe Backes/Eckhard Jesse, Totalitarismus und Totalitarismusforschung. Zur Renaissance einer lange tabuisierten Konzeption, in: Jahrbuch für Extremismus und Demokratie 4, 1992, S. 7-27. しかし次のようないくつかの比較研究はけっして説得力をもつものではない。Ludger Kühnhardt u. a. (Hrsg.), Die doppelte

deutsche Diktaturerfahrung. Drittes Reich und DDR - ein historisch-politikwissenschaftlicher Vergleich, Frankfurt/M. 1994.
(100) たとえば次を参照。Arnulf Baring, Deutschland, was nun?, Berlin 1991; Wolf D. Gruner, Deutschland mitten in Europa, Hamburg 1992; Gregor Schöllgen, Die Macht in der Mitte Europas, München 1992.
(101) 地政学批判についてはとりわけ次の諸論文をみられたい。Hans-Adolf Jacobsen, Karl Haushofer. Leben und Werk, Bd. 1. Boppard 1979; Karl-Georg Faber, Zur Vorgeschichte der Geopolitik. Staat, Nation und Lebensraum im Denken deutscher Geographen vor 1914, in: Weltpolitik und Europagedanke und Regionalismus. Festschrift für Heinz Gollwitzer, Münster 1982, S. 389-406; Klaus Kost, Die Einflüsse der Geopolitik auf Forschung und Theorie der politischen Geographie von ihren Anfängen bis 1945, Bonn 1988; Mechthild Rösser, »Wissenschaft und Lebensraum«. Geograpische Ostforschung im Nationalsozialismus, Berlin 1990. 現在の地政学ルネサンスにたいする的確な批判には以下がある。Rudolf Walther, Man braucht mehr Platz, in: Die Zeit Nr. 30, 21. Juli 1995.
(102) Rainer Zitelmann/Karlheinz Weißmann/Michael Großheim (Hrsg.), Westbindung. Chancen und Risiken für Deutschland, Frankfurt/M. 1993.
(103) Rainer Zitelmann, Hitler. Selbstverständnis eines Revolutionärs, Stuttgart 1987. これについては次の批判も参照。Karl Heinz Roth, Verklärung des Abgrunds. Zur nachträglichen »Revolutionierung« der NS-Diktatur durch die Gruppe um Rainer Zitelmann, in: 1999. Zeitschrift für Sozialgeschichte des 19. und 20. Jahrhunderts, H. 1, 1992, S. 7-11.
(104) これについては前述の、批判ずみである、ツィーテルマン著のヒトラーの『政治的自伝』を参照。ここではヒトラー中心主義の傾向と近代化主義の傾向が結びつけられている。
(105) Michael Prinz/Rainer Zitelmann (Hrsg.), Nationalsozialismus und Modernisierung, Darmstadt 1991.
(106) この論文集に含まれる傾向にたいし厳しい批判をおこなっているのは以下である。Christoph Dipper, Modernisierung und Nationalsozialismus, in: Neue Politische Literatur 36, 1991, S. 450-456. この後の記述については以下も参照されたい。Karl Heinz Roth, Revisionistische Tendenzen in der historischen Forschung über den deutschen Faschismus, in: Johannes Klotz/Ulrich Schneider (Hrsg.), Die selbstbewußte Nation und ihr Geschichtsbild, Köln 1997, S. 31-64.
(107) Uwe Backes/Eckhard Jesse/Rainer Zitelmann (Hrsg.), Die Schatten der Vergangenheit - Impulse zur Historisierung des Nationalsozialismus, Frankfurt/M. 1990.
(108) Uwe Backes/Echhart Jesse/Rainer Zitelmann, Was heißt »Historisierung« des Nationalsozialismus? in: dies. (Hrsg.), Die Schatten der Vergangenheit, S. 61.
(109) Daniel Jonah Goldhagen, Hitlers willige Vollstrecker. Ganz gewöhnliche Deutsche und der Holocaust, Berlin 1996.

(110) 次の書に掲載されたさまざまな批判をみられたい。Julius H. Schoeps (Hrsg.), Ein Volk von Mördern? Die Dokumentation zur Goldhagen-Kontroverse um die Rolle der Deutschen im Holocaust, Hamburg 1996.

(111) Hamburger Institut für Sozialforschung (Hrsg.), Vernichtungskrieg. Verbrechen der Wehrmacht 1941 bis 1944. Ausstellungskatalog, Hamburg 1996.

(112) これについては次の論文を参照されたい。Johannes Klotz, »Anständige Leute«. Zur Auseinandersetzung um die Ausstellung »Vernichtungskrieg. Verbrechen der Wehrmacht 1941-1944«, in: Klotz/Schneider (Hrsg.), Die selbstbewußte Nation und ihr Geschichtsbild, S. 174-204.

(113) このようなナチズム研究の展望を拡大した例として代表的なものに、次のような研究がある。Dieter Pohl, Nationalsozialistische Judenverfolgung in Ostgalizien 1941-1944. Organisation und Durchführung eines staatlichen Massenverbrechens, München 1996; Thomas Sandkühler, »Endlösung« in Galizien. Der Judenmord in Ostpolen und die Rettungsinitiativen von Berthold Beitz 1941-1944, Bonn 1996.

(114) これにたいし、ナチス国家における経済の役割と機能に関するマルクス主義のファシズム史研究者たちの発言は、いまでもけっして古くさいものになってはいない。

(115) このことはとりわけ権力掌握の解釈についていえる。これについては本訳書五三頁以下を参照されたい。

(116) この概念と理由づけについては以下をみられたい。Michael Burleigh/Wolfgang Wippermann, The Racial State. Germany 1933-1945, Cambridge 2. Aufl. 1992.［M・バーリー、W・ヴィッパーマン著、柴田敬二訳『人種主義国家ドイツ――1933-45』刀水書房、二〇〇一年］

(117) ここでいわれているのは、比較を絶した性格をもったナチスの人種殺戮である。しかしだからといって、ほかのファシズムが人種殺戮を企てなかった、人種殺戮をおこなわなかったというわけではない。これについては、くわしい文献を挙げた次を参照されたい。Wippermann, Faschismustheorien, S. 111f. 最近のファシズム研究を巧みに要約している論集は次の著作である。Roger Griffin (Hrsg.), International Fascism. Theories, Causes and the New Consensus, London 1998.

(118) この最も新しい例は次のようなものである。Stéphane Courtois u. a., Le livre noir du communisme. Crimes, terreur, répression, Paris 1997. ドイツ語訳は Das Schwarzbuch des Kommunismus. Verbrechen, Terror, Unterdrückung, München 1998.［ステファヌ・クルトワ、ニコラ・ヴェルト著、外川継男訳『共産主義黒書――犯罪・テロル・抑圧〈ソ連編〉』恵雅堂出版、二〇〇一年］。これにたいする批判は Jens Mecklenburg/Wolfgang Wippermann (Hrsg.), »Roter Holocaust«? Kritik des Schwarzbuches des Kommunismus, Hamburg 1998.

テロリズム独裁の樹立

（1）以下については、「古典的」研究である次の著作を参照。Karl Dietrich Bracher, Die Auflösung der Weimarer Republik. Eine Studie zum Problem des Machtzerfalls in der Demokratie, Düsseldorf 1984 (zuerst: Villingen 1955). またヴァイマル共和国史の基本的文献である次の各著書の該当する章を参照のこと。Hagen Schulze, Weimar. Deutschland 1917-1933, Berlin 1982; Eberhard Kolb, Die Weimarer Republik, München 1984［E・コルプ著、柴田敬二訳『ワイマル共和国史――研究の現状』刀水書房、一九八七年］; Detlef Peukert, Die Weimarer Republik. Krisenjahre der Klassischen Moderne, Frankfurt/M. 1987［デートレフ・ポイカート著、小野清美・田村栄子・原田一美訳『ワイマル共和国――古典的近代の危機』名古屋大学出版会、一九九三年］; Hans Mommsen, Die verspielte Freiheit. Der Weg der Republik von Weimar in den Untergang 1918 bis 1933, Berlin 1989［ハンス・モムゼン著、関口宏道訳『ヴァイマール共和国史――民主主義の崩壊とナチスの台頭』水声社、二〇〇一年］; Heinrich August Winkler, Weimar 1918-1933. Die Geschichte der ersten deutschen Demokratie, München 1993.

（2）これについてはとりわけ次を参照。Kolb, Die Weimarer Republik, S. 90f.［コルプ著『ワイマル共和国史』前掲書］

（3）ナチ党の台頭についてはとりわけ次の著書を参照。Gerhard Schulz, Aufstieg des Nationalsozialismus. Krise und Revolution in Deutschland, Frankfurt/M. 1975; Wolfgang Horn, Der Marsch zur Machtergreifung. Die NSDAP bis 1933, Königstein 1980; Martin Broszat, Die Machtergreifung. Der Aufstieg der NSDAP und die Zerstörung der Weimarer Republik, München 1984. 3. Aufl. 1990; Gerhard Paul, Aufstand ber Bilder. Die NSDAP-Propaganda vor 1933, Bonn 1990.

（4）Alexander Schifrin, Wandlungen des Abwehrkampfes, in: Die Gesellschaft 8, 1931 I, S. 394-417. その他の例は以下を参照。Wippermann, Zur Analyse des Faschismus, S. 28ff.

（5）一九三一年一〇月一一日のアルフレート・フーゲンベルク（Alfred Hugenberg）の演説を参照。In: Ursachen und Folgen. Vom deutschen Zusammenbruch 1918 und 1945 bis zur staatlichen Neuordnung in der Gegenwart. Eine Urkunden- und Dokumentensammlung zur Zeitgeschichte, hrsg. von H. Michaelis und E. Schraepler, Bd. 8, S. 364.

（6）一九三二年二月二七日の大統領選挙にさいして社会民主党が出したアピール。In: Wolfgang Michalka/Gottfried Niedhart (Hrsg.), Die ungeliebte Republik. Dokumente zur Innen- und Außenpolitik der Weimarer Republik, München 1980, S. 320f.

（7）ナチ党を観察しこれと戦うために書かれた報告書やドキュメントが次の資料集に復刻掲載されている。その該当箇所をみられたい。Ingrid Maurer/Udo Wengst (Hrsg.), Staat und NSDAP 1930-1932. Qellen zur Ära Brüning, Düsseldorf 1977.

（8）これについては次のドキュメントを参照。Michaelka/Niedhart (Hrsg.), Die ungeliebte Republik, S. 328f.

(9) この目的をかれはすでに一九三九年一〇月六日に、ある話し合いのなかでヒトラーに打ち明けている。Heinrich Brüning, Memoiren 1918-1932, München 1972, S. 203ff.［ハインリヒ・ブリューニング著、佐瀬昌盛・今村晋一郎・三輪晴啓・金森誠也・片岡哲史訳『ブリューニング回顧録』（上・下）、ぺりかん社、一九七四／七七年］

(10) いわゆる対プロイセン・クーデタについては次を参照。Wolfgang Benz/Imanuel Geiss, Staatsstreich gegen Preußen, Düsseldorf 1983.

(11) 党内討論については次のドキュメントも参照。Hagen Schulze (Hrsg.), Anpassung oder Widerstand? Aus den Akten des Parteivorstands der deutschen Sozialdemokratie 1932/33, Bonn-Bad Godesberg 1975.

(12) 経済界、工業界の指導者たちが一九三二年一一月にフーゲンベルクに提出した陳情書を参照のこと。In: Ursachen und Folgen, Bd. 8, S. 687f.

(13) これについては次を参照。Axel Schildt, Militärdiktatur auf Massenbasis? Die Querfrontkonzeption der Reichswehrführung um General von Schleicher am Ende der Weimarer Republik, Frankfurt/M. 1981.

(14) これについては、次の著作に書かれている、この件についてのおそろしく几帳面な叙述も参照されたい。Henry Ashby Turner, Hitlers Weg zur Macht. Der Januar 1933, München 1966.

(15) 一九三三年一月四日のフォン・パーペンのヒトラーとの協議。In: Ursachen und Folgen, Bd. 8, S. 743f.

(16) 以下についてはブラッハーほかの基礎的文献をはじめ次の著書を参照。Karl Dietrich Bracher/Wolfgang Sauer/Gerhard Schulz, Die nationalsozialistische Machtergreifung. Studien zur Errichtung des totalitären Herrschaftssystems in Deutschland 1933/34, Bd. 1-3 Frankfurt/M. 1983 (zuerst: Köln 1960). さらに次の文書を参照。Martin Broszat, Die Machtergreifung. Der Aufstieg der NSDAP und die Zerstörung der Weimarer Republik, München 1984; Heinz Höhne, Die Machtergreifung. Deutschlands Weg in die Diktatur, Reinbek 1983.［ハインツ・ヘーネ著、五十嵐智友訳『ヒトラー独裁への道――ワイマール共和国崩壊まで』朝日新聞社、一九九二年］。さらには次の論文集にある指示も参照のこと。Volker Rittberger (Hrsg.), 1933. Wie die Republik der Diktatur erlag, Stuttgart 1983; Wolfgang Treue/Jürgen Schmädeke (Hrsg.), Deutschland 1933. Machtzerfall der Demokratie und nationalsozialistische »Machtergreifung«, Berlin 1984; Wolfgang Michalka (Hrsg.), Die nationalsozialistische Machtergreifung, Paderborn 1984; Gotthard Jasper, Die gescheiterte Zähmung. Wege zur Machtergreifung Hitlers 1930-1934, Frankfurt/M. 1986.

(17) フランツ・フォン・パーペンがルッツ・グラーフ・シュヴェーリン・フォン・クロージック（Lutz Graf Schwerin von Krosigk）に語ったことば。以下に復刻されている。Michalka/Niedhart (Hrsg.), Die ungeliebte Republik, S. 362.

(18) フランツ・フォン・パーペンがエーヴァルト・フォン・クライスト＝シュメンツィン（Ewald v. Kleist-Schmenzin）に語ったことば。In: Michalka/Niedhart (Hrsg.), Die ungeliebte Republik, S. 434ff.

(19) これについては以下を参照のこと。Hans-Norbert Burkert/Klaus Matußek/Wolfgang Wippermann, »Machtergreifung«. Berlin 1933, Berlin 2. Aufl. 1984, S. 64ff.

(20) 一九三三年二月三日、陸海軍の指揮官たちを前にしてヒトラーがおこなった演説、リープマン将軍の手記による。In: Thilo Vogelsang (Hrsg.), Neue Dokumente zur Geschichte der Reichswehr 1930-1933, in: Vierteljahrshefte für Zeitgeschichte 2, 1954, S. 434ff.

(21) プロイセン内相ヘルマン・ゲーリングの一九三三年二月一七日付の回覧命令（いわゆる「射殺命令（Schießerlaß）」）。In: Ministerialblatt für die preußische innere Verwaltung 1933 I, S. 169.

(22) これについては次を参照。Christoph Graf, Politische Polizei zwischen Demokratie und Diktatur. Die Entwicklung der preußischen Polizei vom Staatsschutzorgan der Weimarer Republik zum Geheimen Staatspolizeiamt des Dritten Reiches, Berlin 1983.

(23) 強制収容所の歴史のこの最初の段階については次を参照。Martin Broszat, Nationalsozialistische Konzentrationslager 1933-1945, in: Hans Buchheim u. a., Anatomie des SS-Staates, Bd. 2. München 1967, S. 11-160; Klaus Drobisch/Günther Wieland, System der Konzentrationslager 1933-1939, Berlin 1993.

(24) »Verordnung des Reichspräsidenten zum Schutz von Volk und Staat« vom 28. 2. 1933, in: Reichsgesetzblatt 1933 I, S. 83.

(25) »Gesetz zur Behebung der Not vom Volk und Reich« (sogenanntes »Ermächtigungsgesetz«)［「国民と国の困窮を除去するための法」（いわゆる「全権委任法」）］vom 23. 3. 1933, in: Reichsgesetzblatt 1933 I, S. 141. これについては以下を参照。Rudolf Morsey (Hrsg.), Das Ermächtigungsgesetz vom 24. März 1933, Göttingen 1968; Jörg Biesmann, Das Ermächtigungsgesetz als Grundlage der Gesetzgebung im nationalsozialistischen Deutschland, Münster 1985.

(26) これについては社会民主党のオットー・ヴェルスの演説を参照。In: Michalka (Hrsg.), Das Dritte Reich. Bd. 1, S. 33ff.

(27) Zweites Gesetz zur Gleichschaltung der Länder mit dem Reich (sogenanntes »Reichsstatthaltergesetz«) vom 7. 4. 1933, in: Reichsgetzblatt 1933 I, S. 173.

(28) »Gesetz zur Wiederherstellung des Beamtentums« vom 7. 4. 1933, in: Reichsgesetzblatt 1933 I, S. 175f.

(29) くわしくは本訳書五〇頁以下をみられたい。

(30) くわしい経緯については次の叙述を参照。Heinrich August Winkler, Der Weg in die Katastrophe. Arbeiter und Arbeiterbewegug in der Weimarer Republik 1930 bis 1932, 2. Aufl. Berlin-Bonn 1990.

(31) »Gesetz gegen die Neubildung von Parteien«, in: Reichsgesetzblatt 1933 I, S. 479.

(32) Peter Longerich, Die braune Bataillone. Geschichte der SA, München 1989.

（33）たとえばエルンスト・レームである。Ernst Röhm, Die SA und die deutsche Revolution, in: Nationalsozialistische Monatshefte 4, 1933, S. 251-254. 抜粋が以下に収録されている。Michalka (Hrsg.), Das Dritte Reich, Bd. 1, S. 40ff.

（34）事件のくわしい経緯については次を参照。Burkert/Matußek/Wippermann, »Machtergreifung«, S. 95ff.

（35）これについては多くの箇所に訂正の必要がある次の著書を参照。Kurt Weiner/Karlheinz Biernath, Die Köpenicker Blutwoche im Juni 1933, Berlin 1958.

（36）一九三三年七月六日、長官たちの前でおこなったヒトラーの演説。In: Ursachen und Folgen, Bd. 9, S. 233f.

（37）»Gesetz zur Ordnung der nationalen Arbeit« vom 20. 1. 1934, in: Reichsgesetzblatt 1934 I, Nr. 7.

（38）»Gesetz über den Neuaufbau des Reiches« vom 30. 1. 1934, in: Reichsgesetzblatt 1934 I, S. 75.

（39）この事件を、どぎつくとはいわないまでも、きわめて具体的に描出しているのは次の著作である。Heinz Höhne, Der Orden unter dem Totenkopf. Die Geschichte der SS, Gütersloh, o. J., S. 90ff.［ハインツ・ヘーネ著、森亮一訳『髑髏の結社・ＳＳの歴史』（上・下）、講談社学術文庫、二〇〇一年］; ders., Die Mordsache Röhm. Hitlers Durchbruch zur Alleinherschaft 1933-1934, Reinbek 1984. マルクス主義の立場からみているものに次の文書がある。Kurt Gossweiler, Die Röhm-Affäre. Hintergründe - Zusammenhänge - Auswirkungen, Köln 1983.

（40）Carl Schmitt, Der Führer schützt das Recht., in: Carl Schmitt, Positionen und Begriffe im Kampf mit Weimar-Genf-Versailles 1923-1939, Hamburg 1940, S. 200.

（41）»Gesetz über das Staatsoberhaupt des Deutschen Reiches« vom 1. 8. 1934, in: Reichsgesetzblatt 1934 I, S. 74f.

（42）Protokoll des XIII. Plenums des EKKI, Dezember 1933, Moskau-Leningrad 1934, S. 277.

（43）»Gesetz über die Errichtung eines Geheimen Staatspolizeiamtes« vom 26. 4. 1933 (sog. Erstes Gestapo-Gesetz), in: Preißische Gesetzsammlung, 1933, Nr. 74; abgedruckt bei: Tuchel/Schattenfroh, Zentrale des Terrors, S. 75.

（44）(Zweites) Gesetz über die Geheime Staatspolizei vom 30. 11. 1933; abgedruckt bei: Rürup (Hrsg.), Topographie des Terrors, Gestapo, S. 57f.

（45）くわしくは次を参照。Klaus Drobisch/Günther Wieland, System der Konzentrationslager 1933-1939, Berlin 1993.

（46）これは一九三四年一一月二〇日にゲーリングの命令によってはじめて法的に有効なものとなった。In: Institut für Zeitgeschichte (IfZG) MA433.

（47）Tuchel/Schattenfroh, Zentrale des Terrors, S. 80.

（48）ＳＳについて最良の概略を示している書物はいまでも次のものである。Heinz Höhne, Der Orden unter dem Totenkopf. Die Geschichte der SS, München 1984.［ヘーネ著『髑髏の結社・ＳＳの歴史』前掲書］

(49) 一九三三年の年末にはＳＳの数は二〇万人を超えていた。
(50) 一九三四年一二日一四日付のヒムラーの命令。これについては次を参照。Tuchel/Schattenfroh, Zentrale des Terrors, S. 94.
(51) これについては以下をみられたい。Johannes Tuchel, Konzentrationslager. Organisationsgeschichte und Funktion der »Inspektion der Konzentrationslager« 1934-1939, Boppard 1991.
(52) 一九〇四年生まれのハイドリヒは少し前に海軍中尉として不名誉にも解雇されていた。かれについては、またＳＳ保安部（ＳＤ）の歴史については、次の書を参照。Shlomo Aronson, Reinhard Heydrich und die Frühgeschichte von Gestapo und SD, Stuttgart 1971.
(53) Erlaß über die Einsetzung eines Chefs der Deutschen Polizei im Reichsministerium des Innern vom 17. Juni 1936, in: Rürup (Hrsg.), Topographie des Terrors, S. 61.
(54) これについては次をみられたい。Erlaß des Chefs des Sicherheitshauptamtes und der Sicherheitspolizei vom 1. Juni 1937 über die Aufgabenteilung zwischen Gestapo und Sicherheitsdienst (SD); abgedruckt in: Rürup (Hrsg.), Topographie des Terrors, S. 64.
(55) Erlaß des Reichsführers SS und Chef der Deutscen Polizei vom 27. September 1939. 以下にも採録されている。Rürup (Hrsg.), Topographie des Terrors, S. 71.
(56) 最良の概括を示している書物は次のようなものである。Lother Gruchmann, Die Justiz im Dritten Reich. Anpassung und Unterwerfung in der Ära Gürtner, München 1988; Ingo Müller, Furchtbare Juristen. Die unbewältigte Vergangenheit unserer Justiz, München 1987, S. 35-203; Ralf Angermund, Deutsche Richterschaft 1919-1945. Krisenerfahrung, Illusion, politische Rechtsprechung, Frankfurt/M. 1990.
(57) このような法律を集めた書物に、いまでもけっして時代遅れにはなっていない次のものがある。Ilse Staff (Hrsg.), Justiz im Dritten Reich, Frankfurt/M. 1978.
(58) ついでながらこのことは――ここではこれ以上立ち入ることはできないが――国防軍の裁判についてもいえる。これについては次の著書を参照。Manfred Messerschmidt/M. F. Wüllner, Die Wehrmachtsjustiz im Dienste des Nationalsozialismus, Baden-Baden 1987.
(59) In: Reichsgesetzblatt 1933 I, S. 136.
(60) これについては次の訴訟事件分析を参照。Peter Hüttenberger, Heimtückefälle vor dem Sondergericht München 1933-1939, in: Martin Broszat u. a. (Hrsg.), Bayern in der NS-Zeit, Bd. IV., München-Wien 1981, S. 435-526. 個々の特別法廷の活動についても、いまではそれぞれさまざまな調査がある。ここではそのなかの一部を挙げておく。Bernd Schimmler, Recht ohne Gerechtigkeit. Zur Tätigkeit der Berliner Sondergerichte im Nationalsozialismus, Berlin 1984; Klaus Bästlein, Als Recht zu Unrecht wurde ... Zur Tätigkeit des Schleswig-Holsteinschen Sondergerichts, Kiel 1993; Karl-Dieter Bornscheuer, Justiz im Dritten Reich. NS-Sondergerichtsverfahren in Rheinland-Pfalz, Eine Dokumentation, T. 1-3, Frankfurt/M.

1994; Roland Staudinger, Politische Justiz. Die Tiroler Sondergerichtsbarkeit im Dritten Reich am Beispiel des Gesetzes gegen heimtückische Angriffe auf Partei und Staat, Schwaz 1994; Hans Wüllenweber, Sondergerichte im Dritten Reich. Vergessene Verbrechen der Justiz, Frankfurt/M. 1990.

(61) In: Reichsgesetzblatt 1933, I, S. 135.

(62) In: Reichsgesetzblatt 1933, I, S. 162.

(63) In: Reichsgesetzblatt 1934, I, S. 1269-1271.

(64) これについては次を参照。Müller, Furchtbare Juristen, S. 158ff.

(65) Reichsgesetzblatt 1934, I, S. 341 にある、該当する法をみよ。

(66) Walter Wagner, Der Volksgerichtshof im NS-Staat, Stuttgart 1974. これはあまりにも無批判な著書であるが、そのほかに次のものがある。Klaus Marxen, Das Volk und sein Gerichtshof. Eine Studie zum nationalsozialistischen Volksgerichtshof, Frankfurt/M. 1994.

(67) 以下の著作より引用。次の数字も同じ箇所から引用。Müller, Furchtbare Juristen, S. 148.

(68) 詳細な叙述は次にみられる。Müller, Furchtbare Juristen, S. 155f.

(69) Geschichte. Lehrbuch für Klasse 9［第九学年用歴史教科書］, Berlin 1988, S. 98.

(70) このことはとりわけ次についていえる。Guido Knopp, Hitler. Eine Bilanz, Berlin 1995.［グイド・クノップ著、高木玲訳『アドルフ・ヒトラー――五つの肖像』原書房、二〇〇四年］

(71) 以下については、議論を巧みにまとめた次の著書を参照されたい。Kolb, Die Weimarer Republik, S. 199ff.［コルプ著『ワイマル共和国史』前掲書］

(72) Karl Dietrich Bracher, Die Auflösung der Weimarer Republik. Eine Studie zum Problem des Machtverfalls in der Demokratie, Villingen 1955.

(73) その他の――市民的およびマルクス主義的な――研究では、「権力奪取」についてこのボナパルティズム理論による解釈を示唆するものはみられない。わたしのほかにはエーバーハルト・イェッケルだけが「権力奪取」を解明するためにボナパルティズム理論を応用しようとしている。Eberhard Jäckel, Hitlers Herrschaft. Vollzug einer Weltanschauung, Stutgart 1986, S. 139ff.

(74) 前述のファシズム理論家たちのなかではブラッハーだけがヒルファーディングの遺稿論文を引用している。Rudolf Hilferdimg, Das historische Problem, in: Zeitschrift für Politik NF I, 1954, S. 293-324.

(75) Karl Dietrich Bracher, Brünings unpolitische Politik und die Auflösung der Weimaerer Republik, in: Vierteljahreshefte für Zeitgeschichte 19, 1972, S. 113-123.

(76) Werner Conze/Helmut Raupach (Hrsg.), Die Staats- und Wirtschaftskrise des Deutschen Reiches 1929/33, Stuttgart 1967.

（77）Heinrich Brüning, Memoiren 1918-1934, Stuttgart 1970.
（78）Knut Borchardt, Wachstum, Krisen, Handlungsspielräume der Wirtschaftspolitik, Göttingen 1982.
（79）Carl Ludwig Holtfrerich, Alternativen zu Brünings Wirschaftspolitik in der Weltwirtschaftskrise?, in: Historische Zeitschrift 235, 1982, S. 605-631.
（80）ヴァルター・ウルブリヒトの指導下に複数の執筆者によって書かれ、東ドイツの基本方針を示している『ドイツ労働運動史』の第四巻（Berlin 1966）に、それはとくにはっきり示されている。
（81）Bracher, Die Auflösung der Weimarer Republik, S. 599ff.; Erich Mathias, Die Sozialdemokratische Partei Deutschlands, in: Erich Mathias/Rudolf Morsey (Hrsg.), Das Ende der Parteien 1933, Düsseldorf 1960, S. 101-278; Hans Peter Ehni, Bollwerk Preußen? Preußen-Regierung. Reich-Länder-Problem und Sozialdemokratie, 1928-1932, Bonn 1975; Hans Mommsen, Die Sozialdemokratie in der Defensive: Der Immobilismus der SPD und der Aufstieg der NSDAP, in: Hans Mommsen (Hrsg.), Sozialdemokratie zwischen Klassenbewegung und Volkspartei, Frankfurt/M. 1974, S. 106-133; Wolfram Pyta, Gegen Hitler und für die Republik. Die Auseinanersetzung der deutschen Sozialdemokratie mit der NSDAP in der Weimarer Republik, Düsseldorf 1989.
（82）たとえば、さまざまな理由づけをおこなっている次の著書を参照。Karl Rohe, Das Reichsbanner Schwarz Rot Gold, Düsseldorf 1960; Hans Schulze, Otto Braun oder Preußens demokratische Sendung, Frankfurt/M. 1977; Heinrich August Winkler, Der Weg in die Katastrophe, Arbeiter und Arbeiterbewegung in der Weimarer Republik 1930 bis 1933, Berlin 2. Aufl. 1990; Heinrich August Winkler (Hrsg.), Die deutsche Staatskrise 1930-1933. Handlungsspielräume und Alternativen, München 1992, S. 59-75.
（83）これについては、またこの後については、次を参照されたい。Wolfgang Wippermann, Falsch gedacht und nicht gehandelt. Der 20. Juli 1932 und das Scheitern des sozialdemokratischen Antifaschismus, in: Diethart Kerbs/Henrick Stahr (Hrsg.), Berlin 1932. Das letzte Jahr der Weimarer Republik, Berlin 1992, S. 131-142.
（84）Axel Schildt, Militärdiktatur auf Massenbasis? Die Querfrontkonzeption der Reichwehrführung um General von Schleicher am Ende der Weimarer Republik, Frankfurt/M. 1981.
（85）とくに最近の研究で、この民主主義にたいする独裁という歴史的選択肢がきわめて積極的な評価を受けていることは注目すべきことである。
（86）この主張は、まず次の論文集にみられる。Henry Ashby Turner, Faschismus und Kapitalismus in Deutschland, Göttingen 1972. ついで以下の浩瀚な著書に展開されている。Henry Ashby Turner, Die Großunternehmer und der Aufstieg Hitlers, Berlin 1985. これについては、次を参照。

Reinhard Neebe, Die Verantwortlichkeit der Großindustrie für das Dritte Reich. Anmerkungen zu H. A. Turners Buch »Die Großunternehmer und der Aufstieg Hitlers«, in: HZ 244, 1987, S. 353-363.

(87) これについては次の研究も参照されたい。Horst Matzerath/Henry Ashby Turner, Die Selbstfinanzierung der NSDAP 1930-1932, in: Geschichte und Gesellschaft 3, 1977, S. 93-108.

(88) Dirk Stegmann, Zum Verhältnis von Großindustrie und Nationalsozialismus 1930-1933, in: Archiv für Sozialageschichte 13, 1973, S. 399-482; ders., Antiquierte Personalsierung oder sozialökonomische Faschismus-Analyse? Eine Antwort auf H. A. Turners Kritik an meinen Thesen zum Verhältnis von Nationalsozialismus und Großindustrie vor 1933, in: Archiv für Sozialgeschichte 17, 1977, S. 275-296.

(89) かれの、問題のある、またしばしば引用された、次のような言葉を参照。「ファシズムは現代資本主義の産物であるという、広く普及している見解が事実に即しているのであれば、この資本主義体制はもはや擁護されえない」。Turner, Faschismus und Kapitalismus, S. 7.

(90) 当面の総括として次のような諸研究が挙げられる。Thomas Trumpp, Zur Finanzierung der NSDAP durch die deutsche Großindustrie, Versuch einer Bilanz, in: Karl Dietrich Bracher/Manfred Funke/Hans-Adolf Jacobsen (Hrsg.), Nationalsozialistische Diktatur 1933-1945. Eine Bilanz, Düsseldorf 1983, S. 132-154; Udo Wengst, Großindustrie und Machtergreifung. Zu den Beziehungen zwischen industriellen Führungsgruppen und Nationalsozialismus von 1930 bis 1933, in: Politische Vierteljahrsschrift 34, 1983, S. 37-47.

(91) Theodor Geiger, Panik im Mittelstand, in: Die Arbeit 7, 1930, S. 637-653.

(92) 研究の現段階の要約は次に示されている。Wippermann, Faschismustheorien, S. 71ff.

(93) これを要約したものに次がある。Michael H. Kater, The Nazi Party. A Social Profile of Members and Leaders, Oxford 1983.

(94) 過去にさまざまな準備段階の研究がおこなわれ、それらは同じような結論に達しているが、現在は次の研究に総括されている。Jürgen W. Falter, Hitlers Wähler, München 1991.

(95) これについてはたとえば次を参照されたい。Peter Fritsche, Rehearsals of Fascism. Populism and Political Mobilization in Weimar Germany, Oxford 1990.

(96) これについては本訳書の「教会闘争と抵抗」の章（一九三頁～）を参照されたい。

(97) Wolfgang Schieder, Die NSDAP vor 1933, Profil einer faschistischen Partei, in: Geschichte und Gesellschaft 19, 1993, S. 141-154. これにたいし、国民政党テーゼを唱えているものには次がある。Jürgen W. Falter, War die NSDAP die erste deutsche Volkspartei?, in: Prinz/Zitelmann (Hrsg.), Nationalsozialismus und Modernisierung, S. 21-47.

(98) 政教条約の前史とその意味をめぐる論争については本訳書二二三頁を参照。

（99）実際の、もしくはたんにそう言われているだけの、ナチスによる放火についての証明には、同時代の次の著述がある。Braunbuch über Reichstagsbrand und Hitlerterror, Basel 1933 (Nachdruck: Berlin 1980). その後、ヴァン・デア・ルッベ単独犯テーゼを唱えたものに次のような研究があった。Fritz Tobias, Reichstagsbrand. Legende und Wirklichkeit, Rastatt 1962. しかしこれにたいして、その後再び次のような研究が発表された。Walter Hofer/Edouard Calic/Karl Stephan/Friedrich Zipfel (Hrsg.), Der Reichstagsbrand. Eine wissenschaftliche Dokumentation, Bd. 1 Berlin 1972; Bd. 2 München 1978. さらには以下をみられたい。Alfred Berndt, Zur Entstehung des Reichstagsbrandes. Eine Untersuchung über den Zeitablauf, in: Vierteljahrshefte für Zeitgeschichte 23, 1975, S. 77-90. 総括的研究としては次の文書がある。Ulrich v. Hehl, Die Kontroverse um den Reichstagsbrand, in: Vierteljahrshefte für Zeitgeschichte 36, 1988, S. 259-280.

（100）以下の論文集をみられたい。Uwe Backes/Karl-Heinz Janßen/Eckhard Jesse/Henning Köhler/Hans Mommsen/Fritz Tobias, Reichstagsbrand - Aufklärung einer historischen Legende, München-Zürich 1986. このきわめて論戦的な論文集にたいする返答として次の論文集が刊行された。Walther Hofer u. a., Der Reichstagsbrand. Eine wissenschaftliche Dokumentation. Bearbeitet und neu herausgegeben von Alexander Bahar, Freiburg 1992. バッケスやイェッセらの議論は国会議事堂炎上にとどまらず第三帝国全体の相対化になるのではないか、というホーファーの危惧は、かれらがこのテーマに関わるそのやり方によって現実のものになった。Eckhard Jesse, Der Reichstagsbrand und seine »Aufklärer«. Ein Fälschungsskandal geht zu Ende, in: Karl Corino (Hrsg.), Gefälscht! Betrug in Politik, Literatur, Wissenschaft, Kunst und Musik, Nördlingen 1988, S. 102-127; Uwe Backes, Objektivitätsstreben und Volkspädagogik in der NS-Forschung. Das Beispiel der Reichstagsbrandkontroverse, in: Backes u. a. (Hrsg.), Die Schatten der Vergangenheit, S. 614-635.

（101）いわゆる単独犯テーゼにたいしては当時ベルリンの上級消防隊長（Oberbranddirektor）であったヴァルター・ゲンプ（Walter Gempp）のさまざまな発言があった。たとえば、とりわけ、消防隊は国会議事堂の中で大量の引火材を発見したが、これはマリヌッス・ヴァン・デア・ルッベによるものではありえないという発言である。これについては次を参照。Wolfgang Wippermann, Oberbranddirektor Walter Gempp: Widerstandskämpfer oder Krimineller?, in: Wolfgang Ribbe (Hrsg.), Berlin-Forschungen III, Berlin 1988, S. 208-229.

（102）たとえばとりわけさまざまな著書を出しているエルンスト・ノルテである。Ernst Nolte, Europäische Revolutionen des 20. Jahrhunderts. Die nationalsozialistische Machtergreifung im historischen Zusammenhang, in: Wolfgang Michalka (Hrsg.), Die nationalsozialistische Machtergreifung, Paderborn 1984, S. 395-401; Ernst Nolte, Streitpunkte. Heutige und künfitge Kontroversen um den Nationalsozialismus, Berlin 1993, S. 132. このテーゼは、ツィーテルマンによって（証明されないまま）受け入れられた。Rainer Zitelmann, Hitler. Selbstverständnis eines Revolutionärs, Stuttgart 2. Aufl. 1989. またメラーもこれに賛意を示している。Horst Möller, Die nationalsozialistische Machtergreifung. Konterrevolution oder Revolution? in: Vierteljahrshefte für Zeitgeschichte 31, 1983, S. 25-51.

(103) たとえば次の著書を参照。 Hubert Schorn, Die Richter im Dritten Reich. Geschichte und Dokumente, Frankfurt/M. 1959; Hermann Weinkauff, Die deutsche Justiz und der Nationalsozialismus. Ein Überblick, Stuttgart 1968.

(104) Walter Wagner, Der Volksgerichtshof im nationalsozialstischen Staat, Stuttgart 1974.

(105) Ingo Müller, Furchtbare Juristen. Die unbewältigte Vergangenheit unserer Justiz, München 1987.

(106) Michael Stolleis, Gemeinwohlformeln im nationalsozialistischen Recht, Berlin 1974.

(107) Diemut Majer, »Fremdvölkische« im Dritten Reich. Ein Beitrag zur nationalsozialistischen Rechtsetzung mit Rechtsprechung in Verwaltung und Justiz unter besonderer Berücksichtigung der eingegliederten Ostgebiete und des Generalgouvernements, Boppard 1981.

(108) Lothar Gruchmann, Justiz im Dritten Reich 1933 bis 1940. Verwaltung, Anpassung und Ausschaltung in der Ära Gürtner, München 1987.

(109) NS-Recht in historischer Perspektive, Kolloquium des Instituts für Zeitgeschichte, München 1981; Redaktion Kritische Justiz (Hrsg.), Der Unrechtsstaat. Recht und Justiz im Nationalsozialismus, Bd. 1-2. Baden-Baden 1983-1984; Udo Reifner/Bernd-Rüdiger Sonnen (Hrsg.), Strafjustiz und Polizei im Dritten Reich, Frankfurt/M. 1984; Peter Salje (Hrsg.), Recht und Unrecht im Nationalsozialismus, Münster 1985; Julius H. Schoeps/Horst Hillermann (Hrsg.), Justiz und Nationalsozialismus. Bewältigt-verdrängt-vergessen, Stuttgart 1987; Bundesminister des Justiz (Hrsg.), Im Namen des deutschen Volkes. Justiz und Nationalsozialismus. Katalog zur Ausstellung des Bundesministers der Justiz, Köln 1988; Rolf Dreier/Wolfgang Sellert (Hrsg.), Recht und Justiz im »Dritten Reich«, Frankfurt/M. 1989; Ralph Angermund, Deutsche Richterschaft 1919-1945. Krisenerfahrung, Illusion, politische Rechtsprechung, Frankfurt/M. 1990.

(110) 恐ろしい例を示しているものに次の文書がある。 Hans Robinsohn, Justiz als politische Verfolgung. Die Rechtsprechung in »Rasseschandefällen« beim Landgericht Hamburg, Stuttgart 1977.

(111) Hansjoachim W. Koch, Volksgerichtshof. Politische Justiz im Dritten Reich, München 1988.

(112) Holger Schlüter, Die Urteilspraxis des nationalsozialistischen Volksgerichtshofes, Berlin 1995.

(113) Edward Crankshaw, Die Gestapo, Berlin 1959; Friedrich Zipfel, Gestapo und Sicherheitsdienst, Berlin 1960; Jacques Delarue, Geschichte der Gestapo, Düsseldorf 1964［ジャック・ドラリュ著、片岡啓治訳『ゲシュタポ・狂気の歴史』講談社学術文庫、二〇〇〇年］; Shlomo Aronson, Reinhard Heydrich und die Frühgeschichte von Gestapo und SD, Stuttgart 1971; Alain Desroches, La Gestapo: Atrocités et secrets de l'inquisition nazie, Paris 1972; Roger Manvell, Die Herrschaft der Gestapo, Rastatt 1988 (zuerst: 1969); Christian Bernadec, La Gestapo. L'état-prison, Paris 1982.

(114) とりわけここで挙げておかなければならないものとしては次のような研究がある。 Robert Gellately, The Gestapo and German Society.

Enforcing Racial Policy 1933-1945, Oxford 1990; dt: Die Gestapo und die deutsche Gesellschaft. Die Durchsetzung der Rassenpolitik 1933-1945, Paderborn. タイトルから予想されるのとはちがって、ここで扱われているのはヴュルツブルク国家警察の一つのケース・スタディであるが、そのことはジェレイトリーにここで得た認識を普遍的なものとして扱う妨げにはならなかった。Robert Gellately, Die Gestapo und die »öffentliche Sicherheit und Ordnung«, in: Herbert Reinke (Hrsg.), »... nur für die Sicherheit da ...« Zur Geschichte der Polizei im 19. und 20. Jahrhundert, Frankfurt/M. 1993, S. 94-115; ders., Gestapo und Terror. Perspekitiven auf die Sozialgeschichte des nationalsozialistischen Herrschaftssystems, in: Alf Lüdtke (Hrsg.), »Sicherheit« und »Wohlfahrt«. Polizei, Gesellschaft und Herrschaft im 19. und 20. Jahrhundert, Frankfurt/M. 192, S. 317-392. ジェレイトリーと同じように相対化した結論に達しているのは、ザールラント・ゲシュタポのケース・スタディの著者マルマンである。Klaus-Michael Mallmann, Gestapo und Widerstand, St. Ingbert 1992. 次の論文集も参照されたい。Gerhard Klaus/Klaus-Michael Mallmann (Hrsg.), Die Gestapo-Mythos und Realität, Darmstadt 1993.

(115) このことはとりわけマルマンやパウルらによって問題にされた。Klaus-Michael Mallmann/Gerhard Paul, Allwissend, allmächtig, allgegenwärtig? Gesellschaft und Widerstand, in: Zeitschrift für Geschichtswissenschaft 41, 1993, S. 984-998.

(116) Robert Gellately, The Gestapo and German Society. Political Denunziation in the Gestapo Files, in: Journal of Modern History 60, 1988, S. 654-694. 密告の意味を認めたのはジェレイトリーだけの功績ではない。次の諸研究を参照。Martin Broszat, Politische Denunziationen in der NS-Zeit. Aus Forschungserfahrungen im Staatsarchiv München, in: Archivalische Zeitschrift 73, 1977, S. 221-238.; Reinhard Mann, Politische Penetration und gesellschaftliche Reaktion - Anzeigen zur Gestapo im nationalsozialistischen Deutschland, in: Rainer Mackensen/Felicitas Sagebiel (Hrsg.), Soziologische Analysen, Berlin 1979, S. 965-985. フランクフルトの密告については次をみられたい。Wolfgang Wippermann, Das Leben in Frankfurt zur NS-Zeit IV. Der Widerstand, Frankfurt/M. 1986, S. 25ff. クレーフェルトの密告については以下をみられたい。Bernward Dörner, Alltagsterror und Denunziationen. Zur Bedeutung von Anzeigen aus der Bevölkerung für die Verfolgungswirkung der nationalsozialistischen »Heimtücke-Gesetzes« in Krefeld, in: Berliner Geschichtswerkstatt (Hrsg.), Alltagskultur, Subjektivität und Geschichte, Münster 1994, S. 254-271. 逃走したゴルデラー（Gordeler）をゲシュタポに通告した女性の歴史については以下をみられたい。Inge Marßolek, Die Denunziantin. Die Geschichte der Helene Schwärzel 1944-1947, Bremen 1993.

(117) これについては、むろん問題がないわけではないが、ヴァイラウホの研究を参照。Walter O. Weyrauch, Gestapo V-Leute. Tatsachen und Theorien des Geheimdienstes. Untersuchungen zur Geheimen Staatspolizei während der nationalsozialistischen Herrschaft, Frankfurt/M. 1989. ベルリンで地下に潜った多数のユダヤ人を逮捕に追いやった一人のユダヤ人のゲシュタポ・スパイの取り返しのつかない活動について、アメリカのジャーナリストのヴァイデンは一冊の本を書いている。Peter Wyden, Stella, Göttingen 1993.

(118) Gerhard Paul, Deutschland, deine Denunzianten, in: Die Zeit 10. 9. 1993, S. 56.

(119) いまだにわたしたちは、少し古い、そして多少センセーショナルな書き方をしているヘーネの研究を頼りにするよりほかはない。Heinz Höhne, Der Orden unter dem Totenkopf. Die Geschichte der SS, Gütersloh 1967, 3. Aufl. 1981.［ヘーネ著『髑髏の結社・ＳＳの歴史』前掲書］。テロルの本部のあった建物もしくはゲレンデの歴史に関しては、次の二つのドキュメンテーションが豊かな情報を提供している。Johannes Tuche/Reinhold Schattenfroh, Zentrale des Terrors. Prinz-Albrecht-Straße 8. Das Hauptquartier der Gestapo, Berlin 1987; Reinhard Rürup (Hrsg.), Topographie des Terrors. Gestapo, SS und Reichssicherheitshauptamt auf dem »Prinz-Albrecht-Gelände«. Eine Dokumentation, Berlin 1987. きわめて重要なＳＳ経済管理本部についてはまだどんな論文も書かれていない。

(120) Heiner Lichtenstein, Himmlers grüne Helfer. Die Schutz- und Ordnungspolizei im »Dritten Reich«, Köln 1990.

(121) たとえば次の文書がある。Bernd Wehner, Dem Täter auf der Spur. Die Geschichte der deutschen Kriminalpolizei, Bergisch Gladbach 1983; Wolfgang Ullrich, Verbrechensbekämpfung. Geschichte, Organisation, Rechtssprechung, Neuwied-Berlin 1961. これにたいし、次の二つの研究はより批判的である。Udo Reifner/Bernd Rüdiger Sonnen (Hrsg.), Strafjustiz und Polizei im Dritten Reich, Berlin 1984; Karl-Leo Terhorst, Polizeiliche planmäßige Überwachung und polizeiliche Vorbeugungshaft im Dritten Reich. Ein Beitrag zur Rechtsgeschichte vorbeugender Verbrechensbekämpfung, Heidelberg 1985.

(122) Christopher R. Browning, Ganz normale Männer. Das Reserve-Polizeibataillon 101 und die »Endlösung« in Polen, Reinbek 1993［クリストファー・ブラウニング著、谷喬夫訳『普通の人びと――ホロコーストと第101警察予備大隊』筑摩書房、一九九七年］; Daniel Jonah Goldhagen, Ganz gewöhnliche Deutsche und der Holocaust, Berlin 1996. ブラウニングとゴールドハーゲンのあいだの論争については本訳書一八八頁以下を参照。

外交政策と戦争遂行

(1) 以下については次の基本文献の相当箇所が記載された章と歴史的概観を参照されたい。Hans-Adolf Jacobsen, Nationalsozialistische Außenpolitik, Frankfurt/M. 1968; Klaus Hildebrand, Deutsche Außenpolitik 1933-1945. Kalkül oder Dogma?, Stuttgart 1971; Bernd Martin, Weltmacht oder Niedergang? Deutsche Großmachtpolitik im 20. Jahrhundert, Darmstadt 1989; Marie-Louise Recker, Die Außenpolitik des Dritten Reiches, München 1990; Bernd-Jürgen Wendt, Großdeutschland. Außenpolitik und Kriegsvorbereitung des Hitlerregimes, München 1993; Klaus Hildebrand, Das vergangene Reich. Deutsche Außenpolitik von Bismarck bis Hitler 1871-1945, Stuttgart 1995. きわめてすぐれた概観を示してい

るのは次の文献である。Bernd-Jürgen Wendt, Außenpolitik, in: Wolfgang Benz/Hermann Weiß (Hrsg.), Enzyklopädie des Nationalsozialismus, München 1997, S. 66-84.

（2）しかし一九三三年の秋には早くもドイツとロシアの関係は悪化した。このことにソ連邦ははっきりと遺憾の意を表明した。次の著書のくわしい文献を参照。Kershaw, Der NS-Staat, S. 228.

（3）一九三三年五月一七日のヒトラーの「平和演説（Friedensrede）」。In: Josef und Ruth Becker (Hrsg.), Hitlers Machtergreifung. Dokumente vom Machtantritt Hitlers 30. Januar 1933 bis zur Besiegelung des Einparteistaates 14. Juli 1933, München 1983, S. 307f.

（4）Dieter Albrecht, Der Heilige Stuhl und das Dritte Reich, in: Klaus Gotto/Konrad Repgen (Hrsg.), Die Katholiken und das Dritte Reich, 3. Aufl. Mainz 1990, S. 25-48.

（5）ナチスも自分たちをそう見ていた。次を参照。Das Protokoll der Reichsregierung vom 14. Juli 1933; auszugsweise abgedruckt in: Walther Hofer (Hrsg.), Der Nationalsozialismus. Dokumente 1933-1945, Frankfurt/M. 1982 (zuerst 1957), S. 130f.

（6）一九三四年一月二六日付のドイツ・ポーランド政府の共同声明。In: Akten zur Deutschen Auswärtigen Politik (ADAP), Serie C, Bd. 11, S. 411f. 第三帝国とポーランドの関係については次の文献を参照。Wolfgang Jacobmeyer (Hrsg.), Deutschland und Polen von der nationalsozialistischen Machtergreifung bis zum Ende des Zweiten Weltkrieges, Braunschweig 1976; Günter Wollstein, Die Politik des nationalsozialistischen Deutschlands gegenüber Polen 1933-1939-1945, in: Manfred Funke (Hrsg.), Hitler, Deutschland und die Mächte. Materialien zur Außenpolitik des Dritten Reiches, Düsseldorf 1976, S. 795-810; Gottfried Schramm, Der Kurswechsel der deutschen Polenpolitik nach Hitlers Machtergreifung, in: Roland G. Foerster (Hrsg.), »Unternehmen Barbarossa«. Zum historischen Ort der deutsch-sowjetischen Beziehungen von 1933 bis Herbst 1941, München 1993, S. 23-34.

（7）当時ベルンにいたドイツ大使エルンスト・フォン・ヴァイツゼッカーは、かれが「一九二〇年から一九三三年までの議会の閣僚はだれ一人そんなことはできなかったろう」と書いたとき、同じような判断をしていた。以下の文献より引用。Jost Dülffer, Zum »decision-making-process« in der deutschen Außenpolitik 1933-1939, in: Funke (Hrsg.), Hitler, Deutschland und die Mächte, S. 186-204, S. 190.

（8）これについては次の書を参照。Michael Burleigh, German Turns Eastwards. A Study of Ostforschung in the Third Reich, Cambridge 1988, S. 131ff.

（9）これについては次の書を参照。Gerhard Jagschitz, Der Putsch. Die Nationalsozialisten 1934 in Österreich, Graz 1976.

（10）以下より引用。Hildebrand, Das Dritte Reich, S. 27.〔ヒルデブラント著『ヒトラーと第三帝国』前掲書〕

（11）これについては次の文書を参照。Marie-Louise Recker, Vom Revisionismus zur Großmachtstellung. Deutsche Außenpolitik 1933 bis 1939, in: Karl Dietrich Bracher/Manfred Funke/Hans-Adolf Jakobsen (Hrsg.), Deutschland 1933-1945. Neue Studien zur nationalsozialistischen Herrschaft, Düsseldorf 1992, S. 315-332. bes. 317ff.

(12) 一九三三年二月三日、陸海軍の指揮官を前にして、ヒトラーがおこなった演説。リープマン将軍の記録による。In: Thilo Vogelsang (Hrsg.), Neue Dokumente zur Geschichte der Reichswehr 1930-1933, in: Vierteljahrshefte für Zeitgeschichte 2, 1954, S. 434 ff.

(13) In: Becker (Hrsg.), Machtergreifung, S. 187.

(14) これについては本訳書九八頁以下を参照。

(15) 一九三三年一〇月一四日のヒトラーのラジオ演説。In: Max Domarus, Hitler. Reden und Proklamationen 1932-1945, Bd. 1, Wiesbaden 1973, S. 308-314.

(16) Gesetz für den Aufbau der Wehrmacht vom 16. 3. 1935; in: Hofer (Hrsg.), Der Nationalsozialismus, S. 187.

(17) これについては次を参照。Gerhard Paul, »Deutsche Mutter - heim- zu Dir!« Warum es mißlang, Hitler an der Saar zu schlagen. Der Saarkampf 1933-1935, Köln 1984.

(18) 一九三三年六月一八日のドイツとイギリスのあいだの海軍力協定。In: ADAP, Ser. C. Bd. IV, S. 318ff. これについては次を参照。Jost Dülffer, Das deutsch-englische Flottenabkommen vom 18. Juni 1935, in: Michalka (Hrsg.), Nationalsozialistische Außenpolitik, S. 244-276.

(19) これについてくわしい文献を示している論文に次のようなものがある。Manfred Funke, Hitler, Mussolini und die Substanz der »Achse«, in: Bracher u. a. (Hrsg.), Nationalsozialistische Diktatur, S. 345-469; Jens Petersen, Hitler - Mussolini. Entstehung der Achse Berlin-Rom 1933-1936, Tübingen 1973.

(20) 「ストレーザ戦線」の声明は次の文書に復刻されている。Michaelis/Schraepler (Hrsg.), Ursachen und Folgen, Bd. X, S. 334.

(21) これについては前に引用した次の文献を参照されたい。Wolfgang Schieder, Spanischer Bürgerkrieg und Vierteljahrsplan. Zur Struktur nationalsozialistischer Außenpolitik, in: Wolfgang Michalka (Hrsg.), Nationalsozialistische Außenpolitik, Darmstadt 1978, S. 325-345.

(22) これについては次の著書がくわしい。Manfred Merkes, Die Deutsche Politik im spanischen Bürgerkrieg 1936-1939, Bonn 2. Aufl. 1969.

(23) これについては次の研究を参照されたい。Hough Thomas, Der Spanische Bürgerkrieg, Frankfurt/M. 1964; Pierre Broué/Emile Témine, Revoltion und Krieg in Spanien, Frankfurt/M. 1968; Wolfgang Schieder/Christoph Dipper (Hrsg.), Der Spanische Bürgerkrieg in der internationalen Politik (1936-1939), München 1976; Walther L. Bernecker, Krieg in Spanien 1936-1939, Darmstadt 1991.

(24) Wolfgang Wippermann, Europäischer Faschismus im Vergleich 1922-1982, Frankfurt/M. 1983, S. 117.

(25) Wolfgang Treue, Hitlers Denkschrift zum Vierjahresplan 1936, in: Vierteljahrshefte für Zeitgeschichte 3, 1955, S. 204ff.

(26) Rede Hitlers nach dem Gedächtnsprotokoll des Obersten Hoßbach in: ADAP, Ser. D, Bd. I, S. 25-32; teilweise abgedruckt bei: Michalka (Hrsg.), Das Dritte Reich, Bd. I, S. 234-236.

(27) 一九三六年一一月二五日にドイツ政府と日本政府とのあいだに結ばれた共産主義インターナショナル共同防衛のための条約（防共協定）。ADAP, Ser. C., Bd. VI, S. 114f. 次の文献に部分的に収録されている。Michalka (Hrsg.), Das Dritte Reich, Bd. 1, S. 230. これについて、またこれ以上のドイツと日本の関係については次の研究を見よ。Bernd Martin, Das Deutsche Reich und Japan. Zur Rezeption und wechselseitiger Beeinflußung autoritärer Herrschaftspraktiken und spätimperialistischer Weltmachtbestrebungen, in: Erhard Forndran u. a. (Hrsg.), Innenn- und Außenpolitik unter nationalsozialistischer Bedrohung, Köln 1977, S. 87-109; ders., Die deutsch-japanischen Beziehungen während des Dritten Reiches, in: Bracher u. a. (Hrsg.), Nationalsozialistische Diktatur, S. 370-389; Gerhard Krebs/Bernd Martin (Hrsg.), Formierung und Fall der Achse Berlin-Tokyo, München 1994.

(28) Protokoll über den Beitritt Italiens zum deutsch-japanischen Antikommintern-Abkommen vom 6. November 1937; abgedruckt bei Hofer (Hrsg.), Der Nationalsozialismus, S. 190.

(29) これについては次を参照。Protokoll der Unterredeung zwischen Hitler und Lord Halifax am 19. 11. 1937, in: ADAP, Ser. D., Bd. I, S. 47-52; auszugsweise abgedruckt bei: Michalka (Hrsg.), Das Dritte Reich, S 237-240. いわゆる宥和政策（Appeasementpolitik）に関し対立する評価については次を参照。Wolfgang J. Mommsen/Lothar Kettenacker (Hrsg.), The Fascist Challenge and the Policy of Appeasement, London 1983.

(30) 以下については次の研究を参照。Wolfgang Rosar, Deutsche Gemeinschaft. Seyß-Inquart und der Anschluß, Wien 1971; Der Griff nach Österreich, Der Anschluß, Wien 1978; Gerhard Stourz/Birgotta Zaar (Hrsg.), Österreich, Deutschland und die Mächte. Internationale und österreichische Aspekt des »Anschlusses« vom März 1938, Wien 1990.

(31) 次を参照。Hildebrand, Das Dritte Reich, S. 33.［ヒルデブラント著『ヒトラーと第三帝国』前掲書］

(32) Kurt v. Schuschnigg, Ein Requiem in Rot-Weiß-Rot, Zürich 1946, S. 39f.

(33) 次より引用。Hildebrand, Das Dritte Reich S. 33.［ヒルデブラント著『ヒトラーと第三帝国』前掲書］

(34) これについては一九三八年三月一一日のヒトラーのオーストリアへの進軍命令（「オットー計画」）を参照。In: IMT, Bd. 34, S. 336f., auszugsweise abgedruckt bei: Michalka (Hrsg.), Das Dritte Reich, Bd. I, S. 247f.

(35) これは一日後の一九三八年三月一三日に「ドイツ帝国への再統一に関する法律（Gesetz über die Wiedervereinigung mit dem Deutschen Reich）」によって似非合法化された。In: Reichsgesetzblatt 1938 I, S. 237f. Auszugsweise abgedruckt bei: Michalka (Hrsg.), Das Dritte Reich, Bd. I, S. 248f.

(36) これについて、またその後の歩みについては、以下を参照。Gerhard Botz, Die Eingliederung Österreich in das Deutsche Reich, Planung und Verwirklichung des politisch-administrativen Anschlusses 1938-1940, Wien 1978.

(37) Erika Weinzierl, Zu wenig Gerechte. Österreicher und Judenverfolgung 1938-1945, Graz 1969.

(38) Ian Kershaw, Der Hitler-Mythos. Volksmeinung und Propaganda im Dritten Reich, Stuttgart 1980, S. 113ff.［ケルショー著『ヒトラー神話』前掲書］

(39) 一九三八年三月二九日のコンラート・ヘンラインの指令。In: Michalka (Hrsg.), Das Dritte Reich, S. 249f. ヒトラー・ドイツのチェコスロヴァキア共和国への関係については次を参照。Helmut K. Rönnefahrt, Die Sudetenkrise in der internationalen Politik, Wiesbaden 1961; Detlef Brandes, Die Politik des Dritten Reiches gegenüber der Tschechoslowakei, in: Funke (Hrsg.), Hitler, Deutschland und die Mächte, S. 508-523; Peter Glotz u. a. (Hrsg.), München 1938. Das Ende des alten Europas, Essen 1990.

(40) 一九三八年三月二九日の外務省におけるズデーテン・ドイツ人問題に関する協議の記録。In: Hofer (Hrsg.), Der Nationalsozialismus, S. 200-202.

(41) これについて、またこの後のいわゆる五月危機の経過については、次を参照。Thamer, Verführung und Gewalt, S. 584ff.

(42)「グリューン事件（Fall Grün）」についての一九三八年五月三〇日のヒトラーの指示。In: IMT Bd. 25, S. 415f.

(43) 一九三八年七月一六日のルートヴィヒ・ベックの覚え書きを参照されたい。Auszugsweise abgedruckt bei: Michalka (Hrsg.), Das Dritte Reich, Bd. 1, S. 255f.

(44) たとえばなによりも、以下を参照されたい。Peter Hoffmann, Widerstand, Staatsstreich, Attentat. Der Kampf der Opposition gegen Hitler, München 1969. この見解はターマーによってかなり無批判に受け入れられている。Thamer, Verführung und Gewalt, S. 595.

(45) 事件の詳細をターマーはきわめて詳細に叙述している。Thamer, Verführung und Gewalt, S. 588ff.

(46) 一九三八年九月二九（三〇）日、ミュンヒェンで結ばれた、ドイツ・英連邦・フランス・イタリアのあいだの協定。In: ADAP, Ser. D, Bd. II, S. 812ff.

(47) Hitlers Politische Testament. Die Bormann-Diktate vom Februar und April 1945. Mit einem Essay von Hugh Redwald Trevor-Roper, Hamburg 1981, S. 99f.

(48) Hitlers Geheimbefehl zur »Erledigung der Restschecherei«, in: Hofer (Hrsg.), Der Nationalsozialismus, S. 219.

(49) Bradley F. Smith/Agnes F. Peterson (Hrsg.), Heinrich Himmler, Geheimreden 1933-1945 und andere Ansprachen, Frankfurt/M. 1974, S. 45.

(50) 一九三八年一一月一〇日、ヒトラーがドイツ人の記者たちの前でドイツの外交政策の課題について語った演説。In: Michalka (Hrsg.),

Das Dritte Reich, Bd. I, S. 261-265.

(51) 一九三九年一月三〇日に議会でヒトラーがおこなった演説。Auszugsweise abgedruckt bei: Michalka (Hrsg.), Das Dritte Reich, Bd. I, S. 266f.

(52) これについてはヒトラーが一九三九年二月一九日に軍の司令官たちを前にして秘密裏に指示を与えた演説を参照されたい。In: Michalka (Hrsg.), Das Dritte Reich, Bd. I, S. 267f.

(53) In: ADAP, Ser. D., Bd. IV, S. 235

(54) これについては次を参照。Thamer, Verführung und Gewalt, S. 609.

(55) 次を参照。ADAP, Ser. D., Bd. V, Nr. 81.

(56) 一九三九年五月二三日、ヒトラーが国防軍陸海空軍の司令官と主だった将校とのあいだで交わした会談の報告で、ルドルフ・シュムント (Rudolf Schmundt) 中尉が記録したもの。In: Michalka (Hrsg.), Das Dritte Reich, Bd. I, S. 274-276.

(57) In: Michalka (Hrsg.), Das Dritte Reich, Bd. I, S. 268-270.

(58) 一九三九年四月二八日のヒトラーの演説。In: Domarus (Hrsg.), Hitler. Reden und Proklamationen, Bd. 2, S. 1173ff.

(59) ドイツ・ロシアの関係については次の研究を参照。Andreas Hilgruber/Klaus Hildebrand, Kalkül zwischen Macht und Ideologie. Der Hitler-Stalin-Pakt. Parallelen bis heute?, Zürich 1980; Erwin Oberländer (Hrsg.), Hitler-Stalin-Pakt 1939. Das Ende Ostmitteleuropas?, Frankfurt/M. 1989; Ingeborg Fleischhauer, Der Pakt. Hitler, Stalin und die Initiative der deutschen Diplomatie 1938-1939, Frankfurt/M. 1990; Olaf Groehler, Selbstmörderische Allianz. Deutsch-russische Militärbeziehungen 1920-1941, Berlin 1992; Hans-Erich Volkmann (Hrsg.), Das Rußlandbild im Dritten Reich, Köln 1994. この間にロシアの歴史家たちもドイツの歴史家の意見に与するようになった。たとえば次の研究を参照。Wjatscheslaw Daschitschew, Planungen und Fehlschläge Hitlers am Vorabend des Zweiten Weltkrieges, in: Karl Dietrich Bracher u. a. (Hrsg.), Deutschland zwischen Krieg und Frieden, Festschrift für Hans-Adolf Jacobsen, Düsseldorf 1991, S. 66-74; Sergej Slutsch, Warum brauchte Hitler einen Nichtangriffspakt mit Stalin? in: Foerster (Hrsg.), »Unternehmen Barbarossa«, S. 69-87; ders., Voraussetzungen des Hitler-Stalin-Paktes. Zur Kontinuität toalitärer Außenpolitik, in: Bernd Faulenbach/Martin Stadelmaier (Hrsg.), Diktatur und Emanzipation. Zur russischen und deutschen Entwicklung 1917-1991, Essen 1993, S. 144-158.

(60) 一九三九年八月一四日のモスクワのドイツ大使フリードリヒ・ヴェルナー＝グラーフ・フォン・デア・シューレンブルクの、外務大臣ヨアヒム・リッベントロップを通じての指示。In: Michalka (Hrsg.), Das Dritte Reich, Bd. I, S. 276-278.

(61) 次の各書に復刻されている。Michalka (Hrsg.), Das Dritte Reich, Bd. I, S. 281, und bei: Gerhard Hass, 23. August 1939. Hiler-Stalin-Pakt,

Dokumentation, Berlin 1990; Kurt Pätzold/Günter Rosenfeld (Hrsg.), Sowjetstern und Hakenkreuz 1939-1841. Dokumente zu den deutsch-sowjetischen Beziehunngen, Berlin 1990.

(62) Michalka, (Hrsg.), Das Dritte Reich, Bd. I, S. 282.

(63) Carl Jacob Burckhardt, Meine Danziger Mission 1937-1939, München 1962, S. 272. 次の文献に引用されている。Michalka (Hrsg.), Das Dritte Reich, S. 276. この引用文の真偽については意見が分かれている。

(64) そのように考えているのは次の著書である。Hildebrand, Das Dritte Reich, S. 44. [ヒルデブラント著『ヒトラーと第三帝国』前掲書]

(65) 第二次世界大戦全体については基本的文献である次の著書を参照。Gerhard Weinberg, Die Welt in Waffen. Die globale Geschichte des Zweiten Weltkrieges, Stuttgart 1995.

(66) これについては次の文献を参照。Martin Broszat, Nationalsozialistische Polenpolitik 1939-1945, Stuttgart 1971; Frank Golczewski, Deutsche Besatzungspolitik in Polen im Zweiten Weltkrieg, in: Peter Meyer/Dieter Riesenberger (Hrsg.), Der Nationalsozialismus in der historisch-politischen Bildung, Göttingen 1979, S. 164-185; Richard C. Lukas, The Forgotten Holocaust. The Poles under German Occupation 1939-1944, Lexington 1986; Czeslaw Madajczyk, Die Okkupationspolitik Nazideutschlands in Polen 1939-1945, Köln 1988; Christoph Kleßmann, September 1939. Besatzung, Widerstand in Polen. Acht Beiträge, Göttingen 1989; Thomas Szarota, Polen unter deutscher Besatzung 1939-1941. Vergleichende Betrachtungen, in: Wegner (Hrsg.), Zwei Wege nach Moskau, S. 40-55. きわめて印象深いのはシャロータの地域研究である。Tomas Szarota, Warschau unterm Hakenkreuz. Leben und Alltag im besetzten Warschau. 1. 10. 1939 bis 31. 7. 1944, Paderborn 1985.

(67) Christoph Kleßmann, Die Selbstbehauptung einer Nation. Nationalsozialistische Kulturpolitik und polnische Widerstandsbewegung im Generalgouvernement 1939-1945, Düsseldorf 1971; Wolfgamg Jacobmeyer, Heimat und Exil. Die Anfänge der polnischen Untergrundbewegung im 2. Weltkrieg, Hamburg 1973.

(68) これについてはきわめて有益な次のカタログを参照されたい。Neue Gesellschaft für Bildende Kunst (Hrsg.), Wir bauen des Reiches Sicherheit. Mythos und Realität des Westwalls 1938 bis 1945, Berlin 1992.

(69) 次を参照。Weisung der Oberkommandos der Wehrmacht Nr. 10 für den Fall »Weserübung« vom 1. 3. 1940. in: Der Prozeß gegen die Hauptkriegsverbrecher vor dem Internationalen Militärgerichtshof, Nürnberg 1946, München 1984, Bd. 34, S. 729ff. また次を参照。Hans-Martin Ottmer, »Weserübung«. Der deutsche Angriff auf Dänemark und Norwegen im April 1940, München 1994.

(70) ノルウェー攻撃については以下を参照のこと。Klaus A. Maier/Bernd Stegemann, Die Sicherung der europäischen Nordflanke, in: Das Deutsche Reich und der Zweite Weltkrieg, Bd. 2, S. 365-416. さらには次の研究も参照されたい。Robert Bohn u. a. (Hrsg.), Neutralität und

totalitäre Agression. Nordeuropa und die Großmächte im Zweiten Weltkrieg, Stuttgart 1991.
（71） Hans-Dietrich Loock, Quisling, Rosenberg und Terboven. Zur Vorgeschichte und Geschichte der nationalsozialistischen Revolution in Norwegen, Stuttgart 1970; Magne Skodvin, Deutsche Besatzungsherrschaft zwischen Hegemonialpolitik, Ausbeutung und Germanisierung. Das Beispiel Norwegen, in: Frei/Kling (Hrsg.), Der nationalsozialistische Krieg, S. 188-194.
（72） このファシスト政党の歴史については次をみられたい。 Wolfgang Wippermann, Europäischer Faschismus im Vergleich 1922-1982, Frankfurt/M. 1983, S. 168ff.
（73） Klaus Umbreit, Der Kampf um die Vormachtstellung in Westeuropa, in: Das Deutsche Reich und der Zweite Weltkrieg, Bd. 2, S. 235-327.
（74） これについては，また「空軍戦（Luftkrieg）」のその後の歴史については，次を参照。 Olaf Groehler, Geschichte des Luftkriegs, Berlin 1975.
（75） ドイツのオランダ占領政策については次の研究を参照されたい。 Konrad Kwiet, Reichskommissariat Niederlande. Versuch und Scheitern nationalsozialistischer Neuordnung, Stuttgart 1968; Gerhard Hirschfeld, Fremdherrschaft und Kollaboration. Die Niederlande unter deutscher Besatzung 1940-1945, Stuttgart 1984.
（76） Paul Dostert, Luxemburg zwischen Selbstbehauptung und nationaler Selbstaufgabe. Die deutsche Besatzungspolitik und die Volksdeutsche Bewegung 1940-1945, Freiburg 1984.
（77） Wilfried Wagner, Belgien in der deutschen Politik während des Zweiten Weltkrieges, Boppard 1974; Werner Warmbrunn, The German Occupation of Belgium, 1940-1944, New York 1993.
（78） Martin Conway, Collaboration in Belgium. Leon Degrelle and the Rexist Movement 1940-1944, New Haven 1993.
（79） Lothar Gruchmann, »Nacht- und Nebel-Justiz.« Die Mitwirkung deutscher Strafgerichte an der Bekämpfung des Widerstandes in den besetzten westeuropäischen Ländern, in: Vierteljahrshefte für Zeitgeschichte 29, 1981, S. 307-396.
（80） Hans-Adolf Jacobsen, Dünkirchen. Ein Beitrag zur Geschichte des Westfeldzuges 1940, Neckargemünd 1958.
（81） Herbert A. Lottmann, Der Fall von Paris, 1940, München 1994.
（82） エルザス・ロートリンゲンのその後の歴史については次を参照。 Lothar Kettenacker, Nationalsozialistische Volkstumspolitik im Elsaß, Stuttgart 1973.
（83） Hans Umbreit, Der Militärbefehlshaber in Frankreich 1940-1944, Boppard 1968.
（84） これについては次の文献を参照。 Eberhard Jäckel, Frankreich in Hitlers Europa. Die deutsche Frankreichpolitik im Zweiten Weltkrieg,

Stuttgart 1966; Philippe Burrin, Deutsche Besatzungsherrschaft zwischen Hegemonialpolitik, Ausbeutung und Germanisierung. Das Beispiel Frankreich, in: Frei/Kling (Hrsg.), Der Nationalsozialistische Krieg, S. 195-204. フランスで長い間タブーにされていたナチスへの協力については次の論文集を参照。Gerhard Hirschfeld/Patrick Marsh (Hrsg.), Kollaboration in Frankreich. Politik und Wirtschaft und Kultur während der nationalsozialistischen Besatzung 1940-1944, Frankfurt/M. 1991.

(85) これについては次の文献にある該当報告を参照。Marlis Steinert, Hitlers Krieg und die Deutschen, Düsseldorf 1970.

(86) Auszugsweise abgedruckt bei: Wolfgang Michalka (Hrsg.), Das Dritte Reich, Bd. 2, München 1985, S. 33.

(87) Auszugsweise abgedruckt bei: Wolfgang Michalka (Hrsg.), Das Dritte Reich, Bd. 2, München 1985, S. 32.

(88) これについては次を参照。Klaus A. Maier, Die Luftschlacht um England, in: Das Deutsche Reich und der Zweite Weltkrieg, Bd. 2, S. 43-69.

(89) Klaus A. Maier, Die Luftschlacht um England, in: Das Deutsche Reich und der Zweite Weltkrieg, Bd. 2, S. 513-522.

(90) Donald S. Detwiler, Hitler, Franco und Gibraltar. Die Frage des spanischen Eintritts in den Zweiten Weltkrieg, Wiesbaden 1962; Klaus-Jörg Ruhl, Spanien im Zweiten Weltkrieg. Franco, die Falange und das »Dritte Reich«, Hamburg 1975.

(91) Hitlers Weisung Nr. 21 vom 18. 12. 1940 in: ADAP, Serie D, Bd. 11/2, S. 750ff.

(92) Abgedruckt bei: Michalka (Hrsg.), Das Dritte Reich, Bd. 2, S. 55f.

(93) これについては次の文献がくわしい。Gerhard Schreiber, Die politische und militärische Entwicklung im Mittelmeerraum 1939-1940, in: Das Deutsche Reich und der Zweite Weltkrieg, Bd. 3, S. 4-441.

(94) 以下については次の研究を参照。Jürgen Förster, Die Gewinnung von Verbündeten in Südosteuropa, in: Das Deusche Reich und der Zweite Weltkrieg, Bd. 4. 327-364; Holm Sundhaussen, Geschichte Jugoslawiens 1918-1980, Stuttgart 1982.

(95) Bernd Stegemann, Die italienisch-deutsche Kriegsführung im Mittelmeer und in Afrika, in: Das Deutsche Reich und der Zweite Weltkrieg, Bd. 3, S. 591- 682.

(96) ギリシアにおける戦争と抵抗は，ドイツでは昔も今もあまり知られていない。けれども少し前からドイツ語で書かれた二つの研究が出ている。しかしこの二つは異なる評価に達している。Hans Richter, Griechenland zwischen Revolution und Konterrevolution 1936-1946, Frankfurt/M. 1973; Hagen Fleischer, Im Kreuzschatten der Mächte. Griechenland 1941-1944, Bd. 1-2 Frankfurt/M. 1986. さらに現在は次のような研究も出ている。Mark Mazower, Inside Hitler's Greece. The Experience of Occupation, 1941-1944, London 1993.

(97) Tone Ferenc, Der Volksbefreiungskampf in Jugoslawien, in: Ger van Roon (Hrsg.), Europäischer Widerstand im Vergleich, Amsterdam 1985,

S. 192-210.

(98) Walter Manoschek, »Serbien ist judenfrei«. Militärische Besatzungspolitik und Judenvernichtung in Serbien 1941/42, München 1993.

(99) Michalka (Hrsg.), Das Dritte Reich, Bd. 2, S. 51-53.

(100) Abgedruckt bei: Michalka (Hrsg.), Das Dritte Reich, Bd. 2, S. 55f.

(101) 取り扱いについての指針、いわゆる「政治局委員命令」は次に再録されている。Michalka (Hrsg.), Das Dritte Reich, Bd. 2, S. 56f.

(102) これについては次を参照。Helmut Krausnick/Hans-Heinrich Wilhelm, Die Truppe des Weltanschauungskrieges. Die Einsatzgruppen der Sicherheitspolizei und des SD 1938-1942, Stuttgart 1981. きわめて陰惨なドキュメントと写真を示しているものに以下がある。Ernst Klee/Willy Dreßen (Hrsg.), Gott mit uns. Der deutsche Vernichtungskrieg im Osten 1939-1945, Frankfurt/M. 1989; dies., (Hrsg.), »Schöne Zeiten«. Judenmord aus der Sicht der Täter und Gaffer, Frankfurt/M. 1988.

(103) 次の文献による。Christian Streit, Keine Kameraden. Die Wehrmacht und die sowjetischen Kriegsgefangenen 1941-1945, Berlin 1991.

(104) このことは次の論集にはっきり示されている。Peter Jahn/Reinhard Rürup (Hrsg.), Erobern und Vernichten. Der Krieg gegen die Sowjetunion 1941-1945, Berlin 1991.

(105) 一九四一年七月三日付のかれの戦争日記の書き込みを参照。Abgedruckt bei: Michalka (Hrsg.), Das Dritte Reich, Bd. 2, S. 61ff.

(106) レニングラードの包囲については以下の文献に印象深いドキュメンテーションが示されている。Antje Leetz (Hrsg.), Blockade, Leningrad 1941-1944. Dokumente und Essays von Russen und Deutschen, Reinbek 1992.

(107) これについての詳細は次をみられたい。Jürgen Rohwer/Eberhard Jäckel (Hrsg.), Kriegswende Dezember 1941. Referate und Diskussionsbeiträge des internationalen historischen Symposions in Stuttgart vom 17. bis 19. September 1981, Stuttgart 1984.

(108) Bernd Martin, Deutschland und Japan im Zweiten Weltkrieg. Vom Angriff auf Pearl Harbour bis zur deutschen Kapitulation, Göttingen 1969; ders., Das deutsch-japanische Bündnis im Zweiten Weltkrieg, in: Michalka (Hrsg.), Der Zweite Weltkrieg, S. 120-138.

(109) Uボート戦争については、個人的な色合いが濃いレポートであるが次を参照。Lothar-Günther Buchheim, U-Boot-Krieg. Essay Michael Salewski, München 1976; Jürgen Rohwer, Die U-Boot-Erfolge der Achsenmächte 1939-1945, München 1968. 海軍の戦争一般に関しては次を参照。Michael Salewski, Die deutsche Seekriegsleitung 1935-1945, Bd. 1-3 Frankfurt/M. 1970-1975.

(110) これについては次を参照。Bernd Wegener, Hitlers zweiter Feldzug gegen die Sowjetunion. Strategische Grundlagen und historische Bedeutung, in: Michalka (Hrsg.), Der Zweite Weltkrieg, S. 652-666.

(111) 次を参照されたい。Die Weisung des Oberkommandos der Wehrmacht Nr. 45 vom 23. 7. 1942, in: Michalka (Hrsg.), Das Dritte Reich, Bd.

2, S. 75f.

(112) 一九四二年一一月八日のヒトラーの演説。Auszugsweise abgedruckt bei: Michalka (Hrsg.), Das Dritte Reich, Bd. 2, S. 78f.

(113) スターリングラード戦については、現在、次のような研究がある。Jürgen Förster (Hrsg.), Stalingrad. Ereignis-Wirkung-Symbol, München 1992; Wolfram Wette/Gerd R. Uerberschär (Hrsg.), Stalingrad. Mythos und Wirklichkeit einer Schlacht, Frankfurt/M. 1992. スターリングラードの神話については、次のようなドイツ文学の興味深い博士論文がある。Michael Kumpfmüller, Die Schlacht von Stalingrad. Metamorphosen eines deutschen Mythos, München 1995.

(114) Marlis Steinert, Hitler, München 1994, S. 542.

(115) 以下については次を参照。Lothar Gruchmann, Totaler Krieg. Vom Blitzkrieg zur bedingungslosen Kapitulation, München 1991.

(116) 空軍戦については次を参照。Olaf Groehler, Bombenkrieg gegen Deutschland, Berlin 1990; Host Boog (Hrsg.), Luftkriegsführung im Zweiten Weltkrieg. Ein internationaler Vergleich, Bonn 1993. Verzeichnis der zahlreichen Werke zu den Bombardierungen einzerner deutscher Städte in: Ruck, Bibliographie zum Nationalsozialismus, S. 1062-1065.

(117) 以下については次を参照。Josef Schröder, Italiens Kriegsaustritt 1943. Deutsche Gegenmaßnahmen im italienischen Raum: Fall »Alarich« und »Achse«, Göttingen 1969; Rudolf Lill (Hrsg.), Deutschland - Italien 1943-1945. Aspekte einer Entzweiung, Tübingen 1992.

(118) ドイツにいたイタリア人捕虜の運命についてはいまでもまだあまり知られていないが、次を参照。Gerhard Schreiber, Die italienischen Militärinternierten im deutschen Machtbereich 1943-1945. Verraten-Verachtet-Vergessen, München 1990.

(119) Frederick W. Deakin, Die brutale Freundschaft. Hitler, Mussolini und der Untergang des italienichen Faschismus, Köln 1964.

(120) これについては、また以下については、次をみられたい。Rolf-Dieter Müller/Gerd R. Ueberschär, Kriegsende 1945. Die Zerstörung des deutschen Nationalstaats, Frankfurt/M. 1994. また、次の研究に示されている、戦後さまざまな地方にみられた破壊状況についての叙述をみられたい。Ruck, Bibliographie zum Nationalsozialismus, S. 1071-1078.

(121) 国防軍法廷の果たした犯罪的な役割と機能一般については次を参照。Manfred Messerschmidt/Fritz Wüllner, Die Wehrmachtsjustiz im Dienste des Nationalsozialismus. Zerstörung einer Legende, Baden-Baden 1987.

(122) ヒトラーの最期については次がくわしい。Hugh Trever-Roper, Hitlers letzte Tage, 3. Aufl. Frankfurt/M. 1965.

(123) 降伏文書は次の文献に抜粋再録されている。Michalka (Hrsg.), Das Dritte Reich, Bd. 2, S. 114f. これについては次の文書をみられたい。Reimer Hansen, Das Ende des Dritten Reiches. Die deutsche Kapitulation 1945, Stuttgart 1966; Winfried Becker (Hrsg.), Die Kapitulation von 1945 und der Neubeginn in Deutschland, Köln 1987. 降伏文書の調印は五月八日二三時にベルリン・カールスホルストでおこなわれた。調印のお

こなわれたとき、モスクワ時間はすでに二四時を過ぎていた。そのため、ソ連では八日でなく五月九日が「大祖国戦争」の公式の勝利の日として祝われるようになった。

(124) この注目すべきエピローグについては次を参照。Marlis G. Steinert, Die 23 Tage der Regierung Dönitz, Düsseldorf 1967.

(125) これについては次を参照。Karl Lange, Hitlers unbeachtete Maximen. »Mein Kampf« und die Öffentlichkeit, Stuttgart 1968.

(126) Theodor Heuss, Hitlers Weg. Eine historisch-politische Studie über den Nationalsozialismus, Stuttgart 1932.

(127) A. a. O., S. 19-44.

(128) Konrad Heiden, Adolf Hitler. Das Zeitalter der Verantwortungslosigkeit. Eine Biographie, Zürich 1936; ders., Adolf Hitler, Ein Mann gegen Europa. Eine Biographie, Zürich 1937.

(129) Heiden, Ein Mann gegen Europa, S. 251ff.

(130) Hermann Rauschning, Die Revoluiton des Nihilismus, Zürich 1938［ヘルマン・ラウシュニング著、菊盛英夫・三島憲一訳『ニヒリズムの革命』筑摩書房、一九七二年］; ders., Gespräche mit Hitler, Zürich 1940.［同著、船戸満之訳『永遠なるヒトラー』八幡書店、一九八六年］。これについてはその典拠に批判的な以下の研究がある。Theodor Schneider, Hermann Rauschnings »Gespräche mit Hitler« als Geschichtsquelle, Opladen 1972. さらにより批判的なのが次の研究である。Wolfgang Hänel, Hermann Rauschnings »Gespräche mit Hitler« - Eine Geschichtsfälschung, Ingolstadt 1984. ヘーネルに批判的な立場をとっている研究に次の文書がある。Martin Broszat, Enthüllung? Die Rauschning-Kontroverse, in: Hermann Graml/Klaus-Dieter Henke (Hrsg.), Nach Hitler. Der schwierige Umgang mit unserer Geschichte, München 1986, S. 29-251.

(131) Alan Bullock, Hitler. Eine Studie über Tyrannei, Düsseldorf 1953 (zuerst London 1952), S. 806.［アラン・バロック著、大西尹明訳『アドルフ・ヒトラー』(全二巻)、みすず書房、一九五八／六〇年］

(132) Georg Lukacz, Die Zersörung der Vernunft, Berlin 1953［ルカーチ著、暉峻凌三・飯島宗享・生松敬三訳『理性の破壊』(ルカーチ著作集一二・一三巻)、白水社、一九八七年］; Eva Reichmann, Die Flucht in den Haß. Die Ursachen der deutschen Judenkatastrophe, Stuttgart 5. Aufl. 1968 (zuerst: London 1950).

(133) Hugh Redwald Trever-Roper, Hitlers Kriegsziele, in: Vierteljahrshefte für Zeitgeschichte 8, 1960, S. 121-133.

(134) Alan Bullock, Hitler. Eine Studie über Tyrannei, Neuausgabe Düsseldorf 1971 (zuerst London 1964).［バロック著『アドルフ・ヒトラー』前掲書］

(135) Ernst Nolte, Der Faschismus in seiner Epoche, München 1963, S. 54f.

(136) Andreas Hillgruber, Hitlers Strategie, Politik und Kriegsführung 1940-1941, Frankfurt/M. 1965.

(137) Gerhard L. Weinberg (Hrsg.), Hitlers Zweites Buch. Ein Dokument aus dem Jahre 1928, Stuttgart 1961.

(138) 現在ヒルデブラントのテーゼを受け入れているのは次の著書である。Alexander Kuma' N'dumbe III. Was wollte Hitler in Afrika? NS-Planungen für eine faschistische Neugestaltung Afrikas, Frankfurt/M. 1993.

(139) このような「世界支配イデオロギー」をヒルグルーバーよりも早く指摘していたのはギュンター・モルトマンである。次を参照。Günter Moltmann, »Weltherrschaftsideen« Hitlers, in: Otto Brunner und Dieter Gerhard (Hrsg.), Europa und Übersee. Festschrift für Egmont Zechlin, Hamburg 1961, S. 197-240.

(140) 次を参照。Klaus Hildebrand, Vom Reich zum Weltreich. Hitler, NSDAP und koloniale Frage 1919-1945, München 1969. また、次の、ヒルデブラントの書いた短いスケッチも参照。Deutsche Außenpoliik 1933-1945. Kalkül oder Dogma?, Stuttgart 1971, 5. Aufl. 1990. また現在では次の研究を参照されたい。ders., Das vergangene Reich. Deutsche Außenpolitik von Bismarck bis Hitler 1871-1945, Stuttgart 1995.

(141) Jost Dülfter, Weimar, Hitler und die Marine. Reichspolitik und Flottenbau 1920-1939, Düsseldorf 1973.

(142) Jochen Thies, Architekt der Weltherrschaft. Die »Endziele« Hitlers, Düsseldorf 1976.

(143) Jäckel, Hitlers Weltanschauung; Axel Kuhn, Hitlers außenpolitisches Programm, Stuttgart 1970. ここに引用されている論争一般については次を参照されたい。Wippermann, Forschungsgeschichte und Forschungsprobleme, bes. S. 56ff.; Kersaw, Der NS-Staat, S. 209ff.

(144) これらの概念については次を参照。Jochen Thies, Hitlers »Endziele«: Zielloser Aktionismus. Kontinentalimperium oder Weltherrschaft, in: Bracher/Funke/Jacobsen (Hrsg.), Nationalsozialistische Diktatur, S. 345-369.

(145) Martin Broszat, Soziale Motivation und Führer-Binding des Nationalsozialismus, in: Vierteljahrshefte für Zeitgeschichte 18, 1970, S. 392-409.

(146) これについては本訳書二一一頁以下を参照。

(147) 初期の研究は次のようなものである。Hans Mommsen, Beamtentum im Dritten Reich, München 1969; Peter Hüttenberger, Die Gauleiter, Stuttgart 1969; Martin Broszat, Der Staat Hitlers, München 1969. 論争のなかへ（カール・シュミットから借用した）「多頭支配」という決定的な概念を持ち出したのはペーター・ヒュッテンベルガーである。次を参照。Peter Hüttenberger, Nationalsozialistische Polykratie, in: Geschichte und Gesellschaft 2, 1976, S. 417-442.

(148) Timothy W. Mason, Sozialpolitik im Dritten Reich. Arbeiterklasse und Volksgemeinschaft, 2. Aufl. Opladen 1978.

(149) Hans Mommsen, Nationalsozialismus, in: Sowjetsystem und demokratische Gesellschaft, Bd. 4 Freiburg 1971, Sp. 695-713, Sp. 702.

(150) なによりも次をみられたい。Hitlers Stellung im nationalsozialistischen Herrschaftssystem, in: Gerhard Hirschfeld/Lothar Kettenacker

(Hrsg.), Der »Führerstaat«, Mythos und Realität. Studien zur Struktur und Politik des Dritten Reiches, Stuttgart 1981, S. 43-72.

(151) クラウス・ヒルデブラントがモムゼンの前記の論文にたいして示した抗弁を参照されたい。Klaus Hildebrand, Monokratie oder Polykratie? Hitlers Herrschaft und das Dritte Reich, in: Hirschfeld/Kettenacker (Hrsg.), Der »Führerstaat«, S. 73-97. その後、ヒルデブラントはますます攻撃的な論文を書いている。Klaus Hildebrand, Noch einmal: Zur Interpretation des Nationalsozialismus, in: Geschichte in Wissenschaft und Unterricht 1981, S. 199-204. 意図派たちのテーゼにそれほど厳しい立場に立つことなく味方しているのはグルーホマンである。Lothar Gruchmann, Wer bestimmte die Außenpolitik des Dritten Reiches? Ein Beitrag zur Kontroverse um Polykratie und Monokratie im NS-Herrschaftssystem, in: Manfred Funke (Hrsg.), Demokratie und Diktatur, Festschrift für Karl Dietrich Bracher, Düsseldorf 1987, S. 223-236.

(152) Wolfgang Schieder, Spanischer Bürgerkrieg und Vierteljahresplan. Zur Struktur nationalsozialistischer Außenpolitik, in: Wolfgang Michalka (Hrsg.), Nationalsozialistische Außenpolitik, Darmstadt 1978, S. 325-345.

(153) これについては次を参照されたい。Wippermann, Wessen Schuld?, S. 59ff.［ヴィッパーマン著『ドイツ戦争責任論争』前掲書、一〇四頁以下］

(154) これについては拙論での批判を参照されたい。Wolfgang Wippermann, Verdiente Revisionisten. Alfred Schickel und die »Zeitgeschichte Forschungsstelle Ingolstadt« (ZFI), in: Johannes Klotz/Ulrich Schneider (Hrsg.), Die selbstbewußte Nation und ihr Geschichtsbild, Köln 1997, S. 78-95.

(155) いわゆる予防戦争（Präventivkrieg）というこのテーゼは、多くの歴史家によってはっきりと論駁された。これについてはなによりも以下を参照されたい。Wolfram Wette, Die These vom Präventivkrieg und der Überfall auf die Sowjetunion 1941, in: Klaus Meyer/Wolfgang Wippermann (Hrsg.), Gegen das Vergessen. Der Vernichtungskrieg gegen die Sowjetunion 1941-1945, Frankfurt/M. 1992, S. 43-56; Gerd R. Überschär, Der deutsche Angriff auf die Sowjetunion 1941: Ein neuer Streit über die alte Präventivkriegsthese?, in: Klotz/Schneider (Hrsg.), Die selbstbewußte Nation und ihr Geschichtsbild, S. 139-151.

(156) とはいえ、ドイツの大部分のナチズム史研究者がこの極右の、また修正主義の傾向にたいして、まったくもしくはきわめて控えめな発言しかしていないことは、たいへん嘆かわしいことである。かれらにそのような態度をとらせている主な理由は、歴史の客観性と仲間意識についてのかれらの理解であると思われる。

(157) これについては本訳書一八八頁以下をみられたい。

社会政策と経済政策

（1）ナチ党はすでに一九三二年にいわゆる「緊急計画」を提案している。これは経済危機を克服するための計画であった。この計画は次の資料集に復刻されている。Hans-Adolf Jacobsen/Werner Jochmann (Hrsg.), Ausgewählte Dokumente zur Geschichte des Nationalsozialismus 1933-1945, Bielefeld 1961.

（2）バルカイはこれにたいして、ナチスは独自の計画ももっていたという意見を述べている。次を参照。Avraham Barkai, Das Wirtschaftssystem des Nationalsozialismus. Ideologie, Theorie, Politik 1933-1945, Frankfurt/M. 1988.

（3）以下については次の研究を参照。Werner Abelshauser/Dietmar Petzina, Krise und Rekonstruktion. Zur Interpretation der gesamtwirtschaftlichen Entwicklung Deutschlands im 20. Jahrhundert, in: dies. (Hrsg.), Deutsche Wirtschaftsgeschichte im Industriezeitalter, Königstein 1981, S. 47-93. 時代遅れになっている部分がいくつかあるが、いまも変わることなくきわめて啓発的なものとして次のような研究がある。Wolfram Fischer, Die Wirtschaftspolitik des Nationalsozialismus, Hannover 1961 (=Schriftenreihe der Niedersächsischen Landeszentrale für politische Bildung. Zeitgeschichte, Nr. 13). 最近の研究状況のきわめてすぐれた総括は次の文献に示されている。Werner Bührer, Wirtschaft, in: Benz/Graml/Weiß (Hrsg.), Enzyklopädie des Nationalsozialismus, S. 108-122.

（4）Volker Kratzenberg, Arbeiter auf dem Weg zu Hitler? Die nationalsozialitische Betriebszellen-Organisation. Ihre Entstehung, ihre Programmatik, ihr Scheitern 1927-1934, Frankfurt/M. 1987.

（5）これについてきわめて肯定的な叙述が次の文書にみられる。Ronald Smelser, Robert Ley. Hitlers Mann an der »Arbeitsfront«, Paderborn 1989. 企業内労働者の実情に関し、くらべものにならないほど批判的な叙述が次の研究にみられる。Carola Sachse/Tilla Siegel/Hasso Spode/Wolfgang Spohn, Angst, Belohnung, Zucht und Ordnung. Herrschaftsmechanismen im Nationalsozialismus, Opladen 1982.

（6）Hasso Spode, »Der deutsche Arbeiter reist«: Massentourismus im Dritten Reich, in: Gerhard Huck (Hrsg.), Sozialgeschichte der Freizeit, Wuppertal 1980, S. 281-306.

（7）一九三三年五月一九日の「労働管理官に関する法律（Gesetz über die Treuhändler der Arbeit）」については次の資料集を参照。Reinhard Kühnl, Der deutsche Faschismus in Quellen und Dokumenten, Köln 1975, S. 245f.

（8）一九三四年一月二〇日の「国民的労働秩序のための法律」については次の資料集を参照。Kühnl, Der deutsche Faschismus, S. 249-251.

（9）これについては次の研究を参照。Andreas Kranig, Lockung und Zwang. Zur Arbeitsverfassung im Dritten Reich, Stuttgart 1983. さらに次の研究も参照されたい。Eberhard Heuel, Der umworbene Stand. Die ideologische Integration der Arbeiter im Nationalsozialismus 1933-1945, Frankfurt/M. 1989.

（10）これは次の資料による。Dietmar Petzina/Werner Abelshauser/Anselm Faust, Sozialgeschichtliches Arbeitsbuch III. Materialien zur Statistik des Deutschen Reiches 1914-1945, München 1978, S. 16f.

（11）これについては次を参照。Fritz Blaich, Wirtschaft und Rüstung im Dritten Reich, Düsseldorf 1987, S. 18ff. ブライヒはここで労働市場にたいする「軍需景気」の決定的な重要性を強調している。それにたいし反論しているのは次の研究である。Christoph Buchheim, Natur des Wirtschaftsaufschwunges der NS-Zeit, in: Christoph Buchheim u. a. (Hrsg.), Zerrissene Zwischenkriegszeit. Wirtschaftshistorische Beiträge. Knut Brochardt zum 65. Geburtstag, Baden-Baden 1994, S. 97-119.

（12）数字は次の資料に依拠した。Tharmer, Verfürung und Gewalt, S. 748; und Dietmar Petzina/Werner Abelshauser/Anselm Faust, Sozialgeschichtliches Arbeitsbuch III, S. 149. なお、ブライヒは「国民所得にたいする軍需支出の比率（パーセント）」として次の数字を挙げている。一九三二年＝一・三％、一九三三年＝一・五％、一九三四年＝七・八％、一九三五年＝九・三％、一九三六年＝一五・七％。Blaich, Wirtschaft und Rüstung im Dritten Reich, S. 83.

（13）これについては次を参照。Fritz Blaich, Wirtschaft und Rüstung im Dritten Reich, S. 21ff.

（14）この場合に問題になったのは「メタルウルギッシェ・フォルシュング有限会社［冶金研究有限会社］」（略称 Mefo）という名の架空の会社である。国家から軍需品を受注した企業は、この会社を支払い人とする手形（メーフォー手形）を受け取った。こうした財政政策上のトリックは、本来的には、国家財政における債務が法定限度を越えないようにするための操作であった。だから、結局のところ、この手形はのちに紙幣印刷機によってのみ活性化されたのである。こうした財政操作についてのすぐれた分かりやすい記述は次にみられる。Blaich, Wirtschaft und Rüstung im Dritten Reich, S. 22.

（15）一九三五年五月三日付の軍備費調達に関するヤルマル・シャハトの覚え書きをみられたい。Der Prozeß gegen Hauptkriegsverbrecher vor dem Internationalen Militärgerichtshof. Nürnberg 14. 11. 1945-1. 10. 1946, Bd. 1-42. Nürnberg 1947-1949, Bd. 27, S. 50. またこれに関しては次の研究も参照されたい。Albrecht Ritschl, Wirtschaftspolitik im Dritten Reich, in: Bracher/Funke/Jacobsen (Herg.), Deutschland 1933-1945, S. 118-134.

（16）Petzina/Abelshauser/Faust, Sozialgeschichtliches Arbeitsbuch III, S. 16f.

（17）次の研究書の表を参照。Petzina/Abelshauser/Faust, Sozialgeschichtliches Arbeitsbuch III, S. 74.

（18）一九三五年九月のシャハトの演説の草稿をみられたい。In: Michalka (Hrsg.), Das Dritte Reich, S. 186f.

（19）これについてはとりわけ次の研究を参照されたい。Dietmar Petzina, Autarkiepolitik im Dritten Reich. Der nationalsozialistische Vierjahresplan, Stuttgart 1968.

(20) 四ヵ年計画の課題についてのヒトラーの覚え書き。次に収録されている。Vierteljahrshefte für Zeitgeschichte 3, 1955, S. 204-210.

(21) これに関しては一九三七年八月二四日付の製鉄業界の覚え書きを参照。In: Blaich, Wirtschaft und Rüstung, S. 73-76. また次の研究も参照されたい。Gerhard Th. Mollin, Montankonzerne und »Drittes Reich«. Der Gegensatz zwischen Monopolindustrie und Befehlswirtschaft in der deutschen Rüstung und Expansion 1936-1944, Göttingen 1988. ゲアハルト・Th・モリンにたいする批判は次の研究である。Karl Heinz Roth, Monopolkapital und Wirtschaftsunternehmen der NSDAP im Dritten Reich. Kritische Bemerkungen zu Gerhard Th. Mollin, in: 1999. Zeitschrift für Sozialgeschichte des 20. und 21. Jahrhunderts 4, 1989, Nr. 3, S. 122-133.

(22) 四ヵ年計画の施行についての疑念を述べている一九三七年八月五日付のゲーリング宛の手紙を参照。手紙は次の書に復刻されている。Blaich, Wirtschaft und Rüstung im Dritten Reich, S. 68f.

(23) ゲーリングは一九三八年七月八日の航空産業との話し合いのなかで露骨にそれを指摘している。In: IMT 38, S. 379ff.

(24) Petzina, Autarkiepolitik im Dritten Reich.

(25) 次を参照のこと。Joseph Borkin, Die unheilige Allianz der I. G. Farben. Eine Interessengemeinschaft im Dritten Reich, Frankfurt/M. 1979. これにたいする反論には次のような研究がある。Peter Hayes, Industry and Ideology: IG Farben in the Nazi Era, New York 1987. また、とりわけ次を参照。Gottfried Plumpe, Die I. G. Farbenindustrie AG. Wirtschaft, Technik, und Politik 1914-1945, Berlin 1990.

(26) わたしはここでフォルクマンの記述に従っている。Hans-Erich Volkmann, Ökonomie und Nationalsozialismus. Versuch einer historiographischen Bestandaufnahme, in: Röhr u. a. (Hrsg.), Faschismus und Rassismus, S. 206-227.

(27) これについては以下を参照。Mason, Arbeiterklasse und Volksgemeinschaft; Hachtmann, Industriearbeit im Dritten Reich.

(28) そのなかには、周知の通り引き渡しのおこなわれなかったフォルクスヴァーゲン購入のための積み立て金も含まれていた。次の研究を参照。Blaich, Wirtschaft und Rüstung im »Dritten Reich« S. 25.

(29) Dörte Winkler, Frauenarbeit im »Dritten Reich«, Hamburg 1977. くわしくは本訳書一四六頁以下を参照されたい。

(30) Niederschrift einer Besprechung Hermann Görings mit Luftfahrtindustriellen über die Ziele des vorbereiteten Krieges vom 8. 7. 1938, in: IMT 38, S. 379ff.

(31) たとえば次の叙述をみられたい。Alan Milward, Die deutsche Kriegswirtschaft 1939-1945, Stuttgart 1966; ders., Der Einfluß ökonomischer und nicht-ökonomischer Faktoren auf die Strategie des Blitzkrieges, in: Friedrich Forstmeier/Hans-Erich Volkmann (Hrsg.), Wirtschaft und Rüstung am Vorabend des Zweiten Weltkrieges, Düsseldorf 1975.「電撃戦経済」についてのミルウォードのテーゼは以下の研究によって批判されている。Richard J. Overy, The Nazi Economic Recovery 1932-1938, London 1982.

（32）以下については次のすぐれた記述を参照。Hans-Erich Volkmann, Zum Verhältnis von Großwirtschaft und NS-Regime im Zweiten Weltkrieg, in: Bracher/Funke/Jacobsen (Hrsg.), Nationalsozialismus und Diktatur, S. 480-508; Rolf-Dieter Müller, Grundzüge der deutschen Kriegswirtschaft 1939 bis 1945, in: Bracher/Funke/Jacobsen (Hrsg.), Deutschland 1933-1945, S. 357-376. さらに、簡潔ではあるがきわめて啓発的な戦時経済についての記述である次の研究を参照。Blaich, Wirtschaft und Rüstung im Dritten Reich, S. 33ff.

（33）下記からの引用。Eichholz, Geschichte der deutschen Kriegswirtschaft, Bd. 1, S. 208.

（34）これについては次を参照。Ludolf Herbst, Der Totale Krieg und die Ordnung der Wirtschaft, Stuttgart 1982; Gregor Janssen, Das Ministerium Speer. Deutschlands Rüstung im Krieg, Berlin 1968.

（35）これにはさらにくわしい文献が提示されている次の研究書を参照。Blaich, Wirtschaft und Rüstung im Dritten Reich, S. 45ff.

（36）最近の研究状況についてのすぐれた要約には次のようなものがある。Werner Bührer, Wirtschaft, in: Benz u. a. (Hrsg.), Enzyklopädie des Nationalsozialismus, S. 108-122.

（37）これについては下記を参照。Mark Spoerer, Von Scheingewinnen zum Rüstungboom, Stuttgart 1996; Gerhard Th. Mollitor, Montankonzerne und Drittes Reich, Göttingen 1988.

（38）以下の著作は、戦争中の投資ブームはきわめて大きく、戦争による破壊にもかかわらず一九四五年以後の再建の基盤となった、というテーゼを主張している。Werner Abelshauser, Wirtschaft in Westdeutschland 1945-1948, Stuttgart 1975.

（39）Bührer, Wirtschaft, S. 120.

（40）Bührer, Wirtschaft, S. 120.

（41）数字と表については次の研究書を参照。Eichholz, Kriegswirtschaft, Bd. 2, S. 260; Blaich, Wirtschaft, S. 130ff.

（42）Albert Speer, Erinnerungen, Frankfurt/M. 1969.［アルバート・シュペール著、品田豊治訳『ナチス狂気の内幕——シュペールの回想録』読売新聞社、一九七〇年］。これにたいする批判は次の研究である。Matthias Schmidt, Albert Speer. Das Ende eines Mythos. Speers wahre Rolle im Dritten Reich, Bern-München 1982. これとは逆にきわめて慎重な態度をとっているものには次の研究がある。Gitta Sereny, Albert Speer. His Battle with Truth, London 1995.

（43）Marie-Louise Recker, Nationalsozialistische Sozialpolitik im Zweiten Weltkrieg, München 1985; Rüdiger Hachtmann, Industriearbeit im Dritten Reich. Untersuchungen zu den Lohn- und Arbeitsbedingungen in Deutschland 1933-1945, Göttingen 1989.

（44）Marie-Louise Recker, Sozialpolitik, in: Benz u. a. (Hrsg.), Enzyklopädie des Nationalsozialismus, S. 123-134, S. 130.

（45）Recker, Sozialpolitik, S. 127.

(46) これについては、また以下については、次を参照。Recker, Sozialpolitik, S. 124.

(47) これについては次を参照されたい。Stefan Kartner, Arbeitsvertragsbrüche als Verletzung der Arbeiterpflicht im Dritten Reich, in: Archiv für Sozialgeschichte 21, 1981, S. 269-328.

(48) これらの強制労働施設については次を参照。Wolfgang Fritz Werner, Die Arbeitserziehungslager als Mittel nationalsozialistischer »Sozialpolitik« gegen deutsche Arbeiter, in: Waclaw Dlugoborski (Hrsg.), Zweiter Weltkrieg und sozialer Wandel, Göttingen 1981, S. 138-150.

(49) これについてはとりわけ次を参照されたい。Ulrich Herbert, Fremdarbeiter im Deutschen Reich. Politik und Praxis des »Ausländer-Einsatzes« in der deutschen Kriegswirtschaft, Berlin 1985.

(50) 経済的理由から搾取され、人種的動機から差別され、迫害されたソ連の捕虜の運命については次の書をみられたい。Christian Streit, Keine Kameraden. Die Wehrmacht und die sowjetischen Kriegsgefangenen 1941-1945, Bonn 2. Aufl. 1991.

(51) Falk Pingel, Die Konzentrationslagerhäftlinge im nationalsozialistischen Arbeitseinsatz, in: Waclaw Dlugoborski (Hrsg.), Zweiter Weltkrieg und sozialer Wandel, Göttingen 1981, S. 151-163; Benjamin B. Ferencz, Lohn des Grauens. Die verweigerte Entschädigung für jüdische Zwangsarbeiter, Frankfurt/M. 1981.〔Benjamin B. Ferencz, Less than Slaves の邦訳、ベンジャミン・B・フェレンツ著、住岡良明・凱風社編集部訳『奴隷以下――ドイツ企業の戦後責任』凱風社、一九九三年を参照〕

(52) Mason, Arbeiterklasse und Volksgemeinschaft. 著者のメイスンはこうした階級意識に高い価値を置いている。しかし、かれの研究は一九三九年までしか及んでいない。

(53) しかし労働者階級の内部にも存在したこの種の人種主義的行動パターンの内面化と伝承化について、くわしい研究はまだ十分におこなわれてはいない。

(54) 本訳書一一二頁以下を参照。

(55) Carl Joachim Friedrich/Zbigniew Brzezinski, Totalitarian Dictatorship and Autocracy, Cambridge 1956; Carl Joachim Friedrich, Totalitäre Diktatur, Stuttgart 1957. くわしくは以下を参照。Wippermann, Totalitarismustheorien, bes. S. 35ff.

(56) 代表的なものとしては次の著書がある。Gustav Stolper, Die deutsche Wirklichkeit, Hamburg 1949; August Heinrichsbauer, Schwerindustrie und Politik, Essen 1948; Louis Lochner, Die Mächtigen und der Tyrann, 2. Aufl. Darmstadt 1955; Hans-Eckhardt Kannapin, Wirtschaft unter Zwang. Anmerkungen und Analysen zur rechtlichen und politischen Verantwortung der Wirtschaft unter der Herrschaft des Nationalsozialismus, Köln 1966. これらとはちがって、アメリカに移住したリベラルな歴史家ハルガルテンの著作はすでにきわめて批判的であった。George W. F. Hallgarten, Hitler, Reichswehr und Industrie. Zur Geschichte der Jahre 1918-1933, Frankfurt/M. 2. Aufl. 1955.〔G・W・F・ハルガルテン著、

富永幸生訳『ヒトラー・国防軍・産業界——1918年〜1933年のドイツ史に関する覚書』未來社、一九六九年〕

（57）ヴィルヘルム・トロイエはさまざまな社史の編集者でこのような志向の代表者だった。第三帝国におけるドイツの工業家の行動に関するきわめて弁解的な記述もかれに始まっている。次を参照。Wilhelm Treue, Die Einstellung einiger deutscher Großindustrie zu Hitlers Außenpolitik, in: Geschichte in Wissenschaft und Unterricht 17, 1966, S. 491-507. 社史の記述についてのきわめて厳しい批判はカール・ハインツ・ロートによって始められた。以下を参照。Karl Heinz Roth, Die Daimler-Benz. AG. Ein Rüstungskonzern im »Tausendjährigen Reich« - Forschungstand, Kontroversen, Kritik, in: 1999. Zeitschrift für Sozialgeschichte des 20. und 21. Jahrhunderts, 1993, S. 40-64.

（58）このような方向を代表し、指導した人物はヴァルター・ウルブリヒトである。Walter Ulbricht, Der faschistische deutsche Imperialismus 1933 bis 1945, 4. Aufl. Berlin 1956 (zuerst: 1945). このテーゼにたいする厳しいが同時に個人攻撃的傾向をもった批判をおこなったのはターナーである。Henry Ashby Turner, Die Großunternehmer und der Aufstieg Hitlers, Berlin 1985.

（59）まず最初に挙げるとすれば次の著書であろう。Jürgen Kuczynski, Die Barbarei - extremster Ausdruck der Monopolherrschaft in Deutschland, in: Zeitschrift für Geschichtswissenschaft 1961, S. 168-193. よりくわしいものを挙げれば次の研究書がある。Dietrich Eichholz, Probleme einer Wirtschaftsgeschichte des Faschismus in Deutschland, in: Jahrbuch für Wirtschaftsgeschichte 1963 T. 3, S. 97-127. 独占グループ・テーゼはエーバーハルト・チヒョンによって一般に広められた。しかしかれはのちに西ドイツでは「不興をかって」発表できなくなった。これについては、当時、すでに西ドイツでも非常に普及していた次の著作を参照。Eberhard Czichon, Wer verhalf Hitler zur Macht? Zum Anteil der deutschen Industrie an der Zerstörung der Weimarer Republik, Köln 1967.

（60）東ドイツの重要な専門家たちの著書のあいだにある相違はごくわずかである。Dietrich Eichholz, Geschichte der deutschen Kriegswirtschaft 1939-1045, Bd. 1: 1939-1941, Berlin 1969; Bd. 2: 1941-1943, Berlin 1984; Bd. 3: 1943-1945, Berlin 1996. 史料は豊富であるが、同様にドグマ的性格の強いものとしては次の著書がある。Lotte Zumpe, Wirtschaft und Staat in Deutschland 1933, Berlin 1980. イアン・カーショーやわたしなどが待ち望んでいたドグマ的見地からの転換はついに起こらなかった。これについては次を参照。Wippermann, Faschismustheorien, S. 31ff.; Kershaw, Der NS-Staat, S. 89ff. またこれについては次の歴史記述に関する簡単な解説も参照されたい。Fritz Blaich, Wirtschaft und Rüstung im Dritten Reich, Düsseldorf 1987, S. 146ff. さらに次の、慎重に比較考察がおこなわれている論文も参照されたい。Hans-Erich Volkmann, Ökonomie und Nationalsozialismus. Versuch einer deutschen historiographischen Bestandaufnahme, in: Werner Röhr u. a. (Hrsg.), Faschismus und Rassismus, Berlin 1992, S. 206-272.

（61）Tim Mason, Der Primat der Politik - Politik und Wirtschaft im Nationalsozialismus, in: Das Argument 41, 1966, S. 473-494; Eberhard Czichon, Der Primat der Industrie im Kartell der nationalsozialistischen Macht, in: Das Argment 47, 1968, S. 168-192; Tim Mason, Primat der Industrie? -

eine Erwiderung, in: Das Argument 47, 1968, S. 193-209; Dietrich Eichholz/Kurt Gossweiler, Noch einmal: Politik und Wirtschaft 1933-1945, in: Das Argument 47, 1968, S. 210-227.

(62) これ以外に挙げておくべき研究としては次のようなものがあろう。Alfred Sohn-Rethel, Ökonomie und Klassenstruktur des deutschen Faschismus, Frankfurt/M. 1973; Nicos Poulanzas, Faschismus und Diktatur. Die Kommunistische Internationale und der Faschismus, München 1970.

(63) David Abraham, The Collapse of the Weimar Republic, Princeton 1981. アメリカ人のデイヴィド・アブラハムは、経済の優位テーゼに固執し、アウトサイダーの立場をとっていた。

(64) Arthur Schweitzer, Big Business in the Third Reich, Bloomington 1964. シュヴァイツァーは、一九三六年まで産業界の共同決定権はまだ存在をつづけていたが、こうした「部分的ファシズム」の局面はやがて一九三六年に政治の優位、もしくは「全面的ファシズム」に替わった、とするテーゼを主張している。

(65) Alan Milward, Die deutsche Kriegswirtschaft 1939-1945, Stuttgart 1966; ders., Der Einfluß ökonomischer und nicht-ökonomischer Faktoren auf die Strategie des Blitzkrieges, in: Friedrich Forstmeier/Hans-Erich Volkmann (Hrsg.), Wirtschaft und Rüstung am Vorabend des Zweiten Weltkrieges, Düsseldorf 1975; ders., Der Zweite Weltkrieg. Wirtschaft und Gesellschaft 1939-1945, München. 1977. ミルウォードは、ドイツの軍需産業はけっして完全に画一化《グライヒシャルテン》されていなかったこと、とりわけ、長い間推測されてきたほどには、効率的でなかったことを指摘している。ドイツの軍需産業は、計画された「徹底軍備（Tiefenrüstung）」ではなくて、やっと「拡張軍備（Breitenrüstung）」に達したにすぎない、とかれはいっている。

(66) Dietmar Petziena, Hitler und die deutsche Industrie. Ein kommentierter Literatur- und Forschungsbericht, in: Geschichte in Wissenschaft und Unterricht 17, 1966, S. 482-492; ders., Autarkiepolitik im Dritten Reich. Der nationalsozialistische Vierjahresplan, Stuttgart 1968; ders., Die deutsche Wirtschaft in der Zwischenkriegszeit, Wiesbaden 1977. ペッツィーナはとりわけ四ヵ年計画にかかわる官庁の内部に国家代表と工業界、とりわけI・G・ファルベンの代表とのあいだに密接な協力があったことを指摘している。

(67) これについてはとくに豊富な史料を駆使している次の研究を参照。Reinhard Neebe, Großindustrie, Staat und NSDAP 1930-1933, Göttingen 1981.

(68) この記述は次の研究に大幅に依拠している。Hans Erich Volkmann, Zum Verhältnis von Großwirtschaft und NS-Regime im Zweiten Weltkrieg. in: Bracher/Funke/Jacobsen (Hrsg.), Nationalsozialistische Diktatur 1933-1945, S. 480-508; ders., Ökonomie und Nationalsozialismus. Versuch einer deutschen historiographischen Bestandaufnahme, in: Rühr u. a. (Hrsg.), Faschismus und Rassismus, S. 206-227.

(69) これについてはとりわけ次をみられたい。Peter Hüttenberger, Nationalsozialistische Polykratie, in: Geschichte und Gesellschaft 2, 1976, S.

417-442.

(70) これについてのきわめてすぐれた記述は次の書である。Peter Hayes, Polycracy and Policy in the Third Reich. The Case of the Economy, in: Thomas Childers/Jane Caplan (Hrsg.), Reevaluating the Third Reich, New York 1993, S. 190-210.

(71) 経済の優位というテーゼは東ドイツの教科書と標準的著述のすべてにみられる。それについては次の著書を参照。Deutschland im zweiten Weltkrieg. Von einem Autorenkollektiv, Bd. 1-6 Berlin 1975-1985; Dietrich Eichholz/Kurt Goßweiler (Hrsg.), Faschismusforschung. Positionen, Probleme, Polemik, Berlin 1980; Kurt Pätzold/Manfred Weißbecker, Geschichte der NSDAP 1920-1945, Köln 1981. 政治の優位テーゼについては次を参照。Hildebrand, Das Dritte Reich, S. 160.［ヒルデブラント著『ヒトラーと第三帝国』前掲書］

(72) これについては、きわめて批判的な次の研究を参照。Joseph Borkin, Die unheilige Allianz der I. G. Farben. Eine Interessengemeinschaft im Dritten Reich, Frankfurt/M. 1979. またこれよりもはるかに慎重な次の研究を参照。Peter Hayes, Industry and Ideology: IG Farben in the Nazi Era, New York 1990. また、その後再びボルキンを賞揚している以下も参照されたい。Gottfried Plumpe, Die I. G. Farbenindustrie AG. Wirtschaft, Technik und Politik 1914-1945, Berlin 1990. またこれに関係して、次の批判的評論を参照されたい。Peter Hayes, Zur umstrittenen Geschichte der I. G. Farbenindustrie AG, in: Geschichte und Gesellschaft 18, 1992, S. 405-417. さらにこれにたいする返答である以下を参照。Gottfried Pumpe, Antwort auf Peter Hayes. Zur umstrittenen Geschichte der I. G. Farbenindustrie AG, in: Geschichte und Gesellschaft 18, 1992, S. 526-532.

(73) これについては次の著書を参照。George W. F. Hallgarten und Joachim Radkau, Deutsche Industrie und Politik von Bismark bis in die Gegenwart, Reinbek 1981, S. 255ff. しかし、この二人はこうした経済にたいする政府の干渉を過度に評価することにたいして警告している。さらに、次の書も参照されたい。Matthias Riedel, Eisen und Kohle für das Dritte Reich. Paul Pleigers Stellung in der NS-Wirtschaft, Göttingen 1973.

(74) これとこの後については次を参照されたい。Kershaw, Der NS-Staat, S. 117ff.

(75) これについてはとりわけ次を参照。Ludolf Herbst, Der Totale Krieg und die Ordnung der Wirtschaft, Stuttgart 1982.

(76) これについては、よりくわしい文献を提示している次の論文を参照されたい。Wolfgang Schieder, Spanischer Bürgerkrieg und Vierjahresplan. Zur Struktur nationalsozialistischer Außenpolitik, Darmstadt 1978, S. 325-359.

(77) これについては以下を参照。Kraus Wittmann, Schwedens Wirtschaftsbeziehungen zum Dritten Reich, München 1978. スウェーデンの鉱石供給の意味については激しい論争がおこなわれている。この後については次を参照。Blaich, Wirtschaft und Rüstung im Dritten Reich, S. 150.

(78) これとこの後については次の研究書を参照。Avraham Barkai, Von Boykott zur »Entjudung«. Der Wirtschaftliche Existenzkampf der Juden im Dritten Reich 1933-1943, Frankfurt/M. 1988. Mehr dazu unten S. 210.

(79) これについてはユダヤ人の絶滅を経済的動機に帰そうとする東ドイツの歴史家ペッツォルトの試論を参照。Kurt Pätzold, Faschismus, Rassenwahn, Judenverfolgung, Berlin 1975; ders., Von der Vertreibung zum Genozid. Zu den Ursachen, Triebkräften und Bedingungen der antijüdischen Politik im faschistischen deutschen Imperialismus, in: Eichholz/Goßweiler (Hrsg.), Faschismusforschung, S. 181-208. アウシュヴィッツの経済的効用を「証明」しているとりわけ嫌悪すべき試みに、次のようなものがある。Peter M. Kaiser, Monopolprofit und Massenmord im Faschismus. Zur ökonomischen Funktion der Konzentrations- und Verrnichtungslager im faschistischen Deutschland, in: Blätter für deutsche und internationale Politik 20, 1975, S. 552-577.

(80) こうした批判は次の著作にも向けられる。Götz Aly/Susanne Heim, Vordenker der Vernichtung. Auschwitz und die deutschen Pläne für eine neue europäische Ordnung, Hamburg 1991. アリーとハイムはユダヤ人の絶滅を国民経済学と人口統計学上の計算法に帰している。

(81) 本訳書一八五頁以下をみられたい。

(82) とりわけ、次の諸研究がそうである。Zitelmann, Hitler; ders., Adolf Hitler; Albrecht Ritschl, Die NS-Wirtschaftsideologie - Modernisierungsprogramm oder reaktionäre Utopie?, in: Prinz/Zietelmann (Hrsg.), Nationalsozialismus und Modernisierung, S. 48-71; ders., Zum Verhältnis von Markt und Staat in Hitlers Weltbild. Überlegungen zu einer Forschungskontroverse, in: Backes u. a. (Hrsg.), Die Schatten der Vergangenheit, S. 243-264; Rainer Zitelmann, Nationalsozialismus, Faschismus, Stalinismus. Historiographische Vergangenheitsbewältigung und Modernisierungstheorie, in: Bernd Faulenbach/Martin Stadelmaier (Hrsg.), Diktatur und Emanzipation, Essen 1993, S. 111-135; Michael Prinz, Einige Bemerkungen zur neuern Debatte über Modernisierung und Nationalsozialismus, in: Prinz/Zitelmann (Hrsg.), Nationalsozialismus und Modernisierung, S. 335-361. Weißmann, Der Weg in den Abgrund, S. 154ff. ここでは第三帝国は「社会的国家」とさえ呼ばれている。

(83) Ronald Smelser, Robert Ley. Hitlers Mann an der Arbeitsfront, Paderborn 1989; Gunther Mai, »Warum steht der deutsche Arbeiter zu Adolf Hitler?« Zur Rolle der Deutschen Arbeitsfront im Herrschaftssystem des Dritten Reiches, in: Geschichte und Gesellschaft 12, 1986, S. 212-234. この議論に関してはさらに次の著作も参照されたい。Matthias Freese, Zugeständnis und Zwangsmaßnahm. Neuere Studien zur nationalsozialistischen Sozial- und Arbeitspolitik, in: Neue Politische Literatur 1987, S. 53-74; Ulrich Herbert, Arbeiterschaft im Dritten Reich. Zwischenbilanz und offene Fragen, in: Geschichte und Gesellschaft 1989, S. 320-360.

(84) Richard Overy, War and Economy in the Third Reich, Oxford 1994.

(85) Hans Mommsen, Nationalsozialismus als vorgetäuschte Modernisierung, in: Walter H. Pehle (Hrsg.), Der historische Ort des

Nationalsozialismus, Frankfurt/M. 1990, S. 31-46.

(86) このような、またその他の、近代化テーゼ支持者の論拠は次の著作によって一つひとつ詳細に反論されている。Günter Könke, »Modernisierungsschub« oder relative Stagnation? Einige Anmerkungen zum Verhältnis von Nationalsozialismus und Moderne, in: Geschichte und Gesellschaft 20, 1994, S. 584-608.

(87) これについては次の諸研究を参照。Heinrich August Winkler, Der entbehrliche Stand. Zur Mittelstandspolitik im »Dritten Reich«, in: Archiev für Sozialgeschichte 17, 1977, S. 1-40; Adelheid v. Saldern, Mittelstand im Dritten Reich. Handwerker - Einzelhändler - Bauern, Frankfurt/M. 1979; Michael Prinz, Vom neuen Mittelstand zum Volksgenossen. Die Entwicklung des sozialen Status der Angestellten von der Weimarer Republik bis zum Ende der NS-Zeit, München 1986. とくに農民の状況に関しては以下を参照。Friedrich Grundmann, Agrarpolitik im »Dritten Reich«. Anspruch und Wirklichkeit des Reichserbhofgesetzes, Hamburg 1979; Gustavo Corni, Hitler and the Peasants. Agrarian Policy in the Third Reich, 1930-1939, New York 1990.

(88)「オーラル・ヒストリー」の手法を用いたニートハマーの研究もこうした結論に達した。Lutz Niethammer (Hrsg.), »Die Jahre weiß man nicht, wo man die heute hinzetzen soll«. Faschismuserfarung im Ruhrgebiet, Bonn 1983.

(89) この誤ったテーゼは東ドイツの歴史家たちに引き継がれた。なによりも次を参照されたい。Jürgen Kuczynski, Die Geschichte der Lage der Arbeiter unter dem Kapitalismus, Bd. 6, Berlin 1964, S. 183ff.

(90) これはメイスンの次の著作によって証明された。Timothy Mason, Sozialpolitik im Dritten Reich, Opladen 1977. しかし、メイスンはこれをファシスト独裁の条件下で「階級闘争」としておこなわれた労働者の抗議に帰している。それが最終的にナチの権力者を一種の「前方への逃走(Flucht nach vorn)」としての戦争へと駆り立てた、とかれはいっている。次を参照。Timothy W. Mason, Innere Krise und Angriffskrieg 1938/39, in: Friedrich Forstmeier/Hans-Erich Volkmann (Hrsg.), Wirtschaft und Rüstung am Vorabend des Zweiten Weltkrieges, Düsseldorf 1975, S. 158-188. この根拠薄弱なテーゼについての批判は次に示されている。Ludolf Herbst, Die Krise des nationalsozialistischen Regimes am Vorabend des Weltkrieges und die forcierte Aufrüstung. Eine Kritik, in: Vierteljahrshefte für Zeitgeschichte 26, 1978, S. 347-392. この論争の要約は次の書にある。Kershaw, Der NS-Staat, S. 114f.

(91) この要約は次を参照。Recker, Sozialpolitik, S. 131ff. 近代化テーゼはここでも同じように否定されている。

(92) Burleigh/Wippermann, The Racial State, S. 199ff.[バーリー、ヴィッパーマン著『人種主義国家ドイツ』前掲書]

(93) この批判については次をみられたい。Wippermann, Wessen Schuld?, S. 80ff.[ヴィッパーマン著『ドイツ戦争責任論争』前掲書、一三七頁以下]; Karl Heinz Roth, Revisionistische Tendenzen in der historischen Forschung über den deutschen Faschismus, in: Johannes Klotz/Ulrich

Schneider (Hrsg.), Die selbstbewußte Nation und ihr Geschichtsbild, Köln 1997, S. 31-64.

ナチスの対青少年政策

（1）以下については、とりわけ次を参照。Arno Klönne, Jugend im Dritten Reich. Die Hitlerjugend und ihre Gegner, Düsseldorf 1982, S. 15ff. また、新しい研究としては次を参照。Christoph Schubert-Weller, Hitlerjugend. Vom »Jungsturm Adolf Hitler« zur Staatsjugend des Dritten Reiches, Weinheim 1993.

（2）ノルクゥスとノルクゥス神話に関しては、アメリカの歴史家ジェイ・ベアドの、浩瀚ではあるがいくぶん無批判な記述がある。Jay W. Baird, To die for Germany. Heroes in the Nazi Pantheon, Bloomington 1990, S. 108-129.

（3）ヒトラー・ユーゲントとそれ以外の、もしくは「本来の」青年運動とのきわめてアンビヴァレントな関係については次をみられたい。Michael H. Kater, Bürgerliche Jugendbewegung und Hitlerjugend in Deutschland von 1926 bis 1939, in: Archiv für Sozialgeschichte 17, 1977, S. 127-174.

（4）以下については次を参照。Klönne, Jugend im Dritten Reich, S. 19ff.

（5）次を参照。Karl Heinz Jahnke, Jungkommunisten im Kampf im Widerstand gegen den Hitlerfaschismus, Berlin 1977. またこの後については次を参照。Klönne, Jugend im Dritten Reich, S. 143ff.

（6）青年運動の政治的・イデオロギー的評価については六〇年代に論争があった。この論争のなかで、以前のさまざまなブントのメンバーは、何人かの歴史家に指摘されたナチズムとの精神的近似性を否定した。この立場を代表するものには次の文書がある。Felix Raabe, Die Bündische Jugend. Ein Beitrag zur Geschichte der Weimarer Republik, Stuttgart 1961. これにたいしきわめて批判的なものに次の文書がある。Walter Z. Laqueur, Die deutsche Jugendbewegung. Eine historische Studie, Köln 1962.［ウォルター・Z・ラカー著、西村稔訳『ドイツ青年運動――ワンダーフォーゲルからナチズムへ』人文書院、一九八五年］。全体として均衡のとれた立場に立つものには次の文書がある。Michael H. Kater, Bürgerliche Jugendbewegung und Hitlerjugend in Deutschland von 1926 bis 1939, in: Archiv für Sozialgeschichte 17, 1977, S. 127-174; Hermann Giesecke, Von Wandervogel bis zur Hitlerjugend, München 1981; Jürgen Reulecke, »Hat die Jugendbewegung den Nationalsozialismus vorbereitet?« Zum Umgang mit einer falschen Frage, in: Wolfgang R. Krabbe (Hrsg.), Politische Jugend in der Weimarer Republik, Bochum 1993, S. 222-243.

（7）»Vernichtet die Bünde!« in: Junge Nation, Mai 1933. これは次の書に復刻再録されている。Klönne, Jugend im Dritten Reich, S. 106.

（8）アルタマーネンについては次を参照。Klaus Bergmann, Agrarromantik und Großstadtfeindschaf, Meisenheim 1970, S. 247-297; Michael H. Kater, Die Artamanen - Völkische Jugend in der Weimarer Republik, in: Historische Zeitschrift 213, 1971, S. 577-638.

（9）プロテスタント系青年運動に関しては次の研究を参照。Manfred Priepke, Die evangelische Jugend im Dritten Reich 1933-1936, Hannover 1960; Heinrich Riedel, Kampf um die Jugend - Evangelische Jugendarbeit 1933-1945, München 1976; Manfred Müller, Jugend in der Zerreißprobe, Stuttgart 1982; Johannes Jürgens, Die bittere Lektion, Evangelische Jugendarbeit, Stuttgart 1984.

（10）これとこの後については次の弁護的叙述を参照。Barbara Schellenberger, Katholische Jugend und Drittes Reich, Mainz 1975. また、それとは逆に批判的な次の研究も参照。Christel Beilmann, Eine katholische Jugend in Gottes und dem Dritten Reich, Wuppertal 1989.

（11）一九三五年の「ＳＳ全国指導者」兼プロイセンゲシュタポ長官ハインリヒ・ヒムラーの命令は次の書に復刻収録されている。Klönne, Jugend im Dritten Reich, S. 167. ここでおこなわれた軍事スポーツについては次を参照。Hajo Bernett, Die totale Mobilmachung der deutschen Jugend. Pläne zur vormilitärischen Ertüchtigung von 1933-1936, Schorndorf 1982.

（12）Klaus Gotto, Die Wochenzeitung Junge Front/Michael, Mainz 1970.

（13）以下については次を参照。Klönne, Jugend im Dritten Reich, S. 185ff.

（14）次に引用されている。Klönne, Jugend im Dritten Reich, S. 185.

（15）一九三六年一二月一日付のヒトラー・ユーゲント法については以下を参照。Jahnke/Buddrus, Deutsche Jugend 1933-1945, S. 121.

（16）次の書に抜粋が復刻収録されている。Klönne, Jugend im Dritten Reich, S. 36f.

（17）Eidth Niehus, Das Landjahr. Eine Jugenderziehungseinrichtung in der Zeit des Nationalsozialismus, Nörten-Hardenberg 1984.

（18）次の書に復刻収録されている。Klönne, Jugend im Dritten Reich, S. 35.

（19）第三帝国の学校制度についてはさまざまな研究が存在するが、とりわけ次の文献を参照されたい。Rolf Eilers, Die nationalsozialistische Schulpolitik, Köln 1963; Hans Jochen Gamm, Führung und Verführung. Pädagogik des Nationalsozialismus, München 1964; Kurt-Ingo Flessau, Schule der Dikatur. Lehrpläne und Schulbücher des Nationalsozialismus, München 1977; Elke Nyssen, Schule im Nationalsozialismus, Weinheim 1979; Ulrich Heinemann (Hrsg.), Erziehung und Schulung im Dritten Reich. Teil I: Kindergarten, Schule, Jugend, Berufserziehung, Stuttgart 1980; Harald Scholtz, Erziehung und Unterricht unterm Hakenkreuz, Göttingen 1985; Ulrich Hermann, »Die Formung der Volksgenossen«. Der »Erziehungsstaat« des Dritten Reiches, Weinheim 1985; Dieter Langewiesche/Heinz-Elmar Tenorth (Hrsg.), Handbuch der deutschen Bildungsgeschichte, Bd. 5: Die Weimarer Republik und die nationalsozialistische Diktatur, München 1989; Heinz-Elmar Tenorth, Bildung und Wissenschaft im Dritten Reich, in: Bracher u. a. (Hrsg.), Deutschland 1933-1945, S. 240-253.

(20) これについては次の研究を参照されたい。Wolfgang Wippermann, Das Berliner Schulwesen in der NS-Zeit, in: Benno Schmoldt (Hrsg.), Schule in Berlin. Gestern und heute, Berlin 1989, S. 57-73, S. 61f.

(21) これについては次の著書をみられたい。Willi Feiten, Der Nationalsozialistische Lehrerbund. Entwicklung und Organisation, Weinheim 1981.

(22) 一九三三年四月二七日付『ベルリン教員新聞（Berliner Lehrerzeitung）』。これは次の研究に引用されている。Hans Norbert Burkert/Klaus Matußek/Wolfgang Wippermann, »Machtergreifung«. Berlin 1933, 2. Aufl. Berlin 1984, S. 231.

(23) はじめてのケース・スタディのひとつに次の研究があった。Ulrich Popplow, Schulalltag im Dritten Reich, in: Aus Politik und Zeitgeschichte B. 18, 1980, S. 33-69. これに続いたのは次の研究である。Wilfried Breyvogel/Thomas Lohmann, Schulalltag im Nationalsozialismus, in: Detlev Peukert/Jürgen Reulecke (Hrsg.), Die Reihen fast geschlossen. Beiträge zur Geschichte des Alltags im Nationalsozialismus, Wuppertal 1981, S. 199-221. 次の論文集も啓発的である。Arbeitsgruppe Pädagogisches Museum (Hrsg.), Hilfe Schule. Ein Bilder-Lese-Buch über Schule und Alltag, Berlin 1981; Arbeitsgruppe Pädagogisches Museum (Hrsg.), Heil Hitler, Herr Lehrer. Volksschule 1933-1945, Reinbek 1983.

(24) 教員たちのとった態度についてはいまだにごくわずかしか研究がない。次を参照。Marion Klewitz, Lehrersein im Dritten Reich. Analysen lebensgeschichtlicher Erzählungen zum beruflichen Selbstverständnis, Weinheim 1987; Lutz van Dick, Oppositionelles Lehrerverhalten 1933-1945. Biographische Berichte über den aufrechten Gang von Lehrerinnen und Lehrern, Weinheim 1988.

(25) これに関する全般的研究には次のようなものがある。Kurt-Ingo Flessau, Schule der Dikatur. Lehrpläne und Schulbücher des Nationalsozialismus, München 1977, 2. Aufl. Frankfurt/M. 1984. またこれ以外にも次のような研究がある。Reinhard Dittmar (Hrsg.), Schule und Unterricht im Dritten Reich, Neuwied 1989.

(26) 学校における教会闘争については次の研究を参照。Evi Kleinöder, Katholische Kirche und Nationalsozialismus im Kampf um die Schulen. Antikirchliche Maßnahmen und ihre Folgen, untersucht am Beispiel von Eichstätt, in: Sammelblatt des Historischen Vereins Eichstätt 74, 1981, S. 7-199; Joachim Maier, Schulkampf in Baden 1933-1945, Mainz 1983; Veronika Albers, Katholische Privatschulen zur Zeit der Nationalsozialismus in der Rheinprovinz und in Westfalen, Münster 1986; Wilhelm Damberg, Der Kampf um die Schulen in Westfalen 1933-1945, Mainz 1987; Agnes Lange-Stuke, Die Schulpolitik im Dritten Reich. Die katholische Bekenntnisschule im Bistum Hildesheim von 1933 bis 1948, Hildesheim 1989.

(27) 南オルデンブルクの注目すべき事件の経過については次をみられたい。Hans Joachim Kuropka (Hrsg.), Zur Sache - Das Kreuz! Untersuchungen zur Geschichte des Konflikts um Kreuz und Lutherbild in den Schulen Ordenburgs. Zur Wirkungsgeschichte eines Massenprotests

und zum Problem nationalsozialistischer Herrschaft in agrarisch-katholischen Region, Vechta 1987.

(28) Ute Frevert, Frauengeschichte. Zwischen bürgerlicher Verbesserung und Neuer Weiblichkeit, Frankfurt/M. 1986, S. 200ff.

(29) 第三帝国における女性の大学勉学の歴史については、さしあたり次を参照されたい。Michael Grüttner, Studenten im Dritten Reich, Paderborn 1995, S. 163-185.

(30) Hajo Bernett/Hans G. John (Hrsg.), Schulsport und Sportlehrerausbildung in der NS-Zeit, Clausthal-Zellerfeld 1982; Norbert Heymen u. a., Erziehung zur Wehrhaftigkeit im Sportunterricht, in: Dithmar (Hrsg.), Schule und Unterricht im Dritten Reich, S. 163-185.

(31) Horst Gies, Geschichtsunterricht unter der Diktatur Hitlers, Köln 1992; Gertrud Scherf, Vom deutschen Wald zum deutschen Volk. Biologieunterricht in der Volksschule im Dienste nationalsozialistischer Weltanschauung und Politik, in: Reinhard Dithmar (Hrsg.), Schule und Unterricht im Dritten Reich, Neuwied 1989, S. 217-234; Änne Bäumer-Schleinkofer, NS-Biologie und Schule, Frankfurt/M. 1994.

(32) 一九三三年四月七日の「職業官吏再建法」については次を参照されたい。Hans-Dieter Schmid u. a., Juden unterm Hakenkreuz, Bd. I, Düsseldorf 1983, S. 78f.

(33) これについては、強い感銘を与える次の研究を参照。Werner T. Angress, Generation zwischen Furcht und Hoffung. Jüdische Jugend im Dritten Reich, Hamburg 1985.

(34) 一九三三年四月二五日の「ドイツの学校と大学の人員過剰を防ぐ法律」については次を参照されたい。Hans-Dieter Schmid u. a. (Hrsg.), Juden unterm Hakenkreuz, Bd. I, Düsseldorf 1983, S. 83.

(35) これについては本訳書一六九頁以下をみられたい。

(36) 一九三八年一一月一五日付の「ユダヤ人の学校教育」についての全国科学・教育担当大臣の命令については次を参照。Hans-Dieter Schmid u. a. (Hrsg.), Juden unterm Hakenkreuz, Bd. I, S. 52f.

(37) 一九四二年六月二〇日付の科学・教育担当大臣の命令。次を参照。Joseph Walk, Das Sonderrecht für die Juden im NS-Staat, Heidelberg 1981, S. 379.

(38) この訓令の要約は次の著書に抜粋収録されている。Wolfgang Wippermann, Geschichte der Sinti und Roma in Deutschland. Darstellung und Dokumente, Berlin 1993, S. 91.

(39) Manfred Höck, Die Hilfsschule im Dritten Reich, Berlin 1977.

(40) これについては次の著書も参照されたい。Ernst Klee, »Euthanasie« im NS-Staat. Die »Vernichtung lebensunwerten Lebens«, Frankfurt/M. 1983.

（41）次から引用。Wolfgang Wippermann, Das Leben in Frankfurt zur NS-Zeit. III Der Alltag, Frankfurt/M. 1986, S. 131f.

（42）Horst Überhorst, Elite für die Diktatur. Die nationalpolitischen Erziehungsanstalten 1933-1945, Düsseldorf 1963; Harald Scholtz, NS-Ausleseschulen, Göttingen 1973; Ursula Aumüller-Rose, Die nationalpolitischen Erziehungsanstalten für Mädchen im »Großdeutschen Reich«. Kleine Karrieren für Frauen?, in: Lerke Gravenhorst/Carmen Tatschmurat (Hrsg.), Töchter-Fragen: NS-Frauengeschichte, Freiburg 1990, S. 211-236.

（43）Harald Scholtz, Die NS-Ordensburgen, in: Vierteljahrshefte für Zeitgeschichte 15, 1967, S. 269-298; Hans-Dieter Arntz, Ordensburg Vogelsang 1934-1945. Erziehung zur politischen Führung im Dritten Reich, Euskirchen 1986.

（44）Gerhard Dabel, KLV. Die erweiterte Kinder-Land-Verschickung. KLV-Lager 1940-1945, Freiburg 1981.

（45）両親たちの態度がまったく一様でなかったことについては次を参照。Michael H. Kater, Die deutsche Elternschaft im nationalsozialistischen Erziehungssystem. Ein Beitrag zur Sozialgeschichte der Familie, in: Vierteljahrshefte für Sozial- und Wirtschaftsgeschichte 67, 1980, S. 484-512.

（46）このような疎開宿舎の意味は次のショルツの論文でも強調されている。Scholtz, Erziehung und Unterricht unterm Hakenkreuz, S. 103ff.

（47）このテーマを要約したものに次がある。Klönne, Jugend im Dritten Reich, S. 143ff. その他にも以下の研究を参照。Stefan Krolle, Bündische Umtriebe. Die Geschichte des Nerother Wandervogels vor und unter dem NS-Staat. Ein Jugendbund zwischen Konformität und Widerstand, Münster 1985; Matthias v. Hellfeld, Bündische Jugend und Hitlerjugend. Zur Geschichte von Anpassung und Widerstand 1930-1939, Köln 1987; Wilfried Breyvogel (Hrsg.), Piraten, Swings und Junge Garde. Jugendwiderstand im Nationalsozialismus, Bonn 1991.

（48）Klönne, Jugend im Dritten Reich, S. 198ff.

（49）最近、非合法の青少年グループは徹底した調査の対象となっている。とりわけ次を参照されたい。Detlev Peukert, Die Edelweißpiraten. Protestbewegung jugendlicher Arbeiter im Dritten Reich. Eine Dokumentation, Köln 1980; Detlev Peukert/Michael Winter, Edelweißpiraten in Duisburg, Eine Fallstudie zum subkulturellen Verhalten von Arbeiterjugendlichen, Duisburg 1982; Matthias v. Hellfeld, Edelweißpiraten in Köln. Die Jugendrebellion gegen das Dritte Reich. Das Beispiel Köln-Ehrenfeld, Köln 1981; Gerrit Hermers/Alfons Krenckmann, »Wenn die Messer blitzen und die Nazis flitzen«. Der Widerstand von Arbeiterjugendcliquen und -banden in der Weimarer Republik und im »Dritten Reich«, Lippstadt 1984. 要約記述は以下にある。Klönne, Jugend im Dritten Reich, S. 228ff.

（50）これについては次を参照されたい。Ernst-Michael Jovy, Deutsche Jugendbewegung und Nationalsozialismus - Zusammenhänge und Gegensätze. Versuch einer Klärung, Münster 1984.

（51）In: Peukert, Die Edelweißpiraten, S. 160ff.

（52） Klönne, Jugend im Dritten Reich, S. 234.

（53）これに関しては一九四二年三月三日付のデュッセルドルフ上級地方裁判所の現状報告を参照。次の研究書に復刻収録されている。Klönne, Jugend im Dritten Reich, S. 235f.

（54）これについては現在次の研究がある。Jörg Wolff u. a., Jugendliche vor Gericht im Dritten Reich. Nationalsozialistische Jugendstrafrechtspolitik und Justizalltag, München 1992.

（55）これについては次の研究を参照。Detlev Peukert, Arbeitslager und Jugend-KZ. Die Behandlung »Gemeinschaftsfremder« im Dritten Reich, in: Detlev Peukert/Jürgen Reulecke (Hrsg.), Die Reihen fast geschlossen. Beiträge zur Geschichte des Alltags unterm Nationalsozialismus, Wuppertal 1981, S. 413-434; Christa Hasenclever, Jugendhilfe und Jugendgesetzgebung seit 1900, Göttingen 1978; Rolf Landwehr/Rüdiger Baron (Hrsg.), Geschichte der Sozialarbeit, Weinheim 1983; Carola Kuhlmann, Erbkrank oder erziehbar? Jugendhilfe als Vorsorge und Aussonderung in der Fürsorgeerziehung in Westfalen von 1933-1945, Weinheim 1989; Marin Guse (Hrsg.), »Wir hatten noch gar nicht angefangen zu leben«. Eine Ausstellung zu den Jugend-Konzentrationslagern Moringen und Uckermark 1940-1945. Unbekannte - Getötete - Überlebende, Moringen 1992.

（56）これについてはとりわけ次を参照。Detlev Peukert, Arbeitslager und Jugend-KZ.

（57）リッターについては本訳書一六六頁以下もみられたい。

（58）一九四四年七月三一日付のエッセン地方裁判所長官から全国法務大臣宛の書簡。次の著書に復刻収録されている。Peukert, Die Edelweißpiraten, S. 123-133.

（59）ＳＳ全国指導者ならびにドイツ警察長官［ヒムラー］の一九四四年一〇月二五日付命令。次の著書に復刻収録されている。Peukert, Die Edelweißpiraten, S. 123-133. これ以外のドキュメンテーションは次を参照されたい。Arno Klönne (Hrsg.), Jugentkriminarität und Jugendopposition im NS-Staat. Ein Sozialgeschichtliches Dokument, Münster 1981.

（60）こうした配慮は、きわめて揚げ足取り的で部分的には悪意さえある判断を下しているベルント・ルージネクの論文では払われていない。Bernd A. Rusinek, Gesellschaft in der Katastrophe. Terror, Illegalität, Widerstand, Köln 1944/45, Essen 1989.

（61） Werner Klose, Generation im Gleichschritt. Die Hitlerjugend, Ordenburg 1964.

（62）弁解的な書物の例に次がある。Hannsjoachim W. Koch, Geschichte der Hitlerjugend, Percha 1975.

（63）ナチの政治家と教育学者の目標については次を参照。Hans-Joachim Gamm, Führung und Verführung. Pädagogik im Nationalsozialismus, München 1964; Karl Christoph Lingelbach, Erziehung und Erziehungstheorien im nationalsozialistischen Deutschland, Weinheim 1970; Winfried Joch, Theorie einer politischen Pädagogik. Alfred Baeumlers Beitrag zur Pädagogik im Nationalsozialismus, Frankfurt/M. 1971; Ulrich

Herrmann/Jürgen Oelkers (Hrsg.), Pädagogik und Nationalsozialismus, Weinheim 1988; Hermann Giesecke, Hitlers Pädagogen. Theorie und Praxis nationalsozialistischer Erziehung, München 1993.

(64) 意図派と機能派とのあいだの論争についてはすでにたびたび言及したが、論争のなかでナチの青少年政策はなんの役割も演じていない。

(65) Arno Klönne, Gegen den Strom. Ein Bericht über die Jugendopposition im Dritten Reich, Hannover 1957.

(66) Klose, Generation im Gleichschritt. そのほかにはとりわけ次の文献を参照されたい。Hans-Christian Brandenburg, Die Geschichte der HJ, Köln 1968. これに似たものに次がある。Arno Klönne, Hitlerjugend. Die Jugend und ihre Organisation im Dritten Reich, Hannover 1965; Hermann Giesecke, Vom Wandervogel zur Hitlerjugend, München 1981. またナチの学校政策に関する最初の、また長い間、唯一の研究でもあったのは次の著書である。Rolf Eilers, Die nationalsozialistische Schulpolitik, Köln-Opladen 1963. アイラースは、ナチの学校制度は若者たちに徹底的に全体主義的教育を施し、イデオロギーを注入したとみている。

(67) Arno Klönne, Jugend im Dritten Reich, in: Bracher/Funke/Jacobsen (Hrsg.), Deutschland 1933-1945, S. 218.

(68) これについては当時きわめて強い影響力をもっていた次の書を参照。Helmut Schelsky, Die skeptische Generation. Eine Soziologie der deutschen Jugend, Düsseldorf 1957.

(69) たとえばすでに一九三五年には次のような研究があった。Hans Kohn, Communist and Fascist Dictatorship: A Comparative Study, in: Guy Stanton Ford (Hrsg.), Dictatorship in the Modern World, Minneapolis 1935, S. 141-165. これは次の研究に引用されている。Bruno Seidel/Siegfried Jenkner (Hrsg.), Wege der Totalitarismus-Forschung, Darmstadt 1968, S. 49-63, bes. S. 55. 同様の考えはハンナ・アーレントやカール・ヨアヒム・フリードリヒの〝古典的な〟全体主義理論にも、また次のランゲの経験的研究にもみられる。Max Gustav Lange, Totalitäre Erziehung, Frankfurt/M. 1954. またこれについては次の文献も参照されたい。Wippermann, Totalitarismustheorien, S. 35ff.

(70) Oskar Anweiler, Totalitäre Erziehung. Eine vergleichende Untersuchung zum Problem des Totalitarismus, in: Gesellschaft - Staat - Erziehung. Blätter für politische Bildung und Erziehung 9, 1964, S. 179-190. これは以下に引用されている。Seidel/Jenkner (Hrsg.), Totalitarismus-Forschung, S. 513-531, S. 522f. アンヴァイラーは、全体主義国家の目標としての新しい人間の創造を共通点に数えている。

(71) A. a. O., S. 523 u. S. 525

(72) A. a. O., S. 525 u. 531

(73) Carl Joachim Friedrich, Totalitäre Diktatur, Stuttgart 1957.

(74) ヒトラー・ユーゲントと第三帝国の学校政策に関する次の二つの基本文献もこうした結論に達している。Arno Klönne, Jugend im

Dritten Reich. Die Hitlerjugend und ihre Gegner, Düsseldorf 1984; Harald Scholtz, Erziehung und Unterricht unterm Hakenkreuz, Göttingen 1985. 両者は次の論文に依拠している。Michael H. Kater, Hitlerjugend und Schule im Dritten Reich, in: HZ 228, 1979, S. 572-623.

（75）最近のいくつかの研究もこのような結論に達している。Ulrich Hermann (Hrsg.), »Die Formierung des Volksgenossen.«. Der »Erziehungsstaat« des Dritten Reiches, Weinheim 1985; Kurt-Ingo Flessau u. a. (Hrsg.), Erziehung im Nationalsozialismus, Köln 1987; Martin Stahlmann/Jürgen Schiedeck, Erziehung zur Gemeinschaft - Auslese durch Gemeinschaft. Zur Zurichtung des Menschen im Nationalsozialismus, Bielefeld 1991; Hans Uwe Otto/Heinz Sünker (Hrsg.), Politische Formierung und soziale Disziplinierung im Nationalsozialismus, Frankfurt/M. 1991.

（76）Weißmann, Der Weg in den Abgrund, S. 174ff.

（77）Grüttner, Studenten, S. 136ff.

（78）Rolf Schörken, Jugend, in: Benz/Graml/Weiß (Hrsg.), Enzyklopädie des Nationalsozialismus, S. 203-219, S. 219.

（79）Detlev Peukert, Die Edelweißpiraten. Protestbewegung jugendlicher Arbeiter im Dritten Reich, Köln 1980.

（80）たとえば、とりわけ次がそうである。Matthias v. Hellfeld, Edelweißpiraten in Köln. Die Jugendrebellion gegen das Dritte Reich. Das Beispiel Köln-Ehrenfeld, Köln 1981. ヘルフェルトの「若者の反抗」のテーゼはほかの研究者たちにも受け継がれ、ジャーナリスティックで文芸的な作品として脚色されている。

（81）Bernd A. Rusinek, Gesellschaft in der Katastrophe. Terror, Illegalität, Widerstand, Köln 1944/45, Essen 1989. ルージネクのこうした些細な揚げ足とり的な批判とともに、かれのナチ時代の史料の無批判的な解釈も批判されなければならない。

（82）そのなかには多数のアマチュア研究者と教え子たちがいた。次を参照されたい。Dieter Galinski/Ulrich Herbert/Ulla Lachauer (Hrsg.), Nazis und Nachbarn. Schüler erforschen den Alltag im Nationalsozialismus, Reinbeck 1982; Dieter Galinski/Ulla Lachauer (Hrsg.), Alltag im Nationalsozialismus 1933 bis 1939. Jahrbuch zum Schülerwettbewerb. Deutsche Geschichte um den Preis des Bundespräsidenten, Braunschweig 1982. きわめてすぐれているのは次である。Historisches Museum Frankfurt am Main (Hrsg.), Walter, Frankfurt/M. 1983. これには、第三帝国のなかに育ち、ついに終戦の直前にわずか一八歳の兵士として死に追いやられたひとりの若者の写真、手紙、その他の記念の品々が豊富に集められ、感銘を与える。

（83）たとえば、次の研究がそうである。Wilfried Breyvogel (Hrsg.), Autonomie und Widerstand. Zur Theorie und Geschichte des Jugendprotestes, Essen 1983; Walter Jaide, Generationen eines Jahrhunderts. Wechsel der Jugendgenerationen im Jahrhunderttrend. Zur Sozialgeschichte der Jugend in Deutschland 1871 bis 1985, Opladen 1988.

（84）こうした概念について、よりくわしくは本訳書「教会闘争と抵抗」の章の二二五頁以下を参照されたい。

(85) こうした研究はすでにポイカートによって始められた。Detlev Peukert, Die Edelweißpiraten; ders., Volksgenossen und Gemeinschaftsfremde. Anpassung, Ausmerze und Aufbegehren unter dem Nationalsozialismus, Köln 1982, S. 172-207.［ポイカート著『ナチス・ドイツ　ある近代の社会史』前掲書］。さらにそれは次のような研究に引き継がれた。Rolf Schörken, Luftwaffenhelfer und Drittes Reich. Die Entstehung eines politischen Bewußtseins, Stuttgart 1985. Heinz Bude, Deutsche Karrieren. Lebenskonstruktion sozialer Aufsteiger aus der Flakhelfer-Generation, Frankfurt/M. 1987; Gabriele Rosenthal, »...wenn alles in Scherben fällt...«: Vom Leben und Sinnwelt der Kriegsgeneration, Opladen 1987; Ute Benz/Wolfgang Benz (Hrsg.), Sozialisation und Traumatisierung. Kinder in der Zeit des Nationalsozialismus, Frankfurt/M. 1992.

(86) Martin Klaus, Mädchenerziehung zur Zeit der faschistischen Herrschaft in Deutschland. Der Bund Deutscher Mädel, Bd. 1-2 Frankfurt/M. 1983; Dagmar Reese, Straff, aber nicht stramm - herb, aber nicht derb. Zur Vergesellschaftung von Mädchen durch den BDM, Weinheim 1989; Irmgard Kölnne, »Ich spring in diesem Ringe«. Mädchen und Frauen in der deutschen Jugendbewegung, Pfaffenweiler 1990.

(87) 数多くの研究例のなかで批判的な反省の点ですぐれているものに次がある。Wolfgang Klafki (Hrsg.), Verführung, Distanzierung, Ernüchterung, Weinheim 1988. さらに次の研究を参照されたい。Hermann Glaser/Axel Silenius (Hrsg.), Jugend im Dritten Reich, Frankfurt/M. 1975; Peter Brücker, Das Abseits als sicherer Ort. Kindheit und Jugend zwischen 1933 und 1945, Berlin 1980; Melitta Maschmann, Fazit. Mein Weg in der Hitler-Jugend, 2. Aufl. München 1979; Renate Finckh, Mit uns zieht die neue Zeit, Baden-Baden 1978; Eva Sternheim-Peters, Die Zeit der großen Täuschungen. Mädchenleben im Faschismus, Bielefeld 1987. これらの回想のいくつかについて論じているのは次の研究書である。Rolf Schörken, Jugendalltag im Dritten Reich - Die »Normalität« in der Diktatur. Anmerkungen zu einigen Erinnerungsbüchern, in: Klaus Bergmann/Rolf Schörken (Hrsg.), Geschichte im Alltag - Alltag in der Geschichte, Düsseldorf 1982, S. 236-242. さらにこれ以外にも以下がある。Christopher Hausmann, Heranwachsen im Dritten Reich. Möglichkeiten und Besonderheiten jugendlicher Sozialisation im Spiegel autobiographischer Zeugnisse, in: GWU 41, 1990, S. 607-618.

(88) 東ドイツの歴史家はこの種の若者の抵抗をほとんど取り上げないか、さもなければそれを共産主義者の反ファシズム抵抗闘争として「横領して」いる。このことは、とりわけロストックの歴史家カール・ハインツ・ヤーンケのいくつかの刊行物についていえる。Karl Heinz Jahnke, Entscheidungen. Jugend im Widerstand 1933-1945, Frankfurt/M. 1975; ders., Jungkommunisten im Widerstandkampf gegen den Hitlerfaschismus, Berlin 1977. これにたいし、次の史料集はきわめて重要かつ有益である。Karl Heinz Jahnke/Michael Buddrus, Deutsche Jugend. Eine Dokumentation, Hamburg 1989.

女性とナチズム

（1）以下については次を参照。Renate Wiggershaus, Frauen unterm Nationalsozialismus, Wuppertal 1984, S. 15ff.

（2）ここでは次から引用した。Kühnl, Der deutsche Faschismus, S. 105-107.

（3）Annette Kuhn/Valentine Rothe, Frauen im deutschen Faschismus. Eine Quellensammlung mit fachwissenschaftlichen und fachdidaktischen Kommentaren, Bd. 1-2 Düsseldorf 1982, Bd. 1, S. 52.

（4）これについては次の研究を参照されたい。Gisela Bremme, Die politische Rolle der Frau in Deutschland. Eine Untersuchung über den Einfluß der Frauen bei Wahlen und ihre Teilnahme in Partei und Parlament, Göttingen 1963; Maruta Schmidt u. a. (Hrsg.), Frauen unterm Hakenkreuz, Berlin 1983, S. 12f.

（5）これについてくわしくは次を参照。Rita Thalmann, Frausein im Dritten Reich, München 1984.

（6）これについては次の文書に手短かに言及されている。Irmgart Weyrather, Nummerus Clausus für Frauen - Studentinnen im Nationalsozialismus, in: Frauengruppe Faschismusforschung (Hrsg.), Mutterkreuz und Arbeitsbuch. Zur Geschichte der Frauen in der Weimarer Republik und im Nationalsozialismus, Frankfurt/M. 1981, S. 132ff. 現在出版されている次の研究も参照されたい。Michael Grüttner, Studenten im Dritten Reich, Padeborn 1995, S. 276-286.

（7）Ute Frevert, Frauen-Geschichte zwischen bürgerlicher Verbesserung und neuer Weiblichkeit, Frankfurt/M. 1986, S. 204; Wiggershaus, Frauen unterm Nationalsozialismus, S. 37ff.

（8）これについては、またこの後については、彼女の『第三帝国の女性（Die Frau im Nationalsozialismus）』のいわゆる»Dokumentation«を参照。このドキュメンテーションのなかで、ショルツ＝クリンクは、犯罪的なナチス政権から少なくとももう遠ざかろうとする気が少なからずあったことが明らかにされている。Gertrud Scholz-Klink, Die Frau im Dritten Reich. Eine Dokumentation, Tübingen 1978. 彼女については次の研究を参照。Andrea Böltken, Führerinnen im »Führerstaat«. Gertrud Scholtz-Klink, Trude Mohr, Jutta Rüdiger und Inge Viernetz, Paffenweiler 1995, S. 27ff.

（9）これについては次の概説的叙述をみられたい。Ute Benz (Hrsg.), Frauen im Nationalsozialismus. Dokumente und Zeugnisse, München 1993, S. 14ff.

（10）Herwart Vorländer, Die NSV. Darstellung und Dokumentation einer nationalsozialistischen Organisation, Boppard 1988, S. 91.

（11）これについてくわしくは次を参照。Thalmann, Frausein im Dritten Reich, S. 74ff.

（12）これについてのもっともすぐれた概観を示しているのは次の研究書である。Michael H. Kater, Frauen in der NS-Bewegung, in:

Vierteljahrshefte für Zeitgeschichte 31, 1983, S. 202-204.

(13) Martin Klaus, Mädchen in der Hitlerjugend. Die Erziehung zur »deutschen Frau«, Köln 1980; ders., Mädchen im Dritten Reich. Der Bund Deutscher Mädel (BDM), Köln 1983; Dagmar Reese, Straff, aber nicht stramm - herb, aber nicht derb. Zur Vergesellschaftung von Mädchen durch den BDM, Weinheim 1989; Gabriele Kinz, Der Bund Deutscher Mädel. Ein Beitrag zur außerschulischen Mädchenerziehung im Nationalsozialismus, Frankfurt/M. 1990.

(14) Stefan Bajohr, Weibliche Arbeitsdienst im »Dritten Reich«. Ein Konflikt zwischen Ideologie und Ökonomie, in: Vierteljahrshefte für Zeitgeschichte 28, 1980, S. 331-357.

(15) Edith Niehuis, Das Ladjahr. Eine Jugenderziehungseinrichtung in der Zeit des Nationalsozialismus, Nörten-Hardenberg 1984.

(16) たとえば、次のマシュマンの回想録をみられたい。Melitta Maschmann, Fazit. Kein Rechtfertigungsversuch, Stuttgart 1963. また、次の文学的著述をみられたい。Christa Wolf, Kindheitsmuster, Darmstadt 1977.［クリスタ・ヴォルフ著、保坂一夫訳『幼年期の構図』恒文社、一九八一年］

(17) Gesetz zur Verhütung erbkranken Nachwuchses in: Reichsgesetzblatt 1933 I, S. 529ff. この法についての次の注解も参照されたい。Arthur Gütt/Ernst Rüdin/Falk Ruttke, Gesetz zur Verhütung erbkranken Nachwuchses vom 14. Juli 1933 nebst Ausführungsverordnung, München 1936.

(18) 次の文献にはしばしば相反する推測がおこなわれている。Giesela Bock, Zwangssterilisation im Nationalsozialismus, Opladen 1986, S. 230ff. 現存する文書によりこれまで明らかにされてきたケース・スタディは、たとえば同時に多数の男女に不妊手術を施した結果を示している。わたしはここで、なによりも二つの未公開の修士論文に依拠した。それはザビーネ・クラウゼのブレーマーハーフェンの、またイーリス・ヴィンクラー（Iris Winkler）のベルリンのケース・スタディである。また次も参照されたい。Wilfen Dalicho, Sterilisationen in Köln auf Grund des Gesetzes zur Verhütung erbkranken Nachwuchses vom 14. Juli 1933 nach den Akten des Erbgesundheitsgerichtes von 1934 bis 1945, Köln 1971.

(19) Bock, Zwangssterilisation, S. 220ff. による。

(20) Bock, Zwangssterilisation, S. 401ff にはさまざまな例が示されている。

(21) In: Reichsgesetzblatt 1935 I, S. 90ff.

(22) Jill Stephenson, Women in Nazi Society, London 1975, S. 61ff.

(23) In: Reichsgesetzblatt 1933 I, Nr. 60. 次の文書にも再録されている。Kuhn/Rothe, Frauen im deutschen Faschismus, Bd. 1, S. 90f.

(24) Bock, Zwangssterilisation, S. 254ff.

(25) これについては次の文書に再録されているドキュメントも参照されたい。Kuhn/Rothe, Frauen im deutschen Faschismus, Bd. 2, S. 114ff.

(26) これについては次を参照。Schmidt u. a. (Hrsg.), Frauen unterm Hakenkreuz, S. 87.

(27) Georg Lilienthal, Der »Lebensborn e. V.« Ein Instrument nationalsozialistischer Rassenpolitik, Stuttgart 1985.

(28) これについては次を参照。Herwart Vorländer, Die NSV. Darstellung und Dokumentation einer nationalsozialistischer Organisation, Boppard 1988, S. 140ff.

(29) 数字は次の研究書による。Frevert, Frauen-Geschichte, S. 224f.

(30) これについてはさしあたり次の研究を参照されたい。Irmgard Weyrather, Muttertag und Mutterkreuz. Der Kult um die »deutsche Mutter« im Nationalsozialismus, Frankfurt/M. 1993.

(31) これについてくわしくは次をみられたい。Thalmann, Frausein im Dritten Reich, S. 147ff.

(32) Claudia Hahn, Der öffentliche Dienst und die Frauen-Beamtinnen in der Weimarer Republik in: Frauengruppe Faschismusforschung (Hrsg.), Mutterkreuz und Arbeitsbuch, S. 49-78; Cosima Königs, Die Frau im Recht des Nationalsozialismus. Eine Analyse ihrer familien-, erb- und arbeitsrechtlichen Stellung, Frankfurt/M. 1988.

(33) これについて概括しているのは次の研究書である。Frevert, Frauen-Geschichte, S. 209ff.

(34) 数字は次の研究書からとった。Grüttner, Studenten im Dritten Reich, S. 109ff. und 488. 次の研究書は、一九四三／四四年には大学生の六一・三%が女子学生だったと書いている。Frevert, Frauen-Geschichte, S. 212.

(35) 一九四三年に工科大学では女子学生の占める割合は一三%にとどまった。しかし一九三二年には工科大学の学生のなかで女子学生はまだ四・六%にすぎなかったという事情を考慮する必要がある。Grüttner, Studenten im Dritten Reich, S. 488.

(36) Isabell Priemel/Annette Schuster, Zur Lage der Frau im Nationalsozialismus, in: dies., Frauen zwischen Erwerbstätigkeit und Familie, Historische und aktuelle Entwicklungen, Pfaffenweiler 1990, S. 81-112.

(37) これは次の記述による。Dietmar Petzina/Werner Abelshauser/Anselm Faust, Sozialgeschichtliches Arbeitsbuch III. Materialien zur Statistik des Deutschen Reiches 1914-1945, München 1978, S. 54.

(38) Thalmann, Frausein im Dritten Reich, S. 157ff.

(39) これは次による。Winkler, Frauenarbeit im Dritten Reich, S. 201.

(40) この重要な、しかししばしば見逃されてきた観点については、次の文献の説明とドキュメントを参照されたい。Kuhn/Rothe, Frauen im deutschen Faschismus, Bd. 2, S. 94ff.

（41）このヒトラーの発言についてはなによりも次を参照。Timothy W. Mason, Sozialpolitik im Dritten Reich. Arbeiterklasse und Volksgemeinschaft, Opladen 1977, S. 31. メイスンはナチス指導部がそのようなプロテストに不安になったこと――メイスンは隠された階級闘争とさえいっている――を過大評価している。

（42）次の著書より引用。Thalmann, Frausein im Dritten Reich, S. 157.

（43）統計数値は Ulrich Herbert, Fremdarbeiter. Politik und Praxis des »Ausländer-Einsatzes« in der Kriegswirtschaft des Drittenreiches, Berlin-Bonn 1985, S. 418 による。

（44）統計数値は Herbert, Fremdarbeiter S. 58 による。

（45）統計数値は Herbert, Fremdarbeiter S. 271 による。

（46）これについてすでに以下の著作が言及している。Ingrid Schupetta, Frauen- und Ausländererwerbstätigkeit in Deutschland von 1933 bis 1945 Köln 1983.

（47）Herbert, Fremdarbeiter, S. 271.

（48）これは次の研究書にきわめてうまくまとめられている。Annegret Hansch-Singh, Rassismus und Fremdarbeitereinsatz im Zweiten Weltkrieg, Phil. Dissertation FU Berlin 1991, S. 144ff.

（49）In: Dokumenta occupationis, Bd. IX, Poznan 1976, S. 176.

（50）In: Dokumenta occupationis, Bd. IX, S. 225-230.

（51）In: Dokumenta occupationis, Bd. IX, S. 280.

（52）これより先、ヒムラーは、一九四三年三月二一日に、ポーランド女性の中絶禁止をはっきり廃止した。次を参照。Hansch-Singh, Rassismus und Fremdarbeitereinsatz, S. 147. また一九四三年三月九日付の全国医師指導者コンティ（Conti）の書簡を参照。この書簡でコンティは、このような中絶が望ましいとはっきり言っている。これは次の研究に引用されている。Bernhild Voegel, »Entbindungsheim für Ostarbeiterinnen«, Braunschweig, Broitzemer Straße 200, Hamburg 1989, S. 47.

（53）この恐ろしい事件について詳述しているのは次の文献である。Hansch-Singh, Rassismus und Fremdarbeitereinsatz, S. 145ff.; Bock, Zwangssterilisation, S. 440ff. また次のケース・スタディである。Vogel, »Entwindungsheim für Ostarbeiterinnen«; Susannne Hohlmann, Pfaffenwald. Sterbe- und Geburtenlager 1942-1945, Kassel 1984.

（54）これについては、とりわけ次を参照されたい。Hansch-Singh, Rassismus und Fremdarbeitereinsatz, S. 133ff.

（55）In: Dokumenta occupationis, Bd. IX, S. 37f.

（56）Dokumenta occupationis, Bd. X, S. 123.
（57）トラックと樹木を使ったこのような私刑について述べているのは次の文献である。Dokumenta occupationis, Bd. IX, S. 115.
（58）In: Dokumenta occupationis, Bd. IX, S. 160.
（59）これについては次のミュンヒェン特別法廷判決の分析を参照されたい。Hansch-Singh, Rassismus und Fremdarbeitereinsatz, S. 161ff.
（60）これについて書いている出版物はいまだにきわめてわずかしかない。Hanna Elling, Frauen im deutschen Widerstand 1933-1945, Frankfurt/M. 2. Aufl. 1979; Angelika Reuter/Barbara Poneleit, Seit 1848 - Frauen im Widerstand - Frauen im Faschismus 1933-1945, Münster 1977; Thalmann, Frausein im Dritten Reich, S. 227ff. 抵抗した女性たちの印象深い証言集である次を参照。Kuhn/Rothe, Frauen im deutschen Faschismus, Bd. 2, S. 150ff.
（61）これについては小さいがきわめてすぐれた研究書である次を参照。Rudolf Weckerling/Wolfgang See, Frauen im deutschen Widerstand. Beispiele aus der Bekennenden Kirche im Berlin-Brandenburg, Berlin 1984.
（62）次の文献は「二〇％」といっている。Thalmann, Frausein im Dritten Reich, S. 228. しかしこの場合考えられているのが組織された抵抗だけであることは明らかである。
（63）この組織された抵抗グループへの女性の関与については、前掲の文献が集中的に論じている。Elling, Frauen im deutschen Widerstand; Thalmann, Frausein im Dritten Reich, S. 227ff.; Kuhn/Rothe, Frauen im deutschen Faschismus, Bd. 2, S. 150ff.
（64）以下の文献の、いわゆる「抵抗し迫害されたドイツ人女性の死者名簿（Totenliste deutscher Widerstandskämpferrinnen und verfolgter Frauen）」を参照されたい。Elling, Frauen im deutschen, Widerstand, S. 172ff. またこれについては次の高い評価も参照されたい。Thalmann, Frausein im Dritten Reich, S. 232ff.
（65）これについては、少し前の研究であるが次の文書を参照されたい。Kurt Richard Grossmann, Die unbesungenen Helden. Menschen in Deutschlands dunklen Tagen, 2. Aufl. Berlin 1961. また、迫害されたユダヤ人を助けた女性たちについて言及しているのは次の文献である。Konrad Kwiet/Helmut Eschwege, Selbstbehauptung und Widerstand. Deutsche Juden im Kampf um Existenz und Menschenwürde, Hamburg 1984; Ursula Büttner (Hrsg.), Die Deutschen und Judenverfolgung im Dritten Reich, Hamburg 1992.
（66）Bock, Zwangssterilisation, S. 278ff. 第三帝国における「出産奨励」措置に反対するプロテストについては、ボックは何ひとつ報告することができていない。
（67）Heinz Boberach (Hrsg.), Meldungen aus dem Reich. Die geheimen Lageberichte des Sicherheitsdienstes der SS. 1938-1945, Bd. 1-17, Herrsching 1984.

(68) »Stimmungs- und Gerüchteerfassung« der Kreisleitung der NSDAP Frankfurt am Main vom 12. 2. 1944, in: Hauptstaatsarchiv Wiesbaden 483, Nr. 10886. これは次の文書に再録されている。Wolfgang Wippermann, Das Leben in Frankfurt zur NS-Zeit III. Der Alltag, Frankfurt/M. 1986, S. 159.

(69) このことは東ドイツの歴史家ハンス＝ユルゲン・アルントにとってはドイツ共産党（ＫＰＤ）の女性政策を声を大にして賛美する妨げにはならなかった。Hans-Jürgen Arndt, Das Schutzprogramm der KPD für die arbeitende Frau vom 15. 10. 1931, in: Beiträge zur Geschichte der Arbeiterbewegung 11, 1969, S. 291-311; ders., Zur Frauenpolitik der KPD und zur Rolle der werktätigen Frau im antifaschistischen Kampf im Frühjahr und Sommer 1932, in: Beiträge zur Geschichte der Arbeiterbewegung 14, 1972, S. 805-818.

(70) これについては次を参照。Richard J. Evans, Sozialdemokratie und Frauenemanzipation im deutschen Kaiserreich, Berlin-Bonn 1979.「女性問題」とドイツ女性運動史一般については次を参照。Ute Frevert, Frauen - Geschichte zwischen bürgerlicher Verbesserung und neuer Weiblichkeit, Frankfurt/M. 1986; Ute Gerhardt, Unerhört. Die Geschichte der deutschen Frauenbewegung, Berlin 1992.

(71) Theodor Geiger, Panik im Mittelstand, in: Die Arbeit 7, 1930, S. 637- 653.

(72) A. a. O., S. 651.

(73) Fritz Brügel, Nationalsozialistische Ideologie, in: Der Kampf 24, 1931, S. 105-117, 114f.

(74) 以下を参照。K. Kern, Der soll dein Herr sein? Frauen entscheidet euch!, Berlin 1931; »Ihr dummen Ziegen«. Bilder vom Frauenparadies im Dritten Reich, Wien 1931; Werbeabteilung der SPD (Hrsg.), Nationalsozialismus und Frauenfrage: Material zur Information und Bekämpfung, Berlin 1932. また次も参照。Elisabeth Schwarzhaupt, Was hat die deutsche Frau vom Nationalsozialismus zu erwarten?, Berlin 1932. その抜粋が次の書に再録されている。Annette Kuhn/Valentine Rothe, Frauen im deutschen Faschismus, Bd. 1-2, Düsseldorf 1982, S. 80-82.

(75) Jenny Radt, Das öffentliche Recht im »Dritten Reich«, in: Die Arbeit 9, 1932, S. 195-200.

(76) A a. O., S. 199.

(77) Judith Grünfeld, Frauenarbeit und Faschismus, in: Die Arbeit 9, 1932, S. 424-435.

(78) A. a. O., S. 199.

(79) これについては次を参照。Frevert, Frauen-Geschichte, S. 163ff.

(80) Theodor Heuss, Hitlers Weg. Eine Schrift aus dem Jahre 1932. 新版はエーバーハルト・ヤッケル（Eberhard Jäckel）の序文を付けて刊行されている（Tübingen 1968 (zuerst: Stuttgart 1932)）。

(81) A. a. O., S. 135.

(82) たとえば次の著述。Ernst Bloch, Die Frau im Dritten Reich, in: Vom Hasard zur Katastrophe, Frankfurt/M. 1972, S. 129-136.

(83) フレンケルとノイマンの二つの「古典的な」ナチズム研究書のなかにナチスの女性政策を論じた章は一つもない。次を参照。Ernst Fraenkel, Der Doppelstaat, Frankfurt/M. 1974 (zuerst: 1940)［フレンケル著『二重国家』前掲書］; Franz Neumann, Behemoth. Struktur und Praxis des Nationalsozialismus 1933-1944, Frankfurt/M. 1977 (zuerst: 1942/44).［ノイマン著『ビヒモス』前掲書］

(84) Clifford Kirkpatrick, Nazi Germany: Its Women and Family Life, Indianapolis 1938.

(85) 以下については次を参照。Tim Mason, Zur Frauenarbeit im NS-Staat. (Literaturbericht), in: Archiv für Sozialgeschichte 19, 1979, S. 579-584; Dagmar Reese/Carola Sachse, Frauenforschung und Nationalsozialismus. Eine Bilanz, in: Lerke Gravenhorst/Carmen Tatschmurat (Hrsg.), Töchter-Fragen: NS-Frauen-Geschichte, Freiburg 1990, S. 73-100; Andrea Böltgen, Führerinnen im »Führerstaat«. Gertrud Scholz-Klink, Trude Mohr, Jutta Rüdiger und Inge Viermetz, Pfaffenweiler 1995, S. 12-22.

(86) Joachim C. Fest, Das Gesicht des Dritten Reiches, München 1963, S. 359.

(87) Bracher, Die deutsche Diktatur［K・D・ブラッハー著、山口定・高橋進訳『ドイツの独裁――ナチズムの生成・構造・帰結』(全二巻)、岩波書店、一九七五年］; Broszat, Der Staat Hitlers; Hildebrandt, Das Dritte Reich.［ヒルデブラント著『ヒトラーと第三帝国』前掲書］。これらの著作でナチスの女性政策に言及しているものはひとつもない。ただ論文集のなかにナチスの女性政策を論じている論文がひとつだけある。Rita R. Thalmann, Zwischen Mutterkreuz und Rüstungsbetrieb: Zur Rolle der Frau im Dritten Reich, in: Bracher/Funke/Jacobsen (Hrsg.), Deutschland 1933-1945, S. 198-217.

(88) このことをとくに極端に示しているのはヨアヒム・C・フェストの書物や映画の例である。

(89) Gisela Bremme, Die politische Rolle der Frau in Deutschland. Eine Untersuchung über den Einfluß der Frauen bei Wahlen und ihre Teilnahme in Partei und Parlament, Göttingen 1963.

(90) David Schoenbaum, Die braue Revolution. Eine Sozialgeschichte des Dritten Reiches, Köln 1968 (zuerst: 1966); Timothy W. Mason, Zur Lage der Frauen in Deutschland 1930-1940. Wohlfahrt, Arbeit und Familie, in: Gesellschaft. Beiträge zur Marxschen Theorie 6, Frankfurt/M. 1976, S. 118-193.

(91) Jill Stephenson, Women in Nazi Society, London 1975. この書物のいくつかの箇所でスティーヴンソンはまだ近代化テーゼを主張していたが、その後、以下の著作ではもう近代化テーゼを唱えていない。dies., The Nazi Organisation of Women, New York 1981.

(92) Weißmann, Der Weg in den Abgrund, S. 181ff.

(93) Ute Frevert, Frauen, in: Benz/Graml/Weiß (Hrsg.), Enzyklopädie des Nationalsozialismus, S. 220-234, S. 224.

(94) とくに重点が置かれたのはドイツ女子青年同盟の歴史であった。Martin Klaus, Mädchen in der Hitlerjugend. Die Erziehung zur »deutschen Frau«, Köln 1980; ders., Mädchen im Dritten Reich. Der Bund Deutscher Mädel (BDM), Köln 1983; Dagmar Reese, Bund deutscher Mädel. Zur Geschichte der weiblichen Jugend im Dritten Reich, in: Frauengruppe Faschismusforschung (Hrsg.), Mutterkreuz und Arbeitsbuch, Frankfurt/M. 1981, S. 163-187; dies., Straff, aber nicht stramm - herb, aber nicht derb. Zur Vergesellschaftung von Mädchen durch den BDM. Weinheim 1989; Irmgard Klönne, »Ich spring in diesem Ringe«. Mädchen und Frauen in der deutschen Jugendbewegung, Pfaffenweiler 1990. ナチス女性部については次を参照。Susanne Dammer, Kinder Küche, Kriegsarbeit - Die Schulung der Frauen durch die NS-Frauenschaft, in: Frauengruppe Faschismusforschung (Hrsg.), Mutterkreuz und Arbeitsbuch, Frankfurt/M. 1981, S. 215-345; Drothee Klinksiek, Die Frau im NS-Staat, Stuttgart 1982; Michael H. Kater, Frauen in der NS-bewegung in: Vierteljahrshefte für Zeitgeschichte 31, 1983, S. 102-239; Claudia Koonz, Mothers in the Fatherland: Women, the Family and Nazi Politics, New York 1986, dt. Freiburg 1991; Stefan Bajohr, Weiblicher Arbeitsdienst im »Dritten Reich«. Ein Konflikt zwischen Ideologie und Ökonomie, in: Vierteljahrshefte für Zeitgeschichte 28, 1980, S. 331-357.

(95) これについてはすでに「古典的研究」とされている次を参照されたい。Dörte Winkler, Frauenarbeit im »Dritten Reich«, Hamburg 1977. また次のなかのさまざまな論文を参照されたい。Frauengruppe Faschismusforschung (Hrsg.), Mutterkreuz und Arbeitsbuch. Zur Geschichte der Frauen in der Weimarer Republik und im Nationalsozialismus, Frankfurt/M. 1981. さらに、次の研究を参照されたい。Stefan Bajohr, Die Hälfte der Fabrik. Geschichte der Frauenarbeit in Deutschland 1914-1945, Marburg 1979; Carola Sachse, Hausarbeit im Betrieb. Betriebliche Sozialarbeit unter dem Nationalsozialismus, in: dies. u. a., Angst, Belohnung, Zucht und Ordnung. Herrschaftsmechanismen im Nazionalsozialismus, Opladen 1982, S. 209-274; Karin Jurczyk, Frauenarbeit und Frauenrolle. Zum Zusammenhang von Familienpolitik und Frauenerwerbsarbeit 1918-1945, Frankfurt/M. 3. Aufl. 1978; Ingrid Schupetta, Frauen- und Auslädererwerbstätigkeit in Deutschland von 1939 bis 1945, Köln 1983; Isabel Priemel/Annette Schuster, Zur Lage der Frau im Nationalsozialismus, in: dies., Frauen zwischen Erwerbstätigkeit und Familie. Historische und aktuelle Entwicklungen, Pfaffenweiler 1990, S. 81-112; Rüdiger Hachtmann, Industriearbeiterinnen in der deutschen Kriegswirtschaft 1936-1944/45, in: Geschichte und Gesellschaft 19, 1993, S. 332-366.

(96) Ursula v. Gersdorff, Frauen im Kriegsdienst 1914-1945, Stuttgart 1969.

(97) これについては、次の諸論文を参照。Maruta Schmidt u. a. (Hrsg.), Frauen unterm Hakenkreuz, Berlin 1983. また次を参照されたい。Hannelore Kessler, »Die deutsche Frau«, Nationalsozialistische Frauenpropaganda im »Völkischen Beobachter«, Köln 1981; Christel Wittrock, Weiblichkeitsmythen. Das Frauenbild im Faschismus und seine Vorläufer in der Frauenbewegung der 20er Jahre, Frankfurt/M. 1983; Ritta Thalmann, Frausein im Dritten Reich, München 1984; Renate Wiggerhaus, Frauen unterm Nationalsozialismus, Wuppertal 1984; Hiltrud v. Mayenburg,

Frauenbild im Nationalsozialismus. Vorausetzungen und Widersprüche, Marburg 1991.

(98) Renate Bridenthal/Anita Grossmann/Marion Kaplan (Hrsg.), When Biology Became Destiny. Women in Weimar and Nazi Germany, New York 1984; Gisela Bock, Zwangssterilisation im Nationalsozialismus. Studien zur Rassenpolitik und Frauenpolitik, Opladen 1986; Claus Mühlfeld/Friedrich Schönweiß, Nationalsozialistische Familienpolitik. Familiensoziologische Analysen der nationalsozialistischen Familienpolitik, Stuttgart 1989; Gabriele Czarnowski, Das kontrollierte Paar. Ehe und Sexualpolitik im Nationalsozialismus, Weinheim 1991.

(99) 他の面では重要な研究である次の著作も、この、きわめて問題のある考え方から自由ではない。Thalmann, Frausein im Dritten Reich. 次の研究も同様である。Bock, Zwangssterilisation im Nationalsozialismus. しかし、後述のクラウディア・クーンズの批判は誇張されている。

(100) Marie Therese Kerschbaumer, Der weibliche Name des Widerstandes. Sieben Berichte, Freiburg 1980; Angelika Reuter/Barbara Poneleit, Seit 1848. Frauen im Widerstand. Frauen im Faschismus 1933-1945, o. O. 1977.

(101) このような根拠のないテーゼは以下の書物のタイトルにもう示されている。Ingrid Müller-Münch, Die Frauen von Majdanek. Vom zerstörten Leben der Opfer und Mörderinnen, Reinbek 1982.

(102) Margarete Mitscherlich, Antisemitismus - eine Männerkrankheit?, in: dies., Die friedfertige Frau. Eine psychologische Untersuchung zur Agression der Geschlechter, Frankfurt/M. 1985, S. 118-140.

(103) Claudia Koonz, Mothers in the Fatherland, New York 1986; dt.: Mütter im Vaterland. Frauen im Dritten Reich, Freiburg 1991.

(104) Giesela Bock, Frauen und der Nationalsozialismus. Bemerkungen zu einem Buch von Claudia Koonz, in: Geschichte und Gesellschaft 15, 1989, S. 563-579.

(105) Giesela Bock, Ein Historikerinnenstreit?, in: Geschichte und Gesellschaft 18, 1992, S. 400-404.

(106) 完全なリストアップとは思わないが、次のような研究を挙げることができよう。Frigga Haug, Opfer oder Täter? Über das Verhalten von Frauen, in: dies. (Hrsg.), Frauen. Opfer oder Täter? Diskussion, Berlin 1982; Marianne Lehker, Frauen im Nationalsozialismus. Wie aus Opfern Handlanger der Täter wurde. Eine nötige Trauerarbeit, Frankfurt/M. 1984; Angelika Ebbinghaus (Hrsg.), Opfer oder Täterinnen. Frauenbiographien des Nationalsozialismus, Nördlingen 1987; Helga Schubert, Judasfrauen, 3. Aufl. Frankfurt/M. 1990; Chritina Thümer-Rohr, Der Chor der Opfer ist verstummt. Eine Kritik an Ansprüchen der Frauenforschung, in: dies., Vagabundinnen. Feministische Essays, 5. Aufl. Berlin 1990, S. 122-140 ; Karin Windaus-Walser, Gnade der weiblichen Geburt? Zum Umgang der Frauenforschung mit Nationalsozialismus und Antisemitismus, in: Feministische Studien 6, 1988, S. 102-115; Lerke Gravenhorst/Carmen Tatschmurat (Hrsg.), Töchter-Fragen. NS-Fauen-Geschichite, Freiburg 1990; Dagmar Reese, Frauen im Nationalsozialismus: Opfer oder Täterinnen? Zu einer akutuellen Auseinandersetzung in der Frauenforschung zum Nationalsozialismus,

in: Christa Berg/Sieglind Eller-Rüttgardt (Hrsg.), »Du bist nichts. Dein Volk ist alles«. Forschungen zum Verhältnis von Pädagogik und Nationalsozialismus, Weinheim 1991, S. 59-73. 論争の現在の状況については以下を参照されたい。Annette Kuhn, Welche Geschichte wählen wir?, in: Metis. Zeitschrift für historische Frauenforschung und feministische Praxis 2/93, S. 49-61; Leonore Siegele-Wenschkewitz, Frauengeschichte im Nationalsozialismus - Eine »Frauenpraxis aus Liebe«? Zur Diskussion mit Annette Kuhn, in: a. a. O., S. 62-63.

(107) この問題はいまだに少ししか分析されていない。以下を参照。Gudrun Schwarz, Verdrängte Täterinnen. Frauen im Apparat der SS (1939-1945), in: Theresa Wobbe (Hrsg.), Nach Osten. Verdeckte Spuren nationalsozialistischer Verbrechen, Frankfurt/M. 1992, S. 197-223; dies., SS-Aufseherinnen in nationalsozialistischen Konzentrationslagern (1933-1945), in: Dachauer Hefte 10, 1994, S. 32-55.

(108) 先に引用したアンドレア・ベルトゥケの研究には「総統《フューラー》国家」のなかの女性たち、ゲルトルート・ショルツ=クリンク、トゥルーデ・モーア、ユッタ・リューディガー、インゲ・フィアメッツの経歴が書かれているが、彼女はこの研究で加害者／犠牲者という概念の結びつきをもう放棄している。

(109) これについては次を参照。Annette Kuhn, Vom schwierigen Umgang der Frauengeschichtsforschung mit dem Faschismus, in: Das Argument 177, 1989, S. 733-741.

(110) これについては次の研究を参照されたい。Hanna Elling, Frauen im deutschen Widerstand 1933-1945, Frankfurt/M. 1979; Thalmann, Frausein im Dritten Reich, S. 227ff.; Kuhn/Rothe, Frauen im deutschen Faschismus, Bd. 2, S. 150ff.; Ingrid Strobl, »Sag nie, du gehst den letzten Weg«, Frauen im bewaffneten Widerstand gegen Faschismus und deutsche Besatzung, Frankfurt/M. 1989.

ユダヤ人とその他の犠牲者の迫害

（1）ユダヤ人迫害のこの段階についてはとりわけ次を参照。Adam, Judenpolitik im Dritten Reich, S. 49ff. また次を参照。Wippermann, Der konsequente Wahn, S. 109-120; Burleigh/Wippermann, The Racial State, S. 77-112.［バーリー、ヴィッパーマン著『人種主義国家ドイツ』前掲書］

（2）いわゆる「東方のユダヤ人」の運命については、またくわしい文献については次を参照。Wippermann, »Wie die Zigeuner«, S. 122ff.

（3）これについては、とりわけ先述のドキュメンテーションを参照。Comité des Délégation Juives (Hrsg.): Das Schwarzebuch. Tatsachen und Dokumente. Die Lage der Juden in Deutschland 1933, Paris 1934 (Neudruck: Berlin 1983).

（4）一九三三年四月一日のナチ党のボイコットの呼びかけを参照されたい。In: Hans Dieter Schmidt/Gerhard Schneider/Wilhelm Sommer

(Hrsg.), Juden unterm Hakenkreuz. Dokumente und Berichte zur Verfolgung und Vernichtung der Juden durch die Nationalsozialisten 1933 bis 1945, Bd. 1-2, Düsseldorf 1983, Bd. 1, S. 69f.

(5) 一九三三年三月二八日付のナチ党指導部の指令。In: Völkischer Beobachter vom 30. 3. 1933; abgedruckt in: Schmid u. a. (Hrsg.), Juden unterm Hakenkreuz, Bd. 1, S. 71.

(6) これについてはとりわけ次をみられたい。Avraham Barkai, Vom Boykott zur »Entjudung«. Der wirtschaftliche Existenzkampf der Juden im Dritten Reich, Frankfurt/M. 1988.

(7) Gesetz zur Wiederherstellung des Berufsbeamtentums vom 7. 4. 1933, in: Reichsgesetzblatt 1933 I, S. 175.

(8) Wilhelm Frick, Die Rassenfrage in der deutschen Gesetzgebung, in: Deutsche Juristen- Zeitung, 1934, H. 1.

(9) Reichsbürgergesetz vom 15. 9. 1935, in: Reichsgesetzblatt 1935 I, S. 1460; Gesetz zum Schutze des deutschen Blutes und der deutschen Ehre vom 16. 9. 1935, in: Reichsgesetzblatt 1935 I, S. 1146f.

(10) この規定への抵触は「人種冒瀆」とみなされ、懲役刑を科せられた。これについては次のケース・スタディを参照。Hans Robinsohn, Justiz als politische Verfolgung. Die Rechtsprechung in »Rassenschandefällen« beim Landgericht Hamburg 1936-1943, Stuttgart 1977.

(11) 成立史については次を参照。Adam Judenpolitik im Dritten Reich, S. 51ff.

(12) Erste Verordnung zum Reichsbürgergesetz vom 14. 11. 1935, in: Reichsgesetzblatt 1935 I, S. 1333f.

(13) このあまり知られていない教会のナチス人種政策への協力については次をみられたい。Wolfgang Wippermann, Holocaust mit kirchlicher Hilfe, in: Evangelische Kommentare 9/1993, S. 519-521.

(14) Erste Verordnung zur Ausführung des Blutschutzgesetzes vom 14. 11. 1935, in: Reichsgesetzblatt 1935 I, S. 1377ff.

(15) 一九三五年一一月二六日付の内相ならびにプロイセン内相の回覧通達。In: Ministerialblatt für die Preußische innere Verwaltung 1935, S. 1429-1434.

(16) Wilhelm Stuckart/Hans Globke, Kommentar zur deutschen Rassengesetzgebung, B. 1, München/Berlin 1936, S. 55.

(17) ここでいわれていたのは、一九一八年以後ラインラントに駐屯していたフランス黒人兵士の子供である。すでにヴァイマル共和国時代に同じように少数民族にたいする人種差別が始まっていたが、これについては次を参照。Giesela Lebzelter, Die »Schwarze Schmach«. Vorurteile-Propaganda-Mythos, in: Geschichte und Gesellschaft 11, 1985, S. 38-58.

(18) これについては次を参照。Rainer Pommerin, »Sterilisierung der Rheinlandbastarde«. Das Schicksal einer deutschen Minderheit 1918-1937. そのような目に遭った数百人の人びとの誰一人として、一九四五年以後、「補償」を受けた者はいない。

(19) これについてのくわしい文献は次を参照。Wolfgang Wippermann, Sind die Sorben in der NS-Zeit aus »rassistischen« Gründen verfolgt worden?, in: Letopis 43, 1996, S. 32-38.

(20) これについては次を参照。Diemut Majer, »Fremdvölkische« im Dritten Reich, Boppard 1981.

(21) この［人種と遺伝病の］関係は前述の、一九三三年一一月二六日付の命令にも述べられていた。命令は、結婚の許可を得るためには「結婚健康証明書」が必要であるとする、一九三三年一〇月一八日付のいわゆる婚姻健康法に関係している。「結婚健康証明書」は、婚約者が「異人種の」、もしくは「遺伝病の」疑いがあるときは、交付されなかった。Gesetz zum Schutz der Erbgesundheit des deutschen Volkes vom 18. 10. 1935, in: Reichsgesetzblatt 1935 I, S. 1246ff.

(22) Gesetz zur Verhütung erbkranken Nachwuches vom 14. 7. 1933, in: Reichsgesetzblatt 1933 I, S. 529ff. これについては、また以下については次を参照。Giesela Bock, Zwangssterilisation in Nationalsozialismus, Opladen 1986.

(23) Gesetz zur Änderung des Gesetzes zur Verhütung erbkranken Nachwuches vom 26. 6. 1935, in: Reichsgesetzblatt 1935 I, S. 1035.

(24) これについては次を参照。Detlef Peukert, Arbeitslager und Jugend-KZ. Die Behandlung »Gemeinschaftsfemder« im Dritten Reich, in: ders./Jürgen Reulecke (Hrsg.), Die Reihen fast geschlossen. Beiträge zur Geschichte des Alltags unterm Nationalsozialismus, Wuppertal 1981, S. 413-434; Patrick Wagner, Das Gesetz über die Behandlung Gemeinschaftsfremder, in: Beiträge zur nationalsozialistischen Gesundheits- und Sozialpolitik, 6, 1988, S. 75-100.

(25) Gesetz gegen gefährliche Gewohnheitsverbrecher vom 24. 11. 1933, in: Reichsgesetzblatt 1933 I, S. 995-1008.

(26) SS-Untersturmführer Prof. Eckhardt, Widernatürliche Unzucht ist todeswürdig, in: Das Schwarze Korps 22. 5. 1935, Zur Verfolgung der Homosexuellen; Hans-Georg Stümke, Homosexelle in Deutschland, Eine politische Geschichte, München 1989; Burckhard Jellonek, Homosexelle unter dem Hakenkreuz. Verfolgung vom Homosexellen im Dritten Reich, Padeborn 1990.

(27) 次の研究に再録されている。Bradley F. Smith/Agnes F. Peterson (Hrsg.), Heinrich Himmler, Geheimreden 1933 bis 1945, Berlin-Wien 1974, S. 93-194.

(28) Gesetz zur Änderung des StGB vom 18. 6. 1935, Art. 6: Unzucht zwischen Männern, in: Reichsgesetzblatt 1935 I, S. 841. この一七五条の変更は一九六九年になってはじめて撤回された。

(29) 刑法一七五条は男性の同性愛者だけを対象にしていたにもかかわらず、このなかには女性の同性愛者も含まれていた。これについては次を参照。Claudia Shoppmann, Nationalsozialistische Sozialpolitik un weibliche Homosexalität, Pfaffenweiler 1991.

(30) Erlaß des Reichs- und Preußischen Ministers des Innern vom 14. 12. 1937 über die »vorbeugende Verbrechensbekämpfung«, in: Kriminalpolizei,

Sammlung der für die kriminalpolizeiliche Organisation und Tätigkeit geltenden Bestimmungen und Anordnungen, Berlin 1937, S. 11f.

（31）逮捕と強制収容所への移送は一九三八年におこなわれた。これについては次の文献を参照されたい。Wolfgang Ayass, »Ein Gebot der nationalen Arbeitsdisziplin«. Die Aktion »Arbeitsscheu Reich« 1938, in: Beiträge zur nationalsozialistischen Gesundheits- und Sozialpolitik 6, 1988, S. 43-74; ders., »Asoziale« im Nationalsozialismus, Stuttgart 1995; Patrick Wagner, Volksgemeinschaft ohne Verbrecher. Konzeptionen und Praxis der Kriminalpolizei in der Zeit der Weimarer Republik und des Nationalsozialismus, Hamburg 1996.

（32）Erlaß des Reichs- und Preußischen Ministers des Innern vom 14. 12. 1937.

（33）シンティ・ロマの迫害（ユダヤ人迫害との比較、またそれとの関連）については次を参照。Wippermann, »Wie die Zigeuner«, S. 135ff. また、人種イデオロギーの動機の、部分的に異なる評価については次を参照。Michael Zimmermann, Rassenutopie und Genozid. Die nationalsozialistische »Lösung der Zigeunerfrage«, Hamburg 1996.

（34）Runderlaß des Reichsführers SS und Chefs der Deutschen Polizei im Reichsministerium des Innern, vom 8. 12. 1938, in: Ministerblatt des Reichs- und Preußischen Minister des Innern, Jg. 99, Nr. 51, S. 2105-2110.

（35）Hermann Graml, Reichskristallnacht. Antisemitismus und Judenverfolgung im Dritten Reich, München 1988; Walter H. Pehle (Hrsg.), Das Judenpogrom 1938. Von der »Reichskristallnacht« zum Völkermord, Frankfurt/M. 1988; Kurt Pätzold/Irene Runge, Pogromnacht 1938, Berlin 1988.

（36）次を参照。Verordnung über die »Sühneleistung« der Juden deutscher Staatsangehörigkeit vom 12. 11. 1938, in: Reichsgesetzblatt 1938 I, S. 1579, Anordnung des Beauftragten für den Vierjahresplan »zur Wiederherstellung des Straßenbildes bei jüdischen Gewerbetreibenden« vom 12. 11. 1938, in: Reichsgesetzblatt 1938 I, S. 1581. 次も参照されたい。Walk, Das Sonderrecht, S. 254ff.

（37）Anordnung des Beauftragten für den Vierjahresplan, Hermann Göring, vom 10. 12. 1938, in: Pätzold (Hrsg.), Verfolgung, Vertreibung, Vernichtung, S. 198f.

（38）Barkai, Vom Boykott zur »Entjudung«.

（39）Reichstagesrede Hitlers vom 30. 1. 1939, in: Michaelis/Schraepler (Hrsg.), Ursachen und Folgen, Bd. 13, S. 21f.

（40）これについては次を参照されたい。Juliane Wetzel, Auswanderung aus Deutschland, in: Benz (Hrsg.), Die Juden in Deutschland 1933-1945, S. 413-498.

（41）Robert Weltsch, Tragt ihn mit Stolz, den gelben Fleck, in: Jüdische Rundschau vom 4. 4. 1933, in: Robert Weltsch, Tragt ihn mit Stolz, den gelben Fleck. Zur Lage der Juden in Deutschland 1933. Eine Aufsatzreihe der »Jüdischen Rundschau« zur Lage der deutschen Juden, Nördlingen 1988, S. 24f.

(42) これについては次を参照。Günter Plum, Wirtschafts- und Erwerbsleben, in Benz (Hrsg.), Die Juden in Deutschland 1933-1945, S. 268-313; Clemens Vollnhals, Jüdische Selbsthilfe bis 1938, in: Benz (Hrsg.), Die Juden in Deutschland 1933-1945, S. 314-412.「全国代表」の活動についてのユダヤ人の側の評価は分かれている。きわめて積極的に評価しているのは、次である。S(alomon) Adler Rudel, Jüdische Selbsthilfe unter dem Naziregime 1933-1939. Im Spiegel der Berichte der Reichsvertretung der Juden in Deutschland, Tübingen 1974. これにたいし、きわめて批判的な評価をしているのはラウル・ヒルバーグである。かれは「全国代表」を、のちの、東方の「ユダヤ人評議会 (Judenräte)」と比較している。Hilberg, Die Vernichtung der europäischen Juden, Bd. 1, S. 190ff.［ラウル・ヒルバーグ著、望月幸男・原田一美・井上茂子訳『ヨーロッパ・ユダヤ人の絶滅』(上・下)、柏書房、一九九七年］

(43) 次より引用。Plum, Wirtschafts- und Erwerbsleben, S. 64f.

(44) Hilberg, Die Vernichtung der europäischen Juden, Bd. 1, S. 190.［ヒルバーグ著『ヨーロッパ・ユダヤ人の絶滅』前掲書］

(45) これについては一九三四年七月付の「フランクフルト・イスラエル信者新聞 (Frankfurter Israelistisches Gemeindeblatt)」の付録 »Jugend und Gemeinde« (S. 452-454) に載っている、そのような再教育を受けた人びとの、見かけは大いに熱狂的であるが、じつはきわめてアンビヴァレントな体験記を参照されたい。次の書に抜粋・再録されている。Wippermann, Das Leben in Frankfurt zur NS-Zeit I, S. 191ff.

(46) アメリカのとった立場について、きわめて多くの情報を与え、同時にきわめて批判的である次の書物を参照されたい。David S. Wyman, Das unerwünschte Volk. Amerika und die Vernichtung der europäischen Juden, München 1986.

(47) »Gesetz gegen die Überfüllung deutscher Schulen und Hochschulen« vom 25. 4. 1933, in: Reichsgesetzblatt 1933 I, S. 225.

(48) これについては次を参照されたい。Das Philanthropin zu Frankfurt am Main. Dokumente und Erinnerungen, Frankfurt/M. 1964; Wippermann, Das Leben in Frankfurt zur NS-Zeit I, S. 90ff. u. Dokumente S. 193ff.

(49) これについては次をみられたい。Wippermann, Das Leben in Frankfurt zur NS-Zeit I, S. 89ff.; Volker Dahm, Kulturelles und geistige Leben, in: Benz (Hrsg.), Die Juden in Deutschland 1933-1945, S. 75-267, S. 97f.

(50) これについては次を参照。Herbert Freeden, Jüdisches Theater in Nazi-Deutschland, Tübingen 1964; Dahm, Kulturelles und geistige Leben, in: Benz (Hrsg.), Die Juden in Deutschland 1933-1945, S, 75-267.

(51) 次の論文を参照。»Gastspiel des Kulturbundes deutscher Juden« in Frankfurter Israelitisches Gemeindeblatt, Dezember 1933. 以下に引用されている。Wippermann, Das Leben in Frankfurt zur NS-Zeit I, S. 89.

(52) この関連については、現在刊行されている次の書籍を参照されたい。Henry Friedlander, Der Weg zum NS-Genozid. Von der Eutanasie zur Endlösung, Berlin 1997.

(53)「安楽死」については、とりわけ次を参照。Ernst Klee, »Euthanasie« im NS-Staat. Die »Vernichtung lebensunwerten Lebens«, Frankfurt/M. 1983.

(54) Götz Aly (Hrsg.), Aktion T4 1939-1945. Die »Euthanasie« - Zentrale in der Tiergartenstraße 4, Berlin 1984.

(55) 以下に再録されている。Ernst Klee (Hrsg.), Dokumente zur Euthanasie, Frankfurt/M. 1985.

(56) この第二段階については次をみられたい。Klee, »Euthanasie«, S. 356ff.; Schmuhl, Rassenhygiene, S. 220ff.

(57) 次を参照。Hilberg, Die Vernichtung der europäischen Juden, Bd. 1, S. 197ff.［ヒルバーグ著『ヨーロッパ・ユダヤ人の絶滅』前掲書］

(58) 一九三九年九月二七日、ベルリンでラインハルト・ハイドリヒがさまざまな部局の長や特務部隊の指導者たちとおこなった話し合いのメモ。In: Pätzold (Hrsg.), Verfolgung, Vertreibung, Vernichtung, S. 239f.

(59) 一九四〇年一月三〇日にラインハルト・ハイドリヒの指揮下に全国保安本部でおこなわれた相談のメモ。In: Pätzold (Hrsg.), Verfolgung, Vertreibung, Vernichtung, S. 258f.

(60) Anordnung des Vorsitzenden des Ministerrates für die Reichsverteidigung, Hermann Göring, vom 24. 3. 1940 über ein vorläufiges Deportationsverbot für das Generalgouvernement, in: Pätzold (Hrsg.), Verfolgung, Vertreibung, Vernichtung, S. 262. これについては次を参照。Hilberg, Die Vernichtung der Europäischen Juden, Bd. 1, S. 215ff.［ヒルバーグ著『ヨーロッパ・ユダヤ人の絶滅』前掲書］

(61) ラインハルト・ハイドリヒの、一九四〇年六月二四日付の外相ヨアヒム・フォン・リッベントロップ宛書簡。In: Rolf Vogel, Ein Stempel hat gefehlt. Dokumente zur Emigration deutscher Juden, München 1977, S. 312f.

(62) マダガスカル計画の全体については次を参照。Hilberg, Die Vernichtung der Europäischen Juden, Bd. 2, S. 416ff.［ヒルバーグ著『ヨーロッパ・ユダヤ人の絶滅』前掲書］

(63) 四ヵ年計画の受任者であるヘルマン・ゲーリングの保安警察ならびにSS保安部長官ラインハルト・ハイドリヒ宛一九四一年七月三一日付書簡。In: IMT Bd. 26, S. 266f.

(64) 一九四四年一月二〇日のいわゆるヴァンゼー会議の議事録。In: Léon Poriakov/Josef Wulf, Das Dritte Reich und die Juden, Dokumente und Aufsätze, Berlin 1955, S. 119-126. これについては次を参照。Kurt Pätzold, Die Wannsee-Konferenz - zu ihrem Platz in der Geschichte der Judenvernichtung, in: Werner Röhr u. a. (Hrsg.), Faschismus und Rassismus. Kontroversen um Ideologien und Opfer, Berlin 1992, S. 257-290.

(65) これについては次を参照。Hilberg, Die Vernichtung der europäischen Juden.［ヒルバーグ著『ヨーロッパ・ユダヤ人の絶滅』前掲書］
このほかに、次の著書を参照。Adalbert Rückerl, Nationalsozialistische Vernichtungslager im Spiegel deutscher Strafprozesse, Belzec, Sobibor, Treblinka, Chelmno, München 1977; Eugen Kogon u. a. (Hrsg.), Nationalsozialistische Massentötungen durch Giftgas, Frankfurt/M. 1983; Yitzak

Arad, Belzec, Sobibor, Treblinka. The Operation Reinhard, Bloomington 1987.

(66) 以下については、きわめて冷静な叙述をしている次を参照。Wolfgang Sofsky, Die Ordnung des Terrors: Das Konzentrationslager, Frankfurt/M. 1993, S. 276ff.

(67) Krausnick/Wilhelm, Die Truppe des Weltanschauungskrieges.

(68) これについてはなによりも次を参照されたい。Goldhagen, Hitlers willige Vollstrecker, S. 219ff.

(69) ドイツ国防軍がユダヤ人の殺戮に直接的・間接的に関与していたこと、またここで補足しておく必要があろうが、人種殺戮全体に関与していたことは、研究専門家の内部では知られていたが、世間ではそれほど認められていなかった。現在、これについては次を参照。Hannes Heer/Klaus Naumann (Hrsg.), Vernichtungskrieg. Verbrechen der Wehrmacht 1941-1944, Hamburg 1995. その他の研究を指摘しているものに以下がある。Gerd R. Überschar, Der Mord an den Juden und der Ostkrieg. Zum Forschungsstand über den Holocaust, in: Heiner Lichtenstein/Otto Romberg (Hrsg.), Täter-Opfer-Folgen. Der Holocaust in Geschichte und Gegenwart, Bonn 1995, S. 49-81.

(70) Walter Manoschek, »Serbien ist judenfrei«. Militärische Besatzungspolitik und Judenvernichtung in Serbien 1941/42, München 1993. マノシェックは同じ時期におこなわれたシンティ・ロマにたいする大量殺戮にはあまり注意を払っていない。

(71) Nürnberger Dokumente NOKW-1486. これは以下に再録されている。Ernst Klee/Willy Dreeßen (Hrsg.), »Gott mit uns«. Der deutsche Vernichtungskrieg im Osten 1939-1945, Frankfurt/M, S. 114.

(72) Wolfgang Wippermann, Nur eine Fußnote? Die Verfolgung der sowjetischen Roma: Historiographie, Motive, Verlauf, in: Klaus Meyer/Wolfgang Wippermann (Hrsg.), Gegen das Vergessen. Der Vernichtungskrieg gegen die Sowjetunion, Frankfurt/M. 1992, S. 75-90; Zimmermann, Rassenutopie und Genozid, S. 259ff.

(73) シンティ・ロマの虐殺、とりわけアウシュヴィッツ＝ビルケナウにおけるかれらの虐殺については次を参照されたい。Zimmermann, Rassenutopie und Genozid, S. 293ff.

(74) これについてはきわめて賞賛に値するパイオニア的研究である次を参照されたい。Christian Streit, Keine Kameraden. Die Wehrmacht und die sowjetischen Kriegsgefangenen 1941-1945, Stuttgart 1978.

(75) 以下については次の研究を参照されたい。Wana Michalak (Hrsg.), Auschwitz. Geschichte und Wirklichkeit des Vernichtungslagers, Reinbek 1980; Raul Hilberg, Sonderzüge nach Auschwitz, Mainz 1987; Danuta Czech, Kalendarium der Ereignisse im Konzentrationslager Auschwitz-Birkenau 1939-1945, Frankfurt/M. 1989.

(76) Angela Fiedermann u. a., Mittelbau Doras. Ein historischer Abriß, Berlin 1993.

(77) しかしドイツの、また国際的な研究は、おもに、ユダヤ人迫害にたいするドイツ人の反応に集中してきた。すでに次の著作はきわめて重要な研究であった。Marlis G. Steinbert, Hitlers Krieg und die Deutschen. Stimmung und Haltung der deutschen Bevölkerung im Zweiten Weltkrieg, Düsseldorf 1970. さらにバイエルンからの、またバイエルンについての資料にもとづく次も同様である。Ian Kershaw, Antisemitismus und Volksmeinung. Reaktion auf die Judenverfolgung, in: Martin Broszat u. a. (Hrsg.), Bayern in der NS-Zeit II, München 1979, S. 281-348. きびしい批判をおこなっているが、比較的わずかな資料にしか依拠していないものに以下がある。Jörg Wollenberg, »Niemand war dabei und keiner hat's gewußt«. Die deutsche Öffentlichkeit und die Judenverfolgung 1933-1945, München 1989. 最近刊行された以下の著作にはこの問題についての最良の分析がみられる。Ursula Büttner (Hrsg.), Die Deutschen und die Judenverfolgung im Dritten Reich, Hamburg 1992; David Bankier, Die öffentliche Meinung im Hitler-Staat. Die »Endlösung« und die Deutschen. Eine Berichtigung, Berlin 1995.

(78) この恐ろしい事件についてくわしいディテールを示している研究である次を比較参照されたい。Jean-Claude Pressac, Die Krematorien von Auschwitz. Die Maschinerie des Massenmordes, München 1994.

(79) ガーレンの説教は以下に再録されている。Peter Löffler (Hrsg.), Bischof Clemens August Graf von Galen. Akten, Bd. 1-2, Main 1988, Bd. 1 Nr. 341.

(80)「安楽死」のこの第二段階については次をみられたい。Klee, »Euthansasie«, S. 356ff.

(81) これについては次の研究を参照されたい。William Sheridan Allen, Die deutsche Öffentlichkeit und die »Reichskritallnacht«-Konflikte zwischen Werthierarchie und Propaganda im Dritten Reich, in: Peukert/Reulecke (Hrsg), Die Reihen fest geschlossen, S. 397-412. フランクフルトの住民が示した受動的な態度についての、わたしの叙述と評価はゴールドハーゲンから厳しい批判を受けた。Wippermann, Das Leben im Frankfurt 1, S. 104; Goldhagen, Hitlers willige Vollstrecker, S. 678.

(82) Gudrun Schwarz, Die nationalsozialistischen Lager, Frankfurt/M. 1990.

(83) かれらのおかれた厳しい状態は次の研究に論じられている。Ulrich Herbert (Hrsg.), Europa und der »Reichseinsatz«. Ausländische Zivilarbeiter, Kriegsgefangene und KZ-Häftlinge in Deutschland 1938-1945, Essen 1991.

(84) これについては、また「死の行進」については次をみられたい。Goldhagen, Hitlers willige Vollstrecker, S. 385ff.

(85) Karl Lange, Hitlers unbeachtete Maximen. »Mein Kampf« und die Öffentlichkeit, Stuttgart 1968.

(86) これについては次の文献が言及している。Peter Weingart u. a., Rasse, Blut und Gene. Geschichte der Eugenik und Rassenhygiene in Deutschland, Frankfurt/M. 1988; Paul J. Weindling, Health, Race, and German Politics between National Unification and Nazism 1870-1945, Cambridge 1989.

（87）Wolfgang Wippermann, Antislavismus, in: Uwe Puschner u. a. (Hrsg.), Handbuch zur »Völkischen Bewegung« 1871-1918, München 1996, S. 512-524.

（88）これについてくわしくは次を参照されたい。Wippermannn, »Wie die Zigeuner«, S. 73ff.

（89）人種的偏見の概念と事実については、次の文献を参照されたい。Shulamit Volkov, Jüdisches Leben und Antisemitismus und Nationalsozialismus im 19. und 20. Jahrhundert. Zehn Essays, München 1990, bes. S. 13-36.

（90）Arnold Paucker, Der jüdischer Abwehrkampf gegen Antisemitismus und Nationalsozialismus in den letzten Jahren der Weimarer Republik. Hamburg 1968.

（91）諸政党のとった姿勢については次の書をみられたい。Werner E. Mosse/Arnold Paucker (Hrsg.), Entscheidungsjahre 1932. Zur Judenfrage in der Weimarer Republik, Tübingen 1965.

（92）これについては次を参照。Edmund Silberner, Kommunisten zur Judenfrage. Zur Geschichte von Theorie und Praxis der Kommunisten, Opladen 1983.

（93）次はいまでも基本的な文献である。Edmund Silberner, Sozialisten zur Judenfrage, Berlin 1962. マリオ・ケスラーの新しい研究も本質的にはジルバーナーを超えない。次を参照。Mario Keßler, Antisemitismus, Zionismus und Sozialismus. Arbeiterbewegung und jüdische Frage im 20. Jahrhundert, Mainz 1993.

（94）Walter Laqueur, Was niemand wissen wollte. Die Unterdrückung der Nachrichten über Hitlers »Endlösung«, Frankfurt/M 1981; David Wymann, Das unerwünschte Volk, Amerika und die Vernichtung der europäischen Juden, München 1968.

（95）当時の、また後の新聞報告と後からのアンケートにもとづく調査の抜粋が次に示されている。これを参照されたい。Roben H. Abzug, Inside the Vicious Heart. Amercans and Liberation of Nazi Concentration Camp, New York 1985.

（96）これについては、とりわけ次の書を参照。Bradley F. Smith, Das Jahrhundert-Prozess. Die Motive der Richter von Nürnberg. Anatomie einer Urteilsfindung, Frankfurt/M. 1979.

（97）これについては、すでにその抜粋が印刷されているニュルンベルク裁判のドキュメントを参照されたい。Der Prozeß gegen die Hauptkriegsverbrecher vor den Internationalen Militärgerichtshof. Nürnberg, 14. 11. 1945-1. 10. 1946, Bd. 1-43, Nürnberg 1947-1949.

（98）次の著作は、他の文献も挙げている。Adalbert Rückert, NS-Verbrechen vor Gericht. Versuch einer Vergangenheitsbewältigung, Heidelberg 2. Aufl. 1984.

（99）これについては、いまのところ次がくわしい。Norbert Frei, Vergangenheitspolitik. Die Anfänge der Bundesrepublik und die NS-

Vergangenheit, München 1996; bes. S. 133ff.

(100) Alexander und Margarete Mitcherlich, Die Unfähigkeit zu trauern. Grundlagen kollektiven Verhaltens, München 1967.［A&M・ミッチャーリッヒ著、林峻一郎・馬場謙一訳『喪われた悲哀――ファシズムの精神構造』河出書房新社、一九八四年］

(101) Olaf Groehler, »Aber sie haben nicht gekämpft«, in: Konkret 51/1992, S. 44-46; ders., Integration und Ausgrenzung vom NS-Opfern, in: Jürgen Kocka (Hrsg.), Historische DDR-Forschung, Berlin 1993, S. 105-127.

(102) この区別そのものがすでに反ユダヤ主義だった。それは「臆病なユダヤ人」というステレオタイプを思い出させたからである。東ドイツにおける反ユダヤ主義については――きわめて不作法なスタイルで書かれた――ミヒャエル・ヴォルフゾーンの闘争文書を参照されたい。Michael Wolffsohn, Die Deutschland-Akte. Juden und Deutsche in Ost und West. Tatsachen und Legenden, München 1995. これにたいしてもっと慎重なスタイルで書かれているのが次である。Mario Keßler, Die SED und die Juden - zwischen Repression und Toleranz. Poltische Entwcklungen bis 1967, Berlin 1995.

(103) これについて書かれたものにはすでに次のような書がある。Konrad Kwiet, Historians of the German Democratic Republic on Antisemitism and Persecution, in: Year Book Leo Baeck Institute 21, 1976, S. 173-198.

(104) たとえば、Eschwege (Hrsg.), Kennzeichen »J« の序文（S. 18）にルディ・ゴーゲル（Rudi Goguel）は、「ユダヤ人問題の最終的解決は（……）経済的考察を超えている」と書いている。

(105) たとえばさまざまな人びとの文書を寄せ集めた次の書物がそうである。Klaus Drobisch/Rudi Goguel/Werner Müller, Juden unterm Hakenkreuz. Verfolgung und Ausrottung der deutschen Juden 1933-1945, Berlin 1973.

(106) Kurt Pätzold, Faschismus. Von der Vertreibung zum Genozid. Zu den Ursachen, Triebkräften und Bedingungen der antijudischen Politik im faschistischen deutschen Imperialismus, in: Dietrich Eichholtz u. a. (Hrsg.), Faschismusforschung. Positionen, Probleme, Polemik, Berlin 1980, S. 181-208. もっと教条主義的なのが次である。ders., Faschismus, Rassenwahn, Judenverfolgung, Berlin 1975.

(107) Kurt Pätzold/Manfred Weißbecker, Adolf Hitler. Eine poitische Biographie, Leipzig 1995, S. 477ff.

(108) この裁判は、警察官でかつての特別行動隊隊員であった男が、基本法の一三一条にしたがって、かれが大量殺戮者として働いていた時期の年金受給を求めたことが契機となって始められた。

(109) 殺戮はすでに一九六〇年に「時効」といわれており、犯罪を犯した数千人の人間がもう処罰されることができなくなっていたにもかかわらず、連邦議会は一九六五年、一九六九年に、またさらに一九七九年にも、殺戮と「民族殺戮」の時効について議論した。

(110) 以下についての概括には次のようなものがある。Konrad Kwiet, Judenverfolgung und Judenvernichtung im Dritten Reich. Ein

historiographischer Überblick, in Dan Diner (Hrsg.), Ist der Nationalsozialismus Geschichte? Zu Historisierung und Historikerstreit, Frankfurt/M. 1987, S. 237-264; Kershaw, Der NS-Staat, S. 165ff.; Dieter Pohl, Die Holocaust-Forschung und die Goldhagen-Thesen, in: Vierteljahrshefte für Zeitgeschichte 45, 1997, S. 12- 48.

(111) ここでいわれているのは次の小冊子と、ハンドブックのなかの論文である。Wolfgang Scheffler, Die nationalsozialistische Judenpolitik, Berlin 1960; Helmut Krausnick, Judenverfolgung, in: Hans Buchheim u. a., Anatomie des SS-Staates, Olten-Freiburg 1965, Bd. 2, S. 283-448.

(112) Hans-Heinrich Wilhelm, Die Einsatzgruppe A der Sicherheitspolizei und des SD 1941/41, Diss. Berlin 1974; Frankfurt/M. 1996. ヴィルヘルムがヘルムート・クラウスニックとともに書いた次の研究も参照されたい。Helmut Krausnick/Hans-Heinrich Wilhelm, Die Truppe des Weltanschuungskrieges. Die Einsatzgruppen der Sicherheitspolizei und des SD 1938-1942, Stuttgart 1981.

(113) Hans Günter Adler, Der verwaltete Mensch. Studien zur Deportation der Juden aus Deutschland, Tübingen 1974.

(114) Uwe-Dietrich Adam, Judenpolitik im Dritten Reich, Düsseldorf 1972.

(115) このことは当然のことながら、ここでは言及できない、数多くの地域研究についてもいえる。

(116) このことはとりわけ次についていえる。Lucy Dawidowicz, Der Krieg gegen die Juden 1933-1945, München 1979 (zuerst 1975). その後、きわめて意図派的な解釈が次に示された。Gerald Fleming, Hitler und die Endlösung. »Es ist des Führers Wunsch«, Wiesbaden 1982.

(117) Karl A. Schleunes, The Twisted Road to Auschwitz. Nazi Policy toward German Jews 1933-1939, Chicago 1970.

(118) 論争はとりわけ次の二つの論文によって始められた。Andreas Hillgruber, Die »Endlösung« und die deutsche Ostimperium als Kernstück des rassenideologischen Programms des Nationalsozialismus, in: Wippermann (Hrsg.), Kontroversen um Hitler, S. 219-247 (zuerst 1977); Hans Mommsen, Die Realisierung des Utopischen: Die »Endlösung der Judenfrage« im Dritten Reich, in: a. a. O., S. 248-297 (zuerst: 1983).

(119) この問題はやがてある会議の中心テーマになった。Eberhard Jäckel/Jürgen Rohwer (Hrsg.), Der Mord an den Juden im Zweiten Weltkrieg. Endschlußbildung und Verwirklichung, Stuttgart 1985.

(120) これについては次を参照されたい。Wippermann, Forschungsgeschichte und Forschungsprobleme, S. 113. わたしのアーヴィングにたいする批判はとりわけライナー・ツィーテルマンによって悪く解釈された。わたしのアーヴィング批判と見解をともにし、くわしく説明しているものに次の研究がある。John Lukacs, Hitler. Geschichte und Geschichtsschreibung, München 1997, S. 44ff. und 304ff. ルカーチはアーヴィングの多数の誤りとアーヴィングの引用する記録文書がまったく存在しないことを指摘している。

(121) だからアーヴィングは一九九二年以来連邦共和国では「望ましくない」人物とみなされており、一九九六年三月連邦政府は正式にかれにたいして入国禁止の措置をとっている。アーヴィングの極右活動については次の文献をみられたい。Jens Mecklenburg (Hrsg.),

Handbuch deutscher Rechtsextremismus, Berlin 1996, bes. S. 477f.
(122) Martin Broszat, Hitler und die »Endlösung«. Aus Anlaß der Thesen von David Irving, in: Vierteljahreshefte für Zeitgeschichte 25, 1977, S. 739-775.
(123) この表現はむろんハンス・モムゼンが最初に使ったものであるが、その内容にそって、マルティン・ブローシャトはそれを借用している。
(124) Martin Broszat, Plädoyer für eine Historisierung des Nationalsozialismus, in: Merkur 39, 1985, S. 373-385. これは、批判者へのかれのほかの答弁とともに次の書に再録されている。Martin Broszat, Nach Hitler. Der schwierige Umgang mit unserer Geschichte, München 1986, S. 159-173.
(125) Dokumentation. Ein Briefwechsel zwischen Saul Friedländer und Martin Broszat um die Historisierung des Nationalsozialismus, in: Vierteljahrshefte für Zeitgeschichte 36, 1988, S. 339- 372. この論争については次にくわしい。Kershaw, Der NS-Staat, S. 291ff.
(126) たとえば、なによりもアイヒマン裁判に関する彼女の著書をみられたい。Hannah Arendt, Eichman in Jerusalem. Ein Bericht über die Banalität des Bösen, München 1964.［ハンナ・アーレント著、大久保和郎訳『イェルサレムのアイヒマン——悪の陳腐さについての報告』みすず書房、一九九四年］。これについては次の論説を参照されたい。»Arendt-Kontroverse« in: Israel Gutmann u. a. (Hrsg.), Enzyklopädie des Holocaust. Die Verfolgung und Ermordung der europäischen Juden, Bd. I-IV, München 1995, S. 74f.
(127) Raul Hilberg, Die Vernichtung der europäischen Juden, Bd. 1-3 Frankfurt/M. 1990 (zuerst: Chicago 1961).［ヒルバーグ著『ヨーロッパ・ユダヤ人の絶滅』前掲書］
(128) この見解は前述の『ホロコースト事典』(»Enzyklopädie des Holocaust«) に明らかである。これはホロコーストそのものについてというよりは、ホロコーストにたいする抵抗について語っている。とりわけ次の論文を参照されたい。»Jüdischer Widerstand«, in: a. a. O., S. 1584-1590. また次の各著書を参照されたい。Yehuda Bauer, They Chose Life. Jewish Resistance in the Holocaust, New York 1973; Israel Gutman, Fighters Among Ruins. The Story of Jewish Heroism During World War II, Washington 1988; Lucien Steinberg, La révolte des justes, Les Juifs contre Hitler 1933-1945, Paris 1970; Yuri Suhl (Hrsg.), They Fought Back. The Story of Jewish Resistance in Nazi Europe, New York 1974.
(129) Saul Friedländer/Adam Seligman, Das Gedenken an die Schoah in Israel. Symbole, Rituale und ideologische Polarisierung, in: James E. Young (Hrsg.), Mahnmale des Holocaust. Motive, Rituale und Stätten des Gedenkens, München 1994, S. 125-136.
(130) ドイツのユダヤ人の抵抗については次を参照されたい。Konrad Kwiet/Helmut Eschwege, Selbstbehauptung und Widerstand deutscher Juden im Kampf um Existenz und Menschenwürde 1933-1945, Hamburg 1984.

(131) このことはとりわけ次についていえる。Arno Lustiger, Zum Kampf auf Leben und Tod. Vom Widerstand deutscher Juden 1933-1945, München 1997.

(132) このように加害者に関心を向けることによって、ヒルバーグは前述の、犠牲者たちの反応だけに自分たちの関心を集中させていたほかのユダヤ人歴史家たちから区別される。

(133) ヒルバーグのいくぶん辛辣に聞こえる次のことばを参照されたい。「[ホロコーストの] 動機やイデオロギー、さらには反ユダヤ主義の概念を持ち出すことさえもが、ホロコーストの説明としては、古くさい無能者のすることにみえ、研究者は沈黙のうちに重荷から解放されるようにみえる。たとえば鉄道員たちのどこが反ユダヤ主義的だろうか?」とヒルバーグはいっている。Raul Hilberg, Die Holocaustforschung heute. Probleme und Perspekitiven, in: Jüdisches Museum der Stadt Wien (Hrsg.), Die Macht der Bilder. Antisemitische Vorurteile und Mythen, Wien 1995, S. 403-409, S. 408.

(134) Ernst Nolte, Vergangenheit, die nicht vergehen will. in: FAZ 6. 6. 1986.

(135) Ernst Nolte, Der europäischer Bürgerkrieg 1917-1945. Nationalsozialismus und Bolschewismus, Berlin 1987. ある種の過激化と同時に修正主義者たちのテーゼへの接近がみられるのは次の書である。Ernst Nolte, Streitpunkte. Heutige und künftige Kontroversen um den Nationalsozialismus, Berlin 1993.

(136) この関連において、ノルテは「ユダヤ人が」ボルシェヴィズムへ「内的親近性」をもっていたこと、その代表者たちがヒトラー・ドイツに宣戦布告したことを非難した。ボルシェヴィズムへ「内的親近性」をもっていたという非難については次をみられたい。Nolte, Streitpunkte, S. 225ff. また、「宣戦布告」については次を参照。Nolte, Bürgerkrieg, S. 509 と Streitpunkte, S. 396. ここにあるのは修正主義者たちのあいだでよく使われている嘘である。次を参照。Hellmuth Auerbach, »Kriegserklärung« der Juden an Deutschland, in: Wolfgang Benz, Legenden, Lügen, Vorurteile. Ein Lexikon zur Zeitgeschichte, München 1990, S. 118-121.

(137) »Historikerstreit«. Die Dokumentation der Kontroversen um die Einzigartigkeit der nationalsozialistischen Judenvervolgung, München 1987. [ノルテほか著『過ぎ去ろうとしない過去』前掲書]。その後、これに以下が続く。Dan Diner (Hrsg.), Ist der Nationalsozialismus Geschichte? Zur Historisierung des Historikerstreits, Frankfurt/M. 1987; Hilmar Hoffmann (Hrsg.), Gegen den Versuch, Vergangenheit zu verbiegen, Frankfurt/M. 1987; Hans-Ulrich Wehler, Entsorgung der deutschen Vergangenheit? Ein polemischer Essay zum »Historikerstreit«, München 1988; Richard Evans, Im Schatten Hitlers? Historikerstreit und Vergangenheitsbewältigung in der Bundesrepublik, Frankfurt/M. 1991.

(138) Wippermann, Totalitarismustheorien, bes. S. 95ff.

(139) これについては、また以下については次を参照。Wippermann, Wessen Schuld?, S. 10ff. [ヴィッパーマン著『ドイツ戦争責任論争』

前掲書、二六頁以下]
(140) 作家でかつて東ドイツの人権運動家であったユルゲン・フックス (Jürgen Fuchs) は、東ドイツでは「人びとの心のなかにアウシュヴィッツ」があったという発言によって有名になった。かれは小説を発表し、そのなかで自分の体験をアウシュヴィッツの生き残りであるプリモ・レーヴィ (Primo Levi) の体験と比較している。Jürgen Fuchs, Magdalena. Mfs - Memfisblues - Stasi - Die Firma - VEB Horch & Gauck. Ein Roman, Berlin 1998.
(141) ここではこれ以上個々の論議に立ち入ることを断念する。それに、これらの著者のうちだれ一人ホロコーストの歴史に関わった者はいない。ここでは歴史研究よりは歴史政策のほうが問題にされている。
(142) いちばん最近の、そしておそらく最も重要な例は、次であろう。Stéphane Courtois u. a., Le livre noir du communisme, crimmes, terreur, répression, Paris 1997; dt. München 1998. [クルトワ、ヴェルト著『共産主義黒書』前掲書]。これにたいして次を参照されたい。Jens Mecklenburg/Wolfgang Wippermann (Hrsg.), »Roter Holocaust«? Kritik des Schwarzbuches des Kommunismus, Hamburg 1998.
(143) これは、猛烈なヒトラー＝ホーネカー比較論の主張者であるイマヌエル・ガイスも認めている。次を参照。Imanuel Geiss, Hysterikerstreit, Bonn 1992, S. 120.
(144) Arno J. Mayer, Der Krieg als Kreuzzug. Das Deutsch Reich, Hitlers Wehrmacht und die »Endlösung«, Reinbek 1989.
(145) マイヤーの著書についてのかれの書評を参照。Ernst Nolte, Kreuzzug gegen »Konterrevolution« und »Antimodernismus«, in: ders., Lehrstück über Tragödie? Beiträge zur Imterpretation der Geschichte des 20. Jahrhunderts, Köln 1991, S. 251-255.
(146) Mayer, Der Krieg als Kreuzzug, S. 47.
(147) A. a. O., S. 176.
(148) A. a. O., S. 334f.
(149) A. a. O., S. 70f.
(150) A. a. O., S. 309.
(151) A. a. O., S. 357.
(152) Götz Aly/Susanne Heim, Vordenker der Vernichtung. Auschwitz und die deutsche Pläne für eine neue europäische Ordnung, Hamburg 1991.
(153) Aly/Heim, Vordenker der Vernichtung, S. 11.
(154) これについては以下にある論争をみられたい。Wolfgang Schneider (Hrsg.), »Vernichtungspolitik«. Eine Debatte über den Zusammenhang von Sozialpolitik und Genozid im nationalsozialistischen Deutschland, Hamburg 1991.

(155) Götz Aly, »Endlösung«. Völkerverschiebung und der Mord an den europäischen Juden, Frankfurt/M. 1995.［ゲッツ・アリー著、三島憲一・山本尤訳『最終解決——民族移動とヨーロッパのユダヤ人殺害』法政大学出版局、一九九八年］

(156) Aly, »Endlösung«, S. 388f.［前掲書］

(157) この関係を、アメリカ人の歴史家ロバート・L・ケールは、いまからすでにほとんど四〇年も前に、指摘している。Robert L. Koehl, RKFDV: German Resettlement and Population Policy 1939-1945, Cambridge 1957.

(158) Aly, »Endlösung«, S. 387［アリー著『最終解決』前掲書］。「わたしの経験的な調査結果は、ドイツの戦争遂行から、民族ドイツ人のドイツ本国への帰還から、またそれと結びついたドイツ出国とかれらの国への帰国から不可避的に生じた条件が、それまで考えられてきた〝ユダヤ人問題の最終的解決〟というプロジェクトにたえず影響を与え、ますますラディカルな構想を生み出したことを認識させた」。

(159) A. a. O., S. 394.［アリー著『最終解決』前掲書］

(160) A. a. O., S. 398.［前掲書］

(161) Philippe Burrin, Hitler und die Juden. Die Entscheidung für den Völkermord, Frankfurt/M. 1993 (zuerst: Paris 1989).［フィリップ・ビューラン著、佐川和茂・佐川愛子訳『ヒトラーとユダヤ人——悲劇の起源をめぐって』三交社、一九九六年］

(162) A. a. O., S. 175.［前掲書］

(163) A. a. O., S. 174.［前掲書］。この結果は本来、「序文」(S. 18) に告げられている、「ふたつの存在するものの見方を融合する」という、意図に矛盾している。

(164) Daniel Jonah Goldhagen, Hitlers willige Vollstrecker. Ganz gewöhnliche Deutsche und der Holocaust, Berlin 1996.

(165) Hans Mommsen, Die dünne Patina der Zivilisation. Der Antisemitismus war eine notwendige, aber keineswegs hinreichende Bedingung für den Holocaust, in: »Die Zeit« 30. 8. 1996, S. 14; Hans-Ulrich Wehler, Wie ein Stachel im Fleisch, in: »Die Zeit« 14. 5. 1996. この書評は、他の、同じようにたいていは否定的な書評とともに以下に再録されている。Julius H. Schoeps (Hrsg.), Ein Volk von Mördern? Die Dokumentation zur Goldhagen-Kontroverse um die Rolle der Deutschen im Holocaust, Hamburg 1996.

(166) そのような議論は左翼の著者たちの出版物にもみられた。これについては次を参照されたい。Ulrike Becker, u. a., Goldhagen und die deutsche Linke, Berlin 1997.

(167) 反シオニズムの非難をいっぱい詰め込んだ誹謗文書である、次を参照されたい。Norman G. Finkelstein/Ruth Bettina Birn, Eine Nation auf dem Prüfstand. Die Goldhagen-These und die historische Wahrheit, Hildesheim 1998. その序文にハンス・モムゼンは、ゴールドハーゲンの「テーゼと方法はこの分野で活躍しているほとんどすべての歴史学専門家によって拒否された」と書いている。モムゼンがドイツ人についていうのであれば、かなり当たっている。しかしそれは、ゴールドハーゲンについてよりも、ドイツの歴史学専門家について語られていることである。

(168) このあまり注目されていない物の見方については次を参照。Wippermann, Wessen Schuld?, S. 104ff.［ヴィッパーマン著『ドイツ戦争責任論争』前掲書、一七三頁以下］

(169) Pohl, Die Holocaust-Forschung und Goldhagens Thesen. これもそのきわめて広範囲にわたる具体的な批評で、根本的な問題よりも個々の点に集中している。

(170) Neumann, Behemoth, S. 131ff.［ノイマン著『ビヒモス』前掲書］; Hannah Arendt, Elemente und Ursprünge totaler Herrschaft, Bd. I-III, Berlin 1975 (zuerst: 1951), Bd. II, S. 66ff.［ハナ・アーレント著、大島通義・大島かおり訳『全体主義の起原２――帝国主義』、みすず書房、一九七二年］。これについては次を参照されたい。Wippermann, Totaritaliarismustheorien; S. 26ff.

(171) George L. Mosse, Rassimus. Ein Krankenheitssymptom der europäischen Geistesgeschichte des 19. und 20. Jahrhunderts, Königstein 1978; Léon Poliakov u. a., Über den Rassismus. Sechzehn Kapitel zur Anatomie, Geschichte und Deutung des Rassenwahns, Frankfurt/M. 1984.

(172) しかしニュルンベルク医師裁判のドキュメント集は一九六〇年になってはじめて刊行された。Alexander Mitscherlich/Fred Mielke, Medizin ohne Menschlichkeit, Frankfurt/M. 1960.

(173) これについてよりくわしくは次を参照されたい。Michael Burleigh/Wolfgang Wippermann, Hilfloser Historismus. Warum die deutsche Geschichtswissenschaft bei der Erforschung der Euthanasie versagt hat, in: Ludwig Rost u. a. (Hrsg.), Thema: Behinderte, Wege zu einer sozial verpflichtenden Medizin, Stuttgart 1991, S. 11-24.

(174) Gerhard Baader, u. a. (Hrsg.), Medizin im Nationalsozialismus. Tabuisierte Vergangenheit ungebrochene Tradition?, Berlin 1980; Till Bastian, Von der Eugenik zur Euthanasie. Ein verdrängtes Kapitel aus der Geschichte der Psychiatrie, Bad Wörrishofen 1981; Walter Buttke-Gronenberg, Medizin im Nationalsozialismus, Tübingen 1982; Benno Müller-Hill, Tödliche Wissenschaft. Die Aussonderung von Juden, Zigeunern und Geisteskranken, Reinbek 1984. 現在は次に要約がある。Manfred Vasold, Medizin, in: Benz/Graml/Weiß (Hrsg.), Enzyklopädie des Nazionalsozialismus, S. 235-250.

(175) これについては次を参照。Ludolf Herbst/Constantin Goschler (Hrsg.), Wiedergutmachung in der Bundesrepublik Deutschland, München 1989.

(176) Pohl, Die Holocaust-Forschung, S. 6. この後に詳細に述べるようにポールのこの批判はもはや当たっていない。

(177) Dan Diner, Negative Symbiose: Deutsche und Juden nach Auschwitz, in: ders. (Hrsg.), Ist der Nationalsozialismus Geschichte?, S. 190f.

(178) Saul Friedländer, Vom Antisemitismus zur Judenvernichtung, in: Jäckel/Rohwer (Hrsg.), Der Mord an den Juden, S. 18-60, bes. S. 48f.
(179) この議論はとりわけ次のなかでおこなわれている。»Beiträgen zur nationalsozialistischen Gesundheits- und Sozialpolitik«, Bd. 1-12. 1985-1995.
(180) この引用された綱領的な文は序文に示されている。Feinderklärung und Prävention. Beiträge zur nationalsozialistischen Gesundheits- und Sozialpolitik 6, Berlin 1988, S. 64.
(181) Klaus Dörner, Tödliches Mitleid. Zur Frage der Unerträglichkeit des Lebens oder: die soziale Frage. Entstehung, Modenisierung, NS-Endlösung - heute, morgen, Gütersloh 1988, S. 9
(182) 次の批判も参照されたい。Giesela Bock, Krankenmord, Judenmord und nationalsozialistische Rassenpolitik: Überlegungen zu einigen neueren Forschungshypothesen in: Frank Bajohr u. a. (Hrsg.), Zivilisation und Barbarei. Die widersprüchlichen Potentiale der Moderne. Detlev Peukert zum Gedächtnis, Hamburg 1991, S. 285-306, bes. 293ff.
(183) わたしはここでクゥルト・レンクのイデオロギー論にしたがう。Kurt Lenk, Volk und Staat. Strukturwamdel politischer Ideologien im 19. und 20. Jahrhundert, Stuttgart 1971, S. 20ff.
(184) Arendt, Elemente und Ursprünge, Bd. II, S. 252.［アーレント著『全体主義の起原２』前掲書］
(185) 次を参照。Neumann, Behemoth, S. 147.［ノイマン著『ビヒモス』前掲書］。「ナチズムはユダヤ人の完全な絶滅を唱えた最初の反ユダヤ主義である。しかし、この目的は、もっと大きな〝ドイツ人の知の純潔〟を目指す計画の一部にすぎなかった。この計画では、野蛮性と進歩的でないいくつかの特徴が結びついて、嫌悪すべき全体をつくっていた。」
(186) すでに次の文献は「ナチズムのユダヤ人政策」を政府の「安楽死計画および生物学的人種改良措置」との関連において分析するようにと呼びかけている。Hildebrand, Das Dritte Reich, S. 179.
(187)「安楽死」とホロコーストの関係については次を参照されたい。Hans-Walter Schmuhl, Rassenhygiene, Nationalsozialismus, Euthanasie. Von der Verhütung zur Vernichtung »lebensunwerten Lebens«, 1890-1945, Göttingen 1987. しかしシュムールが、ホロコーストは「百万倍強化された安楽死の実施の一つである」に〝すぎない〟とするとき（S. 370）、かれは行き過ぎである。シュムールよりは控えめに、しかし同じように「安楽死」とホロコーストの関連を強調しているのは次である。Henry Friedlander, The Origins of Nazi Genocide: From Euthanasia to the Final Solution, Chapel Hill 1995; dt. Übersetzung Berlin 1997.
(188) いまでは次の文献も参照されたい。Konrad Kwiet, Rassenpolitik und Völkermord, in: Benz/Graml/Weiß (Hrsg.), Enzyklopödie des Nationalsozialismus, S. 50-65.

教会闘争と抵抗

（1）包括的な、最近の研究の現状にもとづいて書かれた、全労働者の抵抗運動史はまだ出版されていない。そういうなかで、次の論文はきわめて有益である。Detlev Peukert, Arbeiterwiderstand - Formen und Wirkungsmöglichkeiten, in: Friedrich Ebert Stiftung (Hrsg.), Widerstand und Exil der deutschen Arbeiterbewegung 1933-1945, Bonn 1982, S. 215-364; ders., Zur Rolle des Arbeiterwiderstandes im »Dritten Reich«, in: Christoph Kleßmann/Falk Pingel (Hrsg.), Gegner des Nationalsozialismus, Frankfurt/M. 1980, S. 73-90. さらに次の研究を参照されたい。Jürgen Schmädeke/Peter Steibach (Hrsg.), Der Widerstand gegen den Nationalsozialismus, München 1984; und: Peter Steibach/Johannes Tuchel (Hrsg.), Widerstand gegen den Nationalsozialismus, Berlin 1994.

（2）一般に共産主義者の抵抗についての記述は次をみられたい。Host Duhnke, Die KPD von 1933 bis 1945, Köln 1972; Hermann Weber, Die KPD in der Illegalität, in: Richard Löwenthal/Patrik von zur Mühlen (Hrsg.), Widerstand und Verweigerung in Deutschland 1933 bis 1945, Berlin-Bonn 1982, S. 25-102; ders., Die Ambivalenz der kommunistischen Widerstandsstrategie bis zur »Brüsseler« Parteikonferenz, in: Schmädeke/Steinbach (Hrsg.), S. 73-85; ders., Kommunistischer Widerstand gegen die Hitler-Diktatur 1933-1945, Berlin 1988; Beatrix Herlemann, Kommunistischer Widerstand, in: Wolfgang Benz/Walter H. Pehle (Hrsg.), Lexikon des deutschen Widerstandes, Frankfurt/M. 1994, S. 28-41; Klaus-Michael Mallmann, Kommunistischer Widerstand 1933-1945. Anmerkungen zu Forschungsstand und Forschungsdefiziten, in: Steinbach/Tuchel (Hrsg.), Widerstand gegen den Nationalsozialismus, S. 113-125.

（3）これについてはとりわけ次の地域研究を参照。Detlef Peukert, Die KPD im Widerstand. Verfolgung und Untergrundarbeit an Rhein und Ruhr 1933 bis 1945, Wuppertal 1980; Hartmut Mehringer, Die KPD in Bayern 1919-1945. Vorgeschichte, Verfolgung und Widerstand, in: Martin Broszat u. a. (Hrsg.), Bayern in der NS-Zeit, Bd. V, München-Wien 1983, S. 1-286. これ以外の地域研究は次を参照。Ruck, Bibliographie zum Nationalsozialismus, S. 637-639.

（4）東ドイツではコミンテルン第七回世界大会の議事録はきわめて省略したかたちでしか公表されていない。これにたいして次はことなる。Protokoll des VII. Weltkongresses der Kommunistischen Internationale (ungekürzte Ausgabe), Bd. 1-2, Erlangen 1974.

（5）これについては次をみられたい。Klaus Mammach (Hrsg.), Die Brüsseler Konferenz der KPD (3.-15. Oktober 1935), Berlin 1975. これは明らかに恣意的に省略された版である

（6）このイデオロギーの変化については次を参照されたい。Wippermann, Zur Analyse des Faschismus, S. 59ff.; Hermann Weber, Hauptfeind

Sozialdemokratie. Strategie und Taktik der KPD 1929-1933, Düsseldorf 1982.

（7）東ドイツのなかで黙殺されたクネッヘルについては次を参照。Beatrix Herlemann, Auf verlorenem Posten. Kommunistischer Widerstand im Zweiten Weltkrieg. Die Knöchel-Organisation, Bonn 1986.

（8）これについては次のイデオロギー的な色づけをされた叙述をみられたい。Luise Kraushaar, Berliner Kommunisten im Kampf gegen den Faschismus 1936 bis 1942. Robert Uhrig und Genossen, Berlin 1981.

（9）Gertrud Glondajewski/Heinz Schumann, Die Neubauer-Poser-Gruppe. Dokumente und Materialien des illegalen antifaschistischen Kampfes, Berlin 1957.

（10）これについてはいまのところ次を参照されたい。Ursel Hochmuth, Illegale KPD und Kampfbewegung »Freies Deutschland« in Berlin-Brandenburg. Zur Widerstandsorganisation um Saefkow. Jacob und Bästlein, in: Beiträge zur Geschichte der deutschen Arbeiterbewegung 36, 1994, S. 82-101.

（11）新しく発見された文書のために大幅に訂正されなければならない文献への指示をしている次の研究を参照。Johannes Tuchel, Das Ende der Legenden. Die Rote Kapelle im Widerstand gegen den Nationalsozialismus, in: Ueberschär (Hrsg.), Der 20. Juli 1944, S. 277-290; Hans Coppi/Jürgen Danyel/Johannes Tuchel (Hrsg.), Die Rote Kapelle im Widerstand gegen den Nationalsozialismus, Berlin 1994.

（12）これについては次を参照。Hans Coppi, Harro Schulze-Boysen - Wege in den Widerstand. Eine biographische Studie, Koblenz 1993.

（13）ベルリンのアメリカ大使館と、またことによればアメリカ諜報機関とも、コンタクトがあった。Tuchel, Das Ende der Legenden, S. 284.

（14）これについてくわしくは次を参照されたい。Klemens v. Klemperer, Die verlassenen Verschwörer. Der deutsche Widerstand auf der Suche nach Verbündeten 1938-1945, Berlin 1994. フォン・クレンペラー自身、西側の国ぐにとの危ない接触を抵抗の行為として賛美していながら、かれは「ローテ・カペレ」は「外国スパイ組織の機構の小さな歯車」であるというヘーネ（Höhne）の断罪を容認している（S. 74）。外交官のルドルフ・フォン・シェリハ（Rudolf v. Scheliha）も似たような断罪を受けており、今日まで抵抗運動の闘士として認められてはいない。それはかれが、西側の外国とではなく、東側と共謀したからであった。これにたいし、次の文献では史実の訂正がおこなわれている。Ulrich Sahm, Rudolf von Scheliha 1897-1942. Ein deutscher Diplomat gegen Hitler, München 1990.

（15）この詳細は、学問的、通俗学問的な文献のなかでは、たえずモスクワへ無電を送ったスパイグループというイメージが示されているから、重要である。

（16）党幹部の議論は次の書に記録されている。Hagen Schulze (Hrsg.), Anpassung oder Widerstand? Aus den Akten des Parteivorstandes der deutschen Sozialdemokratie 1932/33, Bonn 1975. 社会民主党の態度にたいして厳しい批判を示しているのは次である。Bälbel Hebel-Kunze, SPD und Faschismus. Zur politischen und organisatorischen Entwicklung der SPD 1932-1935, Frankfurt/M. 1977.

（17）次に再録されている。Bälbel Hebel-Kunze, SPD und Faschismus, S. 232-235.

（18）社会民主党の抵抗一般については次の研究を参照。Peter Grasmann, Sozialdemokraten gegen Hitler, München 1976; Willy Brandt, Deutsche Sozialdemokraten und ihr Widerstand gegen den Nationalsozialismus, in: Tribüne 18, 1979, S. 32-42; Patrik von zur Mühlen (Hrsg.), Sozialdemokrate gegen Hitler, in: Löwenthal/von zur Mühlen (Hrsg.), Widerstand und Verweigerung, S. 57-75; ders.: Die SPD zwischen Anpassung und Widerstand, in: Schmädeke/Steinbach (Hrsg.), Die deutsche Gesellschaft und Widerstand, S. 86-98; Hartmut Mehringer, Sozialdemokratischer und sozialistischer Widerstand, in: Steinbach/Tuchel (Hrsg.), Widerstand gegen den Nationalsozialismus, S. 126-143.

（19）労働組合の抵抗についてはきわめて広範な、しかし部分的にはきわめて聖人伝的な、文献がある。次を参照されたい。Gerhard Beier, Die illegale Reichsleitung der Gewerkschaften 1933-1945, Köln 1981; ders., Gewerkschaften zwischen Illusion und Aktion - Wandlungen gesellschaftlicher Strategie vom potentiellen Massenwiderstand zur Technik der Verschwörung, in: Schnädeke/Steinbach (Hrsg.), Der Widerstand gegen den Nationalsozialismus, S. 90-112; Ulrich Borsdorf, Arbeiteropposition, Widerstand und Exil der deutschen Gewerkschaften, in: Erich Matthias/Klaus Schönhoven (Hrsg.), Solidarität und Menschenwürde. Etappen der deutscher Gewerkschaftsgeschichte von den Anfängen bis zur Gegenwart, Bonn 1984, S. 291-396; Detlef Peukert, Die Lage der Arbeiter und der gewerkschaftliche Widerstand im Dritten Reich, in: Klaus Tenfelde u. a., Geschichte der deutschen Gewerkschaften von den Anfängen bis 1945, Köln 1987, S. 447-498; Willy Buschak, »Arbeit im kleinsten Zirkel«. Gewerkschaftichen im Widerstand gegen den Nationalsozialismus, Hamburg 1992; Michael Schneider, Gewerkschaftlicher Widerstand 1933-1945, in: Steinbach/Tuchel (Hrsg.), Widerstand gegen den Nationalsozialismus, S. 144-152.

（20）この戦術をたいへんうまく叙述しているものに次がある。William S. Allen, Die sozialdemokratische Untergrundbewegung. Zur Kontinuität subkultureller Werte, in: Schmädeke/Tuchel (Hrsg.), Der Widerstand gegen den Nationalsozialismus, S. 849-866.

（21）その後うまくナチス独裁からデモクラシーへの移行がおこなわれた場合どうなるかについて書いているのは次である。Friedrich Ebert-Stiftung (Hrsg.), Widerstand und Exil der deutschen Arbeiterbewegung, S. 215ff.; Frank Moraw, Die Parole der »Einheit« und die Sozialdemokratie. Zur parteiorganisatorischen und gesellschaftspolitischen Orientierung der SPD in der Periode der Illegalität und der ersten Phase der Nachkriegszeit, Berlin 1973.

（22）Rudolf Küstermeier, Der Rote Stoßtrupp, Berlin 1970.

（23）Bernd Rabe, Die »Sozialistische Front«, Sozialdemokraten gegen den Faschismus 1933-1936, Hannover 1984.

(24) これを要約しているものに次のような研究がある。Jan Foitzik, Zwischen den Fronten. Zur Politik, Organisation und Funktion linker politischer Kleinorganisationen im Widerstand 1933 bis 1939/40 unter besonderer Berücksichtung des Exils, Bonn 1986.

(25) 共産党反対派の抵抗については次の研究を参照。Theodor Bergmann, »Gegen den Strom«. Die Geschichte der Kommunistischen Partei-Opposition, Hamburg 1987; Jens Becker, Der Widerstand der KPD-O im Faschismus, Mainz 1992.

(26) Jörg Bremer, Sozialistische Arbeiterpartei Deutschlands (SAP). Untergrund und Exil 1933-1945, Frankfurt/M. 1978.

(27) これについては当事者のまさに息詰まるような報告がある。Fritz Eberhard, Arbeit gegen das Dritte Reich, Berlin 1974; ders., Illegal in Deutschland - Erinnerungen an den Widerstand gegen das Dritte Reich, in: Detlev Peukert/Jürgen Reureke (Hrsg.), Die Reihen fast geschlossen. Beitrräge zur Geschichte des Alltags unterm Nationalsozialismus, Wupperthal 1981, S. 315-333.

(28) Foitzik, Zwischen den Fronten. このほかに次のような研究がある。Ulrich Klan/Dieter Nelles, »Es lebt noch eine Flamme«. Rheinische Anarcho-Syndikalisten/innen 1919-1945, Gravenau 1986; Wolfgang Fritz Haug, »Eine Flamme erlischt«. Die Freie Arbeiter Union Deutschlands (Anarchosyndikalisten), vom 1932 bis 1937, in: Internationale Wissenschaftliche Korrespondenz zur Geschichte der Arbeiterbewegung 25, 1989, S. 359-378.

(29) Miles (d. i. Walter Löwenheim), Neu beginnen! Faschismus oder Sozialismus, Karlsbad 1933 in: Kurt Klotzbach (Hrsg.), Drei Schriften aus dem Exil, Bonn 1974, S. 1-88. レーヴェンハイムの主要な考えはその後、一九三四年のゾパーデの綱領に受け入れられた。Prager Manifest der Sopade - Kampf und Ziel des revolutionären Sozialismus, 28. 1. 1934, in: Erich Matthias (Hrsg.), Mit dem Gesicht nach Deutschland. Eine Dokumentation über die sozialdemokratische Emigration, Düsseldorf 1968, S. 188-197.

(30) Lutz Niethammer/Ulrich Borsdorf/Peter Brandt (Hrsg.), Antifaschistische Ausschüsse und Reorganisation der Arbeiterbewegung in Deutschland, Wuppertal 1976.

(31) この見方は次の書によってきわめて強く強調されている。Jan C. Rehmann, Die Kirchen im NS-Staat. Untersuchung zur Interaktion ideologischer Mächte, Berlin 1986; Ernst Klee, »Die SA Jesu Christi«. Die Kirche(n) im Banne Hitlers, Frankfurt/M. 1989.

(32) カトリックとプロテスタントのいわゆる教会闘争の包括的な全面把握はこれまでおこなわれていない。クラウス・ショルダーの浩瀚な研究は完結しなかった。次を参照されたい。Klaus Scholder, Die Kirchen und das Dritte Reich, Bd. 1, Frankfurt/M. 1977; Bd. 2, Berlin 1985. きわめて有益な概観を示してくれているものに次がある。Georg Denzler/Volker Fabricius, Die Kirchen im Dritten Reich. Christen und Nazis Hand in Hand?, Bd. 1-2, Frankfurt/M. 1984. さらに次の対応箇所を参照されたい。Ger van Roon, Widerstand im Dritten Reich. Ein Überblick, München 6. Aufl. 1994. また次の論文集の諸論文も参照されたい。Kleßmann/Pingel (Hrsg.), Gegner des Nationalsozialismus; Löwenthal/von zur

Mühlen (Hrsg.), Widerstand und Verweigerung in Deutschland 1933 bis 1945; Graml (Hrsg.), Widerstand im Dritten Reich; Schmädeke/Steinbach (Hrsg.), Der Widerstand gegen den Nationalsozialismus; Müller (Hrsg.), Der deutsche Widerstand; Benz/Pehle (Hrsg.), Lexikon des deutschen Widerstandes; Steinbach/Tuchel (Hrsg.), Widerstand gegen den Nationalsozialismus. また次の研究も参照されたい。Rehmann, Die Kirche im NS-Staat; Ulrich v. Hehl, Die Kirchen in der NS-Diktatur. Zwischen Anpassung, Selbstbehauptung und Widerstand, in: Karl Dietrich Bracher u. a. (Hrsg.), Deutschland 1933-1945, Neue Studien zur nationalsozialistischen Herrschaft, Bonn 1992, S. 153-181.

（33）一九三三年三月二三日のヒトラー政府の声明をみられたい。Carsten Nicolaisen, Dokumente zur Kirchenpolitik des Dritten Reichs, Bd. I. Das Jahr 1933, München 1971, S. 23f.

（34）一九三二年五月二六日付の「ドイツ・キリスト者」の信仰運動指針をみられたい。In: Joachim Beckmann (Hrsg.), Kirchliches Jahrbuch für die Evangelische Kirche in Deutschland 1933-1955, Gütersloh 2. Aufl. 1976, S. 14f.

（35）テキストは次にある。Gerhard Niemöller, Die erste Bekenntnissynode der Deutschen Evangelischen Kirche zu Barmen, 2 Teile, Göttingen 1959. これについては次を参照されたい。Carsten Nicolaisen, Der Weg nach Barmen. Die Entstehungsgeschichte der Theologischen Erklärung von 1934, Neunkirchen-Vluyn 1985; Gerhard Besier/Gerhard Ringshausen (Hrsg), Bekenntnis, Widerstand, Martyrium. Von Barmen 1934 bis Plötzensee 1944, Göttingen 1986.

（36）In: Beckmann (Hrsg.), Kirchliches Jahrbuch, S. 133ff.

（37）In: Beckmann (Hrsg.), Kirchliches Jahrbuch, S. 263ff.

（38）ナチスの人種戦争にたいし、両派教会の代表者がとった――今日から見れば――スキャンダラスな態度については、次の著書を参照。Heinrich Missalla, Für Volk und Vaterland. Kirchliche Kriegshilfe im Zweiten Weltkrieg, Königstein 1978.

（39）長い間タブーにされていたこのテーマについては次の各研究を参照されたい。Wolfgang Gerlach, Als die Zeugen schwiegen: Bekennende Kirche und die Juden, Berlin 1987, 2. Aufl. 1993; Jochen-Christoph Kaiser/Martin Greschat, Der Holocaust und die Protestanten. Analysen einer Verstrickung, Frankfurt/M. 1988; Jochen-Christoph Kaiser, Protestantismus, Diakonie und »Judenfrage« 1933-1942, in: Vierteljahrshefte für Zeitgeschichte 37, 1989, S. 673-714; Martin Greschat, Die Haltung der deutschen evangelischen Kirchen zur Verfolgung der Juden im Dritten Reich, in: Ursula Büttner (Hrsg.), Die Deutschen und die Judenverfolgung im Dritten Reich, Hamburg 1992, S. 273-292.

（40）Greschat, Die Haltung der deutschen evangelischen Kirchen, S. 281.

（41）In: Beckmann (Hrsg.), Kirchliches Jahrbuch, S. 399ff.

（42）In: Martin Greschat (Hrsg.), Im Zeichen der Schuld. 40 Jahre Stuttgarter Schuldbekenntnis. Eine Dokumentation, Neukirchen-Vluyn 1985, S.

45f.

(43) 第三帝国のなかでカトリック教会が演じた役割一般については次を参照されたい。Dieter Albrecht (Hrsg.), Katholische Kirche im Dritten Reich. Eine Aufsatzsammlung zum Verhältnis von Papsttum, Episkopat und deutschen Katholiken zum Nationalsozialismus, Mainz 1976; Ludwig Volk, Der Widerstand der katholischen Kirche, in: Kleßmann/Pingel (Hrsg.), Gegner des Nationalsozialismus, S. 126-139; Georg Denzler, Widerstand oder Anpassung? Katholische Kirche und Drittes Reich, München 1984; Heinz Hürten, Die katholische Kirche zwischen Nationalsozialismus und Widerstand, Berlin 1989; Klaus Gotto/Konrad Repgen, Die Katholiken und das Dritte Reich, Mainz 3. Aufl. 1990; Heinz Hürten, Deutsche Katholiken 1918-1945, Paderborn 1992; Winfried Becker, Politischer Katholizismus und Widerstand, in: Steinbach/Tuchel (Hrsg.), Widerstand gegen den Nationalsozialismus, S. 235-245.

(44) ナチズムにたいして発した司教たちのさまざまな警告は次の書物に復刻収録されている。Bernhard Stasiewski (Hrsg.), Akten deutscher Bischöfe über die Lage der Kirche 1933-1945, Bd. I, Mainz 1968, S. 800ff.

(45) 一九三三年三月二八日のフルダ司教会議の意思表示。In: Statsiewski (Hrsg.), Akten deutscher Bischöfe über die Lage der Kirche 1933-1945, Bd. I, S. 30-32.

(46) 中央党の自主解党と全国政教条約については次を参照。Ludwig Volk, Das Reichskonkordat vom 20. Juli 1933, Mainz 1972; Konrad Repgen, Reichskonkordats-Kontroversen und historische Logik, in: Manfred Funke u. a. (Hrsg.), Demokratie und Diktatur. Geist und Gestalt politischer Herrschaft in Deutschland und Europa. Festschrift für Dietrich Bracher, Düsseldorf 1987, S. 158-177.

(47) Hans Günter Hockerts, Die Sittlichkeitsprozesse gegen katholische Ordensangehörige und Priester 1936/37, Mainz 1971.

(48) これについては、次のケース・スタディを参照。Klaus Gotto, Die Wochenzeitung Junge Front/Michael, Mainz 1970.

(49) Barbara Schellenberger, Katholische Jugend und Drittes Reich, Mainz 1975.

(50) Ulrich von Hehl, Priester unter Hitlers Terror. Eine biographische und statistische Erhebung, Mainz 2. Aufl. 1985. この著作は極度に緻密な要約である。この書やこれまでに挙げた書物はカトリックの歴史家たちによって書かれたもので、そのことが叙述に影響を与えている。

(51) 次にくわしいドキュメントが示されている。Dieter Albrecht, Der Notenwechsel zwischen dem Heiligen Stuhl und der deutschen Reichsregierung, Bd. 1-3, Mainz 1965-1980.

(52) 原文は次にある。Arbrecht, Der Notenwechsel, Bd. 1, S. 404-443.

(53) 身体障害者の迫害と殺害にたいする新旧両教会の反応一般については次の研究を参照されたい。Kurt Nowak, »Euthanasie« und Sterilisierung im »Dritten Reich«. Die Konfrontation der evangelischen und katholischen Kirche mit dem »Gesetz zur Verhütung erbkranken

Nachwuchses« und der »Euthanasie«-Aktion, Göttingen 1978.

（54）一九四三年八月一九日付の司教教書。In: Akten deutscher Bischöfe, Bd. VI, S. 197-205.

（55）ナチスのユダヤ人迫害にたいするカトリック教会の反応は、研究のなかではきわめて異なる評価がなされている。きわめて批判的なのは次である。Bernd Nellesen, Die schweigende Kirche. Katholiken und Judenverfolgung, in: Ursula Büttner (Hrsg.), Die Deutschen und die Judenverfolgung im Dritten Reich, Hamburg 1992, S. 259-271. また、正当化しているのは次である。Konrad Repgen, 1938 - Judenpogrom und katholische Kirchenkampf, in: Günter Brakelmann/Martin Roskowski (Hrsg.), Antisemitismus. Von religiöser Judenfeindschaft zur Rassenideologie, Göttingen 1989, S. 112-146; Burkhard van Schewick, Katholische Kirche und nationalsozialistische Rassenpolitik, in: Gotto/Repgen (Hrsg.), Die Katholiken und das Dritte Reich, S. 151-172.

（56）次の研究はある種の正当化の傾向をもっている。Heinz Hürten, Verfolgung, Widerstand und Zeugnis. Kirche und Nationalsozialismus. Fragen eines Historikers, Mainz 1987; ders., Katholische Kirche und nationalsozialistischer Krieg, in: Martin Broszat/Klaus Schwabe (Hrsg.), Die deutschen Eliten und der Weg in den Zweiten Weltkrieg, München 1989, S. 135-179.

（57）Volk, Akten deutscher Bischöfe, Bd. IV, S. 688-694. このなかにある原文。Hehl, Die Kirchen in der NS-Diktatur, S. 181 はこの文章にある種の「罪の告白（Schuldbekenntnis）」を認めようとしている。カトリック教会の世界にそれとは異なる態度表明があったことを指摘するのは次である。Ruppel/Schmidt/Wippermann, »... stoßet nicht um weltlich Regiment«, S. 55ff.

（58）すでに述べたように Zipfel, Kirchenkampf in Deutschland を例外として、いわゆる教会闘争を論じる他のすべての著書の著者たちは、いわゆる分派《セクト》のとった態度について一言も言及していない。全体として、キリスト教の学問（Christliche Wissenschaft）、最後の日々の聖者たちのイエス・キリスト教会（Kirche Jesu Christ der Heiligen der Letzten Tage）、キリスト教再来信者（Adventisten）、新使徒教会（Neuapostlische Kirche）、エホヴァの証人（Zeugen Jehovas）などのセクトがとった態度については次の研究を参照されたい。Christine Elisabeth King, The Nazi State and the New Religeons: Five Case Studies in Non-Conformity, New York 1982. この研究書はきわめて限られた文献に依拠している。また次の短い概観も参照されたい。Brigitte Oleschinski, Religiöse Gemeinschaften im Widerstand, in: Steinbach/Tuchel (Hrsg.), Widerstand gegen den Nationalsozialismus, S. 193-201.

（59）このちがいは、その他の点でもきわめて問題の多い研究である次ではほとんど見逃されている。Karl Zehrer, Evangelische Freikirchen und das »Dritte Reich«, Göttingen 1986.

（60）バプテスト教会派をあまりにも積極的に評価しているのは次である。Andrea Stübind, Die unfreie Freikirche, Der Bund der Baptistengemeinden im »Dritten Reich«, Neukirchen-Vluyn 1991.

（61） Anna Sabine Halle, »Alle Menschen sind unsere Brüder...« Nahezu unbekannter religiöser Widerstand im »Dritten Reich«, in: Tribüne 23, 1984, S. 160-166; Religiöse Gesellschaft der Freunde (Quäker) (Hrsg.), Lebensbilder der Quäker während der NS-Herrschaft 1933-1945, Hannover 1993.

（62） Zipfel, Kirchenkampf によってエホヴァの証人の態度に与えられたきわめて高い評価は、次の文献によって疑問視された。Michael H. Kater, Die Ernsten Bibelforscher im Dritten Reich, in: Vierteljahrshefte für Zeitgeschichte 17, 1969, S. 181-218. 次の研究はまさに敵意に満ちた評価を下している。Manfred Gebhard, Die Zeugen Jehovas, Schwerte 1971. この書物はもともと東ドイツで出版された。東ドイツでは『エホヴァの証人』は刊行禁止されていたし、ずっと後の六〇年代まで迫害されていた。それに比べると次の地誌的ケース・スタディではエホヴァの証人はきわめて積極的な評価が与えられている。Elke Imburger, Widerstand »von unten«. Widerstand und Dissens aus den Reihen der Arbeiterbewegung und Zeugen Jehovas in Lübeck und Schleswig-Holstein 1933-1945, Neumünster 1991. エホヴァの証人の毅然とした態度には最近の調査でも大きな共感が示されるようになった。Detlef Garbe, Zwischen Widerstand und Martyrium. Die Zeugen Jehovas im »Dritten Reich«, München 1993.

（63） エホヴァの証人の歴史と信仰については次の著書を参照。Kurt Hutten, Seher, Grübler, Enthusiasten, Stuttgart 1984.

（64） ナチスはこの呼称に固執した。その後この表現が一部の研究でもそのまま受け入れられた。

（65） エホヴァの証人にたいしてとられたさまざまな措置は次に述べられている。Jahrbuch der Zeugen Jehovas von 1974, Selters 1974. この自己表現は教会関係の原資料やドキュメントでも確認されている。次を参照。Bundesarchiv Potsdam, Akten des Reichskirchenministeriums (RKM) 510, 23415.

（66） このことはいまでは、全国教会省（Reichskirchenministerium）の閲覧可能文書 BAP 5102, 23416 からわかる。個々の立証はここでは断念した。以下に言及した禁止措置はそこに記録されている。

（67） 次に引用されている。Garbe, Zwischen Widerstand und Martyrium, S. 93.

（68） 次を参照。Foreign Relations of the United States, Diplomatic Papers 1933. Bd. II, Washington 1949, S. 406ff.

（69） たとえばゲシュタポの一九三三年五月二九日の会議にそのことがいわれている。BAP, RKM 5101, 23416 を参照。また次を参照。Garbe, Zwischen Widerstand und Martyrium, S. 69.

（70） このことをプロイセン内相は一九三三年一〇月六日付のある書簡で知らせている。その書簡で内相は「アメリカ総領事の考え」がどういうものであるかをはっきり指摘し、「ドイツ帝国にとって、アメリカ政府の外交的措置から生じた面倒な問題は、真剣な聖書研究会員たちの財産没収を引き続き存続させることから生じる利益よりも大きい」ことを強調している。BAP, RKM 510, 23416.

（71） 次より引用。Marley Cole, Jehovas Zeugen, Frankfurt/M. 1956, S. 194.

（72）次より引用。Imberger, Widerstand »von unten«, S. 270. ラザフォードもこの命令を具体的に実行するための指示を与えた。
（73）BAP, RKM 5101, 23416. エホヴァの証人にたいしておこなわれた迫害のくわしい叙述は次にある。Garbe, Zwischen Widerstand und Martyrium; Imberger, Widerstand »von unten«.
（74）これについては次を参照されたい。Jahrbuch 1974 der Zeugen Jehovas, S. 156ff.
（75）Imberger, Widerstand »von unten«, S. 359.
（76）次をみられたい。Deutschlandsberichte der Sozialdemokratischen Partei Deutschlands (Sopade), Jg. 1937, S. 707; Margarete Buber-Neumann, Als Gefangene bei Stalin und Hitler, München 1949, S. 213f. この二つの証言は次に再録されている。Ruppel/Schmidt/Wippermann, »... stoßet nicht um weltliche Regiment«, S. 101f.
（77）前述の文献にくわしく描かれているこの措置は、一九三六年六月五日、ある信条判決によってはっきり承認された。これについては次の研究も参照。Detlef Garbe, »Gott mehr gehorchen als den Menschen«. Neuzeitliche Christenverfolgung im nationalsozialistischen Hamburg, in: Projektgruppe für die vergessenen Opfer des NS-Regimes (Hrsg.), Verachtet-Verfolgt-Vernichtet, 2. Aufl. Hamburg 1988, S. 172-219, S. 192.
（78）テキストは次にある。Zipfel, Kirchenkampf, S. 193.
（79）これについてはエミー・ゼーデン（Emmy Zehden）のケースを参照されたい。それは次に記録されている。Ruppel/Schmidt/Wippermann, »... stoßet nicht um weltlich Regiment«, S. 101ff.
（80）ゲシュタポによるエホヴァの証人のこのような政治的評価はすでに一九三七年のある意見書に述べられている。In: BAP, RKM 5101, 23416.
（81）共産主義者の抵抗グループとの連絡はアウクスブルクでおこなわれていた。Gerhard Hetzer, Ernste Bibelforscher in Augsburg, in: Martin Broszat u. a. (Hrsg.), Beyern in der NS-Zeit, Bd. IV, München 1981, S. 621-643.
（82）このような誤った評価はすでにZipfel, Kirchenkampfにあった。この解釈はガルベ（Garbe）によって受け継がれた。ガルベは、エホヴァの証人のことをいうとき、誤って「キリスト教徒の迫害」といっている。アルフレート・ローゼンベルクのような個人だけでなく、すべてのナチスが宗教に敵対的であったというテーゼは、ナチズムとコミュニズム（コミュニズムは実際は宗教に敵対していた）はほとんど同じものとする全体主義理論にもとづいている。
（83）まさにエホヴァの証人のとった態度に、しばしばいわれた抵抗概念のインフレーション的使用の弱点がはっきり示されている。
（84）以下については次の浩瀚な研究書を参照されたい。Peter Hoffmann, Widerstand - Staatsstreich - Attentat. Der Kampf der Opposition gegen Hitler, München 1969. さらに次の該当論文を参照されたい。Kleßmann/Pingel; Löwenthal/von zur Mühlen; Schmädeke/Steinbach; Müller;

Benz/Pehler; Steinbach/Tuchel. また次のたいへんよくできた叙述を参照されたい。van Roon, Widerstand im Dritten Reich, S. 119ff. 最も新しい研究としては、次がある。Joachim Fest, Staatsstreich. Der lange Weg zum 20. Juli, Berlin 1994.

(85) 次の批判をみられたい。Jürgen Schmädeke, Wege zum bürgerlich-militärischen Widerstand, in: Ringshausen (Hrsg.), Perspektiven des Widerstandes, S. 31-51.

(86) 国防軍の役割については次の諸研究を参照されたい。Rudolf Absolon, Die Wehrmacht im Dritten Reich, Bd. 1-4, Boppard 1969-1979; Manfred Messerschmidt, Die Wehrmacht im NS-Staat. Zeit der Indoktrination, Heidelberg 1969; Klaus Jürgen Müller, Armee und Drittes Reich 1933-1939. Darstellung und Dokumentation, Paderborn 1987; Manfred Messerschmidt, Die Wehrmacht im NS-Staat, in: Bracher u. a. (Hrsg.), Deutschland 1933-1945, S. 377-403; Gerd. R. Ueberschär, Wehrmacht, in: Benz/Graml/Weiß (Hrsg.), Enzyklopädie des Nationalsozialismus, S. 98-107.

(87) ヒトラーが陸海軍の司令官を前にして一九三三年二月三日におこなった演説。リープマン将軍の記録による。In: Michalka (Hrsg.), Das Dritte Reich, Bd. I, S. 23f.

(88) Heinrich Bennecke, Die Reichswehr und der »Röhm-Putsch«, München 1964.

(89) ヒトラーが陸海軍の司令官を前にして一九三三年二月三日におこなった演説。In: Michalka (Hrsg.), Das Dritte Reich, Bd. I, S. 234-236.

(90) 一九三七年一一月五日の首相官邸における協議の記録。In: Michalka (Hrsg.), Das Dritte Reich, Bd. I, S. 234-236.

(91) In: Michalka (Hrsg.), Das Dritte Reich, Bd. 1, S. 252.

(92) ブロムベルク＝フリッチュ危機の評価は研究者によって異なるが、それについては次を参照されたい。Harold C. Deutsch, Das Komplott oder Die Entmachtung der Generale. Blomberg- und Fritsch-Krise. Hitlers Weg zum Krieg, Zürich 1974; Jürgen Schmädeke, Die Blomberg-Fritsch-Krise. Vom Widerspruch zum Widerstand, in: Schmädeke/Steinbach (Hrsg.), Der Widerstand gegen den Nationalsozialismus, S. 368-382; Karl Heinz Janßen/Fritz Tobias, Der Sturz der Generäle, Hitler und die Blomberg-Fritsch-Krise 1938, München 1994.

(93) Hans Bernd Gisevius, Bis zum bitteren Ende, Bd. 1-2 Zürich 1946, Bd. 2, S. 76.

(94) これについての詳細は次をみられたい。Klemperer, Die verlassenen Verschwörer.

(95) これに関わる計画と報告書は次に再録されている。Bodo Scheurig (Hrsg.), Deutscher Widerstand 1935-1944, Fortschritt oder Reaktion? München 1969.

(96) いまでも次は基本的文献である。Ger van Roon, Neuordnung im Widerstand. Der Kreisauer Kreis innerhalb der deutschen Widerstandsbewegung, München 1985. さらに、有益な展示会カタログである次を参照されたい。Wilhelm E. Winterhager, Der Kreisauer Kreis, Porträt einer Widerstandsgruppe, Mainz 1985.

(97) 最も重要な報告書は次に再録されている。Scheurig (Hrsg.), Deutscher Widerstand, S. 148ff. 最後に、解釈については次の文献を参照されたい。Hans Mommsen, Der Kreisauer Kreis und die Neuordnung Deutschlands und Europas, in: Vierteljahrshefte für Zeitgeschichte 42, 1994, S. 361-377.

(98) かれについてはペーター・ホフマンによる次の浩瀚な伝記がある。Peter Hoffmann, Claus Schenk Graf von Stauffenberg und seine Brüder, Stuttgart 1992.

(99) Gerd R. Ueberschär, Der militärische Umstürzplan. Die Operation »Wallküre«, in: Steinbach/Tuchel (Hrsg.), Widerstand gegen den Nationalsozialismus, S. 353-363.

(100) この事件の経過については、なによりも次の諸文献をみられたい。Peter Hoffmann, Widerstand gegen Hitler und das Attentat vom 20. Juli 1944, München 1979, 4. Aufl. Konstanz 1994; Georg Holmsten, 20. Juli 1944 - Personen und Aktionen, Berlin 1975; Hans H. Schultz (Hrsg.), Der zwanzigste Juli, Alternative zu Hitler?, Stuttgart 1974; van Roon, Widerstand im Dritten Reich, S. 175ff.; Fest, Staatsstreich.

(101) Ulrike Hett/Johannes Tuchel (Hrsg.), Die Reaktionen des SS-Staates auf den Umsturzversuch vom 20. Juli 1944, in: Steinbach/Tuchel (Hrsg.), Widerstand gegen den Nationalsozialismus, S. 377-389.

(102) シュタウフェンベルク宛てのトレスコウのことば。次より引用。van Roon, Widerstand im Dritten Reich, S. 184.

(103) これについては、またこの後については、次の研究を参照されたい。Wolfganng Wippermann, Das »Vermächtnis des Widerstandes«: Instrumentarisieung oder Historisierung?, in: Gerhard Ringshausen (Hrsg.), Perspektiven des Widerstandes. Der Widerstand im Dritten Reich und seine didaktische Erschließung, Pfaffenweiler 1994, S. 74-91; ders., Alibi für Auschwitz? Das Bild des Widerstandes in beiden deutschen Staaten, in: Nes Ammim. Zeichen für die Völker 1/1996, S. 2-11.

(104) これについてはわたしの、すでに当時から批判的な、冊子がある。Wolfgang Wippermann, Antifaschismus in der DDR: Wirklichkeit und die Ideologie, Berlin 1980. このテーマについて一九九〇年以後に刊行された論文は、この後に指示する。

(105) Programm der Sozalistischen Einheitspartei Deutschlands (vom 22. 5. 1976), in: Programm und Statut der SED, mit einleitendem Kommentar von Karl Wilhelm Fricke, Köln 1976, S. 219.

(106) これについて、また以下については、くわしい文献を指示する次の著書を参照されたい。Christoph Kleßmann, Die doppelte Staatsgründung. Deutsche Geschichte 1945-1955, Göttingen 1982［クレスマン著『戦後ドイツ史 1945-1955』前掲書］; Hermann Weber, Die DDR 1945-1986, München 1988.［H・ウェーバー著、斎藤哲・星乃治彦訳『ドイツ民主共和国史——「社会主義」ドイツの興亡』日本経済評論社、一九九一年］

(107) 以下については次の研究を参照されたい。Wolfgang Wippermann, Faschismustheorien, S. 11ff. u. 58ff.; ders., Faschismustheorien in systematischer Perspektive, in: Helga Grebing/Klaus Kinner (Hrsg.), Arbeiterbewegung und Faschismus. Faschismusinterpretationen in der europäischen Arbeiterbewegung, Essen 1990, S. 15-23. さらに次を参照されたい。Hans-Ulrich Thamer, Nationalsozialismus und Faschismus in der DDR-Historiographie, in: Aus Politik und Zeitgeschichte 13, 1987, S. 27-37. 東ドイツの歴史記述全般については次を参照されたい。Alexander Fischer/Günter Heydemann (Hrsg.), Geschichtswissenschaft in der DDR, Bd. 1 u. 2, Berlin 1989 u. 1990. 東ドイツの抵抗運動研究についてのきわめてすぐれた概観は次から得られる。Ines Reich/Kurt Finker, Reaktionäre oder Patrioten? Zur Historiographie und Widerstandsforschung in der DDR bis 1990 in: Gerd R. Ueberschär (Hrsg.), Der 20. Juli 1944. Bewertung und Rezeption des deutschen Widerstandes gegen das NS-Regime, Köln 1994, S. 126-142.

(108) たとえばライプツィヒの歴史家ヴェルナー・ブラムケは異なる意見の論文を書いている。この論文は他の点では注目に値する。Werner Bramke, Der antifaschistische Widerstand in der Geschichtsschreibung der DDR in den achtziger Jahren. Forschungsstand und Probleme, in: Aus Politik und Zeitgeschichte 28, 1988, S. 23-33.

(109) これについては次がくわしい。Reich/Finker, Reaktionäre oder Patrioten? S. 137ff. とりわけ次の刊行物は大きな意味をもっていた。Kurt Finker, Stauffenberg und der 20. Juli 1944, Berlin 1967; 7. Aufl. Berlin 1989; ders., Graf Moltke und Kreisauer Kreis, Berlin 1978.

(110) 市民と軍人による抵抗運動は、一九四五年の直後はまだ比較的肯定的にみられていたが、否定的評価を受けるようになった。その代表的なものは党幹部の著述であった。Otto Winzer, Zwölf Jahre Kampf gegen Faschismus und Krieg. Ein Beitrag zur Geschichte der Kommunistischen Partei Deutschlands, Berlin 1955. これは次の書に受け継がれた。Sieger der Geschichte. 120 Jahre Geschichte der deutschen Arbeiterbewegung in Bildern und Dokumenten, Berlin 1963. また、きわめて教条的な基本文献である次のような書物にも受け継がれた。Klaus Mammach, Die deutsche antifaschistische Widerstandsbewegung 1933-1939, Berlin 1974. さらにそれはまだ八〇年代の終わりになってもゴスヴァイラーによって主張されていた。Kurt Gossweiler, Der 20. Juli und die Faschismustheorie, in: Helmut Bleiber/Walther Schmidt (Hrsg.), Demokratie Antifaschismus und Sozialismus in der deutschen Geschichte, Berlin 1988, S. 296-311.

(111) フィンカーはこのことを一九九〇年にも認めている。Kurt Finker, Der 20. Juli 1994 und die DDR-Geschichtswissenschaft, Berlin 1990 (= Beiträge zum Thema Widerstand 39). いくぶん和らげた表現ではあるが、Reich/Finker, Reaktionäre oder Patrioten?, S. 138 には「東ドイツに社会主義のドイツ国民を形成するというテーゼは、不条理なものであったが、客観的には歴史学を振興した」と書かれている。一九四四年七月二〇日事件をこのように利用することは、注目すべきことに「ベルリンの壁崩壊」以後もまだ続けられた。たとえば当時の国防もしくは「軍縮」大臣のエッペルマン（Eppelmann）は一九九〇年七月二〇日にＮＶＡ（国家人民軍）――それは二ヵ月後にはもう存在しなかった——に東ドイツの軍縮の義務を果たすという宣誓をさせている。次を参照。Peter Steinbach, Vermächtnis oder Verfälschung? Erfahrungen mit Ausstellungen zum deutschen Widerstand, in: Gerd R. Ueberschär (Hrsg.), Der 20. Juli 1944. Bewertung und Rezeption des deutschen Widerstandes gegen das NS-Regime, Köln 1994, S. 170-188, S. 187.

(112) これについてはオランダ人歴史家のすぐれた次の研究を参照のこと。Jan Herman Brinks, Die DDR-Geschichtswissenschaft auf dem Weg zur deutschen Einheit. Luther, Friedrich II. und Bismarck als Paradigmen politischen Wandels, Frankfurt/M. 1992.

(113) これについては次を参照のこと。Wippermann, Zur Analyse des Faschismus, S. 89ff. また、次の文献の、簡潔なしかし含蓄のある的確な批判を参照されたい。Detlev Peukert, Der deutsche Arbeiterwiderstand gegen das Dritte Reich, Berlin 1981 (= Beiträge zum Thema Widerstand 13). 前述のフィンカーおよびライヒ／フィンカーの、抵抗運動研究の発展に関する研究では、この共産主義者の抵抗のあやまった判断について言及されていない。

(114) これについては次を参照のこと。Detlev Peukert, Die KPD im Widerstand. Verfolgung und Untergrundarbeit am Rhein und Ruhr 1933 bis 1945, Wuppertal 1980; Wolfgang Wippermann, Das Leben in Frankfurt zur NS-Zeit IV. Der Widerstand, Frankfurt/M. 1986, S. 35ff.

(115) このテーゼの典型的な例は次である。Klaus Mammach, Die deutsche antifaschistische Widerstandsbewegung 1933-1939, Berlin 1974.

(116) 第七回世界大会のこのような解釈については次を参照。Wippermann, Zur Analyse des Faschismus, S. 89ff.

(117) Hermann Weber, »Weiße Flecken« in der Geschichte. Die KPD-Opfer der Stalinistischen Säuberungen und ihre Rehabilitierung, Frankfurt/M. 1990.

(118) ここでいわれているのは、とりわけヴォルフガング・ルーゲ（Wolfgang Ruge）である。これについては次を参照されたい。»nachträgliche« Bewältigung der eigenen Vergangenheit: Institut für Geschichte der Arbeiterbewegung (= vormals beim ZK der SED) (Hrsg.), In den Fängen des NKWD. Deutsche Opfer des stalinistischen Terrors in der UdSSR, Berlin 1991.

(119) バイエルンについていえば、このことは次の研究によって指摘されている。Hartmut Mehringer, Die KPD in Bayern 1919-1945. Vorgeschichte, Verfolgung und Widerstand, in: Martin Broszat/Hartmut Mehringer (Hrsg.), Bayern in der NS-Zeit IV, München-Wien 1983, S. 1-283.

(120) 西ドイツの抵抗運動研究の歴史については次の研究を参照。Torsten-Dietrich Schramm, Der deutsche Widerstand gegen den Nationalsozialismus, Berlin 1980; Peter Steinbach, Der Widerstand als Thema der politischen Zeitgeschichte. Ordnungsversuche vergangener Wirklichkeit und politischer Reflexionen, in: Gerhard Besier/Gerhard Ringshausen (Hrsg.), Bekenntnis, Widerstand, Martyrium. Von Barmen 1934 bis Plötzensee 1944, Göttingen 1986, S. 11-74; ders., Widerstandsforschung im politischen Spannungsfeld, in: Aus Politik und Zeitgeschichte Bd. 28, 1988, S. 3-21. シュタインバハの、抵抗の解釈問題とその歴史記述についてのさまざまな論文は、いまでは次の書物にまとめられている。

Peter Steinbach, Widerstand im Widerstreit. Der Widerstand gegen den Nationalsozialismus in der Erinnerung der Deutschen, Paderborn 1994. ほかに有益な概観を示している研究としては次の諸論文がある。Klaus-Jürgen Müller/Hans Mommsen, Der deutsche Widerstand gegen das NS-Regime. Zur Historiographie des Widerstandes, in: Klaus-Jürgen Müller (Hrsg.), Der deutsche Widerstand 1933-1945, Paderborn 1984, S. 13-21; Gerd R. Ueberschär, Von der Einzeltat des 20. Juli 1944 zur »Volksopposition«? Stationen und Weg der westdeutschen Historiographie nach 1945, in: ders. (Hrsg.), Der 20. Juli 1944. Bewertung und Rezeption des deutschen Widerstandes gegen das NS-Regime, Köln 1994, S. 101-125.

(121) とはいえ抵抗運動の積極的評価に全面的に反対する声もつねにあった。しかしそれはさまざまな極右に分類されるものであり、ここではことさら取り上げるに値しない。

(122) ドイツの抵抗一般についての、またとくに七月二〇日についての、西側外国から示されたきわめて否定的な反応については、次をみられたい。Lothar Kettenacker, Die Haltung der Westallierten gegenüber Hitlerattentat und Widerstand nach dem 20. Juli 1944, in: Gerd R. Ueberschär (Hrsg.), Bewertung und Rezeption des deutschen Widerstandes gegen das NS-Regime, Köln 1994, S. 19-37; Klemens v. Klemperer, Die verlassenen Verschörer. Der deutsche Widerstand auf der Suche nach Verbündeten 1938-1945, Berlin 1994. フランスの、当初は同じように否定的だった評価については、次をみられたい。Edgar Wolfrum, Frankreich und der deutsche Widerstand gegen Hitler 1944-1964. Von der Aberkennung zur Anerkennung, in: a. a. O., S. 55-64. これにたいしソ連ではさしあたり肯定的な評価が示され、東ドイツの例に示されたような反動的な将軍たちの一揆という否定的な評価は排除された。これについては次を参照されたい。Kurt Finker, Die Stellung der Sowjetunion und der sowjetischen Geschichtsschreibung zum 20. Juli 1944, in: a. a. O., S. 38-54.

(123) Hans Rothfels, Deutsche Opposition gegen Hitler, 2. Aufl. Frankfurt/M. 1969 (zuerst 1948).

(124) ここでは完全にロートフェルスに与している次の文言を引用する。Peter Hoffmann, Widerstand gegen Hitler. Probleme des Umstürzes, München 1979, S. 10.

(125) Rothfels, Deutsch Opposition, S. 16.

(126) 詳細は次の研究を参照されたい。Wippermann, Forschungsgeschichte und Forschungsprobleme, S. 44ff. 抵抗のこのような視点を典型的に示しているのは次である。Rudolf Pechel, Deutscher Widerstand, Erlenbach-Zürich 1947; Dieter Ehlers, Technik und Moral einer Verschwörung. 20. Juli 1944, Frankfurt/M. 1964; Eberhard Zeller, Geist der Freiheit. Der Zwanzigste Juli, Berlin 1965. また、とりわけ次にみられる、記念碑的できわめて影響力の大きいゲルデラー伝記である。Gerhard Ritter, Carl Goerdeler und die deutsche Widerstandsbewegung, Stuttgart 1954. これにたいし、次には、他の抵抗運動のほとんどすべての形態とグループが顧慮されている。Günter Weisenborn, Der lautlose Aufstand. Bericht über die Widerstands des deutschen Volkes 1933-1945, Hamburg 1953.

(127) なにより も次の文献を参照されたい。Kurt Kliem, Der sozialistische Widerstand gegen das Dritte Reich, dargestellt an der Gruppe »Neu Beginnen«, Marburg 1957; Hans-Joachim Reichhardt, Neu Beginnen. Ein Beitrag zur Geschichte des Widerstandes gegen den Nationalsozialismus, Berlin 1963; Hanno Drechsler, Die Sozialistische Arbeiterpartei Deutschland (SAPD), Meisenheim 1965; Werner Link, Die Geschichte des Internationalen Jugendbundes (IJB) und des Internationalen Sozialistischen Kampfbundes (ISK), Marburg 1961; Karl-Heinz Tjaden, Struktur und Funktion der KPD-Opposition (KPO), Meisenheim 1964.

(128) 初期の先駆的な研究には次のようなものがあった。Kurt Klotzbach, Gegen den Nationalsozialismus. Widerstand und Verfolgung in Dortmund 1930-1945, Hannover 1969; Hans-Josef Steinberg, Widerstand und Verfolgung in Essen 1933-1945, Bonn-Bad Godesberg 2. Aufl. 1973. ついで示されたとくに重要な研究は次であった。Detlev Peukert, Die KPD im Widerstand. Verfolgung und Untergrundarbeit an Rhein und Ruhr 1933 bis 1945, Wuppertal 1980. その後、地方の、地域的な領域の抵抗運動を扱ったたくさんの研究書が出版された。この場合、労働運動の抵抗が前面に出るのは当然であった。そのなかで最も重要なものは次にリストアップされている。Ruck, Bibliographie zum Nationalsozialismus, S. 609-620 und S. 627-629.

(129) Werner Röder, Die deutschen sozialistischen Exilgruppen in Großbritanien. Ein Beitrag zur Geschichte des Widerstandes gegen den Nationalsozialismus, Hannover 1968; Werner Link (Hrsg.), Mit dem Gesicht nach Deutschland. Eine Dokumentation über die sozialdemokratische Emigration, Düsseldorf 1968; Friedrich-Ebert-Stiftung (Hrsg.), Wiederstand und Exil der deutschen Arbeiterbewegung 1933-1945. Grundlagen und Materialien, Bonn-Bad Godesberg 1962; Joachim Radkau, Die deutsche Emigration in den USA, Düsseldorf 1971; Friedrich-Ebert-Stiftung (Hrsg.), Widerstand und Exil der deutschen Arbeiterbewegung 1933-1945, Bonn 1982; Evelyn Lacina, Emigration 1933-1945, Stuttgart 1982; Beatrix Herlemann, Die Emigration als Kampfposten. Die Anleitung des kommunistischen Widerstandes in Deutschland aus Frankreich, Belgien, und den Niederlanden, Königstein 1982.

(130) Heinz Höhne, Kennwort: Direktor. Die Geschichte der Roten Kapelle, Frankfurt/M. 1970. 歴史記述と研究の現段階については次の文献を参照されたい。Peter Steinbach, Widerstandsorganisation Harnack/Schulze-Boysen: Die »Rote Kapelle« - ein Vergleichsfall für Widerstandsgeschichte, in: ders., Widerstand im Widerstreit, Paderborn 1994, S. 234-256; Johannes Tuchel, Das Ende der Legenden. Die Rote Kapelle im Widerstand gegen den Nationalsozialismus, in: Ueberschär (Hrsg.), Der 20. Juli 1944, S. 277-290.

(131) Bodo Scheurig (Hrsg.), Verrat hinter Stacheldraht? Das Nationalkomitee Freies Deutschland und der Bund der deutscher Offiziere in der Sowjetunion 1943-1945, München 1965; Alexander Fischer, Die Bewegung »Freies Deutschland« in der Sowjetunion: Widerstand hinter Stacheldraht?, in: Militärgeschichtliches Forschungamt (Hrsg.), Aufstand des Gewissens, Herford 3. Aufl. 1987, S. 439ff. 国民委員会についてのくわしい歴史記

述と評論については次を参照されたい。Peter Steinbach, Das Nationalkomitee Freies Deutschland und der Widerstand gegen den Nationalsozialismus, in: ders., Widerstand im Widerstreit, Paderborn 1994, S. 257-289.

(132) この、わたしのみるところでは明らかに存在した関係に、レプゲンは異論を唱えている。Konrad Repgen, Hitlers Machtergreifung und der deutsche Katholizismus. Versuch einer Bilanz, in: Dieter Albrecht (Hrsg.), Katholische Kirche im Dritten Reich. Eine Aufsatzsammlung, Mainz 1976, S. 1-34; ders., Die vatikanische Strategie beim Reichskonkordat 1933, in: ders., Von der Reformation zur Gegenwart. Beiträge zu Grundfragen der neuzeitlichen Geschichte, hrsg. von Klaus Gotto und Hans Günter Hockerts, Paderborn 1988, S. 214-235.

(133) くわしい文献を挙げているのは次である。Helmut Ruppel/Ingrid Schmidt/Wolfgang Wipperman, »... stoßet nicht um weltlich Regiment«? Ein Erzähl- und Arbeitsbuch vom Widerstehen im Nationalsozialismus, Neukirchen 1986, S. 12ff. さらに次の研究書も参照されたい。Georg Denzler/Volker Fabricius, Die Kirchen im Dritten Reich, Christen und Nazis Hand in Hand, Bd. 1-2, Frankfurt/M. 1984. 新旧キリスト教会のとった態度にきわめてきびしい批判を書いているのは次である。Ernst Klee, »Die SA Jesu Christi«. Die Kirche(n) im Banne Hitlers, Frankfurt/M. 1989. これにたいし最近刊行されている研究書には、教会のとった態度を是認し、教会の抵抗を讃える傾向がみられる。たとえば次を参照されたい。Ulrich v. Hehl, Die Kirchen in der NS-Diktatur. Zwischen Anpassung, Selbstbehauptung und Widerstand, in: Karl Dietrich Bracher/Manfred Funke/Hans-Adolf Jacobsen (Hrsg.), Deutschland 1933-1945. Neue Studien zur nationalsozialistischen Herrschaft, Düsseldorf 1992, S. 153-181.

(134) さらにくわしい文献を挙げているのは次である。Wolfgang Gerlach, Als die Zeugen schwiegen. Bekennende Kirche und die Juden, Berlin 1987; Jochen-Christoph Kaiser/Martin Greschat (Hrsg.), Der Holocaust und die Protestanten. Analyse einer Verstrickung, Frankfurt/M. 1988; Martin Greschat, Die Haltung der deutschen evangelischen Kirchen zur Verfolgung der Juden im Dritten Reich, in: Ursula Büttner (Hrsg.), Die Deutschen und die Judenverfolgung im Dritten Reich, Hamburg 1992, S. 273-292.

(135) 早くからエホヴァの証人にかかわりくわしい記述をしていた次の書物はひとつの例外だった。Friedrich Zipfel, Kirchenkampf in Deutschland 1933-1945, Berlin 1965.

(136) Christof Dipper, Der deutsche Widerstand und die Juden, in: Geschichte und Gesellschaft 9, 1983, S. 349-380; ders., Der Widerstand und die Juden, in: Jürgen Schmädeke/Peter Steinbach (Hrsg.), Der Widerstand gegen den Nationalsozialismus, München 1985, S. 598-616. 全体としてまれにしかおこなわれなかったユダヤ人への援助行為について書いているものに、次の書がある。Winfried Meyer, »Unternehmen Sieben«, Eine Rettungsaktion für vom Holocaust Bedrohte aus dem Amt Ausland/Abwehr im Oberkommando der Wehrmacht, Frankfurt/M. 1993.

(137) Hans Mommsen, Gesellschaftsbild und Verfassungspläne des deutschen Widerstandes, in: Walter Schmitthenner/Hans Buchheim (Hrsg.), Der

deutsche Widerstand gegen Hitler. Vier historisch-kritische Studien, Köln-Berlin 1966, S. 73ff. ベックやその他の反対派軍人にたいして大いに批判的な研究には次のような論文もある。Klaus-Jürgen Müller, Das Heer und Hitler, Armee und nationalsozialistisches Regime 1933-1945, Stuttgart 1969; ders., Ludwig Beck. Studien und Dokumente zur politisch-militärischen Vorstellungswelt und Tätigkeit des Generalstabschefs des deutschen Heeres 1933-1938, Boppard 1980.

(138) これについては本訳書一二八頁以下を見よ。

(139) これについては本訳書一五一頁以下を見よ。

(140) これについては本訳書一六八頁以下を見よ。

(141) Anton Hoch/Lothar Gruchmann, Georg Elser. Der Attentäter aus dem Volke - Der Anschlag auf Hitler im Münchener Bürgerbräu 1939, Frankfurt/M. 1980; Ulrike Albrecht, Das Attentat. Über Johann Elser und das Attentat auf Hitler im Bürgerbräukeller am 8. November 1939, München 1987.

(142) Falk Pingel, Häflinge unter SS-Herrschaft. Widerstand Selbstbehauptung und Vernichtung im Konzentrationslager, Hamburg 1978.

(143) これについてはきわめて有益な文献報告を示している次の論文を参照。Manfred Messerschmidt, Zur neueren Diskussion um Opposition und Verweigerung von Soldaten. Deserteure, Zersetzer und Verweigerer, in: Ueberschär (Hrsg.), Der 20. Juli 1944, S. 309-336.

(144) Friedrich Zipfel, Die Bedeutung der Widerstandsforschung, in: Friedrich-Ebert-Stiftung (Hrsg.), Stand und Problematik des Widerstandes gegen den Nationalsozialismus, Bad Godesberg 1965, S. 3.

(145) Ger van Roon, Neuordnung im Widerstand, München 1967, S. 1.

(146) Harald Jaeger/Hermann Rumschöttel, Widerstand und Verfolgung in Bayern 1933-1945. Ein Modell für die Zusammenarbeit von Archivaren und Historikern, in: Archivalische Zeitschrift 73, 1977, S. 208-220, S. 214. 抵抗概念のきわめて広い解釈は次にもみられる。Peter Hüttenberger, Vorüberlegungen zum »Widerstandsbegriff«, in: Jürgen Kocka (Hrsg.), Theorien in der Praxis des Historikers, in: Geschichte und Gesellschaft, Sonderheft 3, 1977, S. 117-139.

(147) Martin Broszat, Resistenz und Widerstand. Eine Zwischenbilanz des Forschungsprojekts, in: Martin Broszat/Elke Fröhlich/Anton Grassmann (Hrsg.), Bayern in der NS-Zeit, Bd. IV, München-Wien 1981, S. 691-709, S. 693.

(148) このことはルージネクの研究で、ケルンの「エーデルヴァイス海賊」の歴史の受容例に、きわめてきびしく批判された。Bernd-A. Rusinek, Jugendwiderstand und Kriminalität. Zur neueren Bewertung der »Edelweißpiraten« als Widerstandsgruppe, in: Ueberschär (Hrsg.), Der 20. Juli 1944, S. 291-308. 日常における抵抗の意味をすでにある程度相対化しているのは次である。Detlev Peukert, Volksgenossen und

Gemeinschaftsfremde. Anpassung, Ausmerze und Aufbegehren unter dem Nationalsozialismus, Köln 1982.［ポイカート著『ナチス・ドイツ　ある近代の社会史』前掲書］

(149) 完全なリストアップというわけにはいかないが、ここでは次のような伝記文献を挙げておこう。Drothea Beck, Julius Leber. Sozialdemokratie zwischen Reform und Widerstand, Berlin 1983; Jakob Reitz, Carlo Mierendorff 1897-1943. Stationen seines Lebens und Wirkens, Darmstadt 1983; Ulrich Amlung, Adolf Reichwein 1898-1944. Ein Lebensbild des politischen Pädagogen, Volkskundlers und Widerstandskämpfers, Bd. 1-2 Frankfurt/M. 1991; Freya v. Moltke/Michael Balfour/Julian Frisby, Helmut James Graf von Moltke 1907-1945, Berlin 1984; Ulrich Heinemann, Ein konservativer Rebell. Fritz Dietlof Graf von der Schulenburg und der 20. Juli, Berlin 1990; Gregor Schöllgen, Ulrich von Hassel 1891-1944. Ein Konservativer in der Opposition, München 1990; Romedio Graf v. Thun-Hohenstein, Der Verschwörer. General Oster und die Militäropposition, Berlin 1982; Helena P. Page, General Friedrich Olbricht. Ein Mann des 20. Juli, Bonn 1992; Peter Hoffmann, Claus Schenk Graf von Stauffenberg und seine Brüder, Stuttgart 1992; Gerd R. Ueberschär, Generaloberst Franz Halder. Generalstabschef, Gegner und Gefangener Hitlers, Göttingen 1991.

(150) すべての（！）抵抗についての、このように冷静な、わたしの見るところでは適切な、見解の代表的なものは、次の各論集である。Christoph Kleßmann/Falk Pingel (Hrsg.), Gegner des Nationalsozialismus, Frankfurt/M. 1980; Richard Löwenthal/Patrik von zur Mühlen (Hrsg.), Widerstand und Verweigerung in Deutschland 1933 bis 1945, Bonn 1982; Jürgen Schmädeke/Peter Steinbach (Hrsg.), Der Widerstand gegen den Nationalsozialismus, München 1985; Klaus Jürgen Müller (Hrsg.), Der deutsche Widerstand 1933-1945, Paderborn 1986.

(151) これについてきわめてくわしい次の研究を参照。Peter Steinbach, Vermächtnis oder Verfälschung? Erfahrungen mit Ausstellungen zum deutschen Widerstand, in: Gerd R. Ueberschär (Hrsg.), Der 20. Juli 1944. Bewertung und Rezeption des deutschen Widerstandes gegen das NS-Regime, Köln 1994, S. 170-188.

(152) Ernst Nolte, Der europäische Bürgerkrieg 1917-1945, Frankfurt/M. 1987, S. 440.

(153) いわゆる歴史家論争の批判的叙述のなかで抵抗というテーマは全然取り上げられていないか、もしくはまったくついでにしか取り上げられていない。Hans-Ulrich Wehler, Entsorgung der deutschen Vergangenheit? Ein polemischer Essay zum »Historikerstreit«, München 1988; Richard J. Evans, Im Schatten Hitlers? Historikerstreit und Vergangenheitsbewältigung in der Bundesrepublik, Frankfurt/M. 1991.

(154)「フランクフルト・ホロコーストの学習ならびにドキュメンテーション・センター（Frankfurter Lern- und Dokumentationszentrum des Holocaust)」の研究グループ最終報告より引用。In: Arbeitsstelle zur Vorbereitung des Frankfurter Lern- und Dokumentationszentrum des Holocaust, Newsletter Nr. 3, Dezember 1992. また次も参照されたい。Hanno Loewy (Hrsg.), Holocaust: Die Grenzen des Verstehens. Eine Debatte über die Besetzung der Geschichte, Reinbek 1992.

(155) Uwe Backes/Eckhard Jesse/Rainer Zitelmann, Was heißt »Historisierung« des Nationalsozialismus?, in: dies. (Hrsg.), Die Schatten der Vergangenheit - Impulse zur Historisierung des Nationalsozialismus, Frankfurt/M. 1990, S. 61.

(156) Rainer Zitelmann, Adolf Hitler. Eine politische Biographie, Göttingen 1989, S. 165.

(157) 何度も言及した次の論文集のなかにある例。Peter Steinbach, Widerstand im Widerstreit.

(158) これは一九四四年七月二〇日の反乱の五〇周年の日に起こった論争について報じる大部分の新聞記事の主要な論旨でもあった。五〇周年記念日のために刊行された論文集もそのような「統一的な（Steibach)」、大いに歴史化された抵抗理解から出発している。Ueberschär (Hrsg.), Der 20. Juli 1944; Peter Steinbach/Johannes Tuchel (Hrsg.), Widerstand gegen den Nationalsozialismus, Berlin 1994; Wolfgang Benz/Walter Pehle (Hrsg.), Lexikon des deutschen Widerstandes, Frankfurt/M. 1992.

(159) これについてくわしくは次を参照されたい。Wippermann, Das »Vermächtnis des Widerstandes«, S. 74-91. わたしの批判にはリングスハウゼンの反論があった。Gerhard Ringshausen, Lernen aus dem Widerstand. Gesichtspunkte der Diskussion, a. a. O., S. 218-223. その間に東ドイツにおける「抵抗」についてのいくつかの書物が出版された。Ulrike Poppe u. a. (Hrsg.), Zwischen Selbstbehauptung, Anpassung. Formen des Widerstandes und Opposition in der DDR, Berlin 1995; Brigitte Kaff (Hrsg.), »Gefährliche politische Gegner«. Widerstand und Verfolgung in sowjetische Zone und DDR, Düsseldorf 1995; Ehrhart Neubert, Geschichte der Opposition in der DDR 1949-1989, Berlin 1997. 東ドイツにおける抵抗について語る著者たちの大部分は東ドイツを全体主義独裁のグループに分類している。

［付録］注釈付き文献目録

文献目録

Michael Ruck, Bibliographie zum Nationalsozialismus, Köln 1995.（これはほんとうによくできた，またきわめて有用な資料である。）

Bibliographie zur Zeitgeschichte 1953-1980, hrsg. von Thilo Vogelsang und Helmuth Auerbach, Bd. 1-3 München 1982/83; weitere Lieferungen in den Vieteljahrsheften für Zeitgeschichte.（この継続刊行されている文献目録は，研究には不可欠の資料である。これはむろん現代史のすべての領域を網羅する。ただ残念なことに構成が複雑すぎる。）

史料集

（アルファベット順。内容についてのくわしい指示は前掲の Ruck の著作と Hans-Günter Hockets, Weimarer Republik, Nationalsozialismus, Zweiter Weltkrieg, Erster Teil. Akten und Urkunden, Darmstadt 1996 にある）

Akten zur deutschen auswärtigen Politik 1918-1945; Serie C, D und E, Göttingen 1969ff.（ナチスの外交政策についての最も重要なドキュメントは他の史料集にも再録されているが，大規模な，いまなお完成していないこの記録は，歴史教育の分野でも不可欠のものである。）

Josef und Ruth Becker (Hrsg.), Hitlers Machtergreifung. Dokumente vom Machtantritt Hitlers 30. Januar 1933 bis zur Besigelung des Einparteienstaates, 14. Juli 1933, München 1983 (und weitere Aufl.).（この「権力掌握」のドキュメンテーションは，すべてのナチス時代に関する史料集へのよい補足である。）

Heinz Boberach (Hrsg.), Meldungen aus dem Reich. Die geheimen Lageberichte des Sicherheitsdienstes der SS 1938-1945, Bd. 1-17 u. Registerband, Herrsching 1984/85.（ＳＳ保安部によって集められ編集されたこの状況報告は，一九三八年から一九四五年までのドイツ民衆の態度と感情を概観させるすぐれた資料である。）

Deutschland-Berichte der Sozialdemokratischen Partei Deutschlands (Sopade) 1934-1940, Bd. 1-7, Frankfurt/M. 1980.（亡命した社会民主党の党指

導部によって集められ出版された、ナチス時代の出来事と問題についてのこの報告集は、編者たちの希望とその立場を反映しているが、ナチス時代の最初の段階におけるとくに国内政治の歩みの、すぐれた、生き生きとしたイメージを示している。）

Max Domarus (Hrsg.), Hitler. Reden und Proklamationen 1932-1945, Bd. 1-2, München 1965.（扱われているのはヒトラーのきわめて無批判な演説集であるが、現代史研究所の刊行したヒトラーの演説・文書は一九三三年までの分しかないので、不可欠な史料集である。）

Elke Fröhlich (Hrsg.), Die Tagebücher von Joseph Goebbels, Bd. 1-5, München 1987-1996.（ゲッベルスが意識的に後世のために編集した手記で、もちろん大いに用心して利用されなければならないが、にもかかわらず、すぐれた情報を提供してくれる資料である。）

Walther Hofer (Hrsg.), Der Nationalsozialismus. Dokumente 1933-1945, Frankfurt/M. 1957 (und weitere Aufl.).（この間に一〇万部以上売れたこの史料集は、ひとつの「古典」になり、大学や学校の歴史教育のテーマの扱いに強い影響を与えている。）

Institut für Zeitgeschichte (Hrsg.), Hitler. Reden, Schriften, Anordnungen. Februar 1925 bis Januar 1933, Bd. 1-12 und 3 Ergänzungsbände, München 1992 ff.（この、ヒトラーの一九三三年までの演説と文書を集めた史料集は、今日なお完結していないが、研究と教育に不可欠の資料である。）

Hans-Adolf Jacobsen/Werner Jochmann (Hrsg.), Ausgewählte Dokumente zur Geschichte des Nationalsozialismus 1933-1945, Bd. 1-2, Bielfeld 1966-1969.（ミヒャルカ（Michalka）の原史料集への補完としていまもなお有益な史料集である。）

Reinhard Kühnl, Der deutsche Faschismus in Quellen und Dokumenten, Köln 1975 (und weitere Aufl.).（ドキュメントの選択は編者のマルクス主義的観点からおこなわれている。ファシズムは本質的に親資本主義的機能によって特徴づけられるものとされており、このテーゼに矛盾する見解はほとんど無視されている。ユダヤ人殺戮・人種殺戮のドキュメントはほとんど取り上げられていない。）

Peter Longerich (Hrsg.), Die Ermordung der europäichen Juden. Eine umfassende Dokumentation des Holocaust 1941-1945. München 1989.（これはドイツ語で示された最良のホロコーストの歴史史料集である。）

Heinz Michaelis/Ernst Schraepler (Hrsg.), Ursachen und Folgen. Vom deutschen Zusammenbruch 1918 und 1945 bis zur staatlichen Neuordnung Deutschlands in der Gegenwart. Eine Urkunden- und Dokumentensammlung zur Zeitgeschichte, Bd. 9-23, Berlin 1964-1975.（一九一八年以後のドイツ現代史に関する、この膨大なドキュメント集の該当する巻は、ほとんどすべての、重要な法律、命令、条約等を収めているため、いまでも不可欠な史料である。）

Wolfgang Michalka (Hrsg.), Das Dritte Reich. Dokumente zur Innen- und Außenpolitik, Bd. 1-2, München 1985 (und weitere Aufl.).（このドキュメント集は学校や大学の歴史教育の領域で不可欠な資料である。）

Wolfgang Michalka/Gottfried Niedhart (Hrsg.), Die ungeliebte Republik. Dokumente zur Innen- und Außenpolitik 1918-1933, München 1980 (und weitere Aufl.).（この原史料集は、とくに、いわゆる権力掌握の直前の歴史史料を収めているから、ここで挙げておかなければならない。）

Nürnberger Prozesse, Der Prozeß gegen die Hauptkriegsverbrecher vor dem Internationalen Militärgerichtshof. Nürnberg 14. 11. 1945-1. 10. 1946, Bd. 1-42, Nürnberg 1947-1949.（このドキュメントは、ニュルンベルク裁判のために連合国によって集められた印刷文書資料から選択されたもので、今日まで、ナチスの犯罪に関する最良の史料集である。）

Kurt Pätzold (Hrsg.), Verfolgung. Vertreibung. Vernichtung, Leipzig 1983.（これは、マルクス主義の歴史家クゥルト・ペッツォルトによる、ユダヤ人迫害のドキュメンテーションであり、ロンゲリヒ（Longerich）の資料集へのきわめて重要な補完である。）

Bodo Scheurig (Hrsg.), Deutscher Widerstand 1938-1944. Fortschritt oder Reaktion?, München 1969 (und weitere Aufl.).（これは市民と軍部だけの抵抗のドキュメンテーションである。）

Hans-Dieter Schmid/Gerhard Schneider/Wilhelm Sommer (Hrsg.), Juden unterm Hakenkreuz. Dokumente und Berichte zur Verfolgung und Vernichtung der Juden durch die Nationalsozialisten 1933 bis 1945, Bd. 1-2, Düsseldorf 1983.（ロンゲリヒのドキュメント集を補完するものとして有益である。）

概論的研究（出版年代順）

Klaus Hildebrand, Das Dritte Reich, München-Wien 1979 (und weitere Aufl.).［クラウス・ヒルデブラント著、中井晶夫・義井博訳『ヒトラーと第三帝国』南窓社、一九八七年］（第二部にナチズム研究の専門分野別に区分された概論がある。そこではいわゆる意図派のテーゼが強く代弁されている。）

Gerhard Schreiber, Hitler Interpretationen 1923-1983, Darmstadt 1984.（ヒトラー研究についての、たいへん詳細な、しかしいくぶん不明瞭な概論である。）

Wolfgang Wippermann, Forschungsgeschichte und Forschungsprobleme, in: ders., Kontroversen um Hitler, Frankfurt/M. 1986, S. 13-116.（ヒトラーとナチズムに関するドイツならびに国際的研究がそれぞれの歴史的・政治的背景においてスケッチされている。）

Ian Kershaw, Der NS-Staat. Geschichtsinterpretationen und Kontroversen im Überblick, Reinbek 1988.（ナチズム研究における、とりわけファシズムという概念、全体主義という概念の採用の是非をめぐるさまざまな意見、国家と経済の関係、ヒトラーの役割とナチズムの外交ならびに国内政策の関係についてのすぐれた概観を示している書物である。）

Hans-Ulrich Wehler, Entsorgung der deutschen Vergangenheit? Ein polemischer Essay zum »Historikerstreit«, München 1988.（「歴史家論争」につ

いての、きわめて「論争的な」、しかしきわめて明確な批評である。同時にこの書物には、第三帝国についてのさまざまな新しい解釈が取り上げられ、コメントされている。）

Richard J. Evans, Im Schatten Hitlers? Historikerstreit und Vergangenheitsbewältigung in der Bundesrepublik, Frankfurt/M. 1991.（この書物は、書名『ヒトラーの陰に』が告げている以上のものを示している。けっして歴史家論争にかかわるだけではなく、第三帝国の理解史についての一般的な概括を与えている書物である。）

Imanuel Geiss, Der Hysterikerstreit. Ein unpolemischer Essay, Bonn-Berlin 1992（ヴェーラー（Wehler）とその主張にたいする、極端な論戦的書物である。）

Ernst Nolte, Streitpunkte. Heutige und künftige Kontroversen um den Nationalsozialismus, Berlin 1993.（「現在の論争」を扱う第一部で、いくつかの部分的にはきわめて恣意的に選ばれたテーゼと論争が取り上げられており、いわゆる〝アウシュヴィッツの嘘〟派の代表にたいするまったく不当な理解が示されている。第二部の「将来の論争」でノルテはもう一度かれの論争的なテーゼの根拠を示そうとしている。）

Ulrich v. Hehl, Nationalsozialistische Herrschaft, München 1996.（この書物はあまり分量は大きくないが「研究の根本問題と傾向」を概括する書物でもある。重点は現在の論争におかれている。論争、とりわけ教会闘争についてのそれは、保守的な、カトリックの立場から批判されている。）

John Lukacs, Hitler. Geschichte und Geschichtsschreibung, München 1887.（このアメリカの歴史家は、これまでナチス時代よりも冷戦についての専門家であることを示してきた。読者はこの書物でもそのことに気づくだろう。かれのヒトラーの、またナチス時代の研究は、ときおり頑固で一面的であるが、きわめて刺激的である。このことは弁護的な記述、とりわけ全体主義理論からおこなわれる記述にたいする、かれの厳しい批判によく示されている。）

Wolfgang Wippermann, Wessen Schuld? Vom Historikerstreit zur Goldhagen-Kontroverse, Berlin 1997.［ヴォルフガング・ヴィッパーマン著、増谷英樹ほか訳『ドイツ戦争責任論争――ドイツ「再」統一とナチズムの「過去」』未來社、一九九九年］（この書物は、歴史家論争以来、学問とジャーナリズムのなかで続けられている全体主義論の復興と激化についての論説、ドイツの戦争責任についての論説、「中央に位置する」という地政学的主張についての論説、第三帝国の「近代的」という論説を分析し、ゴールドハーゲンの書物があれほど激しい論争を引き起こしたこと、またなぜそのような論争を引き起こしたのかを、明らかにする試みである。）

Stefan Berger, The Search for Normality. National Identity and Historical Consciousness in Germany since 1800, Oxford 1997.（この書の中心にあるのは、一九九〇年以後の、さまざまなナチス時代理解にたいする批判的対決である。）

ヒトラー伝記（出版年代順）

Theodor Heuss, Hitlers Weg. Eine historisch-politische Studie über den Natinalsozialismus, Stuttgart 1932; neu herausgegeben und mit einer Einleitung versehen von Eberhard Jäckel, Tübingen 1968.（ヒトラーの台頭についての、いまでも読むに値する、重要な研究である。）

Konrad Heiden, Adolf Hitler. Eine Biographie, Bd. 1-2, Zürich 1936/37.（この最初のヒトラー伝記はたしかに時代遅れであるが、にもかかわらず、首相に任命されるまでのヒトラーの人生の最も重要な面を示している。）

Alan Bullock, Hitler. Eine Studie über Tyrannei, Düsseldorf 1952, 2. Aufl. 1964.［アラン・バロック著、大西尹明訳『アドルフ・ヒトラー』（全二巻）、みすず書房、一九五八／六〇年］（初版の、研究者たちにとって指針となったこの伝記に、ブロックは、ヒトラーをひとりの原則をもたない機会主義者として示した。しかしブロックは第二版で完全にこれを訂正し、代わりにヒトラーの世界観の意味を強調している。）

Helmut Heiber, Adolf Hitler. Eine Biographie, Berlin 1960.（ハイバーのこの薄い研究書は、厳格なヒトラー主義解釈の典型的な書物である。）

Werner Maser, Adolf Hitler. Legende - Mythos - Wirklichkeit, Köln 1971.［ヴェルナー・マーザー著、黒川剛訳『人間ヒトラー——ヒトラー伝（第一巻）』『政治家ヒトラー——ヒトラー伝（第二巻）』サイマル出版会、一九七六年］（マーザーは、ヒトラーの全人生を、隙間なくなぞったと自負している。その場合、ヒトラーの誕生に始まり、すべての、多かれ少なかれ重要でない、ディテールが報告され、そのため、なぜヒトラーが首相になることができたかという重要な問題はほとんど答えることができないままにされている。）

Joachim C. Fest, Hitler. Eine Biographie, Berlin-Frankfurt/M. 1973.［ヨアヒム・フェスト著、赤羽龍夫・関楠生・永井清彦・佐瀬昌盛訳『ヒトラー』（上・下）、河出書房新社、一九七五年］（フェストのこのよく書けた伝記はベストセラーになり「ヒトラー・ブーム」を引き起こしたが、ヒトラー伝記でナチズム研究を始めるのは、ヒトラーという人物を過度に強調、のみならず、神話化しかねないという、典型的な弱点を示している。）

Sebastian Haffner, Anmerkungen zu Hitler, München 1978.［セバスチャン・ハフナー著、赤羽龍夫訳『ヒトラーとは何か』草思社、一九七九年］（これはもはや伝記というよりは、よく読まれたエッセーで、そのなかでは、ヒトラーを非神話化しようとする試みもなされている。）

Rudolf Binion, »...daß ihr nicht gefunden habt«. Hitler und die Deutschen. Eine Psychohistorie, Stuttgart 1978.（ビニオンは、ヒトラーの生涯の心理的発展の意味を、不十分な、また疑わしい資料にもとづいて、解明しようとしている。ヒトラーの母を診察した一人のユダヤ人医師の役割についての不確かな事実から、ビニオンは、ヒトラーが早産の子だったことに意味をみて、「ドイツ人」は心理的にヒトラーと同じように「早産した」国民であり、だからドイツ人はヒトラーを選び、崇拝した、と結論している。）

Rainer Zitelmann, Adolf Hitler. Eine politische Biographie, Göttingen 1989.（ツィーテルマンは、かれのいわゆる「社会革命的」世界観に関する学位論文にすでに書いているように、ヒトラーを一人の独裁者というイメージで示している。この男は本来一人の「革命家」であった、そして「近代的な」、のみならず「進歩的な」社会政策をおこなった、というのである。）

Marlis Steinert, Hitler, München 1994.（ナチス時代のドイツ人の感情について書いた一冊のすぐれた本によって有名になったこの女性歴史家は、伝記とナチズムの構造的分析を結びつけようとした。つまり、彼女は「〝総統〟個人と（……）ドイツの政治システムとの間の照応」を示そうとした。しかし残念なことに彼女の試みは成功していない。）

Enrico Syring, Hitler. Seine politische Utopie, Berlin 1994.（ズィリングは、「革命的な」ヒトラーというツィーテルマンのテーゼを繰り返している。それは独創的でもなければ的を射たものでもない。）

Kurt Pätzold/Manfred Weißbecker, Adolf Hitler. Eine politische Biographie, Leipzig 1995.（この著名なマルクス主義歴史家たちは、ここでは「歴史理論的モデル」の適用に反対し、代わりに「独裁者の人間に、その物の考え方と計画に、その行為と無為に、いわば立ち戻ろう」としている。これによってかれらが通俗的マルクス主義から離れようとしていることは歓迎すべきことであるが、それだけにかれらが無批判な歴史主義へ回帰していることは批判されなければならない。）

歴史概説（出版年代順）

Karl Dietrich Bracher, Die deutsche Diktatur. Entstehung, Struktur, Folgen des Natinalsozialismus, Köln-Berlin 1969 (und weitere Aufl.).［K・D・ブラッハー著、山口定・高橋進訳『ドイツの独裁――ナチズムの生成・構造・帰結』（全二巻）、岩波書店、一九七五年］（ブラッハーのこの基本文献は全体主義理論に立脚している。この書物はいくつかの部分で今日の研究水準に対応できないものになっている。）

Martin Broszat, Der Staat Hitlers. Grundlegung und Entwicklung seiner inneren Verfassung, München 1969 (und weitere Aufl.).（内容はタイトルとは完全に矛盾して、第三帝国は「ヒトラーの国家」としてではなく、多頭支配の国家として示されている。重点は内政におかれている。）

Klaus Hildebrand, Das Dritte Reich, München-Wien 1979 (und weitere Aufl.).［ヒルデブラント著『ヒトラーと第三帝国』前掲書］（ヒルデブラントは「意図派」の立場に立つ。したがってヒトラーとかれの外交政策・人種政策の「プログラム」が中心におかれており、社会政策はほんのわずかしか取り上げられていない。労働運動の抵抗はほとんど完全に欠落している。）

Martin Broszat/Norbert Frei (Hrsg.), Das Dritte Reich. Ursprünge, Ereignisse, Wirkungen, Freiburg 1983.（この書物は、年表のほかに、ナチス国家の歴史の個々の局面を――その順番に応じて――扱う論文を収めている。全体としてこれはすぐれた、信頼の置ける入門書である。）

Karl Dietrich Bracher/Manfred Funke/Hans-Adolf Jacobsen (Hrsg.), Nationalsozialistische Diktatur 1933-1945. Eine Bilanz, Düsseldorf 1983.（第三帝国のさまざまな側面と政治分野について、啓発的な、今日でも時代遅れなものになっていない、情報を与えてくれる論文集である。）

Hans-Ulrich Thamer, Verführung und Gewalt. Deutschland 1933-1945, Berlin 1986.（よく書かれた、またよい画像を入れた概説書である。ターマーはファシズム概念および全体主義概念の支持者たちにたいして、また「意図派」と「構造派」などにたいしても、仲介的な立場に立っている。この書物はテロルの諸制度やナチスの人種政策にはあまり立ち入っていない。）

Norbert Frei, Der Führerstaat. Nationalsozialistische Herrschaft 1933 bis 1945, München 1987 (und weitere Aufl.).［ノルベルト・フライ著、芝健介訳『総統国家――ナチスの支配 1933-1945 年』岩波書店、一九九四年］（簡潔な、またいくつかのドキュメントを添えた概説書であり、「第三帝国の内的発展」、とりわけ一九三三／三四年の「形成」を問題にしている。フライはこの「総統国家」の近代性を強調している。）

Wolfgang Wippermann, Der konsequente Wahn. Ideologie und Politik Adolf Hitlers. Mit einem Essay von Saul Friedländer, München 1989.（外交政策、女性政策、ユダヤ人政策、権力掌握、プロパガンダ、人種政策、学校政策、テロルと抵抗のような政治分野とヒトラーの綱領的発言を対置させている。）

Karl Dietrich Bracher/Manfred Funke/Hans-Adolf Jacobsen (Hrsg.), Deutschland 1933-1945. Neue Studien zur nationalsozialistischen Herrschaft, Düsseldorf 1992.（第三帝国の歴史のいくつかの局面についての、大いに啓発的な、しかし部分的にはきわめて保守的な論文を集めた論文集である。）

Michael Burleigh/Wolfgang Wippermann, The Racial State. Germany 1933-1945, Cambridge 2. Aufl. 1992.［M・バーリー、W・ヴィッパーマン著、柴田敬二訳『人種主義国家ドイツ―― 1933-45』刀水書房、二〇〇一年］（ナチスの人種主義の、また人種主義的モティヴェーションをもった社会政策のすべての犠牲者の迫害を叙述した書である。）

Jost Dülffer, Deutsche Geschichte 1933-1945. Führerglaube und Vernichtungskrieg, Stuttgart 1992.（年代順に構成され、戦時に重点をおく短い概説書である。著者デュルファーは「意図派」の見解を主張している。）

Bernd-Jürgen Wendt, Deutschland 1933-1945. »Das Dritte Reich«. Handbuch zur Geschichte, Hannover 1995.（このかなり浩瀚な著書は「ハン

ドブック」の性格をもっている。年代順に構成されているが、個々の問題については付記の章をもうけている。）

Ludolf Herbst, Das nationalsozialistische Deutschland 1933-1945. Die Entfesselung der Gewalt: Rassismus und Krieg, Frankfurt/M. 1996.（この概説書は時代順の構成をもち、歴史記述との対決に立ち入ることを断念している。歴史的出来事についての、よく書かれているが、ときおり素っ気ない叙述と評価によって、ヘルプストは意図派と構造派のテーゼのあいだの平衡をとろうとしているが、ヒトラーの人種主義的な計画に大きな意味を認めている。序文でなされている、サイバネティックスの理論を応用しようとする試みは、難解であり、結果的にもあまり成功していない。）

Ulrich v. Hehl, Nationalsozialistische Herrschaft, München 1996.（この簡潔な入門書は、歴史研究の概観と——注釈なしの——資料ならびに文献目録だけでなく、権力掌握、憲法、テロル、教会闘争、抵抗、ヒトラーの「総統国家」などの第三帝国の歴史のいくつかの問題について、きわめて簡単な、いわゆる「百科事典的概観」を示している。）

Wolfgang Benz/Hermann Graml/Hermann Weiß (Hrsg.), Enzyklopädie des Nationalsozialismus, München 1997.（この浩瀚な「百科事典」には千を超える概念、事件、組織、人物についての見出し語だけでなく、さまざまな政治的分野についての小論が掲載されている。これによってこの書物は、辞典の性格だけでなく、概説書の性格ももっている。しかし、この書物には歴史と歴史研究論争への批判的取り組みはみられない。）

訳者あとがき

本書は Wolfgang Wippermann, Umstrittene Vergangenheit. Fakten und Kontroversen zum Nationalsozialismus, Berlin (Elefanten Press) 1998 の翻訳である。

著者ヴォルフガング・ヴィッパーマンは一九四五年生まれで、現在ベルリン自由大学のドイツ現代史講座の教授。とりわけ、ファシズム、人種主義の分野で多くのすぐれた著書があり、外国にもよく知られている。ここでは教授の著作の一つひとつを挙げて紹介することをしない。本書の原註のなかにはヴィッパーマン教授の多数の著書名・論文名が挙げられており、そのなかで著者の考え・立場が示されている。これをお読みいただければヴィッパーマン教授がどのような学者であるかがおわかりいただけると思う。

ただわたしがなぜヴィッパーマン教授の仕事に関心を抱くようになったかについて、少し個人的な事情を述べておきたい。わたしは、歴史学の専門家ではなく、ゲルマニストである。しかし当然のことながら、ナチズムの歴史には大きな関心をもってきた。すでにナチズムの同時代の人びとにとって、ナチズムとは何か、ファシズムとは何か、ナチスはどのようにして権力を握ったのか、という問題は切実な問題だった。わたしも、わたしなりに、六〇年代の終わりから七〇年代の初めにかけて、ファシズムとは何か、どのようにして議会制民主主義がナチズムに移行したかについて関心をもち、戦後のドイツにおけるナチズム論争を見守っていた。当時、わたしは「アルグメント」誌の政治と経済の優位をめぐる論争や、社会民主主義者のヴォルフガング・アーベントロートのファシズム論とかれの紹介するタールハイマー（KPO）のボナパルティズム論を息を凝らして読んだものだ。ヴィッパーマンは、同時代の人びとのファシズム論、タールハイマーやヒルファーディング（SPD）のボナパルティズム論について造詣が深い。ヴィッパーマンが歴史的なナチズム論を検証してきた歴史家であることを知り、わたしはヴィッパーマンに格別の関心を抱かずにはいられなかった。六〇年代、七〇年代に、日本ではボナパルティズムは理解されなかった。ボナパルティズム論は今日においてもそのアクチュアリティを失っていない、とわたしは考えている。

むろん本書でヴィッパーマンは歴史的なファシズム論を示しているだけでなく、戦後の、九〇年代なかばまでの、ほとんどすべてのナチズム論・ナチズム論争を取り上げ、検討している。ノルテ／ハーバーマスを中心にしたあの「歴史家論争」を経て、ゴールドハーゲン論争にいたる、広い意味での「歴史家論争」。これが本書の主要テーマである。

本書はさきに未來社から刊行された増谷英樹さんほか訳の『ドイツ戦争責任論争』（原題は『だれの罪か（Wessen Schuld?）』で、本書の一年前の一九九七年に同じElephanten Pressから刊行された）とテーマ的・内容的に重なっている。ちがう点は、本書は論争をより具体的に検証していることであろう。ヴィッパーマンは本書で、ナチスのテロル、外交政策、プロパガンダ、社会・経済政策、女性政策、青少年政策、学校政策、人種政策などのテーマをめぐって、ドイツでおこなわれてきたナチズムについてのほとんどすべての主要なナチズム論と「論争」の要点を紹介し、それを歴史「事実」と照合し、検討している。読者はこの書物によって、通常の通史による以上に、ナチズムの歴史への理解を得ることができるのではないだろうか。ドイツ現代史を学ぶ学生諸君にとってこれほど有益な書物はそう多くないと思う。これは教科書としても最適な書物であろう。学生諸君だけでなく、ナチズムの歴史を理解しようとする一般の読者にとっても、きわめて有用な書物だろうとわたしは確信する。

本書のなかでヴィッパーマンは、歴史学者たちが現在台頭してきている右翼ラディカリズムや修正主義にたいして沈黙していることが連邦共和国にとって危険であることを嘆き訴えていた。「歴史家論争」はヴィッパーマンにとって、いわば「文化ヘゲモニー」の問題である。それは学会の、「学者」仲間の論争にとどまるものではない。そのことをまず読者の方々は理解してほしい。

さらに、わたしたちにとってヴィッパーマンの紹介する「歴史家論争」は特別の意味をもっている。わたしはヴィッパーマンのこの書物を訳しながら、たえず日本の現代史に思いを馳せずにはいられなかった。「ヒトラーは自殺したが天皇は在位し続けた」とユルゲン・コッカ（ベルリン社会研究所所長・比較ヨーロッパ現代史研究家）はある論文に書いていた（D. Petzina/R. Ruprecht (Hrsg.), Wendepunkt 1945?, Bochum 1991）。コッカはこの短いことばで日本とドイツの歴史の共通点と相違点を示唆している。日本は、二〇〇〇万人ものアジアの人びとの命を奪い、国内でもヒロシマ・ナガサキの犠牲者を出して、戦争に敗れたにもかかわらず、その責任がまともにに追及されることがなかった。天皇制ファシズム——とりあえずそう呼んでおこう——の歴史はタブーにされた。むろん日本の過去はナチズムとは同じではない。しかし日本はまぎれもなくひとつのファシズムの国であった。ところが戦後、日本人はその過去を曖昧にした。ドイツ人がナチズムの過去を「議論」し、問い糾したのと正反対だった。日本とドイツはまったくちがう道をたどった。ドイツではナチズムの過去が東西ドイツで——問題がなかったわけではないが——それぞれに反省の対象にされ、検討され、今日に至っている。ここでは詳述することができないが、（西）ドイツでは、六〇年代以降、文学界・司法界・医学界・ジャーナリズムなどのあらゆる分野で、「過去の克服」がおこなわれた。それがドイツの戦後史である。歴史学もそのことに大きく貢献した。チェコのある歴史家は「ドイツの過去の克服は二〇世紀最大の偉業である」といったが、わたしはこれに同意する。それにたいし、日本では、はじめから国体が維持され（憲法をみよ）、ファシズムの歴史はますます不明確にされてきた（靖国問題をみよ）。『議論された過去』を訳しながら、この六〇年間の日本とドイツの社会の歴史的歩みのちがいがどれほど大きいかを、わたしはあらためて痛感せざるをえなかった。日本の戦後史を再検討するわたしたちに、本書は大きな手がかりを与えていると思う。日本のドイツ現代史の専門家にはそのことを示す責務があるのではないか。

日本では、歴史の意味はおろか、事実さえもが曖昧にされ、忘却されている。それがこの国である。ドイツであれば法的な取り締まりの対象になり、世論によって糾弾の的となるような極右の歴史記述が大手を振って横行している。それだけでなく、良心的な歴史記述も不十分であるとわたしは思う。日本にはいまだに「歴史家論争」がない。まともな論争のフォーラムもほとんどない。批判精神を欠いた日本のジャーナリズムはジャーナリズムとはいえない。天皇制ファシズムについての批判的歴史認識はいまも国民の間に定着していない。はっきりいって、極右が政治的に支配しているこの国は、いま再びファシズム前夜の国になっているといっても過言ではない。

ドイツの戦後史をみてもわかるように、「過去の克服」のもっとも重要な形態は民主主義の確立であろう。「過去の克服」から現実の政治政策が直接可能になるわけではないが、民主主義の確立は過去の反省なしにはありえない。この六〇年間のドイツと日本の歴史のちがいを念頭におきながらこの書物を訳出したわたしはそのことをあらためて痛感した。

蛇足かもしれないが、わたしはここで一言付け加えておきたい。それはナチスのホロコースト犯罪はヴィッパーマンのこの書物をもってしてもまだ解明されていないという点である。ヴィッパーマンはナチズムを――あえて乱暴ないいかたをすれば――人種主義の結果とみている。ヴィッパーマンはたいていの歴史家が拒否するゴールドハーゲンをあえて擁護している。ナチズムの人種主義はニュルンベルク裁判で裁かれることがなかった。それだけに、ナチズムに迫るヴィッパーマンのラディカルなスタンスに、わたしはしばしば感動を抑えがたい思いがする。

にもかかわらず、わたしは考えざるをえない。ナチスの未曾有の犯罪は反ユダヤ主義・人種主義からだけでは説明できないのではないか。あの凡庸なヒトラーという男が、いまからみればまったく欺瞞的で誇大妄想的な企てを実行するために、どのようにして国民大衆の政治的合意を獲得することができたのか。ナチスの権力機構はどのようにして国民の支持を――もしくは無関心を――得て、あの一二年間の戦争を遂行したのか。それをわたしたちは解明する必要がありはしないか。ヴァイマル期の国内体制崩壊の原因は何であったのか。ナチスが国民の支持をとりつけたのは、人種主義のイデオロギーだけでなかったのではないか。ナチスは人種主義によって他民族・劣等民族・異民族を収奪し、そうすることによって国民の利益を保証したからではないか。ナチスの「福祉施策」こそが国民の同意をつくり、それが絶滅政策の基盤になったのではないか。ナチスが「社会主義」を簒奪し、民衆に自由と平等を与えるかのようにみせたからこそ、民衆は合意したのではないか。人種主義の犯罪も戦争犯罪も、ナチス指導層が国民に利益を保証し、国民がそれに協力したことによって可能になったのではないか。こういった視点からの研究としては、たとえば最近、ゲッツ・アリーの『ヒトラーの人民国家――略奪、人種戦争とナチズム』(Götz Aly, Hitlers Volksstaat. Raub, Rassenkrieg und nationaler Sozialismus, Frankfurt/M. 3. Aufl. März 2005) のような書物が出ている。ヴィッパーマンは、アリー/ハイムの『絶滅の代表的思想家――アウシュヴィッツと新しいヨーロッパ秩序を目指したドイツの計画』(Götz Aly/Susanne Heim, Vordenker der Vernichtung. Auschwitz und die deutschen Pläne für eine neue europäische Ordung, Hamburg 1991) で、著者たちが「ユダヤ人の絶滅を国民経済学と人口統計学上の計算法に帰している」と酷評している。しかし、アリーはユダヤ人の絶滅の歴史から目を反らしてはいない。また逆に、人種主義は加害者の側の物質的理由をもっていたのではないか。

わたしはヴィッパーマン/アリーの新しい「歴史家論争」があっていいのではないかと思っている。

翻訳は当初林と柴田が章を分担して検討することにして取りかかったが、読み合わせをおこない、最終的には両者の訳文を林が全部目を通すことになった。二人の責任翻訳分担箇所を明示しないのはそのためである。翻訳に関するすべての責任は林にある。

この翻訳がこうして世に出たのは、ひとえに未來社社長の西谷能英さんと編集部の中村大吾さんのおかげである。中村さんには校正の仕事にひとかたならぬお世話をいただいた。心から御礼を申し上げたい。

また歴史事項の問題で石田勇治さんにもお世話になった。この場をかりて感謝を申し上げたい。

二〇〇五年一一月

林 功三

人名索引

ア行

アーヴィング、デイヴィド　Irving, David　184
アーダム、ウーヴェ＝ディートリヒ　Adam, Uwe Dietrich　183
アームストロング、ルイ　Armstrong, Louis　129
アーレント、ハンナ　Arendt, Hannah　184, 185, 190
アイケ、テオドア　Eicke, Theodor　49
アイゼンハウアー、ドワイト・D　Eisenhower, Dwight D.　91, 181
アイヒホルツ、ディートリヒ　Eichholtz, Dietrich　111
アイヒマン、アードルフ　Eichmann, Adolf　182, 185
アドルノ、テオドア・W　Adorno, Theodor W.　14
アリー、ゲッツ　Aly, Götz　187, 188
アンヴァイラー、オスカー　Anweiler, Oskar　135
イェッケル、エーバーハルト　Jäckel, Eberhard　94, 184, 191
イェッセ、エックハルト　Jesse, Eckhard　31, 227
ヴァイスベッカー、マンフレート　Weißbecker, Manfred　23
ヴァイスマン、カールハインツ　Weißmann, Karlheinz　114, 136, 158
ヴァンシッタート卿、ロバート　Vansittat, Lord Robert　14, 25
ヴィシンスキ、アンドリエイ　Wyschinskij, Andrej　52
ヴィルヘルム、ハンス＝ハインリヒ　Wilhelm, Hans-Heinrich　183
ヴィンクラー、デルテ　Winkler, Dörte　157
ヴィンクラー、ハインリヒ・アウグスト　Winkler, Heinrich August　57
ウーリヒ、ローバート　Uhrig, Robert　194
ヴゥルム、テオフィル　Wurm, Theophil　200, 201
ヴェーラー、ハンス＝ウルリヒ　Wehler, Hans-Ulrich　21, 22, 27
ヴェッセル、ホルスト　Wessel, Horst　118
ヴェルス、オットー　Wels, Otto　196
ヴェルチュ、ローバート　Weltsch, Robert　168
ヴォルカー、ルートヴィヒ　Wolker, Ludwig　122
エーニ、ハンス・ペーター　Ehni, Hans Peter　57
エリントン、デューク　Ellington, Duke　129
エルザー、ヨーハン・ゲオルク　Elser, Johann Georg　224
エンゲルス、フリードリヒ　Engels, Friedrich　13, 54
オヴェリー、リチャード　Overy, Richard　115
オスター、ハンス　Oster, Hans　212
オッテン、カール　Otten, Karl　24, 25
オルブリヒト、フリードリヒ　Olbricht, Friedrich　215, 216

カ行

ガーレン、クレメンス・アウグスト・グラーフ・フォン　Galen, Clemens August Graf v.　177, 204
ガイガー、テオドア　Geiger, Theodor　59, 154, 156
カイテル、ヴィルヘルム　Keitel, Wilhelm　85, 212

カナリス、ヴィルヘルム　Canaris, Wilhelm　212
ギーゼヴィウス、ベルント　Giesevius, Bernd　212
キエレン、ルドルフ　Kjellén, Rudolf　30
グーアラント、アルカディー　Gurland, Arkadij　13
クヴィスリング、ヴィドクン　Quisling, Vidkun　79
クーン、アクセル　Kuhn, Axel　94
クーンズ、クラウディア　Koonz, Claudia　159
グッドマン、ベニー　Goodman, Benny　129
クネッヘル、ヴィルヘルム　Knöchel, Wilhelm　194
グリューバー、ハインリヒ　Grüber, Heinrich　201
グリューンフェルト、ユーディト　Grünfeld, Judith　155
グルーホマン、ロータル　Gruchmann, Lothar　61
クローゼ、ヴェルナー　Klose, Werner　134
グロプケ、ハンス　Globcke, Hans　164
ゲアスドルフ、ルドルフ＝クリストフ・フォン　Gersdorff, Rudolf-Christoph v.　213, 214
ケアル、ハンス　Kerrl, Hans　200
ゲイ、ピーター　Gay, Peter　29
ケインズ、ジョン・メイナード　Keynes, John Maynard　55
ケーニヒ、ロータル　König, Lothar　214
ゲーリング、ヘルマン　Göring, Hermann　41, 42, 45, 47, 48, 68, 72, 76, 102-105, 112, 147, 148, 172
ゲッベルス、ヨーゼフ　Goebbels, Joseph　170, 216
ゲルステンマイヤー、オイゲン　Gerstenmeyer, Eugen　214
ゲルデラー、カール　Goerdeler, Carl　72, 212-215, 217, 224
コール、ヘルムート　Kohl, Helmut　20, 134
ゴールドハーゲン、ダニエル・ジョナー　Goldhagen, Daniel Jonah　27, 31, 32, 63, 188-190
ゴスヴァイラー、クゥルト　Gossweiler, Kurt　111
ゴットシェウスキ、リディア　Gottschewski, Lydia　140
コッピィ、ハンス　Coppi, Hans　195
コッホ、ハンスヨアヒム・W　Koch, Hannsjoachim W.　61
コンツェ、ヴェルナー　Conze, Werner　55

サ行

ザイス＝インクヴァルト、アルトゥア　Seyß-Inquart, Arthur　70, 80
ザウケル、フリッツ　Sauckel, Fritz　105
シーラハ、バルドゥア・フォン　Schirach, Baldur v.　118, 120-123, 127, 128, 135, 141
シェーンボウム、デイヴィド　Schoenbaum, David　25, 157
シェルケン、ロルフ　Schörken, Rolf　136
ジェレイトリー、ロバート　Gellately, Robert　62
シフリン、アレクサンダー　Schifrin, Alexander　13
シャハト、ヤルマル　Schacht, Hjamar　100-102
シュヴァイツァー、アルトゥア　Schweizer, Arthur　111
シュヴェーリン・フォン・シュヴァーネフェルト、ウルリヒ・グラーフ　Schwerin v.

Schwanefeld, Ulrich Graf 214
シュシュニック、クゥルト・フォン Schuschnigg, Kurt v. 69, 70
シュターリッツ、カタリーナ Staritz, Katharina 202
シュタイナート、マルリス Steinert, Marlis 23
シュタウフェンベルク、クラウス・グラーフ・シェンク・フォン Stauffenberg, Claus Graf Schenk v. 215, 216, 219
シュテークマン、ディルク Stegmann, Dirk 58
シュテュルプナーゲル、カール・ハインリヒ・フォン Stülpnagel, Karl Heinrich v. 213
シュトゥカルト、ヴィルヘルム Stuckart, Wilhelm 164
シュトライス、ミヒャエル Stolleis, Michael 61
シュペーア、アルバート Speer, Albert 105, 106, 147
シュミット、カール Schmitt, Carl 46
シュライヒャー、クゥルト・フォン Schleicher, Kurt v. 13, 38-40, 46, 54, 57, 210
シュルツェ、ハーゲン Schulze, Hagen 57
シュルツェ＝ボイゼン、ハロー Schulze-Boysen, Harro 195
シュレーダー、クゥルト・フォン Schröder, Kurt v. 40
シュロイネス、カール・A Schleunes, Karl A. 183
ショルツ＝クリンク、ゲルトルート Scholtz-Klink, Gertrud 141
シンドラー、オスカー Schindler, Oskar 178
ズィーク、ヨーン Sieg, John 195
スターリン、ヨシフ Stalin, Josef 18, 28, 29, 76-78, 86, 96, 97, 113, 185, 186, 194, 195, 220
ゼーヴェリング、カール Severing, Carl 39
ゼフコウ、アントン Saefkow, Anton 194

タ行

ターナー、ヘンリー・A Turner, Henry A. 25, 58
タールハイマー、アウグスト Thalheimer, August 13
ダーレンドルフ、ラルフ Dahrendorf, Ralf 25
ダラディエ、エドゥアール Daladier, Edouard 73
ダリューゲ、カール Daluege, Karl 49
チェンバレン、ネヴィル Chamberlain, Neville 69, 73, 79, 212
チヒョン、エーバーハルト Czichon, Eberhard 111
チャーチル、ウィンストン Churchill, Winston 78, 82, 89
ツィーテルマン、ライナー Zitelmann, Rainer 23, 30, 31, 114, 227
ティース、ヨッヘン Thies, Jochen 94
ティトー、ジョジプ Tito, Jozip 84, 90
ディナー、ダン Diner, Dan 191
デーニッツ、カール Dönitz, Karl 91
デッカー、ゲオルク Decker, Georg 13
デュルファー、ヨースト Dülffer, Jost 94
デルプ、アルフレート Delp, Alfred 214
テルボーヴェン、ヨーゼフ Terboven, Josef 80
ドゥグレル、レオン Degrelle, Leon 80

トゥルナー、ハラルト　Turner, Harald　174
ドーシー、トミー　Dorsey, Tommy　129
トーマス、ゲオルク　Thomas, Georg　104, 105
トト、フリッツ　Todt, Fritz　104, 105
ドルフゥス、エンゲルベルト　Dollfuß, Engelbert　65
トレヴァー＝ローパー、ヒュー・レドワルド　Trevor-Roper, Hugh Redwald　93
トレスコウ、ヘニング・フォン　Tresckow, Henning v.　213, 215, 217
トロータ、カール・ディートリヒ・フォン　Trotha, Carl Dietrich v.　214
トロツキー、レオ　Trotzki, Leo　13
トロット・ツゥ・ゾルツ、アーダム・フォン　Trott zu Solz, Adam v.　212, 214

ナ行

ニーメラー、マルティン　Niemöller, Martin　200, 201
ニッパーダイ、トーマス　Nipperdey, Thomas　22
ノイバウアー、テオドア　Neubauer, Theodor　194
ノイマン、フランツ　Neumann, Franz　14, 110, 112, 190
ノルクゥス、ヘルバート　Norkus, Herbert　118
ノルテ、エルンスト　Nolte, Ernst　19, 28, 29, 31, 93, 185, 186, 226, 227

ハ行

ハーハ、エーミール　Hacha, Emil　74, 75
パーペン、フランツ・フォン　Papen, Franz v.　13, 38-41, 54
ハイデン、コンラート　Heiden, Konrad　92
ハイドリヒ、ラインハルト　Heydrich, Reinhard　49, 171, 172, 184
ハイム、ズザンネ　Heim, Susanne　187
バイヤー、ゲアハルト　Beier, Gerhard　197
バウアー、オットー　Bauer, Otto　13
パヴェリッチュ、アンテ　Pavelic, Ante　84
ハウスホーファー、カール　Haushofer, Karl　30
ハウバハ、テーオ　Haubach, Theo　197, 214
バッケス、ウーヴェ　Backes, Uwe　31, 227
バドリオ、ピエトロ　Badoglio, Pietro　89
ハフナー、ゼバスティアン　Haffner, Sebastian　23
ハリファクス卿、エドウィン・フレドリク　Halifax, Lord Edwin Frederick　69
ハルダー、フランツ　Halder, Franz　86, 87, 212
ハルナク、アルフィート　Harnack, Arvid　195
ヒーアル、コンスタンティン　Hierl, Konstantin　141
ビスマルク、オットー・フォン　Bismarck, Otto v.　14, 17, 21, 88, 219
ヒトラー、アードルフ　Hitler, Adolf　9, 10, 13-17, 21-23, 28, 30-33, 36-52, 54, 57, 58, 64-79, 81-83, 85, 87-89, 91-102, 104, 105, 111, 113, 117-125, 127-130, 132-136, 148, 152, 154, 156, 157, 161, 162, 165, 167, 170, 179, 180, 184-191, 194-197, 199, 201-203, 207, 209-217, 220, 223, 224, 227
ヒムラー、ハインリヒ　Himmler, Heinrich　46, 48, 49, 74, 107, 121, 131-133, 145, 146, 149-151, 165, 166, 174, 184, 187
ピュータ、ヴォルフガング　Pyta, Wolfgang　57

ビュラン、フィリップ　Burrin, Philippe　188
ヒルグルーバー、アンドレーアス　Hillgruber, Andreas　22, 93, 94, 184
ヒルデブラント、クラウス　Hildebrand, Klaus　22, 94, 95, 184
ヒルバーグ、ラウル　Hilberg, Raul　184, 185
ヒルファーディング、ルードルフ　Hilferding, Rudolf　13, 14, 110
ヒンデンブルク、オスカー・フォン　Hindenburg, Oskar v.　37
ヒンデンブルク、パウル・フォン　Hindenburg, Paul v.　36-40, 42, 47, 54, 157, 211
ファウルハーバー、ミヒャエル・フォン　Faulhaber, Michael v.　204
ファルケンハウゼン、アレクサンダー・フォン　Falkenhausen, Alexander v.　213
ファルター、ユルゲン　Falter, Jürgen　59
フィッシャー、フリッツ　Fischer, Fritz　21, 22, 27
フィンカー、クゥルト　Finker, Kurt　219
フェスト、ヨアヒム・C　Fest, Joachim C.　23, 156
フォルクマン、ハインリヒ　Volkmann, Heinrich　25
ブジェジンスキ、ズビニエフ　Brezezinski, Zbigniew　18, 19, 110, 135
ブシャク、ヴィリ　Buschak, Willy　197
ブッシェ、アクセル・フォン・デム　Bussche, Axel von dem　215
プライズィング、コンラート・グラーフ・フォン　Preysing, Konrad Graf v.　203
フライスラー、ローラント　Freisler, Roland　52, 61
ブラウニング、クリストファー　Browning, Christopher　63
ブラウン、オットー　Braun, Otto　39
ブラッハー、カール・ディートリヒ　Bracher, Karl Dietrich　54, 55, 57
フランコ・イ・バハモンデ、フランシスコ　Franco y Bahamonde, Francisco　67, 82, 203
ブラント、ヴィリ　Brandt, Willy　197
フリードリヒ、カール・ヨアヒム　Friedrich, Carl Joachim　18, 19, 110, 135
フリードリヒ大王　Friedrich der Große　14, 17, 219
フリートレンダー、ザウル　Friedländer, Saul　27, 184, 191
フリック、ヴィルヘルム　Frick, Wilhelm　41, 49, 162
フリッチュ、ヴェルナー・フォン　Fritsch, Werner v.　211
ブリューゲル、フリッツ　Brügel, Fritz　154
ブリューニング、ハインリヒ　Brüning, Heinrich　13, 35-38, 54-56, 155
プリンツ、ミヒャエル　Prinz, Michael　30
ブルクハルト、カール・ヤーコプ　Burckhardt, Carl Jacob　77
ブレードウ、クゥルト・フォン　Bredow, Kurt v.　46, 210
ブレメ、ギーゼラ　Bremme, Gisela　157
フレンケル、エルンスト　Fraenkel, Ernst　14, 110, 112
ブローシャト、マルティン　Broszat, Martin　22, 26, 27, 31, 183-185, 188, 225, 226
ブロック、アラン　Bullock, Alan　93
フロム、エーリヒ　Fromm, Erich　14
フロム、フリッツ　Fromm, Fritz　216
ブロムベルク、ヴェルナー　Blomberg, Werner v.　211
ヘーゲル、ゲオルク・ヴィルヘルム・フリードリヒ　Hegel, Georg Wilhelm Friedrich　15
ヘス、ルドルフ　Heß, Rudolf　121, 150

ベストライン、ベルンハルト　Bästlein, Bernhard　194
ペタン、フィリップ　Pétain, Phillipe　81, 82
ベック、ルートヴィヒ　Beck, Ludwig　72, 212-216, 224
ベック、レーオ　Baeck, Leo　168
ペッツィーナ、ディートマル　Petzina, Dietmar　111
ペッツォルト、クゥルト　Pätzold, Kurt　23, 182
ヘフテン、ハンス＝ベルント・フォン　Haeften, Hans-Bernd v.　214, 216
ベリヤ、ラウレンティ　Berija, Lawrentij　195
ヘンライン、コンラート　Henlein, Konrad　71, 72
ポイカート、デートレフ　Peukert, Detlev　25, 26, 137
ホイス、テオドア　Heuss, Theodor　92, 156
ポーザー、マグヌゥス　Poser, Magnus　194
ホーネカー、エーリヒ　Honecker, Erich　186
ホーホフート、ロルフ　Hochhuth, Rolf　223
ボック、ギーゼラ　Bock, Gisela　159
ポリアコフ、レオン　Poliakov, Léon　190
ホルクハイマー、マックス　Horkheimer, Max　14
ホルトフレーリヒ、カール・ルートヴィヒ　Holtfrerich, Carl Ludwig　55
ボルマン、マルティン　Bormann, Martin　146

マ行

マーラーレンス、アウグスト　Marahrens, August　200
マイザー、ハンス　Meiser Hans　200
マイネッケ、フリードリヒ　Meinecke, Friedrich　15, 16, 21, 27
マイヤー、アルノー・J　Mayer, Arno J.　186, 187
マイヤー、ディームート　Majer, Diemut　61
マッキンダー、ハルフォード　Mackinder, Halford　30
マッツェラート、ホルスト　Matzerath, Horst　25
マティアス、エーリヒ　Mathias, Erich　57
マルクス、カール　Marx, Karl　13
ミーレンドルフ、カルロ　Mierendorff, Carlo　197, 214
ミクラス、ヴィルヘルム　Miklas, Wilhelm　70
ミッチャーリヒ、マルガレーテ　Mitscherlich, Margarete　159
ミュラー、インゴ　Müller, Ingo　61
ミュラー、ヘルマン　Müller, Hermann　35
ミュラー、ルートヴィヒ　Müller, Ludwig　121, 200
ミルウォード、アラン　Milward, Alan　111
ムッソリーニ、ベニート　Mussolini, Benito　20, 65, 67, 73, 83, 89
メイスン、ティム　Mason, Tim　95, 111, 157
モッセ、ゲオルゲ　Mosse, George　190
モムゼン、ハンス　Mommsen, Hans　22, 57, 95, 115, 183, 185, 188
モルトケ、ヘルムート・ジェイムス・グラーフ・フォン　Moltoke, Helmuth James Graf v.　198, 214
モロトフ、ヴィアチェスラフ・M　Molotow, Wjatscheslaw M.　76

ヤ行

ヤーコプ、フランツ Jacob, Franz 194
ヨルク・フォン・ヴァルテンブルク、ペーター・グラーフ York v. Wartenburg, Peter Graf 214

ラ行

ライ、ローバート Ley, Robert 127, 141
ライヒ、ヴィルヘルム Reich, Wilhelm 14
ライヒヴァイン、アードルフ Reichwein, Adolf 194, 214
ラウシュニング、ヘルマン Rauschning, Hermann 93
ラサール、フェルディナント Lassalle, Ferdinand 219
ラザフォード、ジョセフ・フランクリン Rutherford, Joseph Franklin 207
ラッセル、チャールズ・テイズ Russel, Charles Taze 205
ラッツェル、フリードリヒ Ratzel, Friedrich 30
ラット、イェニー Radt, Jenny 155
ランケ、レオポルト・フォン Ranke, Leopold v. 29
リッター、ゲアハルト Ritter, Gerhard 16, 17, 21, 27
リッター、ローバート Ritter, Robert 131, 132, 166
リットマイスター、ヨーン Rittmeister, John 195
リッベントロップ、ヨアヒム・フォン Ribbentrop, Joachim v. 75, 76
ルージネク、ベルント・A Rusinek, Bernd A. 137
ルスト、ベルンハルト Rust, Bernhard 127, 135
ルター、マルティン Luther, Martin 14, 16, 17, 199, 200, 219
ルッベ、マリヌッス・ヴァン・デア Lubbe, Marinus van der 59
レーヴェンハイム、ヴァルター Löwenheim, Walter 197, 198
レーバー、ユリウス Leber, Julius 194, 197, 214
レーマー、オットー＝エルンスト Remer, Otto-Ernst 216
レーム、エルンスト Röhm, Ernst 46, 210
レッシング、ゴットホルト・エフライム Lessing, Gotthold Ephraim 170
ロイシュナー、ヴィルヘルム Leuschner, Wilhelm 197
ローエ、カール Rohe, Karl 57
ローズヴェルト、フランクリン・D Roosevelt, Franklin D. 76, 89, 97
ロートフェルス、ハンス Rothfels, Hans 222
ローン、ヘル・ヴァン Roon, Ger van 225
ロンメル、エルヴィン Rommel, Erwin 84

訳者紹介

林功三（はやしこうぞう）――――1928年生。京都大学名誉教授。ドイツ文化・社会史。訳書に、ヴァルター・ヤンカ著『沈黙は嘘――暴露された東独スターリン主義』（平凡社）、ニコ・ロスト著『ダッハウ収容所のゲーテ』（未來社）、クリスチアン・プロス、ゲッツ・アリ編『人間の価値――1918年から1945年までのドイツの医学』（風行社）、E・コーゴン著『SS国家――ドイツ強制収容所のシステム』（ミネルヴァ書房）ほか。

柴田敬二（しばたけいじ）――――1928年生。ドイツ現代史。訳書に、ジョージ・ネーデル、ペリー・カーティス編『帝国主義と植民地主義』（共訳、御茶の水書房）、E・コルプ著『ワイマル共和国史――研究の現状』、リチャード・ベッセル編『ナチ統治下の民衆』、イアン・ケルショー著『ヒトラー神話――第三帝国の虚像と実像』、ワルター・ラカー著『ファシズム――昨日・今日・明日』、M・バーリー、W・ヴィッパーマン著『人種主義国家ドイツ――1933-45』（以上、刀水書房）ほか。

議論された過去
――ナチズムに関する事実と論争

2005年12月20日　初版第1刷発行

著者　ヴォルフガング・ヴィッパーマン

訳者　林功三・柴田敬二

発行者　西谷能英

発行所　株式会社未來社
〒112-0002 東京都文京区小石川3-7-2
振替 00170-3-87385　電話 03-3814-5521（代表）
http://www.miraisha.co.jp/　info@miraisha.co.jp

印刷・製本　萩原印刷

定価　本体3800円＋税

ISBN4-624-11191-5 C0022